當代世界
經濟與政治

(第四版)

俞國斌 主編

財經錢線

第四版修訂說明

　　本次修訂，力求反應近年來國際社會發生的一系列新變化。

　　此次修訂，主要對教材第 10 章內容進行了增補，全面反應「推動構建新型國際關係，推動構建人類命運共同體」思想的相關內容和舉措。其餘各章也根據最新形勢變化進行了相應修訂。不足之處，懇請讀者指正。

俞國斌

目 錄

1 認識國際關係 …………………………………………………………………… (1)
   1.1 國際關係概述及基本理論 ……………………………………………… (1)
   1.2 國際關係行為體與結構 ………………………………………………… (4)
   1.3 國家利益與國家實力 …………………………………………………… (8)
   1.4 國際衝突與合作 ………………………………………………………… (12)
   1.5 全球性問題與全球治理 ………………………………………………… (17)

2 世界經濟格局與經濟全球化 …………………………………………………… (21)
   2.1 戰後世界經濟及世界經濟格局 ………………………………………… (21)
   2.2 經濟全球化趨勢及其表現形式 ………………………………………… (28)
   2.3 經濟全球化對世界經濟格局的影響 …………………………………… (37)

3 世界政治格局與世界多極化趨勢 ……………………………………………… (45)
   3.1 戰後世界政治與兩極格局 ……………………………………………… (45)
   3.2 世界政治多極化趨勢 …………………………………………………… (54)
   3.3 世界多極化趨勢對國際關係的影響 …………………………………… (59)

4 世界文化格局與文化多樣性 …………………………………………………… (67)
   4.1 多元存在的世界文化格局 ……………………………………………… (67)
   4.2 多元文化與世界經濟 …………………………………………………… (72)
   4.3 多元文化與國際政治 …………………………………………………… (76)

5 美國的經濟、政治及中美關係 ………………………………………………… (80)
   5.1 美國經濟的強勢與困境 ………………………………………………… (80)
   5.2 美國政治制度及其評價 ………………………………………………… (83)
   5.3 美國主導世界的全球戰略 ……………………………………………… (89)
   5.4 中美關係 ………………………………………………………………… (94)

6 歐洲一體化及中歐關係 ………………………………………………………… (102)
   6.1 歐洲一體化歷程 ………………………………………………………… (102)
   6.2 歐盟的治理機制與面臨的新挑戰 ……………………………………… (109)

6.3　歐盟的對外關係 ………………………………………………（117）
　　6.4　中歐關係 ……………………………………………………（120）

7　日本的經濟、政治及中日關係 ……………………………………（125）
　　7.1　艱難轉型的日本經濟 ………………………………………（125）
　　7.2　改革中的日本政治 …………………………………………（132）
　　7.3　轉變中的社會思潮與外交戰略 ……………………………（138）
　　7.4　中日關係 ……………………………………………………（145）

8　俄羅斯的經濟、政治及中俄關係 …………………………………（152）
　　8.1　戈爾巴喬夫的改革與蘇聯的解體 …………………………（152）
　　8.2　俄羅斯的經濟與政治 ………………………………………（157）
　　8.3　俄羅斯的對外戰略 …………………………………………（163）
　　8.4　中俄關係 ……………………………………………………（166）

9　發展中國家和地區的發展及其與中國的關係 ……………………（173）
　　9.1　發展中國家和地區概況 ……………………………………（173）
　　9.2　當代發展研究和發展理論 …………………………………（178）
　　9.3　發展中國家和地區的發展模式與發展經驗 ………………（181）
　　9.4　發展中國家和地區的對外關係及其與中國的關係 ………（186）

10　中國的國際戰略與國際作用 ………………………………………（195）
　　10.1　中國對外政策的發展歷程 …………………………………（195）
　　10.2　中國對外政策的基本原則 …………………………………（205）
　　10.3　中國特色大國外交 …………………………………………（209）
　　10.4　中國的國際環境與國際作用 ………………………………（215）

附錄　外交小知識 ………………………………………………………（223）

認識國際關係

國際關係是「高端的」，它由政治精英掌控，由紛繁複雜的外交博弈和國際衝突來定義，反應著大國興衰、文明碰撞和體系變遷。國際關係又是「大眾的」，普通個體既參與其中，又受其影響，它幾乎每天都在演繹著與我們的「愛恨情仇」。例如，國際金融危機爆發會影響中國資本市場，中東地區戰亂會誘發國際能源價格波動。國際關係是這樣跌宕起伏，與我們息息相關，我們該怎樣認識國際關係呢？

1.1　國際關係概述及基本理論

作為一個知識範疇，國際關係的出現幾乎同國家的起源一樣久遠。先秦時期的中國曾出現「春秋五霸」「戰國七雄」，它們合縱連橫、遠交近攻，構成了一個典型的「國家間關係」。在城邦林立的古希臘時期同樣留下過精彩紛呈的對外交往故事，歷史學家修昔底德的《伯羅奔尼撒戰爭史》即是最好的詮釋。鼎盛時期的中國還曾在東亞地區建立起以自己為中心的等級式的朝貢體系。

現代國際關係發端於歐洲，而後擴散至全球。脫胎於中世紀的歐洲逐步擺脫了宗教的束縛，建立起現代意義上的主權國家。文藝復興、宗教改革、地理大發現、工業革命等一系列重大變革則奠定了歐洲在世界上的中心位置。在數百年世界近代史中，歐洲國家一方面內鬥不斷，反覆上演著一幕幕爭霸與制衡的鬥爭，另一方面則通過商業擴張、殖民徵服和文化滲透實現了對非西方世界的控制。進入20世紀，特別是伴隨著兩次世界大戰的硝煙，歐洲整體地位走向衰落，而美、蘇兩個新興大國逐步實現了崛起並通過相互間的「冷戰」對抗主宰了20世紀下半葉的國際關係。

隨著「冷戰」的結束，國際關係步入全球化時代。傳統意義上的地緣政治和大國對抗仍在繼續。與此同時，諸如恐怖主義、氣候變化、能源安全、全球疾病等非傳統安全問題不斷凸顯，成為全人類共同面臨的威脅。因此，理解國際關係不僅需要我們擁有歷史視野，考察國際關係的縱深發展，同時也需具備現實關懷，思考當前世界面臨的新型問題。理解問題離不開理論工具的幫助，以下我們將帶領讀者步入國際關係的理論世界。

1.1.1 馬克思主義國際關係理論

馬克思主義國際關係理論是馬克思主義理論體系的重要組成部分，它以辯證唯物主義和歷史唯物主義為哲學基礎，著重從經濟視角分析政治的形成、運作和發展。在馬克思看來，資本運動構成了資本主義社會一切政治活動的前提和動力，資本的擴張性導致資本主義生產方式在世界範圍內拓展，從而使得民族國家內部的經濟活動轉變為地區性乃至全球性的經濟關係。這種世界範圍的資本運動必然帶來政治層面的變化，即國際資產階級與國際無產階級之間的對立，它們相互之間的矛盾和鬥爭構成了世界政治演進的基本動力。

列寧主義是馬克思主義國際關係理論在 20 世紀的重大發展，它形成於全世界被西方世界絕對控制的帝國主義時代。列寧深刻分析了這一時期資本主義由自由競爭走向國家壟斷的過程，並指出帝國主義國家為解決內部矛盾，必然在世界範圍掀起瓜分殖民地的高潮，這一方面將導致帝國主義國家之間因爭奪勢力範圍而相互開戰，另一方面則進一步激化了帝國主義與殖民地人民的矛盾，處在被統治地位的殖民地、半殖民人民終將通過無產階級革命的方式終結不合理的國際經濟與政治秩序，實現民族獨立和國家解放。

第二次世界大戰結束以後，馬克思主義國際關係理論得到了進一步的發展，出現了一些新的理論流派。比如，沃勒斯坦從不平等的國際分工出發建立起了世界體系理論，其核心是中心與外圍的關係，特別是中心國家如何通過國際機制從外圍國家攫取利潤，並控制整個世界經濟。再比如，考克斯從生產活動入手分析了資本主義的世界秩序，他認為資本主義世界秩序是最發達的資本主義大國霸權秩序世界性擴張的結果，它通過國際生產關係的影響，以「普遍利益」為外衣進行意識教化和權力強制，塑造了國家與國家的身分與意識，並通過國際組織使國家服從於資本主義世界秩序。[①]

作為一種理論範式，馬克思主義國際關係理論具有強烈的總體意識和辯證色彩。它以聯繫的、運動的和整體的視角來觀察世界體系的運行，以探尋不同民族、國家和地區之間不平等現象的根源。從分析工具上講，馬克思主義國際關係理論強調生產方式、國際分工等經濟要素的作用，通過考察資本主義的生產方式來研究世界政治秩序的運作和變遷。在價值立場上，馬克思主義國際關係理論從公平與正義立場出發，主張消除國際國內的剝削和不平等現象，建立公正的國際經濟與政治秩序，帶有強烈的國際主義與「弱者關懷」情結。最後，馬克思主義國際關係理論從人類解放的哲學高度來觀察世界，認為只有通過共產主義革命終結資本主義的生產方式，直到終結國家本身，才能最終實現人的自由與解放以及世界的長久和平。

---

① 李濱. 什麼是馬克思主義國際關係理論 [J]. 世界經濟與政治，2005（5）：43.

1.1.2 西方國際關係理論

作為獨立學科的國際關係（International Relations，簡稱 IR）誕生於第一次世界大戰結束之後的歐洲。1919 年，英國威爾斯大學設立了第一個國際關係教席，被公認為國際關係學科建立的標誌。在近百年的時間內，西方國際關係理論研究取得了巨大成就，不同學術流派之間相互論戰，產生了大量理論成果。從階段上看，早期國際關係研究以歷史哲學為分析工具，主要關注外交、戰爭、結盟、干涉和意識形態等內容。第二次世界大戰結束後，西方國際關係理論開始借鑑經濟學、心理學、管理學等多學科的研究範式，「科學主義」色彩日益濃厚，並發展出影響巨大的宏大體系理論，其中最為重要的體系理論被稱為「三大主義」，即現實主義、自由主義和建構主義。

現實主義是西方國際關係理論的重要流派。從修昔底德的「安全兩難」到霍布斯的「自然狀態」，從愛德華·卡爾對理想主義的批判到漢斯·摩根索對權力政治的推崇，現實主義貫穿西方政治思想史的整個進程。概括起來，現實主義的理論內核在於「三觀」，即人性觀、權力觀和哲學觀。在人性觀上，現實主義假定人性本惡，人類天生自私、爭權奪利，每個人在追求利益的過程中勢必與他人產生衝突，進而群體之間、國家之間的衝突也不可避免。在權力觀上，現實主義認為權力界定利益，國家的利益邊界由權力的多寡與大小來衡量，國家要維護自身利益，就必須爭奪、維持和擴大權力。在哲學觀上，現實主義學者堅持歷史循環論，他們相信不管歷史如何發展變化，國家間圍繞權力和財富進行鬥爭的實質不會改變，今天的國際關係只是在不斷重複過去我們所熟悉的權力政治遊戲。在他們眼中，國際關係想要進化到和諧共贏的理想境界，即使不是沒有希望的，那至少也是極其困難的。

在西方國際關係理論譜系中，自由主義也佔有重要的席位。如果說現實主義的核心概念是權力，那麼自由主義則將制度作為關鍵變量。所謂制度，是指持續的、相互關聯的正式與非正式的規則體系，這些規則體系可以界定行為規範、制約國家活動，並幫助國家的期望值趨同。[①] 在自由主義者看來，國際制度使得國際社會可以通過談判對話來解決利益爭端，減少了國家之間因為信息不對稱而帶來的相互猜疑，從而可以大大緩解國家間爭奪權力而引發的安全困境。更為重要的是，在長期反覆的國際交往中，國際制度趨向於獎勵合作的行為、懲罰不合作的行為，國家在這一制度框架內將潛移默化地重新界定自我利益，並慢慢習慣通過合作來尋求國際成員之間的共有利益。從這個意義上講，自由主義是樂觀派，相信國際組織、法律和制度對於維護世界和平的重大價值。

建構主義是西方國際關係理論中較晚出現的流派，以芝加哥大學教授亞歷山大·溫特為代表人物。溫特認為，不管是現實主義，還是自由主義，都過於強調世界物質性的一面，但文化差異將賦予物質力量不同的內涵。比如，同樣是核武器，放在英國人和朝鮮人手裡，對美國的安全威脅就全然不同。因此，理解國際

---

① KEOHANE. International Institutions and State Power [M]. Boulder: Westview, 1989: 3.

關係奧秘的鑰匙既不是權力，也不是制度，而是文化。所謂文化即社會成員通過互動建構出來的共有觀念。既然文化是後天社會建構的產物，就並非一成不變的。因此，溫特反對現實主義和自由主義關於國際關係性質單一邏輯的判定，而是假設了三種文化狀態，即霍布斯文化、洛克文化和康德文化。霍布斯文化意味著弱肉強食、叢林法則，是典型的現實主義世界觀；洛克文化承認他人的生存權，通過競爭與合作來解決國際關係問題，與自由主義的立場較為接近；康德文化則強調國家間的友誼，倡導「人人為我，我為人人」的大同世界理想。如此看來，建構主義不相信宿命論，對所有可能持開放態度，國際關係是衝突還是合作，關鍵取決於國家之間如何進行文化的互動與建構。

以上三大流派是西方國際關係研究的體系理論，旨在從宏觀層面和整體視野來思考國際體系如何塑造國家行為。除此之外，西方國際關係學中還有大量的中層理論，較為著名的有地緣決定論、霸權穩定論、民主和平論、文明衝突論等。地緣決定論認為地理位置和所控制的自然資源會使國家享有優勢或處於不利地位，因此所制定的或構建的國家對外政策也是源於環境的限制或機會。[①] 霸權穩定論考察了霸權與國際體系穩定之間的相關性，認為霸權國更有能力和意願提供國際公共產品，有助於形成穩定的國際秩序。民主和平論關心的是一國內部體制對國際關係的影響，認為民主政體內部的多元決策體制、利益集團政治以及公眾的厭戰情緒有助於抑制國際戰爭的發生。文明衝突論認為後「冷戰」時代國家間戰爭的根源不再是利益矛盾和意識形態分歧，而是文明的衝突，文明內部的國家應聯合一致應對異質文明的挑戰。

總體而言，西方國際關係理論流派眾多，內容龐雜，方法多元，為我們理解今天的國際關係提供了豐富的觀察視角。不僅如此，發達的理論研究奠定了西方國家在國際關係理論研究中的話語霸權，進而為其主導國際秩序提供了學理支撐。然而，必須指出的是，這些理論都是基於西方獨特歷史經驗的總結，缺乏非西方世界的知識視野和人文關懷，因而帶有難以克服的局限性。隨著中國的持續崛起，我們在繼續學習、引進西方國際關係理論的同時，也要逐步超越西方的話語缺陷，通過挖掘傳統文化資源並結合當代革命與改革實踐來實現理論創新，為國際關係理論注入更多的中國元素。

1.2 國際關係行為體與結構

所謂國際關係行為體，是指在國際舞臺上參與行動、發揮影響的基本單位。自現代國際體系形成以來，主權國家是國際社會中最主要的行為體。隨著國際事務的複雜化以及全球化的影響，越來越多的非國家行為體也成了國際關係的重要參與者。

---

① 詹姆斯·多爾蒂，小羅伯特·普法爾茨格拉夫.爭論中的國際關係理論[M].

——主權國家——

「主權國家」這一概念始自近代歐洲，而後逐漸擴散至全球。在這之前，國際關係的基本單位主要是帝國、城邦、部落、封建領地等。歷史地看，現代主權國家是客觀現實（如當時歐洲多元力量中心的政治格局）和主觀認知（如自我身分界定和民族認同）共生的產物。正如歷史學家查爾斯·蒂利指出的那樣，作為單位，由於其在社會動員、資本集中、行為決策效率等競爭環節擁有傳統帝國與城市國家無可比擬的優勢，因此在競爭激烈的國際體系當中，主權國家這種政治組織形式得以被廣泛接受。①

現代國際關係中的主權國家擁有四個缺一不可的要素：①擁有一定的領土，以及在此基礎上的國家邊界；②在固定領土上生活的永久居民；③在領土範圍內享有排他性管轄權的政府；④在國際社會中使其被廣泛外交承認的獨立、平等人格。主權國家構成了當今國際關係中最主要的行為體，它們是參與國際事務，塑造國際秩序的核心力量，也是國際責任和義務的主要承擔者。根據聯合國官方統計，目前成為聯合國會員的主權國家有 193 個，梵蒂岡和巴勒斯坦作為聯合國的觀察員國，享有準主權國家地位。

主權之辯：巴勒斯坦與科索沃

主權國家一個重要的身分標誌是被國際社會廣泛接受，但這一標準在國際關係中有時是含糊不清的，巴勒斯坦和科索沃便是其中的典型。自 1988 年通過《獨立宣言》並正式建國以來，巴勒斯坦的主權資格得到國際社會承認，但其在國際舞臺中的獨立法人資格卻受到了強大力量的反對。根據聯合國有關制度，新獨立國家要獲得聯合國成員資格，必須首先在安理會通過並在聯合國大會上獲得 2/3 以上成員的支持。然而，在以色列、美國及其盟友的影響下，巴勒斯坦到目前為止仍然未能獲得聯合國正式成員的資格。

科索沃的主權身分更具爭議。科索沃原為南斯拉夫領土，主要民族為阿爾巴尼亞族和塞爾維亞族，居民主要信仰伊斯蘭教。阿、塞兩族之間的矛盾由來已久，歷史上曾多次發生流血衝突。「冷戰」結束之後，南斯拉夫民族問題不斷，引發科索沃的獨立運動，並得到美國和歐盟的支持。1999 年 3 月，科索沃戰爭爆發，以美國為首的北約以「人權高於主權」為借口對南聯盟進行了持續 78 天的轟炸，加速了南聯盟的解體。2008 年 2 月，科索沃宣布獨立，並得到一百多個國家的外交承認。

——國際組織——

除主權國家外，國際組織也是國際關係的重要行為體。國際組織通常是兩個或兩個以上的國家（或其他國際法主體）為實現特定目標，依據其締結的條約或其他正式法律文件建立的常設性機構。根據成員的性質，我們可以將國際組織分為政府間國際組織（Intergovernmental Organization，簡稱 IGO）和非政府組織

---

① 查爾斯·蒂利.強制、資本和歐洲國家[M].

(Nongovernmental Organization，簡稱 NGO）兩大類。其中，對於政府間國際組織，我們還可以按照地域範圍和組織性質來進行分類。見表1.1。

表1.1　　　　　　　　政府間國際組織（按範圍和性質分類）

	全球性	地區性
綜合性	聯合國（UN）	歐洲聯盟（EU） 阿拉伯國家聯盟 東南亞國家聯盟 上海合作組織
專門性	世界貿易組織（WTO） 國際貨幣基金組織（IMF） 聯合國教科文組織（UNESCO） 世界衛生組織（WHO） 石油輸出國組織（OPEC）	北大西洋公約組織（NATO） 上海合作組織（SCO） 亞太經合組織（APEC）

政府間國際組織由主權國家的合法政府作為成員，主要負責維持特定國際秩序和提供國際公共產品（例如標準與規範），以實現單一（或少數）主權國家難以實現的目標。政府間國際組織擁有嚴格的程序規範，具有較高的國際權威，對於維護世界和平、實現地區安全和促進人類發展方面起著重要作用。聯合國是目前世界上最重要的政府間國際組織。

多數政府間國際組織都是第二次世界大戰結束以後相繼建立的，經過幾十年的發展已經難以適應國際社會的新變化，因而自身面臨著巨大的改革任務。越來越多的聯合國成員對安理會常任理事國的政治特權提出批評，不少發展中國家則對國際貨幣基金組織、世界銀行等機構的票額分配表示不滿，不斷東擴的歐盟也帶來了決策權分散、行動效率下降的問題。如何在公平與效率之間達成平衡，將是政府間國際組織未來面臨的重大考驗。

非政府組織是其成員根據共同願望和要求，為解決特定國際問題或發展某一事業而自發成立的。在當今國際社會，非政府組織數量巨大，且增長勢頭迅猛。不僅如此，今天的非政府組織專業性較強，從早期關注戰爭、宗教傳播、反奴隸制等相對宏大的政治領域，逐漸拓展到控制硫化物排放、消除死刑、保護海洋哺乳動物等專業性領域。這些多元、密集且交叉重疊的組織網絡，構成了全球範圍內的宏大治理體系，發揮著有時甚至超過主權國家和政府間國際組織的影響力。

延伸閱讀：極端形式的國際非政府組織

國際恐怖主義活動是非政府組織的極端表現形式，它們包含了非政府組織的基本要素——成員分散、跨國行為以及非營利性。經濟要素跨越地域高速流動、人員往來密切頻繁以及多元思潮碰撞等因素構成了國際恐怖主義蔓延的主要原因。「基地」組織（AL-Qaeda）是較為典型的極端國際非政府組織，它以伊斯蘭宗教激進主義為精神核心，吸引來自不同國家和地方的狂熱分子加入其中。「基地」組織擁有複雜的全球組織網絡，通過搶劫或綁架人質維持組織運轉，利用發達的信息、通信和交通工具進行暴力恐怖活動。國際恐怖組織頻頻製造血案，對目標國人民的生命與財產安全以及世界和平造成了巨大威脅，構成了當今世界非傳統安全問題的重要內容。

——企業——

作為經濟單位，企業是通過各種生產要素的調配、轉化，向市場、社會提供商品與服務以求盈利的組織。企業的運作有自身的經濟邏輯，但其經濟力量不可避免地會外溢到政治領域。隨著國際國內互動的日益頻繁，以及經濟與政治的深度融合，企業正在成為國際關係中的重要行為體。

參與國際事務的企業一般為跨國公司（Multinational Corporation）。跨國公司跨越主權邊界實現原料、勞動、資本、知識、生產和銷售等經濟要素的全球配置，它們在追求利潤最大化的同時也對世界政治帶來了不容忽視的影響。一方面，跨國經濟行為強化了國際社會的相互依賴，使得國家間共同利益得以拓展，抬升了相互衝突和戰爭的成本；另一方面，由於這種依賴的不對稱性，強勢國家可以通過跨國公司影響甚至控制弱小國家的內部政策，確立起不平等的國際依附關係。此外，在市民社會不斷壯大的今天，跨國公司對國際關係的影響還體現在軟實力層面。跨國公司不僅提供商品與服務，也傳遞著品牌價值及其背後的文化內涵，進而可以引領世界文化潮流的走向。

除了跨國公司外，一些本土企業通過影響本國政府的決策也能夠對國際關係產生顯著影響。洛克希德·馬丁公司（Lockheed Martin Space Systems Company）是美國著名的軍火製造商，主要負責生產和研發軍用飛機、導彈和衛星。洛克希德·馬丁公司通過政治捐贈、遊說、媒體宣傳等方式對美國在對外政策中是否使用武力產生影響。「冷戰」結束以來，美國在世界上不斷用兵，這與軍工利益集團的影響密不可分。再比如，全球化會使某些國內的企業在國際競爭中處於弱勢地位，它們通過反全球化運動對政府施加壓力，延緩或阻止國際共識的達成。

——族群——

還有一類特殊的行為體活躍在國際舞臺上，即族群。所謂族群，是基於歷史、文化、語言、地域、宗教、血緣等因素而形成的有別於其他群體的一個共同體。族群內部成員往往擁有高度的身分認同，在自我與他人之間的界限清晰明確。目前，世界上絕大多數國家是多民族國家，同一族群往往也生活在多個主權國家之內。國家與族群邊界的空間偏差使得族群政治成為當今世界的重要現實。

在當代世界政治中，族群參與國際關係主要有以下幾種形式：第一，跨國聯合。阿拉伯人廣泛分佈在西亞和北非地區，他們傾向於通過聯合自強的方式在國際舞臺上發揮作用。土耳其人擁有泛突厥主義的思想，希望將突厥民族曾生活過的地區統一起來。第二，投資援助。這主要是族群內部通過資源再分配而形成的跨國行為。例如，世界範圍內的猶太人對以色列的建國給予了全面支持；在中國，改革開放以來，大量華人、華僑對祖國大陸進行投資援助。第三，分離主義。分離主義的行為主體通常是生活在一國境內的少數民族，他們與本國主體民族缺乏認同，對生活在外國的同一族群充滿感情，因而採取多種方式與中央政府對抗，以謀求獨立或實現高度自治。第四，部族衝突。它可以是跨國行為，也可以在主權國家內部展開。部族衝突不僅直接影響國際安全和地區穩定，而且還誘發了諸如難民、貧困、國際機制失效等深層次國際問題。

——其他——

除了上述幾種行為體外，國際社會還存在一些其他類型的活動單元。一國內部的次國家行為體（如地方政府、社會團體、大眾媒體、專家智庫）經常活躍在國際舞臺上。在部分地區（主要是相對落後地區），一些傳統的政治單位仍然擁有強大的生命力。比如，在非洲和中東地區，家族、部落就是國家政治生活的重要單元。此外，個人特別是精英人物也是國際關係的重要參與者，索羅斯可以影響全球金融市場，斯諾登則使超級大國美國疲憊不堪。這些人物往往掌握著巨大的權力和財富，或者享有很高的權威與聲望，從而能夠參與國際事務，甚至塑造國際秩序。總之，國際關係的行為體複雜多樣，對我們生活的這個世界產生著不同方向、不同程度的影響。

1.3 國家利益與國家實力

國家是國際關係的主要行為體，國家利益和國家實力是國家行為的核心要素。利益是國家行動的動機和出發點，實力則決定了國家捍衛利益的方式與程度。把握了國家利益和國家實力，就能更深入地把握國際關係的運行規律。

1.3.1 國家利益

在現代社會，「國家利益」是被領導人經常掛在嘴邊的口號，也是社會大眾耳熟能詳的話語。到底什麼是國家利益呢？所謂國家利益，是指一個國家追求的主要好處、權利或受益點，反應這個國家內全體國民及各種利益集團的需求與興趣。國家利益是一國對外政策的基本出發點，是評判一國外交成敗的重要標準，也是國家間合作、競爭和衝突的主要動因。

國家利益具有多重特徵。第一，國家利益具有客觀性。它不是抽象空泛的概念，而是具體的現實存在。一國的領土完整、主權獨立、財富資源、民眾的生命與財產安全都是國家利益的重要組成。第二，國家利益具有主觀性。不同國家對國家利益的定義存在差異。美國相信干涉他國事務是其國家利益所在，而弱小國家則將反對美國干涉、維護主權獨立當成自己的國家利益。第三，國家利益具有變動性。在不同歷史時期，國家利益的內涵會發生變化。小布什執政時期美國以消除恐怖主義威脅作為核心國家利益，而奧巴馬政府卻將國家利益定義為從國際反恐戰爭中抽身出來。第四，國家利益具有衝突性。西方將烏克蘭拉入自己陣營當成國家利益，而俄羅斯的國家利益則要求烏克蘭繼續成為自己的勢力範圍；中國將釣魚島視為國家利益的一部分，而日本卻聲稱對釣魚島擁有完全的主權。利益的衝突性會導致國家之間的對抗，進而引發國際局勢的緊張狀態。

國家利益的內容多種多樣，我們可以簡單地將國家利益進行如下分類：

第一，經濟利益。經濟利益是國家利益的核心內容，它不僅是國家機器得以運轉的基石，也是普通民眾的核心訴求。經濟利益主要表現在物質層次，如資源、資本、市場等，同時也包含技術、知識等非物質要素。對於不同國家而言，經濟利益的內容存在顯著差別。例如，非洲不少欠發達國家的經濟利益在於實現溫飽、擺脫極端貧困。對於中國而言，實現經濟結構升級、提升產品附加值、增強國家海外金融能力等構成了經濟利益的主要方面。此外，經濟利益的邊界會隨著自身實力的變化而伸縮。改革開放以前，中國的經濟利益主要在國家邊界之內，而如今則遍及全球，海外資源的獲取、國際航道的暢通、對外貿易和投資的安全都構成了中國經濟利益的重要內容。

第二，安全利益。安全利益關係國家生存，是國家利益至關重要的方面，也是國家在對外交往中必須堅守的底線。「冷戰」期間，我們討論的安全利益主要涉及傳統安全，即國際戰爭、軍備競賽、地緣對抗以及大規模殺傷性武器等。相應地，安全利益的維護主要在於防止外敵入侵和戰爭威脅。「冷戰」結束以後，隨著全球化的深入發展，安全利益的外延大大拓展，國家越來越受到非傳統安全的威脅，諸如自然災難、環境惡化、經濟危機、流行疾病以及因國家治理失敗而引發的內部衝突等。此外，人的安全也被視為國家安全利益的重要內容。1994年，聯合國開發計劃署發表了以「人的安全」為主題的《人類發展報告》，提出「人的安全」包括七個方面內容：經濟安全、食品安全、健康安全、環境安全、人身安全（免於暴力、犯罪和毒品的恐懼）、社群安全（參與家庭生活和文化活動的自由）以及政治安全（行使個人基本人權的自由）。[1]

延伸閱讀：總體國家安全觀

2014年4月15日，習近平在主持召開國家安全委員會會議時提出，堅持總體國家安全觀，走出一條中國特色國家安全道路。

習近平指出，貫徹落實總體國家安全觀，必須既重視外部安全，又重視內部安全，對內求發展、求變革、求穩定、建設平安中國，對外求和平、求合作、求共贏，建設和諧世界；既重視國土安全，又重視國民安全，堅持以民為本、以人為本，堅持國家安全一切為了人民、一切依靠人民，真正夯實國家安全的群眾基礎；既重視傳統安全，又重視非傳統安全，構建集政治安全、國土安全、軍事安全、經濟安全、文化安全、社會安全、科技安全、信息安全、生態安全、資源安全、核安全等於一體的國家安全體系；既重視發展問題，又重視安全問題，發展是安全的基礎，安全是發展的條件，富國才能強兵，強兵才能衛國；既重視自身安全，又重視共同安全，打造命運共同體，推動各方朝著互利互惠、共同安全的目標相向而行。

---

[1] UNITED NATIONS DEVELOPMENT PROGRAM (UNDP). Human Development Report 1994 [M]. New York: Oxford University Press, 1994.

第三，政治利益。政治利益也是關係國家長治久安的重要因素，主要包括主權獨立、領土完整、基本制度穩定以及國家參與國際事務的權利。從內政上看，維護一國的政治利益意味著該國可以自主選擇政治道路，不受外部干預，獨立決定本國事務，並通過政治改革實現良好的內部治理。從國際層面看，一國的政治利益反應為該國對國際事務的影響力。比如，一國在某一問題領域是否具備足夠的國際動員能力，是否在國際輿論中享有充分的話語權，是否能夠推進國際秩序朝著有利於自己的方向發展。

第四，文化利益。文化利益也是國家利益不可或缺的內容。文化反應了國家獨有的氣質、性格和價值內涵。在國際關係中，維護文化利益要求國家保持自身文化體系的獨立和完整，避免被外來文化侵蝕或同化，使社會成員始終對母國文化保持強大的認同和忠誠。在全球化深入發展、信息化持續推進的國際大背景下，不同文化之間的交流、碰撞日益頻繁。西方國家憑藉強大的文化霸權，不斷輸出自身的文化產品與價值觀，對非西方國家的文化利益構成了嚴重挑戰。如何在國際文化競爭中發出自己的聲音，避免被過度邊緣化或同化，是包括中國在內的廣大發展中國家必須面對的重大考驗。

以上是基於內容構成的不同對國家利益做的簡單分類。除此之外，我們還可以按照利益持續時間的長短將國家利益分為長期利益、中期利益和短期利益；根據重要程度的不同，我們可以把一國的國家利益分為根本利益、重要利益、一般利益；根據利益主體範圍的不同，國家利益還可分為普遍利益、少數利益和個別利益。總之，國家利益多種多樣，一國必須根據利益屬性的不同來確定相應的戰略和政策，以實現不同利益之間的平衡，更好地推進國家的全面發展。

1.3.2 國家實力

國家實力是國家對外行為的基礎，影響著一國的戰略選擇空間和目標實現程度。分析國家實力，首先需要明確實力不等同於資源。資源豐富的國家並不一定擁有強大的國家實力，資源必須通過一定的機制才能轉化為實力。其次，實力與利益具有相關性。一國的利益多少往往由實力大小來衡量，國家利益會隨著實力的增長而不斷拓展。最後，實力體現為社會互動的過程，它不僅反應行為體本身擁有的能力，還試圖說明這種能力在社會關係當中的運用過程。[①] 從這個意義上講，國家實力不只是靜態的力量資源聚合，而且也是國家運用這些資源來實現特定目標的過程。

根據實力的不同形態，我們可以將國家實力分為硬實力和軟實力。硬實力是一國的物質性實力，看得見、摸得著，並且可以用一定的指標加以測量，如領土

[①] 參見：戴維‧米勒，鄧正來．布萊克維爾政治思想百科全書［M］

面積、自然資源、人口數量、交通里程、經濟總量、科技水準、軍事裝備等。在國際關係層面，硬實力具有鮮明的強制色彩，國家對外的軍事徵服、武力威懾、封鎖禁運、資產凍結等行為均建立在硬實力的基礎之上。與此同時，硬實力也被視為提升國家對外影響的手段。通過對發展援助、技術轉讓與投資等硬實力的運用，一國能夠將自我意志施加於其他國家。正是在這個意義上，有學者將硬實力定義為「通過懲罰的威脅或回報的承諾迫使他人去做本來不想做的事情的能力，其典型方式就是軍事大棒加經濟胡蘿蔔」[1]。在過去的數個世紀中，硬實力一直是國家維護自身利益、處理國家間關係的主要手段。

　　與硬實力相對的是軟實力。如果說硬實力更多地體現為強制力的話，軟實力強調的則是一國的吸引力。首次提出軟實力概念的是哈佛大學教授約瑟夫·奈，他在其著作《軟力量：世界政治成功之道》中，將軟實力描述為「通過吸引而非強迫或收買的手段來達成願望的能力」[2]。軟實力可以分為三個層次：一是文化及價值觀等意識形態方面的吸引力，主要是宗教、語言、教育、生活方式、電影電視、報紙、網絡以及飲食等產生的吸引力。二是社會經濟制度以及發展模式等的同化力，如歐盟的經濟發展模式以及「華盛頓共識」等。三是一個國家在國際社會的形象以及在多邊外交中對國際規則和政治議題的塑造力。[3] 從作用上講，軟實力對內有助於加強社會大眾的凝聚力，以更好地激發社會潛能，對外則旨在提高本國文化價值觀在世界上的吸引力，進而以低廉的成本對他國施加影響。

　　國家實力對一國的戰略選擇具有重要影響。首先，實力決定著國家政策目標的設定，過低或過高的目標定位都會損害一國的實力。第一次世界大戰後的美國已經是世界首強，卻一直堅持孤立主義的外交政策，這使得歐洲國際關係失去了有力的外部制約，進而為希特勒的崛起和第二次世界大戰的爆發提供了條件。小布什執政時期的美國希望在全世界範圍內推廣其政治制度和生活方式，其過度擴張政策不僅造成國力透支，而且還引發了國際混亂和地區衝突，激起了世界的反美情緒。其次，實力優勢的不同也會影響國家的政策選擇。擁有強大軍事實力的國家往往傾向於武力徵服和單邊戰略，以經濟立國的國家極力鼓吹自由貿易和全球交往，而享有文化優勢的國家則更善於文化說服和道德感召。最後，實力內涵的變化也左右著國家的戰略行為。自古以來，領土和財富是國家實力的象徵，軍事擴張和領土徵服就是當時增加國家實力的主要方式。現代化變遷改變了權力資源的基礎，強大的工業能力、領先的文化觀念以及有效的政治治理被視為國家成功的關鍵。因此，許多國家逐漸放棄軍事第一、武力優先的戰略，而更加注重經濟、政治、外交、國防等多個領域的平衡發展。

---

[1] 羅伯特·基歐漢,約瑟夫·奈.權力與相互依賴[M].
[2] 約瑟夫·奈.軟實力：世界政壇成功之道[M].
[3] 於溪濱 前言.. 軟實力理論的內涵 產生背景及運用[J].

1.4　國際衝突與合作

衝突與合作是國際關係研究中的一對重要範疇，反應了行為體之間互動的性質、方式、過程及其背後的國際結構變化。

1.4.1　國際衝突

國際衝突是一個國際行為體受到利益驅使而有意識地反對或壓制另一個國際行為體的行為。這個定義有兩個要點需要強調：第一，國際衝突是指有意識的對抗行為，無意識的行為不構成衝突。第二，衝突源於人與人之間的矛盾，而不是人與自然之間的矛盾。[①] 縱觀人類歷史，衝突是國際關係的常態。當不同行為體之間權力和利益產生矛盾並且難以調和時，它們就會處於衝突狀態。在古代，行為體之間的國際衝突主要集中在政治和安全領域。在全球化的今天，國際衝突的範圍大為拓展，幾乎涉及人類生活的各個方面，如貿易摩擦、勞工糾紛、知識產權保護、網絡對抗等。

國際衝突的原因多種多樣，我們如何更好地理解國際衝突的形成機制呢？早在1959年，著名國際政治學者肯尼思·沃爾茲就在《人、國家、戰爭》一書中提出了「層次分析法」。他認為國家間產生衝突、爆發戰爭的原因需要從國際體系、單位國家和決策者個人三個層次上去尋找。我們將借鑑這一研究方法，從國際體系、國家和個人三個層次來理解國際行為體之間的衝突根源。

——國際體系——

所謂國際體系，是指由諸多相互作用的國際行為體組合而成的整體，它涉及國際關係的基本性質、運行狀態和變遷過程。討論國際體系，旨在從宏觀層面解釋國際衝突的原因。國際體系最為重要的方面是權力結構，即大國力量對比所形成的格局狀態，我們一般用「極」來形容。當一個國家占據主導地位時，國際格局就是單極。當兩個國家（或國家集團）勢均力敵時，國際格局為兩極。當世界上存在三個或三個以上力量相當並相互制衡的大國時，我們把這種狀態稱為多極格局。在國際衝突問題上，「極」的數目與衝突發生的概率、規模和烈度都有著密不可分的關係。例如，近代早期的歐洲是典型的多極格局，每一方都擔心他人坐大而對自身安全構成威脅，一旦任何一方試圖稱霸歐洲，其他幾方便會自動聯合起來加以制衡，進而引發歐洲國家間持續不斷的衝突與較量。再比如，「冷戰」時期美、蘇兩國高度對抗，但由於在兩極格局中沒有一方享有絕對優勢，兩國在對抗中不得不保持足夠的戰略克制與危機管控，這也使得雙方始終沒有爆發「熱戰」。

除了穩態的國際格局對國際衝突存在影響外，國際權力的轉移（Power Transition）也會誘發國際衝突。正如現實主義描述的一樣，國際政治的核心在於對

---

① 閻學通，閻梁. 國際關係分析 [M]

權力的爭奪，國際權力從一個國家轉移至另一個國家的過程常常伴隨著國際衝突和戰爭。從歷史經驗來看，當霸權國家與新興國家之間出現權力轉移時，雙方衝突的可能性就會驟然增加。哈布斯堡王朝的衰落、拿破侖的崛起、英德之間的爭霸，無一例外地都以大規模國際戰爭的方式表現出來。

當然，在國際體系層面，權力結構並不能解釋所有國際衝突爆發的原因。20世紀英、美之間的霸權轉移就是以和平方式實現的，作為新興大國的中國也力圖打破暴力崛起的歷史邏輯。在這個意義上講，國際衝突除了權力結構的影響之外，還與國際規範和共有觀念有關。當國際社會都信奉對抗性文化時，行為體之間自然會傾向於通過衝突和戰爭的方式來解決問題。近代以來的歐洲之所以戰爭不斷，與當時世界流行的叢林政治文化密不可分。相反，如果國際合作、共贏的規範逐漸發展壯大，行為體就會慢慢學習並內化這些觀念，進而降低或化解相互衝突的可能。

——單位國家——

國際衝突形成的第二個層次是國家視角，國家的利益需求、制度體制和力量博弈對國際衝突有著直接影響。首先，國家利益的損失會導致國際衝突爆發。當自身的重大利益受到挑戰和傷害時，一國會很自然地選擇對抗方式來加以應對。其次，國家的制度結構和社會特徵也會促使國際衝突爆發。比如，戰國時期秦國的耕戰體制培育了國內全民尚武、爭強好戰的國民性格，大大加強了其對外擴張的偏好。最後，國家內部的力量博弈態勢也是國際衝突發生的重要誘因。杰克·斯奈德就將大國的對外擴張歸因於一種「帝國迷思」，這種迷思是大國內部一些利益集團製造出來的，其目的只是為了自身狹隘的利益。他們利用組織集中的優勢、對信息的壟斷權以及與國家的緊密聯繫，向國內民眾肆意兜售「擴張有利」的神話，最終導致了大國自殘式的過度擴張。[1]

——個人層次——

從微觀層面來看，國際衝突的爆發與個人也有關。傳統觀點認為，人類天生就具有敵意和侵略性，人類「種內侵略」的遺傳特徵和暴力偏好的心理結構會誘發國際衝突。另一種觀點將決策者個人與國際衝突聯繫起來，重要政治人物受信仰、心理、性格、氣質等因素的影響，可能對形勢做出錯誤判斷，從而導致國際衝突。美國捲入越南戰爭與其政治精英的錯誤認知就有著重要關係。他們認為越南內戰是共產主義在遠東擴張的一部分，如果丟掉越南，整個東南亞就會成為蘇聯的勢力範圍。同樣，赫魯曉夫認為在古巴部署戰略導彈可以彌補蘇聯在美蘇核對抗中的弱勢地位，從而導致了古巴導彈危機的爆發。還有一種有關決策者判斷的理論是值得注意的，這就是有關戰爭的預期功效理論。該理論認為，戰爭的爆發決定於決策者的預期利益。換言之，決策者預期從戰爭中得到的利益越多，他們訴諸戰爭的可能性就越大。[2]

---

[1] JACK SNYDER. Myths of Empire: Domestic Politics and International Ambition [M]. Ithaca, NY: Cornell University Press, 1991.
[2] 李少軍 國際政治學概論 [M]

總之，國際衝突的根源複雜多樣。瞭解導致衝突發生的原因，有助於我們更好地規避衝突，實現和平。

1.4.2 國際合作

與國際衝突相對，國際合作也是理論家們關注的重要問題。在國際政治中，合作是指國際行為體在互動中自願調整其政策的行為，目的是協調各方的不同點，以達到一種共同得益的結果。① 國際合作關係到國家間關係的穩定、地區秩序的建設、人類繁榮福祉與全球治理等諸多內容。在無政府的國際社會中，行為體為何要選擇合作？國際合作符合行為體的自利邏輯嗎？國際合作是暫時的權宜之計還是長久的制度安排？這些都是需要我們深入思考的問題。

總體而言，行為體之所以選擇合作是由於相互之間存在共同利益，行為體基於理性邏輯通過合作方式來實現和增加自我利益。國際合作的深化也反應了世界政治文明的進步，國際制度和法律體系的完善、共贏觀念的普及、共同體意識的出現等，都為國際合作提供了重要動力。

——相互依賴——

從社會學的角度看，行為體之間由於交往產生互動，並在長期互動中形成了雙方或多方的利益關聯，最終建立起與他人的相互依賴關係。在國際關係領域，相互依賴是指「以國家之間或不同國家的行為體之間相互影響為特徵的情形」②。從經濟角度看，相互依賴產生於經濟生活中的分工以及經濟要素之間的流動（包括人力、資源、貨幣、知識、消費等），並在形成一定規模後產生彼此間「非零和博弈」的互利的狀態。經濟領域的相互依賴邏輯在政治層面也有體現。在政治同盟、集體安全、軍事合作等政治領域，正是由於行為體之間存在共同的安全利益，他們才形成了命運一體的相互依賴關係。

相互依賴構成了行為體之間合作的重要基礎。由於彼此利益存在交集，合作使單一行為體可以借助他人實力和資源實現自身利益。從這個角度看，合作相較於單邊行為，成本更低，遇到的阻力也相對較小。值得注意的是，相互依賴通常是一個客觀的狀態，而合作則是行為體根據依賴關係建構出的結構安排。當相互依賴帶來的現實利益被行為體充分認知後，國際合作便具有了建立和深化的可能。

需要指出的是，在相互依賴條件下，不同行為體的合作意願存在差異。當一方或多方的合作是被迫的時，這樣的互動模式帶來的結果是「相互的但又不平等的依附關係」③。馬克思主義國際關係思想和世界政治的「中心—邊緣」理論注意到了這一點，它們以世界分工和經濟要素性質說明發達地區和欠發達地區間的相互依賴存在不平衡性，弱者在這樣的互動模式下更為脆弱。這一理論同樣適用

---

① 李少軍.國際政治學概論 [M].
② 羅伯特·基歐漢,約瑟夫·奈.權力與相互依賴 [M].
③ 羅伯特·吉爾平.國際關係政治經濟學 [M].

於政治安全領域。例如，在軍事同盟和保障體系中，我們看到強勢國家利用軍力、地緣或技術優勢形成對合作盟友的較多支配權，弱勢一方不得不更多地依賴於強者並讓渡其自主權力。

——國際制度——

國際制度可以被理解為合作機制，尤其在單一霸權受到挑戰，各國擁有廣泛共同利益時，制度便能為國際合作提供平臺。國際制度具有標準性質，可以推動國際合作的規範化。國際制度的運行成本相對較低，特別是在涉及國際安全、危機管控、戰爭限制等方面，制度力量的邊際收益遠遠大於武力對抗。尤其是在全球經濟一體化程度提高、行為單元相互依賴不斷加深、戰爭對國家破壞力增加的背景下，通過多邊制度來推進國際合作成為國家的理性選擇。

制度重要性的凸顯反應了國際關係的進化。一方面，國際制度的不斷成熟使得國際分工更加專業化、技術化，國際合作的水準因此得到提升；另一方面，制度體系的日漸完善使得國家間互動具有了更多的空間和選擇。當利益出現矛盾時，國家首先想到的不再是訴諸武力，而是通過公認的制度來維護自身的合法權益。

——共同體意識——

共同體意識是一個古老又新鮮的國際關係概念。人類傳統文明中的宗教、價值思想、世界觀等文化因素蘊含著深刻的命運共同體意識。這一意識超越了語言、族群、地域和政治等因素的差異，構成了傳統社會相互合作的重要動力。比如，拿破崙戰爭結束之後，正是基於「正統主義」這一共同體意識，歐洲主要列強建立起了「神聖同盟」以維繫相互間的合作關係。

在當代世界，命運共同體意識的重要性更加凸顯。由於全球化的深入發展，超越國家邊界的全球公共問題成為人類共同面臨的挑戰。面對自然災害、恐怖主義、難民、環境惡化等全球性問題，國家、國際組織、經濟單位和市民社會不自覺地形成了命運共同體，並通過多層次、跨地域、多領域的合作來保障全球秩序的良性運行。

1.4.3 國際和平的實現

國際和平是人類一直追求的理想，20 世紀的兩次世界大戰使得人類對和平的追求更加迫切。理論上講，國際和平的實現有賴於對沖突的遏制和對合作的推進。現實主義學派一般對國際關係抱悲觀態度，認為我們不可能實現國際社會的永久和平。不過，他們認為大國力量之間的平衡有助於抑制衝突的爆發，進而實現消極意義上的和平。自由主義者則希望通過國際法、國際道德和世界輿論等力量來減少衝突、促進合作，追求積極意義上的和平。具體而言，國際和平的實現存在以下幾個方面的途徑：

第一，降低戰爭收益並提高衝突的代價。在多數情況下，國家發動對外戰爭是為了獲取額外收益，或者戰爭的收益高於所付出的成本。比如，在常規武器時

代，很多國家信奉「戰爭是政治的繼續」，談判桌上解決不了的問題就讓戰場說了算。而核武器問世後，其巨大的破壞能力使得國家之間戰爭的成本大為抬升，從而使得大國之間發生戰爭的概率顯著下降。再比如，2003年，小布什總統之所以決定發動伊拉克戰爭，是因為美國並沒有遇到強大的反戰阻力，薩達姆的軍隊也難以對美軍構成致命威脅。相反，美國通過伊拉克戰爭獲得了巨大的收益，包括對國際石油的掌控、其政治制度在中東的推廣以及巨大的地緣政治影響。然而，隨著伊拉克國內失序和恐怖主義的常態化，美國在伊拉克戰場上付出了巨大的生命和財力代價，甚至這些代價逐漸超過了其獲得的收益。所以，奧巴馬總統上臺後不得不宣布從伊拉克撤軍，逐漸退出對中東事務的全方位干預。

第二，通過建立國際制度來維護世界和平。就此而言，集體安全制度是人類的重要嘗試。集體安全是一種保障所有國家生存與國際和平的制度。在這種機制下，每個參與國都認為破壞和平是國際社會面臨的共同挑戰，相信一國的安全就是所有國家的安全，願意通過集體行動來應對安全威脅，以維護世界和平。在實踐上，第一次世界大戰以後的歐洲國家曾創建國際聯盟來維持國際體系的穩定。然而，國際聯盟在制度設計上存在重大缺陷，並不能夠阻止第二次世界大戰的爆發。聯合國也是基於集體安全理念，但又吸取了國際聯盟的教訓，通過大國一致原則來保證安全機制的有效性，從而使其成為維護當今世界和平的重要力量。今日正迅速全球化的世界同時面臨傳統安全風險與非傳統安全隱患，這更需要建立跨越國境、政治體制和文化的多層次國際機制來提供安全性質的政策產品，在風險防控、責任追究、危機善後以及發展扶助等環節起到和平推動的作用。

第三，培育反對戰爭、追求和平的國際觀念。促進國際和平，除了制度的約束之外，還需要對反戰理念的普及、對和平思想的宣傳。第二次世界大戰給歐洲帶來了深重的災難，不僅造成數以千萬計的軍民傷亡，而且對其經濟、政治、社會等多個方面帶來毀滅性的影響，歐洲的國際地位也一落千丈，不再是國際事務的仲裁者。正是基於對戰爭破壞性的深刻記憶，第二次世界大戰結束之後，歐洲盛行和平主義思想，形成了反對戰爭的強大社會力量。在此基礎上，歐洲逐漸擺脫歷史仇恨，走上了政治和解、經濟合作和社會融合的一體化之路。推而廣之，隨著和平主義思想的不斷傳播，譴責暴力、反對戰爭的力量也會隨之壯大，世界和平的實現也就具有了更堅實的基礎。

第四，國家內部治理的改善也有助於國際和平。「冷戰」結束之後，世界上仍持續不斷的衝突和戰爭大多源於國家治理的失敗。從索馬里內戰到盧旺達的大屠殺，從敘利亞危機到烏克蘭亂局，國家內部的混亂以及由此帶來的衝突不斷外溢，導致世界難以安寧。放眼全球，不少發展中國家面臨著繁重的經濟和社會發展的任務。由於缺乏足夠的資金、技術和知識支撐，再加上國際力量的干預和剝奪，這些國家的發展舉步維艱，誘發了增長停滯、貧困饑餓、政治對抗等一系列問題。要扭轉這些國家的現狀，一方面需要其內部治理的持續改善，另一方面也需要國際社會的援助與支持。只有國際上多數國家都實現了長治久安，其民眾均過上了富足和有尊嚴的生活，世界和平才能真正長久和可持續。

1.5 全球問題與全球治理

我們生活在一個全球化時代，它在給我們帶來便利和福祉的同時，也滋生了層出不窮的全球問題。蔓延的國際衝突、惡化的生態環境、頻發的恐怖活動、跨國的有組織犯罪、擴大的貧富鴻溝、突如其來的金融危機以及流行的傳染病等，都不再是一個國家遇到的問題，而是國際社會共同面臨的問題。[1] 全球問題需要國際社會共同應對，全球治理也就成為國際關係研究的重要內容。

1.5.1 當代全球問題

如前所述，全球問題多種多樣，限於篇幅我們難以一一列出，只能擇其要者展開分析。首先是發展的失衡。這種不平衡性在馬克思主義國際政治理論和「依附論」中有過全面的論述。由於國際分工以及產品附加值的差異，發達地區和欠發達地區在生產、分配、消費以及經濟話語權等方面存在巨大鴻溝。這一現狀直接影響欠發達地區人們的生活質量。更為關鍵的是，隨著技術的升級和分工的進一步細化，不同經濟體之間的差距存在擴大趨勢。發展不平衡性直接誘發了其他全球問題，例如政局脆弱、難民、公共衛生、教育滯後以及恐怖主義的產生等。

與發展問題相對應的是我們在前面討論過的和平問題。這一問題既有其傳統形態，如大國戰爭、地區動盪、領土爭端，也存在一些在全球化背景下更加引人矚目的安全威脅。例如，恐怖主義就是影響世界局勢穩定的新因素，無論是發達國家還是發展中國家都感受到了恐怖主義的真切威脅。值得注意的是，恐怖主義勢力往往與宗教極端勢力、民族分裂勢力聯合，其殺傷力和破壞性也就進一步放大。再比如，大規模殺傷性武器的擴散也是對國際和平的重大威脅。這些武器的破壞性十分巨大，不僅可以造成人員大量傷亡，而且還會造成大片地區乃至全球環境的長期惡化，使人類無法生存。[2] 例如近年來朝核問題的演化，使形成於20世紀後期的全球核不擴散機制遭到嚴重挑戰，國際秩序的不穩定因素增加。

當代全球問題也反應在文化層面。多元文化和諧共存本應是世界的應有狀態，但國際關係的現實卻是文化霸權與文化反抗持續不斷地鬥爭。與歷史上的文化霸權相似，主導國家基於其強大實力，將自己的文化意識和思想觀念推廣至其他國家，以服務於其戰略利益。不同的是，今天的文化霸權具有濃厚的商業特質和社會滲透功能，對目標國的社會大眾特別是年輕人影響巨大。相反，弱勢文化的國家在國際話語體系中處於不利位置，難以抵禦外來文化的入侵。在這個意義上，如何避免文化意義上的「歷史的終結」，防範後金融危機時代全球多個地區宗教與民族保守主義抬頭，實現多元文化共同繁榮，是我們思考全球問題時必須

---

[1] 李少軍. 當代全球問題 [M]. 杭州：浙江人民出版社，2006：前言.
[2] 李少軍. 當代全球問題 [M]. 杭州：浙江人民出版社，2006：101.

關注的內容。

最後，環境問題也是全球問題的重要方面。黨的十九大報告明確指出：「人類只有遵循自然規律才能有效防止在開發利用自然上走彎路，人類對大自然的傷害最終會傷及人類自身，這是無法抗拒的規律。」[1] 自20世紀70年代以來，環境問題日益受到世界各國的關注，森林與耕地的減少、生物物種的瀕危、極端天氣的頻繁、江海湖泊的污染，諸如此類的問題不僅造成了整個地球生態系統的破壞，也對人類的生存和可持續發展構成了威脅。與此同時，環境問題也引發了國際衝突與博弈。中東國家經常圍繞水資源發生地區衝突，跨界河流帶來了上游國家與下游國家的爭端，發達國家與發展中國家在氣候變化問題上討價還價，不少國家更是為了爭奪能源與資源而不惜以兵戎相見。環境問題的背後是人與自然關係的失衡。人類為了謀取自身利益向地球過度索取，世界各國都曾經或正在以犧牲環境為代價來追求發展。如何在經濟發展與環境保護之間尋求平衡，考驗著人類和各個國家的智慧。

1.5.2 當代全球治理

全球問題的加劇凸顯了全球治理的緊迫性。全球治理（Global Governance）可以被理解為在缺乏世界政府干預的情形之下，行為體通過多重結構及進程協調彼此利益與需要，進而實現對全球公共問題的有效解決。[2] 由於公共問題的形成特徵與影響範圍，全球治理的主體具有多樣性，國際組織、主權國家、市民社會以及隨著社會進步而具備國際行為資格的個人都是全球治理的施動者。

根據全球問題的內涵與涉及範圍，全球治理是超越傳統國際關係的龐大、複雜工作，它不同於主權國家內部自上而下的強制管理，也不同於傳統外交中政治精英的操作建構。全球問題的解決需要推動建設相互尊重、公平正義、合作共贏的新型國際關係，建立多層次、跨地域和行業、具備技術支撐以及觀念先進的國際治理體系。

在國際安全領域，全球治理需要堅決摒棄冷戰思維和強權政治，走對話而不對抗、結伴而不結盟的國與國交往新路，建立廣泛、深刻的國際互信和合作機制。在「冷戰」時期，美、蘇通過彼此合作建立起大量對於武力限制的國際規範，包括核不擴散機制在內的大量國際公共物品，對維護世界和平起到了重要作用。「冷戰」結束之後，維護國際和平的機制和規範進一步鞏固和發展。比如，在解決朝鮮核問題上，中國搭建了六方會談的多邊平臺。為打擊恐怖主義、分離主義和極端宗教主義，上海合作組織應運而生。此外，在雙邊層面，國家特別是大國之間建立起了常態化的會晤、磋商和談判機制，有助於減少相互的戰略猜疑，增加政治互信，並就維持國際和平達成諸多具有實質意義的成果。更為重要

---

[1] 本書編寫組. 中國共產黨第十九次全國代表大會文件匯編 [G]. 北京：人民出版社，2017：40.
[2] 卡倫・明斯特，伊萬・托夫特. 國際關係精要 [M]. 潘忠岐，譯. 上海：上海人民出版社，2012：383.

的是，國際社會逐漸告別了過去那種非此即彼的零和思維，倡導國際社會綜合、共同和可持續的安全，這為全球安全問題的解決提供了新的思路。

在國際政治領域，全球治理需要順應國際關係民主化的發展潮流。第二次世界大戰結束後，西方傳統殖民體系分崩離析，廣大發展中國家相繼擺脫宗主國統治，獲得了主權獨立。然而，時至今日，發展中國家在政治體制、軍事安全、文化意識形態等諸多方面仍處於弱勢地位，國際體系的中心國家通過政治干預、經濟控制、外交孤立等多種手段打壓發展中國家，帶來了一系列全球問題。從這個角度講，全球治理的改善必須改變國際政治中的失衡局面，特別應支持聯合國發揮積極作用，支持擴大發展中國家在國際事務中的代表性和發言權。

改善全球治理還需要解決全球經濟發展的不平衡。「冷戰」結束以來，世界經濟高速發展，累積了大量的物質財富，取得了前所未有的社會進步。但是，全球貧富差距也持續拉大，並帶來了有關「分配正義」的深刻討論。① 作為應對，減貧成為當代全球治理的重要議題。它需要打造國際合作新平臺，增添共同發展新動力；支持多邊貿易體制，推動建設開放型世界經濟。同時，國際社會還應加大對發展中國家特別是最不發達國家的援助力度，例如包括世界貿易組織的發展中國家條款、國際貨幣基金組織和世界銀行的發展援助及貸款，這對發展中國家的經濟增長與社會進步都有顯著推動作用。與此同時，發達國家有責任和義務對欠發達地區進行有效、長期的援助，特別是應通過基礎設施建設、技術轉讓等方式改善發展中國家的經濟狀況。

以上全球問題的治理需要多主體基於平等、協商的原則通力合作。主權國家是國際關係最重要的行為體，在解決全球問題方面負有義不容辭的責任。建立在主權國家基礎之上的政府間國際組織在全球治理方面影響巨大，聯合國及其下設的諸多委員會在維護世界和平、促進地區安全和實現人類發展方面功不可沒。大量的非政府組織也是全球治理的重要主體，它們在宣傳和平主義理念、實施人道主義救援、保護動物和生態環境等方面起著舉足輕重的作用。最後，個人也在全球治理中扮演著重要的角色，我們應樹立世界公民意識，積極參與國際事務，為人類的發展與進步做出力所能及的貢獻。綜上所述，在多元參與、多層次實踐的全球治理中，建立寬容、開放的國際心態與機制，以全人類和整個世界為價值導向，成為建設人類命運共同體、實現人類美好未來的必由途徑。

---

① 「分配正義」(Distributive Justice) 是政治學與國際政治研究中值得注意的話題。亞里士多德指出，對不同等的人給予同等的分配，與對同等的人給予不同等的分配一樣，都會導致不公正。當代西方政治哲學大師約翰·羅爾斯 (John Rawls) 則指出，社會分配的正義既與獲取或轉移利益的程序有關，同時也與產生的分配結果有關。後者與自由主義政治哲學單純強調程序正義形成反差。國際政治層面的分配正義秉持了這種邏輯，根據戰後全球發展南北急遽不平衡的特徵，越來越多的發展中國家對國際秩序的合理性提出質疑，即在市場經濟框架內規則的平等不能解決國家間規模、資本、自然稟賦或技術能力等差距帶來的分配不公，因此國際政治的分配正義主要針對國際制度所帶來的結果的不公正展開討論。馬克思主義者對資本主義體系運作下的國際制度展開批判，因此對於確立新型、平等的社會關係和公正、合理的世界秩序來實現國內和國際的分配正義保持了肯定的態度。參見：亞里士多德. 政治學 [M]. 吳壽彭，譯. 北京：商務印書館，1965：234；約翰·羅爾斯. 正義論 [M]. 何懷宏，何包鋼，廖申白，譯. 北京：中國社會科學出版社，1988：292；MICHAEL DOYLE. International Distributive Justice [J]. Political Science, 1986, 19 (4)：857；石斌. 秩序轉型、國際分配正義與新興大國的歷史責任 [J]. 世界經濟與政治，2010 (12)：80-88.

本章小結：

　　作為導論，本章旨在介紹國際關係的基本知識，涉及國際關係理論、國際關係行為體、國家利益與國家實力、國際衝突與合作、當代全球問題與全球治理等諸多方面。以上內容為讀者理解複雜的國際關係提供了簡明的理論框架。

思考題：

1. 根據你的專業或學習興趣，設想一個國際關係話題並擬訂出研究方案。
2. 從你的專業或身邊的具體事例出發，討論當代全球問題對個人的影響並提出解決問題的路徑。
3. 請思考學習國際關係對當代大學生有何意義。

閱讀書目：

1. 詹姆斯·多爾蒂，小羅伯特·普法爾茨格拉夫. 爭論中的國際關係理論［M］. 閻學通，譯. 北京：世界知識出版社，2003.
2. 閻學通. 中國國家利益分析［M］. 天津：天津人民出版社，1995.
3. 約瑟夫·奈. 硬權力與軟權力［M］. 門洪華，譯. 北京：北京大學出版社，2005.
4. 漢斯·摩根索. 國家間政治［M］. 徐昕，等，譯. 北京：北京大學出版社，2006.
5. 羅伯特·基歐漢，約瑟夫·奈. 權力與相互依賴［M］. 門洪華，譯. 北京：北京大學出版社，2002.
6. 卡倫·明斯特，伊萬·托夫特. 國際關係精要［M］. 潘忠岐，譯. 上海：上海人民出版社，2012.
7. 查爾斯·凱格利. 世界政治：走向新秩序？［M］. 夏維勇，等，譯. 北京：世界圖書出版公司，2010.
8. 肯尼思·華爾茲. 人、國家與戰爭［M］. 信強，譯. 上海：上海人民出版社，2012.
9. 約瑟夫·奈. 理解國際衝突［M］. 張小明，譯. 上海：上海人民出版社，2009.

世界經濟格局與經濟全球化

世界經濟是一個動態的發展進程，呈現出明顯的階段性。第二次世界大戰結束後，美國經濟一枝獨秀，成為資本主義世界的經濟霸主。與此同時，世界經濟舞臺上出現了資本主義經濟、社會主義經濟和民族獨立國家經濟三種經濟形式。隨著世界經濟的發展與演變，美國的霸主地位逐漸喪失，資本主義世界經濟呈現出三分天下的局面。「冷戰」結束後，經濟全球化成為世界經濟發展的基本特徵和客觀趨勢。新世紀第二個十年，逆全球化思潮暗流湧動。區域經濟合作作為經濟全球化的一種主要表現形式，不僅促進和加速了經濟全球化的發展進程，也成為不同國家趨利避害的應對之策。而經濟全球化又是一把「雙刃劍」，對所有國家來說，都面臨著機遇與挑戰。經濟全球化的發展正在引起國際經濟關係的變化，推動著世界經濟格局的發展與演變。

2.1 戰後世界經濟及世界經濟格局

世界經濟是社會生產力發展到一定歷史階段的產物，同時又是一個動態的發展進程。第二次世界大戰結束後，世界經濟發展進入一個新階段，形成了兩個平行的也是互相對立的世界市場。與此同時，世界經濟格局中出現了資本主義、社會主義和民族主義三種經濟類型的國家。隨著世界經濟和世界經濟格局的發展與演變，資本主義世界經濟出現了三分天下的局面。「冷戰」結束後，世界經濟朝著全球化方向發展，一批新興發展中國家開始崛起。

2.1.1 戰後世界經濟的發展與演變

世界經濟是在世界市場和國際分工的基礎上形成的世界範圍內的國際生產力、生產關係以及與其相適應的國際交換關係，是由不同發展水準的國家與國家集團組成的相互聯繫、相互依賴、共同作用的經濟有機整體。世界經濟實際上就是將各個國家的國民經濟通過國際商品流通、資本的國際流動、勞務的跨國交換

及技術轉讓等多種形式和渠道聯繫在一起。

世界經濟又是生產力發展到一定階段的產物，是伴隨著資本主義生產方式的產生和發展而逐漸形成的。18世紀60年代至19世紀60年代，以蒸汽機的發明和使用為特徵的產業革命，推動著工場手工業過渡到機器大工業，標誌著資本主義生產方式的確立，以國際分工為基礎的各國商品交換和世界市場隨之出現，經濟活動逐漸國際化，世界經濟體系開始形成。19世紀末20世紀初，西方列強瓜分世界的殖民體系形成，資本主義生產方式從歐美少數已完成工業革命的國家擴展到全世界，世界經濟體系最終形成。

第二次世界大戰結束之後，世界經濟發展進入一個新階段，出現了諸多新特徵：現代科學技術突飛猛進，勞動生產率極大提高，推動著生產力持續、快速發展，世界經濟取得了前所未有的增長，各國之間的經濟聯繫日益密切，經濟矛盾和利益衝突亦隨之出現。隨著社會主義從一國發展到多國，形成社會主義世界經濟體系，世界經濟遂呈現資本主義和社會主義兩大經濟體系並存和競爭的局面。20世紀50年代中期到70年代中期，發達資本主義國家經濟有了相當程度的發展，國民生產總值年均增長5.5%。70年代後，發達資本主義國家出現了美國、西歐、日本三分天下的局面，經濟發展呈現出週期性矛盾的新特徵。社會主義國家經濟也以較快速度向前發展。1951—1981年，蘇聯工業產值增長12倍，年均增長8.5%，國民收入增長了8倍多，蘇聯的國民生產總值由相當於美國的31%發展到相當於美國的67%；工業產值由相當於美國的30%增長到相當於美國的80%；農業產值由相當於美國的70%增長到相當於美國的85%。但是，以蘇聯為首的社會主義陣營高度集中的管理體制所存在的弊端，使其未能把握相互依存的世界經濟發展新趨勢，在國內外政治與經濟等多種複雜因素的作用下，20世紀80年代末至90年代初，東歐發生劇變，蘇聯走向解體。而以中國為代表的社會主義國家開始了適應國情的改革，以經濟建設為中心，主動參與國際競爭，充分顯示出社會主義的優越性。

第二次世界大戰結束後，帝國主義殖民體系逐漸解體，獲得民族獨立的廣大發展中國家逐漸成為世界經濟舞臺上不可忽視的力量。1950—1980年，發展中國家在世界國民生產總值中的比重從9.1%提高到16.5%。被譽為「亞洲四小龍」的新加坡、韓國、中國香港、臺灣以及拉美的巴西、墨西哥、阿根廷等國家和地區，抓住發達國家進行經濟結構調整的機遇，積極引進資金、技術和管理經驗，大力發展外向型經濟，逐漸躋身於新興工業化國家和地區行列。然而，也有部分發展中國家經濟發展長期停滯，貧困現象進一步惡化，成為最不發達國家。

「冷戰」結束後，世界市場的資源配置作用越來越重要，國際分工進一步深化。在第三次技術革命的推動下，知識經濟革命興起，發達國家開始了由工業經濟向知識經濟的過渡。主要發達國家的經濟增長方式發生變化，由過去的自然資源依賴型增長，經由資本依賴型增長，向科學技術依賴型增長轉變。隨著新科技向縱深發展，知識經濟背景下出現了諸如電子技術、生物工程、海洋開發、合成材料、宇航、核能等一批新興產業，這些新興產業已成為當今世界經濟的新的增長點。在知識經濟革命的推動下，主要發達國家逐漸將其不具備比較優勢的資本

密集型產業、勞動密集型產業依次向新興工業化國家和地區、其他發展中國家和地區轉移，形成新的國際分工格局。現代信息技術的迅猛發展為國際經濟交往提供了前所未有的高效率信息平臺，各國和各地區的經濟聯繫與協作關係更加密切，擺脫了「冷戰」框架束縛的世界經濟朝著全球化的方向迅猛發展。隨著全球性產業結構的調整特別是經濟全球化趨勢的加速發展，一批新興發展中國家開始崛起。

「冷戰」結束後，世界經濟出現了前所未有的大發展，呈現出許多新的特徵：

第一，跨國公司成為世界經濟發展的主體之一。在科技革命的推動下，跨國公司進入迅速發展期，並在世界經濟中發揮著越來越重要的作用。跨國公司擁有雄厚的資本和強大的科技開發能力，通過直接投資，建立海外子公司，實現企業內的國際分工和專業協作，開展全球性經營，聚集各類生產要素，形成了開發、生產、銷售的國際網絡，以各國和各地區的比較優勢組織生產。跨國公司將不同國家聯繫在一起，成為南北的橋樑，提高了發展中國家的勞動生產率、產品附加值和產品技術含量，促進了發展中國家的產業結構升級。

第二，國際貿易為世界經濟提供了新的動力。第二次世界大戰結束後，國際貿易進入大發展時期，其增長速度不僅大大高於戰前，而且高於同期世界生產總量的增長速度。國際貿易額在世界國民生產總值中所占比重，到1992年已達到33%，即世界產值的1/3是在國際交換中實現的。出口貿易的數量和質量，已成為各國能否占領世界市場和經濟力量強弱的標誌之一。國際貿易的快速發展，進一步深化了國際分工，促進了世界經濟的深入發展。

第三，不同類型的國家和地區普遍開展經濟體制改革與調整。發達資本主義國家在生產關係的某些環節和經濟社會的運行、管理機制方面進行調整和改良，包括借鑑社會主義的一些做法，如建立宏觀經濟調節機制、實現企業管理體制的社會化和民主化、通過提高資本的社會化程度來調整所有制形式以及以社會福利的形式對國民收入進行再分配等，暫時緩解了生產資料私人佔有對生產力發展的制約。社會主義國家也在經濟管理體制、國有經濟的地位、所有制的實現形式、現代企業組織形式特別是市場體制方面進行了改革。

第四，國際經濟組織發揮著協調作用。戰後初期建立的國際經濟機構，如國際貨幣基金組織、世界銀行、關稅及貿易總協定扮演著世界經濟秩序的維護者和協調者的角色。1995年1月1日，世界貿易組織成立。1999年，「二十國集團」成立。此外，遍及全球的區域性國際組織，如歐洲聯盟、東南亞國家聯盟、非洲聯盟以及一些原料生產國和輸出國組織等，在各自的職能範圍內也對協調區域經濟活動發揮著不可忽視的影響。雖然國際經濟組織常常受到大國意志的支配和國際經濟規則的制約，但是仍在世界經濟和地區經濟的發展中發揮著越來越重要的協調作用。

第五，世界經濟發展不平衡不斷加劇。首先是發達國家與發展中國家之間的發展不平衡，主要反應在人均國民生產總值差距和經濟結構的現代化程度上。雖然發展中國家在經濟增長速度上快於發達國家，但許多發展中國家單一的經濟結構並沒有得到根本改變，無法突破技術水準落後、資金短缺、外債嚴重等發展瓶頸。其次是發展中國家之間的發展不平衡，主要反應在各自所奉行的經濟發展政

策上。一批新興工業化國家和地區成為世界經濟增長的新亮點，少數國家與地區在一些基本指標上甚至已接近發達國家，而大多數發展中國家經濟仍然停滯不前，有些發展中國家淪為了最不發達國家。

2.1.2 戰後世界經濟格局的發展與演變

世界經濟格局是指活躍於世界經濟舞臺上的主要國際經濟行為體在一定歷史時期內相互作用而形成的一種相對穩定的力量對比結構和表現形態。決定世界經濟格局的基礎是各主要經濟體的社會生產力發展狀況和發展水準。而世界經濟格局的形成又是一個動態的發展過程。在世界經濟不平衡發展規律的作用下，各種經濟力量的消長和變化發展到一定程度時，世界經濟格局也會隨之發生變化。「冷戰」時期世界經濟格局的演變主要經歷了兩個階段。

第一階段，戰後初期到20世紀70年代初，美國占據世界經濟霸主地位，社會主義經濟體系與資本主義經濟體系並存。

第二次世界大戰改變了世界經濟領域裡的實力對比。德、日、意淪為戰敗國，被盟軍占領，其海外的殖民地、市場、投資喪失殆盡。英、法等國經濟實力受到嚴重削弱，元氣大傷。社會主義蘇聯損失嚴重。而美國的經濟實力卻在戰爭中急遽膨脹，在戰後初期的世界經濟中占據絕對優勢。1948年，美國工業生產總值占全世界工業總產值的54.6%，對外貿易額占到世界貿易總額的32.5%，黃金、外匯佔有額占全世界的74.6%。戰後初期，美國依據其強大的經濟和科技實力，通過一系列的戰後安排及對外政策，把戰前四分五裂的資本主義國家重新統一到以美國為首的資本主義世界經濟體系內，一躍而成為資本主義世界經濟的霸主。

第一，建立以美元為中心的國際貨幣體系，取得世界經濟霸主地位。1944年7月，美、英、法、蘇、中等44國在美國的新罕布什爾州的布雷頓森林召開了國際貨幣金融會議，通過了《聯合國貨幣金融會議的最後決定書》以及《國際貨幣基金協定》和《國際復興開發銀行協定》兩個附件，建立了以美元為中心的國際貨幣體系，即「布雷頓森林體系」。美國通過這些協定控制了國際貨幣基金組織和國際復興開發銀行的人事權和投票權，從而控制了這兩個世界性的金融機構，將美元和黃金掛鉤，其他國家貨幣與美元掛鉤，美元便成為世界貨幣和操縱國際金融的工具。1948年生效的《關稅和貿易總協定》是對布雷頓森林體系的補充，進一步確保了美國的經濟霸權，客觀上也對國際貿易和世界經濟發展產生了一定的積極作用。

國際貨幣基金組織（International Monetary Fund，簡稱IMF）是重要的政府間國際金融組織。關於這一組織的協議條款是與國際復興開發銀行的協議條款一起在1944年的布雷頓森林會議上擬訂的。1945年12月，協議生效，該組織誕生。國際貨幣基金組織的宗旨是提供協調機制，促進國際貨幣與金融合作，擴大世界貿易並平衡其發展，穩定國際匯率，防止競爭性外匯貶值，消除世界貿易中的外

匯障礙，以及通過短期貸款幫助成員調整國際收支的不平衡等。該組織的資金主要來源於各成員認繳的份額，認繳份額最多的是美、英、法、德、日5國，成員有權按所繳份額的一定比例借用外匯。該組織的最高權力機構是理事會，由各成員代表組成，處理日常業務的是執行董事會。中國是這一組織的創始國之一，1980年中國代表權得到恢復。

世界銀行（World Bank）又稱國際復興開發銀行，是根據1944年7月召開的布雷頓森林會議通過的《聯合國貨幣金融會議的最後決定書》及其附件《國際復興開發銀行協定》於1945年2月成立的。它成立初期的宗旨是致力於戰後的歐洲經濟復興，之後才轉向全球性的發展援助，即為成員生產性投資提供長期貸款和技術援助。目前它主要是向發展中國家提供以政府名義擔保的項目貸款，資助興建週期長、利潤偏低但又是該國經濟和社會發展所必需的建設項目。

關稅及貿易總協定（General Agreement on Tariffs and Trade，簡稱GATT）是戰後近半個世紀推動和規範國際貿易並具有約束力的全球性多邊貿易協定。1947年10月30日，美、英、中、法等23國在協定上簽字（1948年1月1日生效）。中國是關稅及貿易總協定的締約國。關稅及貿易總協定在調節世界貿易方面發揮過重要作用。世界貿易組織（World Trade Organization，簡稱WTO）於1995年1月1日取代關稅及貿易總協定開始運行。世界貿易組織與關稅及貿易總協定相比，有如下特點：世界貿易組織是一個國際組織，而關稅及貿易總協定是一個多邊貿易協定；世界貿易組織在管轄的功能方面，涵蓋了服務貿易和知識產權貿易及相關投資措施等新領域，而關稅及貿易總協定只涉及商品和貨物貿易；世界貿易組織設有仲裁機構，而關稅及貿易總協定通過談判解決貿易爭端。中國於2001年成為世界貿易組織的正式成員。

第二，實施馬歇爾計劃、「道奇路線」和第四點計劃。美國出於國內經濟發展的需要以及遏制蘇聯等社會主義國家的戰略需要，1947年6月，美國國務卿馬歇爾提出「歐洲復興方案」即「馬歇爾計劃」。1948—1951年，美國向西歐17個國家提供了131.5億美元的經濟援助。1949年，美國占領當局又為日本制定了「道奇路線」，向日本提供了大量貸款援助，加快了日本的經濟恢復，為美國控制日本奠定了基礎。1949年1月，美國提出「技術援助落後地區計劃」即「第四點計劃」，其主要內容是通過對亞、非、拉不發達國家的投資援助，實現其對所謂共產主義影響的遏制。

第三，對社會主義國家實施經濟和技術封鎖。1948年3月，美國總統杜魯門宣布嚴厲管制對蘇聯的物資輸出。1949年11月，在美國的提議下，成立了旨在對社會主義國家進行封鎖和禁運的「巴黎統籌委員會」，其封鎖和禁運的物資分為尖端技術產品、軍用武器裝備、稀有物資三大類共數百種。1951年，美國國會又通過了《巴特爾法案》（通稱《禁運法案》），規定凡「巴黎統籌委員會」成員向社會主義國家出口戰略物資者，均將被剝奪接受美國軍事、經濟和財政援助的權利。

這一時期，一系列的歐亞國家相繼走上社會主義道路，它們相互支持與合

作,在國際經濟關係中出現了一種新型的、前所未有的社會主義經濟體系。社會主義陣營的國家依靠自身力量,迅速恢復了國民經濟,保持了經濟的較快增長,人民生活水準有了較大改善,經濟實力明顯增強。到20世紀70年代,蘇聯的鋼鐵、石油、水泥、化肥等20多種主要工業產品的產量已超過美國而位居世界首位,成為僅次於美國的世界第二經濟大國。其他社會主義國家基本都是在相對落後的情況下取得勝利並走上社會主義道路的,生產力尚不發達,加之受到西方國家經濟封鎖,對蘇聯依賴嚴重。1949年1月,它們在莫斯科成立了「經濟互助委員會」,開始整合社會主義國家的經濟力量,抗衡美國的經濟封鎖和禁運。這一時期,社會主義經濟在世界經濟總體中的實力和影響不斷擴大,但是,資本主義經濟依然在世界經濟領域中處於領先和主導地位。

20世紀60年代後,國際經濟關係中又注入了新的因素。世界殖民體系開始解體,發展中民族主義國家經濟興起。發展中國家雖然經濟基礎薄弱,經濟發展落後,但在60~70年代,其經濟增長速度一直高於發達國家。它們運用各種經濟手段,以聯合的方式,為打破國際經濟舊秩序進行了不懈的努力。

這一時期,世界經濟格局呈現出發達資本主義國家、社會主義國家、發展中民族獨立國家三種類型國民經濟相互聯繫和鬥爭的態勢。

第二階段,20世紀70年代初至80年代末世界經濟呈多極化發展趨勢,資本主義世界出現美、歐、日三足鼎立。

20世紀70年代,世界經濟的發展出現重大轉折。70年代初的美元危機、石油危機,促進了世界性的經濟結構調整,世界經濟由高速增長進入低速增長時期。美國的經濟實力下降,隨著歐共體和日本經濟實力的上升,資本主義世界經濟逐漸形成三足鼎立的局面。

美元危機

進入20世紀70年代,美國的國際收支狀況開始惡化。1971年,美國的黃金儲備減至102億美元,而美國的國際收支逆差為220億美元,對外短期負債高達520億美元,多次引起拋售美元、搶購黃金的浪潮,逐漸釀成美元危機。1971年8月15日,美國宣布實行「新經濟政策」,其主要內容為:①對內凍結工資和物價;②對外停止履行美元兌換黃金的義務,美元與黃金脫鉤;③對進口商品徵收10%的進口附加稅。美國的這一做法引起各國普遍不滿,紛紛要求美元正式貶值,取消美元的特殊地位,轉向對美元實行浮動匯率。1971年12月和1973年3月,美國政府兩次宣布美元貶值,導致各西方國家貨幣對美元由固定匯率轉為浮動匯率,布雷頓森林體系最終崩潰。

石油危機

1973年10月,正值第四次中東戰爭期間,阿拉伯石油輸出國組織以石油為武器,打擊以色列和支持以色列的國家。它們減少石油生產,對有關國家實施石油禁運,大幅度提高油價。石油價格從原來每桶3.01美元上漲到11.65美元,沉重地打擊了資本主義國家的經濟。

這一時期，美國經濟由高速增長轉為低速增長，出現了經濟停滯、高失業率與通貨膨脹並存的「滯脹」問題。美國的鋼產量占世界鋼產量的比重由 1948 年的 61.6% 降到 1976 年的 25.8%，石油產量占世界比重由 1950 年的 55% 下降到 1976 年的 18.6%，汽車產量占世界比重由 1948 年的 83.8% 下降到 1976 年的 31.9%。1971 年，美國首次出現戰後貿易逆差。此後除個別年份外，貿易逆差一直居高不下。20 世紀 70 年代初，美元兩次貶值，布雷頓森林體系瓦解。1980 年美國的通貨膨脹率達到 13.5%，1985 年外國擁有的美國資產超過了美國擁有的外國資產，美國從世界最大的債權國變成了最大的債務國。

　　與此同時，西歐和日本成為兩個新的世界經濟中心。在美國「馬歇爾計劃」和「道奇路線」的援助下，西歐和日本都在 20 世紀 50 年代初期恢復了經濟。西歐國家於 50 年代走上了經濟一體化道路，以聯合求發展，增強了與美國競爭的實力。1979 年歐共體國民生產總值達 23,800 億美元，首次超過了美國，出口貿易額為 5,711 億美元，是美國出口額 1,786 億美元的 3 倍多。1979 年歐洲貨幣體系正式建立，歐共體經濟實力進一步增強。日本自 1955 年恢復經濟以後，開始了長達 20 年的經濟高速發展時期，1968 年其國民生產總值已超過了聯邦德國，一躍而成為資本主義世界第二經濟大國。

　　蘇聯及東歐社會主義國家經濟實力也在增長。這一時期，蘇聯及東歐社會主義國家基本實現了工業化，經濟社會發展接近或達到中等發達國家水準。1965—1980 年，蘇聯的工業總產值年均增長 6.8%，農業總產值年均增長 2.4%，總體發展速度高於發達資本主義國家和發展中國家。到 20 世紀 70 年代末，蘇聯經濟總量居世界第二位。由於經濟結構的不合理、高度集中的經濟管理體制、粗放型的經濟發展模式，加之與美國進行軍備競賽，嚴重制約了蘇聯經濟的發展，最終導致蘇聯解體。照搬蘇聯模式的東歐國家也先後發生劇變。

　　發展中國家經濟呈上升趨勢。1965—1980 年，發展中國家的經濟增長率為 6%，增長速度仍高於發達國家。發展中國家的出口貿易額由 1970 年的 565 億美元增加到 1980 年的 5,671 億美元，在世界出口貿易中的比重由 1970 年的 17.9% 上升到 1980 年的 28.1%。廣大發展中國家面對維護獨立和發展經濟的雙重任務，走上了聯合自強的道路，建立了諸如石油輸出國組織、東南亞國家聯盟、海灣合作委員會和 77 國集團等多個區域性和全球性的經濟組織。20 世紀 70 年代至 80 年代，亞洲的新加坡、韓國、臺灣和中國香港地區以及拉美的一些國家，抓住發達國家進行經濟結構調整的機遇，實現了經濟騰飛，跨入新興工業化國家和地區行列。20 世紀 70 年代末，中國開始了經濟體制改革和對外開放，經濟發展與世界接軌，逐步成為世界經濟舞臺上的新興發展中大國。

2.2 經濟全球化趨勢及其表現形式

經濟全球化是世界經濟發展的客觀趨勢，是當今世界的一個基本經濟特徵。經濟全球化的發展進程絕不是一帆風順的，存在諸多不確定性，必然要經過一個長期曲折的發展過程。與此同時，區域經濟合作呈強勁發展趨勢，已經成為經濟全球化的主要表現形式。新世紀新階段，區域經濟合作組織出現了超大型化的發展趨勢，進一步加速了經濟全球化的發展進程。

2.2.1 經濟全球化在曲折中發展

最早對「全球化」[①]的經濟內涵做出解釋的是 T.萊維。他在 1985 年發表的題為《市場的全球化》的論文中用「全球化」的新觀念形象地概括了世界經濟發生的巨大變化，即「商品、服務、資本和技術在國際生產、消費和投資領域中大規模地擴散」[②]。根據國際貨幣基金組織專家的定義，「全球化是指跨國商品與服務貿易及國際資本流動規模和形式的增加以及技術的廣泛迅速傳播，使世界各國經濟的相互依賴性增強」[③]。表 2.1 是里斯本小組關於經濟全球化的概念及基本內涵。

表 2.1　里斯本小組關於經濟全球化的概念及基本內涵

範疇	主要內容/進程
金融與資本佔有的全球化	政府對於金融市場放棄管制，資本在國際流動，公司兼併收購活動日益增多，處於早期階段的股東全球化。
市場與市場戰略的全球化	商貿活動進程在世界範圍內實現一元化，在國外穩定建立一元化的工作程序（包括研究與發展、資金籌措），在全球範圍內尋求組合與戰略聯合。
技術和與其聯繫的科研與發展以及知識的全球化	技術成為關鍵性因素：信息技術與通信手段的發展使得在一個公司內部或幾個公司之間能夠建立起全球網絡，實現了生產過程的全球化。
生活方式與消費模式以及文化生產的全球化	居統治地位的生活方式在國際範圍內從一個國家流行到另一個國家，被人們爭相模仿。消費行為逐漸趨同。新聞媒介的作用加強。關稅及貿易總協定的規則被移植到文化交流中。
調控能力與政治控制的全球化	民族國家政府與議會的作用被削弱。為全球調控尋求建立新一代的規則與機制。

［資料來源］里斯本小組. 競爭的極限——經濟全球化與人類的未來 [M]. 張世鵬，譯. 北京：中央編譯出版社，2000.
里斯本小組是在 20 世紀 90 年代初由歐洲、北美、日本等發達國家和地區的近 20 名專家、學者組成的集中研究全球化問題的組織。里斯本小組被認為是最權威的研究經濟全球化的科研組織。

[①] ROLAND ROBERTSON. Globalization [M]. London：Sage，1992：2. 而 1961 年的 Webster 中首次出現了「globalization」一詞。

[②] 馬來西亞民間學術機構「第三世界網絡」. 第三世界的復興 [R]. 1996（10）. 參見：江時學. 何為「全球化」[J]. 學術動態，1997（12）.

[③] 國際貨幣基金組織. 世界經濟展望 [M]. 北京：中國金融出版社，1997：45.

經濟全球化是世界經濟和人類文明發展的新趨勢和新階段,以生產、交換、分配及消費的國際化為特徵,突出地表現為生產要素在全球範圍內加速流動和配置,各國經濟相互影響加深,聯動性增強,世界範圍的經濟高速融合。「冷戰」結束後,世界各主要國家都把發展經濟、提高綜合國力作為在未來世界格局中定位的基礎,這又為經濟全球化提供了有利的政治、安全環境,推動了經濟全球化進程的迅猛發展。以電子計算機、原子能和空間技術的發明和應用為標誌的新技術革命,為經濟全球化提供了技術平臺,也是經濟全球化的直接推動力。在新科技革命的推動下,社會生產力水準迅速提高,國際分工進一步向深度和廣度發展,客觀上要求各國在資金、技術、勞務和知識產權等方面進行國際聯合,共同開發市場。信息技術特別是國際互聯網把各個國家聯繫在一起,節約了時間和成本支出,使得企業組織跨國生產成為可能,同時大大提高了經濟效益和社會效益。馬克思說:「只有在交往具有世界性質,並以大工業為基礎的時候,只有在一切民族都捲入競爭的時候,保存住已創造出來的生產力才有了保障。」「各個單獨的個人才能擺脫各種不同的民族局限和地域局限,而同整個世界的生產(也包括精神生產)發生聯繫,並且才可能有力量來利用全球的這種全面生產(人們所創造的一切)。」[1]

　　經濟全球化早期無疑是以發達國家為主導、跨國公司為主要動力的世界範圍內的產業結構調整。其基本特徵是商品、技術、信息特別是資本在全球範圍內自由流動和配置。因而,經濟全球化具體表現為生產的全球化、投資的全球化、貿易的全球化和金融的全球化。

　　第一,國際分工的變化引起生產的全球化。經濟全球化首先表現為生產的全球化。國際分工使各國成為世界生產的一部分,成為商品價值鏈中的一個環節,形成了世界性的生產網絡。生產的全球化有利於世界各國充分發揮優勢,節約社會勞動,使生產要素充分合理配置,提高經濟效益,促進世界經濟的發展。經濟全球化背景下的國際分工不同於前兩次的產業層次上的垂直分工和部門行業分工,而是企業內部的分工,因而跨國公司充當了這種世界性生產網絡的核心和紐帶。跨國公司實行的全球經營戰略,是加快經濟全球化進程的重要基礎和巨大推動力。據聯合國貿發組織統計,1997年世界上有跨國公司53,000家;1999年就達到了63,000家,設立分支機構70萬個;21世紀初,跨國公司已增加到65,000家,國外子公司85萬個。跨國公司為了擴大其在世界各地的生產規模和生產能力,還大力推進研究與開發的國際化,在國外設立研究與開發基地,聘用國外科技人才,與國外科研機構合作,把其產品的生產過程分解到不同國家和地區,充分利用各國和地區的比較優勢,以實現其成本最低化、效益最大化。

　　第二,跨國公司的全球化經營導致投資的全球化。跨國公司既是全球性生產網絡的核心和紐帶,也是國際直接投資的主體。自20世紀90年代中期起,全球的外國直接投資(FDI)流入規模陡然劇增,跨國公司進入了全球化經營時代。

---

[1] 馬克思,恩格斯. 馬克思恩格斯選集:第1卷 [M]. 北京:人民出版社,1972:61,67-68.

經濟全球化時代，國際化經營是企業立於不敗之地的重要法寶，而國際化經營就是要充分利用國際、國內兩種資源和兩個市場，因而跨國投資和生產就成為經濟全球化時代的重要特徵。國際直接投資的流動帶動了高新技術的流動，促進了資源和要素在全球範圍內的合理配置，直接導致了生產的全球化和貿易的全球化，各國經濟相互滲透，形成了「你中有我，我中有你」的經濟全球化時代特有的新態勢。1987—1992年，全球國際直接投資年平均流入額為1,735億美元，「冷戰」結束後的90年代持續增加，1993—1999年，全球國際直接投資年平均流入額達到4,450億美元。至2016年，全球國際直接投資已達到1.75萬億美元。國際直接投資高速增長成為經濟全球化的主要的推動力之一。國際直接投資的持續增長，將直接引起全球性的產業結構調整，推動經濟全球化向更高的層次和更廣的範圍發展。

第三，生產的全球化直接引起貿易的全球化。生產的全球化的直接結果就是消費的全球化即貿易的全球化。隨著科學技術的發展和經濟全球化趨勢的推進，各國之間、各地區之間專業化分工越來越細，各個國家、各個地區以及公司（企業）都把發展對外貿易作為其生存和發展的基本條件，通過國際貿易爭得在世界經濟格局中的有利地位。據聯合國貿發組織統計，全球貿易在1990年以來保持了年均7%的增長率，2000年的增長率高達12%，2004年的增長率達9%。2012年，全球貿易額約18萬億美元。與此同時，跨國公司在世界貿易中的比重越來越大，對世界經濟的發展和東道國經濟產生了重大影響。隨著經濟全球化進程的加快，原來規範世界貿易的關稅及貿易總協定已經難以適應世界貿易的發展趨勢。世界貿易不再局限於商品和貨物貿易範疇，而是已經擴展到服務及高科技生產要素等方面，世界貿易組織便應運而生。世界貿易組織的成立，推動了世界貿易自由化的發展，有利於構築世界貿易各領域的多邊貿易體制大框架，進一步推動貿易全球化的發展。

第四，投資的全球化必將推動金融的全球化。金融是現代經濟的核心，是國際經濟活動的神經中樞。投資的全球化必將導致金融的全球化，金融的全球化將進一步推動經濟全球化向更深層次發展。金融的全球化促進了經濟多元化和更有效率的國際資本流動，各國的相互依存性進一步增強。20世紀90年代以來，金融國際化的進程明顯加快。1973年，全球每天的外匯市場交易額只有150億美元，1998年就上升到約15,000億美元，2010年達40,000億美元，2014年更高達5,000億美元（見圖2.1），相當於世界每日GDP的30倍。信息革命引發的計算機網絡的普及，將全球金融市場連成一體，為國際金融活動提供了便利，也為巨額國際遊資尋找到了增值的途徑。金融的全球化促進了國際直接投資的流動，對世界經濟的發展有著積極的作用，但金融全球化也會導致國際資本的流動越來越脫離實體經濟運行，蘊藏著引發金融危機的風險。

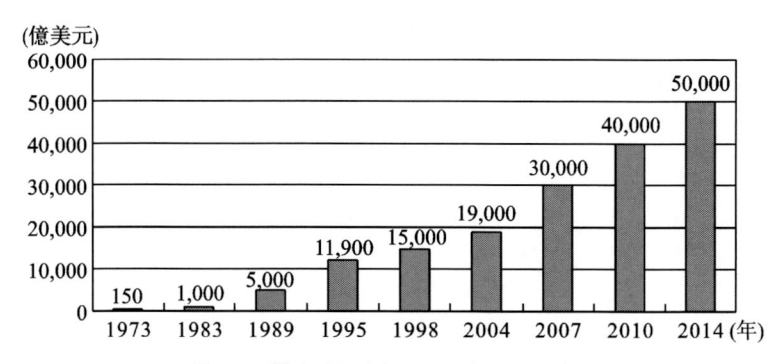

圖 2.1　國際外匯市場日交易額增長示意圖
（根據國際貨幣基金組織、國際清算銀行報告整理。）

　　經濟全球化在促進世界經濟發展的同時，也帶來了前所未有的挑戰。由於各國自身經濟利益不同，社會歷史、政治、文化形態各異，對經濟全球化的認識亦不盡相同，各國參與經濟全球化的意願、動力和程度相差極大，因而經濟全球化存在著諸多不確定性：

　　首先，經濟全球化為國際投機資本提供了炒作的巨大空間，可能給某些國家和地區特別是中小國家和經濟體帶來巨大風險。1997年，國際投機資本利用東亞國家自身存在的問題和經濟全球化趨勢下的弱勢地位，掀起金融風暴，引發東亞金融危機。東亞金融危機實際上是虛擬經濟盲目擴張的結果，給世界各國特別是中小國家起到了警示作用，因為國際信貸和國際投資大爆炸式地發展，已經使那些制度不健全和經濟環境薄弱的國家深受其害。

　　其次，經濟全球化會將一個國家的經濟風險在全球範圍內放大，進而演變成國際性金融危機。2008年美國發生次級房屋信貸危機。這本是美國自身的一場金融危機，但是由於美國的次級房屋貸款的金融業務通過衍生工具將其資本運作擴散至全球範圍，美國的次貸危機逐漸演變成為一場席捲全球的國際金融危機。各國為了應對金融危機的打擊，出抬了不同的應對措施，有的國家採取了以大規模投資刺激經濟的措施，有的國家通過量化寬鬆貨幣政策刺激經濟。這些措施雖然可能對應對危機起到治標的作用，卻使經濟全球化背景下的國際協調更加困難，國際經濟治理面臨新的挑戰。

　　再次，經濟全球化還引起發達國家的某種程度的反彈。雖然發達國家在某種程度上主導著經濟全球化進程，但發達國家內部各階級各階層在經濟全球化進程中的收益也出現了兩極分化，從而導致反全球化和逆全球化思潮的發生。當前，西方發達國家不斷出現的「黑天鵝事件」如英國脫歐和主張「美國優先」的唐納德·特朗普當選美國總統，使貿易保護主義盛行，動輒威脅提高關稅或實施經濟制裁。特朗普上臺令美國內政外交變數陡增，給經濟全球化發展趨勢帶來極大衝擊。

　　最後，經濟全球化的影響逐漸向政治、文化等領域滲透，產生了世界經濟政治化和世界政治經濟化的趨勢。從某意義上說，世界經濟的發展決定了世界政

治的發展。在經濟全球化趨勢的推動下,國際經濟關係常常滲入政治因素或轉換成政治關係。以中國倡議建立亞洲基礎設施投資銀行為例,亞洲基礎設施投資銀行得到了包括英、法、德等在內的發達國家及眾多亞洲國家的支持,美、日等國卻表現出不同的態度。其實,亞洲基礎設施投資銀行的功能側重於基礎設施建設,與世界銀行和亞洲開發銀行的功能是互補的,美、日所擔心的是其喪失對亞洲乃至世界經濟金融的控制權和主導權,其本質是規則和制度之爭。

經濟全球化的發展進程絕不是一帆風順的,特別是新世紀以來世界經濟的跌宕起伏、危機頻發,引起了人們對全球化的極大質疑,甚至將經濟全球化進程中出現的失業率上升和收入差距拉大歸罪於經濟全球化,一些學者甚至開始鼓吹「去全球化」,國際社會也出現了反全球化運動。自金融危機爆發以來,經濟全球化步伐確實有所放緩,尤其是在作為危機源頭的發達國家,不但政治上變得「內向」,而且經濟上保護主義盛行。於是,全球化意識開始淡化,逆全球化行徑開始蔓延,「去全球化」應運而生。馬克思主義認為,事物的發展是螺旋上升的,短期內遭遇的困境並不能改變世界經濟全球化發展的長期趨勢。但可以肯定的是,未來的全球化需要一個「升級版」,唯有如此,才能重新賦予全球化新的生命力。[①]

經濟全球化的確是一把「雙刃劍」。經濟全球化是世界經濟發展的一個新階段,為國際社會合理解決全球性問題和全球治理提供了條件,也為不同文明的相互交流起到了積極作用,但經濟全球化背景下的世界經濟的發展不穩定將成為一種新常態,特別是國際游資對世界經濟發展的衝擊將產生極大的不確定性。因而,經濟全球化將是一個長期的、複雜的、不斷遭遇困境的曲折過程。

2.2.2 區域經濟合作呈強勁發展勢頭

區域經濟合作已經成為與經濟全球化並行不悖的發展潮流。經濟全球化在曲折中發展,存在著諸多不確定性。面對經濟全球化的機遇與挑戰,趨利避害、趨福避禍,幾乎成為所有國家的應對之策。在這樣的背景下,區域經濟合作,作為以地緣關係為基礎開展的各種政府間的經濟合作活動,就成為有關國家應對經濟全球化的必然選擇。

區域性經濟合作組織之所以發展如此迅猛,是因其存在著深層次的社會經濟根源:

第一,全球性的多邊合作機制無法滿足所有國家發展對外經濟貿易的需求。從現階段發展看,經濟全球化通常是以全球性多邊合作機制(諸如世界貿易組織、國際貨幣基金組織等)為基礎,以統一的世界市場和國際經濟規則為標誌,促進全球性生產要素和商品服務的自由流動。而區域經濟合作則以雙邊或地區性多邊合作為基礎,以區域範圍的市場及其運行規則為標誌,促進區域內生產要素和商品服務的自由流動。區域經濟合作比全球性的自由貿易發展趨勢更強勁,雙

[①] 陳鳳英. 經濟全球化期待升級版[J]. 環球, 2015 (8).

邊或區域貿易談判達成協議的可能性大大增加，從而能使相關國家共同受益。特別是近年來一些國家紛紛祭出貿易保護主義大旗，致使很多國家不得不尋求通過區域經濟合作來規避形形色色的貿易壁壘。區域經濟合作既是各國順應經濟全球化潮流的產物，也是相鄰國家為減緩經濟全球化無序衝擊而採取的理性選擇。

第二，參與區域性經濟合作成為部分國家經濟開放的要求和標誌。加入區域經濟合作組織的國家雖然有不同的要求和利益差別，但是它們的目標基本一致，即為經濟的長期發展贏得時間和空間上的優勢。墨西哥加入北美自由貿易區、中東歐國家申請加入歐盟都試圖向外部世界展示本國的貿易自由化體制及改革所具有的穩定性，從而達到改善其貿易條件，實現規模收益遞增，強化競爭，吸引外國投資、擴大對外貿易等目的。中東歐一些國家加入歐盟的目的之一，就是想借助歐盟平臺迅速擺脫經濟上的落後局面，追上西歐發展的步伐，而有的國家則將構建區域經濟合作當成一種手段，向貿易夥伴施加壓力。多年來，美國試圖通過簽署雙邊或者地區性貿易協定，採取分化手段，拉攏一些國家，同時又對其他國家設置貿易壁壘。

第三，區域經濟合作有利於本國和本地區經濟貿易的發展，增強成員應對經濟風險的能力。各種數據表明，全球貿易的增長大部分源於各種業已形成或正在建立當中的經濟合作組織內部貿易的增長。如今，發生在歐盟、北美自由貿易區、東盟自由貿易區、南方共同市場、中歐自由貿易區和安第斯共同體六大區域貿易集團內部的貿易量，就占到世界貿易總量的 1/3 以上。全球貿易中半數以上是在各個區域經濟合作組織的成員之間進行的。區域內自由貿易可以產生「貿易創造」與「貿易轉移」作用。「貿易創造」即由於取消內部關稅和其他限制，致使區內交易成本降低，價格下降，從而使區內貿易增長。如，歐盟對外投資的 1/3 是在成員之間進行的；就北美而言，美國和加拿大都互為最大的投資對象國。區域經濟合作組織由於其在貿易優惠方面的排他作用，特別是區域內外的差別待遇，可能產生跨區域貿易向區域內貿易轉移，從而給其他地區特別是沒有開展區域貿易合作的國家和地區帶來較大壓力。

第四，區域性經濟組織的合力作用使其成為能夠左右地區經濟乃至影響世界經濟的重要力量。隨著經濟全球化的程度加深，國際經濟遊戲規則的約束力也越來越強。參與制定新的國際經濟規則和修改舊的國際經濟規則，成為各國實現利益最大化的重中之重。區域經濟合作組織正是由於其有較大的市場規模，對國際經濟規則制定和完善的影響力越來越大。如果不借助區域經濟組織這種整體的力量，單個的國家難以對世界經濟事務發揮與其實力相匹配的影響。20 世紀後期「歐洲統一大市場」形成之際，美國已經感到其面臨的壓力，成立北美自由貿易區，即為其應對挑戰的舉措。當今世界，各大經濟體都在積極籌建超大型區域經濟合作的制度性安排，以真正發揮對世界經濟的影響力。雖然特朗普已經廢除了 TPP，但 TTIP（Trans-Atlantic Trade and Investment Partnership，跨大西洋貿易與投資夥伴協議）、RCEP（Regional Comprehensive Economic Partnership，區域全面經濟夥伴關係）及 FTAAP（Free Trade Area of the Asia-Pacific，亞太自由貿易區）等超大型區域經濟合作安排仍在籌劃之中。區域經濟合作特別是超大型經濟

體的一體化進程的加快，對世界經濟和經濟全球化趨勢產生著深遠影響。

根據經濟一體化的發展程度，區域經濟合作可以分為六種形式。其一，優惠貿易安排，即通過協定或其他形式，對全部商品或部分商品給予特別的關稅優惠，是經濟一體化中等級最低和最鬆散的一種形式。其二，自由貿易區，即由簽訂自由貿易協定的國家組成一個貿易區，成員之間統一關稅或免徵關稅並取消其他貿易限制，但對自由貿易區以外國家仍徵收較高關稅。其三，關稅同盟，即成員之間完全取消關稅或其他壁壘，建立共同的對外關稅，同盟內部商品自由流通和自由競爭，帶有超國家的性質。其四，共同市場，即成員在關稅同盟的基礎上進一步消除對生產要素流動的限制，同盟內實現技術、資本、勞動力、商品的自由流動。其五，經濟聯盟，即成員之間建立超國家的管理機構，制定和執行某些共同經濟政策和社會政策，逐步廢除政策方面的差異，形成一個龐大的經濟實體。其六，完全經濟一體化，即成員在經濟、金融、財政等政策方面均完全統一，在國家經濟決策中採取同一立場，區域內商品、資本、人員等自由流動，使用共同貨幣，是區域經濟一體化的最高階段。

區域經濟合作和經濟全球化追求的目標是基本一致的，即實現規模經濟、提高經濟效益和增強產品競爭力。區域性經濟組織內部實行生產要素的自由流動，必將加速資本的相互滲透，深化成員之間的相互依存和國際分工，從而進一步推動經濟全球化進程。然而，區域經濟合作與經濟全球化的發展也有矛盾的一面。從經濟運行規則看，區域性經濟合作具有排他性，其內外有別的政策常帶有濃厚的貿易保護主義色彩，因而在一定程度上對全球多邊貿易體系產生了消極影響，也加劇了區域經濟合作組織之間的矛盾。但是，區域性經濟合作也具有開放性的一面。區域性經濟合作並非只著眼於地區性的自給自足，而是要從國際貿易中獲得更多的好處，增強產品在國際市場上的競爭力。在經貿活動中，各區域經濟合作組織之間相互聯繫，具有相互開放性。從長遠來看，區域經濟合作不但不會阻礙經濟全球化的發展，而且還將推進經濟全球化的發展。

世界上最早的區域合作組織是蘇聯和東歐國家於1949年成立的經濟互助委員會。之後，歐共體的建立標誌著西歐國家開始走上區域經濟合作的道路。20世紀70年代，各種形式的區域經濟合作迅速發展，發展中國家也建立了區域性經濟合作組織。20世紀90年代，北美自由貿易區的建立、歐洲聯盟的成立，特別是歐元的出抬，把區域經濟合作推向了更高階段。2002年7月，非洲聯盟的成立則標誌著非洲大陸區域經濟合作進入新階段。在經濟全球化浪潮推動下，區域經濟合作、跨區域經濟合作、次區域經濟合作蓬勃發展，已經遍布世界各個地區，形成了一個個以區域為活動範圍和聯繫主體的經濟網絡。

歐洲聯盟是當今世界經濟一體化程度最高的區域經濟合作組織。自西歐6國於1951年4月18日簽訂《歐洲煤鋼聯營條約》之後，歐洲開始走上經濟一體化進程。1993年歐洲聯盟建立，1999年歐元出抬，2002年歐元取代歐元區各國貨幣，成為歐元區唯一貨幣。歐盟的超國家力量，在經濟上表現出歐盟統一市場的透明性、競爭性與流動性，在文化心理上樹立起歐洲的統一形象。截至2016年年底，歐盟有27個成員，人口5億，盟內生產總值16萬億美元。2009年，歐盟

還選舉赫爾曼·範龍佩為首位歐洲理事會常任主席，凱瑟琳·阿什頓為歐盟外交和安全政策高級代表，這兩個職務被形象地稱為「歐盟總統」和「歐盟外長」，表明歐盟將繼續朝著經濟、政治及外交全方位一體化的方向推進。當然，歐洲一體化進程也遇到了嚴峻挑戰。2010年歐債危機發生且不斷蔓延，特別是希臘債務危機久拖不決，暴露出了歐元區有統一的貨幣政策而沒有統一的財政政策的制度設計缺陷。歐洲一體化從此將進入曲折發展的新階段。

美國和加拿大於1988年1月通過簽署《美加自由貿易協定》，建立了北美自由貿易區，1994年1月墨西哥加入，北美自由貿易區啓動。根據《北美自由貿易協定》，美國、加拿大、墨西哥三國將逐步取消貨物與服務進出口關稅及投資障礙。北美自由貿易區是由不同經濟發展水準的國家組成的區域性經濟合作組織。1994年12月邁阿密美洲國家首腦會議確定了建立美洲自由貿易區的最後時間表。美國試圖以北美自由貿易區為基礎，逐步向南擴展，組建一個囊括整個美洲的自由貿易區。美洲自由貿易區一旦建成，將成為世界上最大的自由貿易區，它北起阿拉斯加，南到阿根廷，包括除古巴以外的34個美洲國家。該貿易區人口近8億，貿易額占全球的1/5以上。但是，有關美洲自由貿易區的談判進展緩慢，在農業補貼、降低關稅、市場准入等關鍵問題上尚未達成實質性的協議，一些主要成員的利益難以協調，談判一直停留在議程和框架層面上。特朗普上臺後不僅立即宣布退出TPP，而且就北美自由貿易區與加拿大和墨西哥重新進行談判。美國在區域經濟合作問題上採取了消極態度。見圖2.2所示。

圖2.2 特朗普入主白宮後立即宣布退出TPP

亞太經濟合作組織（APEC）成立於1989年。1993年11月，在美國西雅圖舉行的首次APEC領導人非正式會議，成為APEC發展進程中的里程碑，形成了高官會議、部長級會議、領導人非正式會議三個層次的決策機制。其宗旨和目標是：相互依存，共同受益，堅持開放性多邊貿易體制和減少區域內貿易壁壘。亞太經濟合作組織由成立之初的12個成員發展到1999年的21個成員。1999年，亞太經濟合作組織21個成員總人口約占世界人口的40%，生產總值約占世界生產總值的56%，貿易額約占世界貿易總額的48%。由於亞太地區經濟發展極不平衡，因而亞太經濟合作組織不搞立法式的規定，不推行一種模式，任何方案和動

议都必須經過成員一致同意。1994 年 11 月，印度尼西亞茂物會議決定在成員中分兩步實現貿易與投資自由化，其中，發達國家和地區於 2010 年、發展中國家和地區於 2020 年實現貿易與投資自由化目標。2014 年 APEC 北京峰會在已簽訂的亞太地區 43 項雙邊及小型自由貿易協定基礎上，力推亞太自由貿易區（FTAAP, Free Trade Area of the Asia-Pacific），並通過亞太自由貿易區路線圖，標誌著亞太自由貿易區進程的正式啓動。

　　2002 年 7 月由 53 個非洲國家成立了非洲聯盟。非洲聯盟以「非洲發展新夥伴計劃」作為發展戰略，這是一個龐大的一攬子計劃，涉及非洲政治、經濟等各個方面，發展目標明確而具體，是對非洲發展道路的新探索，為非洲追趕世界發展潮流勾畫了宏偉藍圖。「非洲發展新夥伴計劃」要整合非洲大陸的資源、人力、資金和技術，加強非洲在國際市場上的競爭力。2011 年 8 月 15 日，非洲聯盟正式接納南蘇丹共和國成為其第 54 個成員。非洲聯盟擬以非洲現有的數十個區域性、次區域性經濟合作組織為基礎，逐步縮小各區域間的發展差距，加強區域間的協調與合作，推動非洲的一體化進程。非洲聯盟未來計劃使用統一貨幣、建立聯合防禦力量、成立跨國家機構。非洲聯盟的方案對於非洲未來的發展是一次重要的嘗試，是非洲國家在經濟全球化浪潮下為防止「被邊緣化」而採取的新對策。

　　2010 年，中國—東盟自由貿易區（China-ASEAN Free Trade Area）正式運行。如今，中國—東盟自由貿易區已經成為一個擁有近 19 億人口、國民生產總值近 13 萬億美元的自由貿易區。中國與東盟國家共同推進自由貿易區建設進程，推動東亞乃至整個亞洲地區的經濟協調與合作，為本地區的發展與繁榮創造有益環境。中國連續多年保持東盟第一大貿易夥伴地位，東盟則是中國第三大貿易夥伴，東盟目前是中國企業在國外投資的第一大市場。如今，中國—東盟自由貿易區候選國東帝汶、觀察員國巴布亞新幾內亞正在申請加入。中國—東盟自由貿易區是中國參加的第一個自由貿易區，是繼歐盟、北美自由貿易區之後的世界第三大自由貿易區，對中國和亞洲的發展具有深遠影響。同時，中國—東盟自由貿易區將在 2015 年完成升級談判，並在此基礎上加大自由貿易區內部的次區域合作（如大湄公河次區域合作），進而完成 RCEP 談判。中國與東盟的自由貿易區機制將推動中國「一帶一路」倡議的實施。

　　金磚國家機制正在從一個經濟概念發展為國際經濟合作的平臺。「金磚五國」（BRICS）是巴西（Brazil）、俄羅斯（Russia）、印度（India）、中國（China）和南非（South Africa）國名的英文首字母的集合。「金磚國家」一詞由美國高盛公司首席經濟師吉姆·奧尼爾首次提出（2001 年）。2013 年金磚國家峰會決定設立金磚國家開發銀行和應急儲備基金，2014 年金磚國家峰會正式簽署金磚國家開發銀行合作協議（2015 年 7 月金磚國家新開發銀行成立），2015 年金磚國家峰會同歐亞經濟聯盟、上海合作組織成員進行了深入的溝通。金磚國家正在以金磚國家新開發銀行和應急儲備基金為基礎，依託亞投行、歐亞經濟聯盟、上海合作組織、環孟加拉灣多領域經濟技術合作組織、南方共同體市場、南部非洲發展共同體等數十個多邊合作機制，改革和創新國際秩序，引導全球治理。中國提出的

「金磚+」模式已獲得廣泛認可，目前成員已達到 35 個，為金磚國家參與和引導全球治理提供了強有力的支撐。

2.3 經濟全球化對世界經濟格局的影響

經濟全球化成為世界經濟發展的客觀趨勢，全球治理體系和國際秩序變革加速推進，各國相互聯繫和依存日益加深，對於所有國家和地區來說，都面臨著機遇與挑戰。同時，各國在當今國際格局和現存國際秩序中所處的地位各不相同，因而各國的應對能力和應對實力存在較大差異，所面臨的機遇與挑戰也各不相同。經濟全球化背景下的全球範圍的產業結構調整和技術轉移，不可避免地引起了國際經濟關係的新調整和政治權利再分配。

2.3.1 經濟全球化對發達國家的影響

經濟全球化的起步和加速發展是在現有國際政治與經濟秩序的背景下開始的，因而發達國家捷足先登，不僅占據天時、地利等先機，而且擁有資金、技術等優勢。從目前的發展狀況看，發達國家主導甚至在一定程度上支配著經濟全球化的發展進程。它們依靠強大的經濟實力，占據著資本、技術、信息及科技人才的優勢，主導著主要國際經濟組織和國際經濟規則，以自身優勢推動著經濟全球化發展進程，從而使其成為現階段經濟全球化發展的最大受益者。發達國家越來越將貿易自由化的重點放在資本密集型和技術密集型產業上，這是發達國家最有競爭力的強項，同時在勞動密集型產業上，發達國家也不遺餘力地採取保護政策，時不時祭起貿易保護主義大旗，試圖遏制發展中國家特別是發展中大國的崛起。

發達國家為了長期主導經濟全球化發展趨勢，運用其在世界經濟舞臺上的優勢地位，從自身利益出發，不斷調整和制定國際經濟規則，並將經濟全球化推向其他領域。發達國家還在繼續成立新的國際經濟組織，簽訂新的國際經濟協定，建立國際信息網絡，鞏固和加強其在經濟全球化進程中的優勢地位。同時，發達國家還試圖將自己的政治制度、價值觀念、意識形態推向全球，以謀求政治、經濟、文化領域的全面霸權，希望按照它們的意志建立國際經濟秩序和國際政治秩序。從表面上看，發達國家和發展中國家在同一游戲規則下競爭，在形式上似乎是完全平等的，但形式上的平等掩蓋不了事實上的不平等。西方發達國家試圖在平等競爭旗號下掩蓋其經濟、金融、技術的霸權主義，實行有利於發達資本主義國家的對外經濟貿易戰略。由於經濟科技水準相對落後，多數發展中國家在全球化進程中面臨著發達國家經濟和技術優勢上的巨大壓力，經濟安全和政治安全均受到威脅。一些國家無力阻擋國際壟斷資本對其民族經濟的衝擊，民族產業不斷被跨國公司擠垮和吞並。

然而，經濟全球化是世界經濟發展的客觀趨勢，也是人類文明發展的新階

段，其發展進程絕不可能以少數發達國家的意志為轉移。長遠來看，面臨經濟全球化挑戰的不僅僅是發展中國家，從更廣和更深層次上分析，發達國家也面臨著經濟全球化帶來的嚴峻挑戰。發達國家面臨的挑戰主要有以下幾個方面：

其一，全球性的產業結構調整勢必對包括發達國家在內的許多國家造成衝擊。經濟全球化背景下的全球性產業結構調整是以發達國家向發展中國家轉移勞動密集型產業為基本標誌的。發達國家的產業轉移也導致某些國家出現「產業空心化」和虛擬經濟與實體經濟不相匹配等問題，其直接後果就是自20世紀90年代以來的經濟低速增長。2008年爆發的國際金融危機，更是一個典型的案例。正是由於勞動密集型產業向發展中國家轉移的現實，致使發展中國家大量廉價商品被輸入發達國家。發達國家的資本輸出實際上等於把本國勞動密集型產業的就業機會輸出到了發展中國家，其直接後果是減少了發達國家內藍領工人的就業機會，致使發達國家失業率居高不下。如今，發達國家的非熟練工人已經成為反全球化的重要力量。

其二，經濟全球化也加劇了發達資本主義國家之間的矛盾。世界上的資源是有限的，市場空間的擴張也是有限的，這不僅直接導致了跨國公司競爭的白熱化，而且加劇了發達資本主義國家之間的矛盾。無論是對外投資還是對外貿易，發達國家之間經濟互補性差，所存在的同質化的困境難以破除，激烈競爭在所難免。美國曾多次指責日本和歐盟樹立貿易壁壘，要求它們開放市場，並試圖啓動所謂「301條款」對日本進行調查。20世紀90年代以來，美、日、歐貿易糾紛不斷，「汽車戰」「香蕉戰」「鋼鐵戰」頻繁爆發。全球市場、資金、資源的爭奪矛盾更加尖銳，世界範圍內貿易競爭和國與國之間經濟實力的較量越來越激烈。

其三，經濟全球化已經引起了發達國家虛擬經濟膨脹，潛藏著深刻的矛盾。經濟全球化帶來的產業結構轉移，直接導致發達國家的經濟過度虛擬化。虛擬經濟雖然相對獨立於實體經濟，但本質上是對實體經濟的一定形式的反應。為推動經濟增長，發達國家特別是美國的決策者曾鼓勵過度消費，造成寅吃卯糧，加之金融業監管不力，誘導普通百姓通過借貸進行超前消費、入市投機，致使美國債臺高築，這又為金融危機的發生埋下了隱患。據美國人口調查局公布的數據，從20世紀中後期開始，伴隨著虛擬經濟的逐年膨脹，美國的製造業逐年萎縮。從1980年到2009年，美國製造業增加值占GDP的比重從21.1%降到12.6%，製造業就業人數占就業總人數的比重從21.6%降到9.1%。[①] 而以美國華爾街為代表的國際金融資本為不斷追求超額利潤，以金融創新為幌子，試圖將金融資本無限放大，在缺乏金融監管的背景下，終於爆發了次貸危機。次貸危機引發了連鎖反應，演變成了國際金融危機。國際金融危機發生後，各國政府紛紛推出刺激經濟增長的寬鬆政策，而一些高福利、低盈餘的歐洲國家無法通過公共財政盈餘來支撐過度的舉債消費。希臘、葡萄牙、愛爾蘭、義大利、西班牙等國都爆發了歐洲主權債務危機，並引致國家政權更迭，國際金融危機進一步加深，給世界經濟增添了更多的不確定因素。

其四，經濟全球化不僅不能解決資本主義的基本矛盾，而且在一定條件下還

[①] 杜海濤，吳秋餘. 立身之本不能丟（經濟熱點・實體經濟是根基②）[N]. 人民日報，2012-02-13（16）.

可能使其更加激化。從某種意義上說，經濟全球化將導致資本主義基本矛盾的全球化。發達國家中出現的就業問題和收入差距拉大的問題並不完全是經濟全球化發展的必然結果，而是資本主義基本矛盾在全球範圍內的放大以及在經濟全球化趨勢下的新表現。經濟全球化趨勢背景下，發達國家的產業調整是不可避免的，它使發達國家的資本家獲得更多的超額利潤，同時又造成發達國家的非熟練工人失業或工資待遇下降，這才是發達國家兩極分化的直接原因。「國際資本主義把資本的吸血管伸到全球，是為了緩解資本主義基本矛盾，使得自己免於死亡。吸血雖然見效，但從長遠的觀點來看，畢竟是揚湯止沸的短期行為。它在創造了資本主義世界經濟體系的同時，也把資本主義的病竈即資本主義基本矛盾擴展到了全球。」① 隨著經濟全球化進程的推進，資本主義也將在世界範圍內面臨生產的盲目性等更多的矛盾和危機。

　　經濟全球化已經對發達國家帶來了嚴重挑戰。經濟全球化使發達國家經濟發展同質化的矛盾逐漸暴露，加劇了發達國家之間的經濟矛盾，從而在發達國家中也出現了反全球化的思潮。法國的反全球化帶有反對美國霸權、維護法國文化傳統的傾向。英國的反全球化則更多地涉及全球化中的自由民主問題、市場與社會問題、政府干預問題和社會福利問題。美國反全球化人士顯然更關注勞工、醫療保健、環境、就業、移民等問題。美國著名學者弗朗西斯・福山於 1992 年在其《歷史的終結》一文中提出「西方自由民主制的到來可能是人類社會演化的終點」。而到了今天，福山先生不得不承認：「政治的發展永遠是進行時，每種制度都需要演變，沒有一種放之世界皆正確的制度。」②

※觀點爭鳴※　　歐洲國家成為亞投行創始會員國是對美國的背叛嗎？

　　在亞洲開發銀行長期為日本所把持、世界銀行長期被美國所壟斷、國際貨幣基金組織長期為歐洲所主導的今天，亞投行（亞洲基礎設施投資銀行）的創建被廣泛解讀為爭奪世界金融秩序主導權的一種舉措。實際上，除了大國之間的博弈，亞投行的創建以及多個國家的加入，也有著深刻的經濟原因，並將帶來長遠的經濟影響。

　　當前全球經濟復甦乏力，但亞洲地區的活力要明顯高於其他地區，寄望亞洲經濟保持較快發展以帶動其他區域經濟發展，被認為是化解當前世界經濟難題的一把金鑰匙，「向東看」成為很多國家的戰略選擇，深受經濟低迷困擾的歐洲國家自然不願成為旁觀者。因此，與其渲染英、法、德、意加入亞投行是對傳統盟友美國的背叛，不如強調這是基於現實利益的理性選擇以及對亞洲未來前景的戰略判斷。

　　——摘自［法］《歐洲時報》2015 年 3 月 20 日文章《歐洲「入伙」亞投行，經濟意義大於政治意義》

---

① 《求是》課題組. 當代資本主義的基本矛盾——論資本主義發展的歷史進程［J］. 求是，2001（3）.
② 福山. 沒有放之世界皆正確的政治制度［N］. 伊文，翻譯並整理. 環球時報，2015-04-24（14）.

2.3.2 經濟全球化對發展中國家的影響

發展中國家無疑在經濟全球化進程初期不占主導地位，其弱勢地位在較長時期內難以發生根本性扭轉，因此發展中國家在經濟全球化進程中面臨著比發達國家更嚴峻的挑戰，難以同發達國家一樣享受經濟全球化所帶來的好處。多數發展中國家由於發展資金匱乏、債務負擔沉重、貿易條件惡化、金融風險增加以及技術水準落後，總體上處於更為不利的地位。隨著經濟全球化的不斷發展，南北經濟差距將會越拉越大。發達國家通過不平等交換，把廣大發展中國家變成它們的廉價資源供應地、獲取高額利潤的投資場所、推銷剩餘產品的市場。資本流遍世界，利潤流向西方。跨國公司不僅能夠控制發展中國家的重要產業，包括礦藏、能源及高新產業，而且還可以控制發展中國家的對外貿易，致使一些國家的民族企業難以抵擋跨國公司衝擊而破產。

目前的經濟全球化已經加劇了全球範圍內的兩極分化，使發展中國家處於不平等和受剝削的地位。世界上 80 個最富有的人擁有 1.9 萬億美元的財產，這相當於世界上 35 億低收入人口擁有的財產的總額；與此同時，世界上還有超過 10 億人生活在每天花費 1.25 美元的貧困線以下。在最富有的國家裡，人們的消費額是最窮困國家消費額的 400 倍。瑞士居民一天的消費比莫桑比克居民一年的消費還要多，這還只是平均值。富國大企業的經理們一天的收入高於窮國百姓一生的收入。一位南非礦產主的年收入為 20 億美元，它相當於 500 萬乍得居民全年總收入的 3 倍。世界銀行的報告指出，在一個不能打破貧困週期且越來越不平等的世界裡，集中於工業化國家占世界人口 1/6 的人壟斷了全球近 80% 的收入。聯合國計劃開發署發表的 2002 年度《人力發展報告》指出，最富有國家與最貧困國家收入之間的差距在 1920 年是 35：1，1975 年是 45：1，1992 年是 75：1，2001 年是 100：1。發達國家的經濟優勢使其在經濟全球化發展中處於中心地位，發展中國家的弱勢地位則使其面臨經濟全球化的巨大挑戰。見圖 2.3。

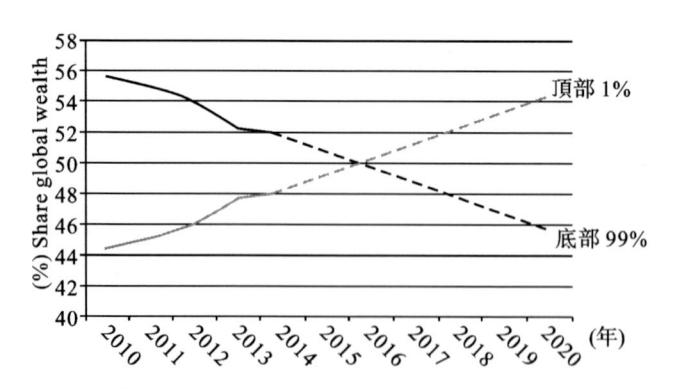

圖 2.3　扶貧慈善機構樂施會 2015 年 1 月 12 日報告：1% 的人將擁有全球過半財富

雖然發展中國家面臨著比發達國家更大的挑戰，但是從長遠看，經濟全球化對某些發展中國家來說也是一次難得的歷史機遇。如果我們客觀分析經濟全球化的基本發展趨勢和發展中國家的經濟社會發展的現實，就可能得出這樣的結論：發展中國家中有經濟、技術和發展戰略不同的兩類國家。一類是經濟發展較快的國家特別是發展中大國，如「金磚國家」及東盟等國家和地區。這些國家和地區由於在綜合國力和基礎科學研究等方面具有相當的實力，擁有一定數量的科學技術人才，在某些領域已經取得了相對優勢，因此在可預見的將來有可能趕上或超過某些發達國家。另一類是相當數量的發展中國家，由於經濟發展起點較低，或者是發展戰略失當等原因，難以適應經濟全球化的發展潮流，長期處於世界經濟體系的底端。出現這種差異的原因很複雜，綜合而言大約有：

其一，每一次產業革命都將推動世界經濟進入新一輪融合，使部分國家脫穎而出，後來居上。工業革命的發源地英國從世界古典文明的邊緣奇跡般地變成了世界近代文明的中心。而以電力技術的發明和應用為代表的第二次技術革命為美國的崛起提供了機遇。第二次世界大戰後的日本在經濟上受到了毀滅性打擊，但是借歐美國家進行產業結構調整之機，半個世紀以來引進了全世界幾乎全部的技術，發展成為資本主義世界第二大經濟強國。以「亞洲四小龍」為代表的新興工業化國家和地區，則依靠新一輪技術革命中發達國家轉移勞動密集型產業的機會，實施「出口導向型」發展戰略，實現了自身的跨越式發展。

其二，只有綜合實力較強的新興發展中國家才具備崛起的比較優勢。僅以中國、印度等發展中國家為例，中國、印度都是幅員遼闊的大國，屬於發展中國家中綜合國力較強的國家，經濟回旋餘地大，適應性強。它們不僅擁有較高素質的廉價勞動力資源，深受跨國公司青睞，成為跨國公司投資的重點地區，而且有廣闊的市場和一定數量的高科技人才。只要自身發展戰略得當，其他力量難以撼動其根基。進入新世紀，中國、印度等新興發展中大國的經濟增長穩居世界前列，包括中、印在內的「金磚國家」已經形成經濟合作機制，在世界經濟舞臺上發揮著舉足輕重的作用。見圖2.4。中國作為負責任的世界大國，倡導構建人類命運共同體，促進全球治理體系變革，以「一帶一路」建設為重點，形成陸海內外聯動、東西雙向互濟的對外開放格局，為全球治理提供了中國智慧和中國方案。

其三，只有具備較強科技力量和發展潛力巨大的發展中國家，才能真正發揮後發優勢。從長遠看，經濟全球化為一些經濟發展水準較高、科技基礎和設施比較完善的發展中國家提供了難得的趕超機遇。原因主要有：①研究開發成果全球共享以及科學技術的溢出和擴散已經成為世界經濟的一種重要現象。跨國公司生產的國際化推動了研究開發的國際化，一些發展中國家的「以市場換技術」已經取得了良好的效果。②全球性產業結構調整導致向發展中國家的技術流動。產業轉移意味著技術轉移，發展中國家可以在技術轉移中受益。③發展中國家通過積極參加對外技術交流與合作，充分發揮後發優勢。中國的航空航天和生物工程技術、印度的軟件產業、巴西的航天技術等都是具有比較優勢的高科技產業。

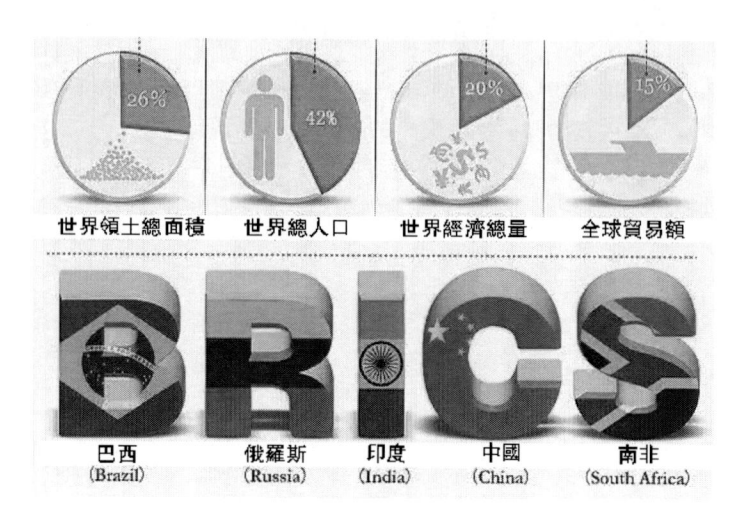

圖 2.4 「金磚國家」概況

　　世界正處於大發展大變革大調整時期，和平與發展仍然是時代主題。經濟全球化對世界經濟格局的影響是一個漸進的和長期的過程。對於某些發達國家而言，由於長期福利制度的慣性作用，特別是某些國家的所謂民主政治已經被民粹式選舉制綁架，如果經濟競爭能力和經濟創新能力不強的話，將很難適應經濟全球化的發展趨勢，並有可能走向衰落。而對於某些發展中國家而言，如果能夠抓住經濟全球化的機遇，並積極應對挑戰，發揮比較優勢，融入世界經濟體系，則會在經濟全球化進程中逐漸崛起。如今，正在興起的「金磚國家」（BRICS）、「展望五國」（VISTA）[1]、「金幣四國」（MINT）[2]、「新鑽 11 國」（Next-11）[3]、迷霧四國（MIST）[4] 等正在改變著世界經濟格局，金磚國家開發銀行、亞洲基礎設施投資銀行等國際金融機構的建立都是新興發展中國家興起的標誌，正在影響著世界經濟格局的演變趨勢。

本章小結：

　　第二次世界大戰結束後，世界經濟的發展進入了一個新階段，世界經濟舞臺上出現了資本主義經濟、社會主義經濟和民族獨立國家經濟三種經濟形式。在新

---

[1]　VISTA 是由越南（Viet Nam）、印度尼西亞（Indonesia）、南非（South Africa）、土耳其（Turkey）、阿根廷（Argentina）的英文首字母組成的諧音英文單詞 Vista，意為「展望」，故稱「展望五國」。

[2]　MINT 是由墨西哥（Mexico）、印度尼西亞（Indonesia）、尼日利亞（Nigeria）和土耳其（Turkey）的英文首字母組成的諧音英文單詞 Mint，意為「金幣」，故稱「金幣四國」。

[3]　Next-11，簡稱 N-11，是指成長潛力僅次於「金磚四國」的 11 個新興市場。2006 年，美國高盛公司提出「新鑽 11 國」概念，是根據勞動力成長、資本存量與技術成長三項指標估算出 GDP 增長率，認為巴基斯坦、埃及、印度尼西亞、伊朗、韓國、菲律賓、墨西哥、孟加拉、尼日利亞、土耳其、越南這 11 國在經濟發展潛力上僅次於「金磚國家」，不僅目前在經濟發展上有良好表現，前景也是一片光明。

[4]　MIST，也被稱為「新金磚四國」，是墨西哥（Mexico）、印度尼西亞（Indonesia）、韓國（South Korea）和土耳其（Turkey）國名的英文首字母的集合。這一概念由美國高盛公司首席經濟學家吉姆·奧尼爾於 2011 年首先提出，它們被認為是具有巨大發展潛力的四大經濟體。

技術革命的推動下，世界經濟出現了前所未有的大發展並呈現出諸多方面的新特徵：跨國公司成為世界經濟發展的主體之一；國際貿易為世界經濟提供了新的動力；不同類型的國家和地區普遍開展經濟體制改革與調整；國際經濟組織發揮著穩定的協調作用；世界經濟發展不平衡不斷加劇。「冷戰」時期的世界經濟格局經歷了從戰後初期至20世紀70年代初美國稱霸世界經濟領域到20世紀70年代初至80年代世界經濟向多極化方向發展與演變兩個階段。「冷戰」結束後，世界經濟朝著全球化方向發展，經濟全球化成為世界經濟的新特徵和新趨勢。

經濟全球化是生產力和國際分工高度發展的產物，以生產、交換、分配及消費的國際化為特徵，突出表現為生產要素在全球範圍內加速流動和配置，各國經濟相互影響加深，聯動性增強，世界範圍的經濟高度融合。經濟全球化具體表現為生產的全球化、投資的全球化、貿易的全球化和金融的全球化。與此同時，區域經濟合作已經成為與經濟全球化並行不悖的發展潮流。區域性經濟合作組織發展迅猛的深層次根源主要有四個方面：一是全球性的多邊合作機制無法滿足所有國家發展對外經濟貿易的需求；二是參與區域性經濟合作成為部分國家經濟開放的要求和標誌；三是區域經濟合作有利於本國和本地區經濟貿易的發展，增強成員應對經濟風險的能力；四是區域性經濟組織的合力作用使其成為能夠左右地區經濟乃至影響世界經濟的重要力量。進入新世紀後，區域經濟合作開始朝著超大型區域經濟合作制度安排的方向發展。

經濟全球化是不以人的意志為轉移的客觀趨勢，不能簡單地認為經濟全球化僅僅對發達國家有利，而對發展中國家不利。實際上，經濟全球化已經對發達國家帶來了嚴重挑戰。儘管發達國家是全球化進程中的最早受益者，但是發展中國家也可以在經濟全球化進程中趨利避害，實現跨越式發展。包括「金磚國家」（BRICS）、「展望五國」（VISTA）、「金幣四國」（MINT）、「新鑽11國」（Next-11）、迷霧四國（MIST）在內的一大批新興發展中國家正在經濟全球化進程中實現自身的崛起。經濟全球化背景下的全球範圍的產業結構調整和技術轉移，不可避免地引起國際經濟關係的新調整和政治權利再分配，並賦予國際政治關係以濃厚的經濟色彩。全球化衍生出全球治理。中國作為負責任的世界大國，提出「一帶一路」倡議，積極構建陸海內外聯動、東西雙向互濟的對外開放格局，為全球治理提供了中國智慧和中國方案。

思考題：

1. 為什麼說經濟全球化是一把「雙刃劍」？
2. 試分析區域經濟合作與經濟全球化的內在聯繫。
3. 試分析經濟全球化對中國的機遇與挑戰。

閱讀書目：

1. 《世界經濟概論》編寫組. 馬克思主義理論研究和建設工程重點教材：世界經濟概論［M］. 北京：高等教育出版社，2011.
2. 托馬斯·皮凱蒂. 21世紀資本論［M］. 巴曙松，等，譯. 北京：中信出版社，2014.
3. 里斯本小組. 競爭的極限：經濟全球化與人類的未來［M］. 張世鵬，譯. 北京：中央編譯出版社，2000.
4. 托馬斯·弗里德曼. 世界是平的——21世紀簡史［M］. 何帆，等，譯. 長沙：湖南科學技術出版社，2006.

3

世界政治格局與世界多極化趨勢

　　隨著世界經濟體系的形成，各國間相互依存加深，相互鬥爭加劇，具有現代意義的世界政治逐漸形成。第二次世界大戰結束後，形成了以美國和蘇聯兩個超級大國為主導的相互對立的兩大集團，確立了兩極格局，世界進入「冷戰」時期。20世紀80年代末90年代初，兩極格局解體，國際關係開始深刻調整，超級大國建立單極世界的圖謀受到多種制約。隨著美國實力的相對下降以及新興國家的群體性崛起勢頭，世界多極化呈現明顯的加速趨勢。

3.1 戰後世界政治與兩極格局

　　世界政治是人類歷史發展到一定階段的產物。戰後世界政治醞釀於第二次世界大戰後期，戰後世界政治的發展變化呈現出多方面的特點。第二次世界大戰使國際社會政治力量對比狀況發生了根本改變，從而導致了兩極格局的形成。

3.1.1 第二次世界大戰結束後世界政治發展的特點

　　世界政治是國際行為體在政治領域中相互關係的總和，主要包括各國對外政策及其發展演變、國際社會各種政治力量的對比及其變化、世界範圍內的衝突與合作、國際關係中強權與民主、國際政治秩序的形成與演變等方面。
　　世界政治是人類歷史發展到一定階段的產物，它的形成與發展同世界經濟的形成與發展密切相關。工業革命在促進世界經濟發展的同時，也推動了世界政治的形成。社會化大生產導致社會分工超越國家界限和民族經濟的狹窄範圍，各國經濟被納入到世界經濟體系之中。國家間的相互聯繫也日益廣泛，世界政治開始形成。到19世紀末20世紀初，自由資本主義進入壟斷資本主義即帝國主義階段，西方列強瓜分世界的殖民體系形成，使整個世界實現資本主義化，由此形成了統一的世界經濟體系。隨著世界經濟體系的形成，各國間的相互依存和相互鬥爭加劇，具有現代意義的世界政治逐漸形成。

戰後世界政治醞釀於第二次世界大戰後期，由戰勝國意志取向決定。美國參戰最晚，在戰爭中損失最小卻收益最大，在戰後世界政治力量對比中實力最強，因而戰後世界政治格局的形成更多地體現了美國的意志。美國在參戰前和戰爭中就已在考慮和研究戰後世界的安排問題。1943年4月，羅斯福總統授意雷斯特‧戴維斯發表了《羅斯福的世界藍圖》一文，透露了把蘇聯和英國納入三大國「合作」、建立戰後世界秩序、實現美國稱霸世界的戰略構想。該文提出了兩項具體措施：一是組建一個美國起主導作用的普遍性國際組織，二是建立以美國為核心的世界經濟體系。蘇聯雖然在第二次世界大戰中損失很大，卻以一個世界大國的形象出現於戰後世界舞臺上。美國總統羅斯福的「大國合作」主要以與蘇聯合作為出發點。蘇聯對戰後世界的打算是：恢復甦德戰爭前已經取得的領土和權益，在歐洲和遠東地區建立蘇聯的安全利益範圍，爭取更多的國家走上社會主義道路，擴大蘇聯的影響，使自己成為主導世界事務的大國之一。經過二戰的重創，英國在實力和影響上已大大下降，但它試圖與美國建立「特殊關係」，借助美國的影響，發揮其相當於世界大國的作用。羅斯福、史達林、丘吉爾三巨頭於戰爭後期在德黑蘭、雅爾塔和波茨坦等地舉行了若干次重要會議，就戰後世界安排達成了一系列公開的和秘密的協定，奠定了戰後世界政治格局的基礎，為戰後世界秩序勾勒出一幅完整的新藍圖。其中尤以雅爾塔會議最為重要，因此新的世界格局又被稱為「雅爾塔體制」。見圖3.1。

圖 3.1 雅爾塔會議上的三巨頭 (從左至右依次為：丘吉爾、羅斯福、史達林)

雅爾塔體制

雅爾塔體制是在德黑蘭會議、雅爾塔會議和波茨坦會議等一系列重要會議的協議基礎上形成的。這些協議概括起來可分為三類：第一類是協調盟國戰勝法西斯的戰略步驟和軍事計劃；第二類是對戰敗國處置的原則及勢力範圍的劃分；第三類是確立維護戰後世界和平與安全的機制，主要是建立聯合國問題。雅爾塔體制集中反應了美、蘇、英等大國按照軍事（政治）實力對比，對勢力範圍的重新安排和劃分。歐洲特別是德國被一分為二，西歐和西德（聯邦德國）屬於美國勢力範圍，東歐和東德（民主德國）屬於蘇聯勢力範圍。在亞洲，美國滿足了蘇聯對蒙古和中國東北地區的特權要求，蘇聯默認了美國對日本的佔領以及在中國的利益。朝鮮以北緯38度線分為北、南兩部分。關於殖民地問題，除英國保留原有殖民地外，其他原德、意、日的殖民地被納入「聯合國托管」和大國保護的軌道。雅爾塔體制是美、蘇、英根據實力相互妥協的結果，為戰後美、蘇兩極對峙的世界格局奠定了基礎。

戰後世界政治的發展變化呈現出以下幾個方面的特點：

第一，國際行為體數量不斷增多，呈多樣化發展趨勢。第二次世界大戰爆發前，世界政治的行為主體是主權國家。對外關係、國際貿易以及宣戰、媾和等基本上是在不同國家政府之間進行的。第二次世界大戰結束後，國際行為體以前所未有的速度急遽增多。一是國家行為體快速增長。其原因主要有兩個：一是殖民體系瓦解，大批殖民地與半殖民地國家獨立，成為主權獨立國家；二是國家分裂增加了主權國家數量，如1971年孟加拉國脫離巴基斯坦成為獨立國家、蘇聯解體後分為15國、捷克斯洛伐克變成捷克與斯洛伐克兩個國家、南斯拉夫則一分為7國，等等。第二次世界大戰結束時，主權國家只有50多個，今天全世界已經發展到近200個國家。二是非國家行為體急遽發展。由於科技革命迅猛發展，經濟國際化程度不斷提高，世界政治的發展亦越來越複雜。雖然主權國家仍然是世界政治的主體，但是世界政治的參與者已不只是國家和政府，還有眾多的非國家行為體。據國際協會聯盟2000年度報告，政府間國際組織由1954年的118個發展到2000年的6,556個，非政府間國際組織由1954年的1,008個發展到2000年的45,647個。

第二，兩種社會制度相互對抗，三類國家競爭共存。近代以來，世界政治的發展就一直與意識形態和社會制度的變化相聯繫。19世紀的世界政治主要表現為封建專制和資產階級共和制的鬥爭；20世紀則表現為資本主義制度和社會主義制度的鬥爭。第二次世界大戰結束後，社會主義從一國發展到多國，形成了以蘇聯為首的社會主義陣營，打破了資本主義一統天下的局面。以美國為首的西方發達國家組成了資本主義陣營，對社會主義陣營採取遏制、封鎖和包圍的政策。美、蘇兩大集團的對抗是「冷戰」時期世界政治的基本特點之一。不論是社會主義陣營，還是資本主義陣營，都試圖依照自己的理想和意志重新安排國際秩序，這就使得美、蘇及以它們為首的兩大集團之間的較量和競爭帶有強烈的意識形態

色彩。以美國為首的資本主義陣營和以蘇聯為首的社會主義陣營在外交上均以意識形態畫線，成為戰後兩大集團對抗的主要根源之一。

隨著戰後一系列亞、非、拉民族獨立國家的出現，逐漸形成了兩大陣營之外的一種新興力量即第三世界。第三世界的崛起，改變了戰後世界力量的對比，是對美、蘇主導的兩極格局的有力衝擊。第三世界通過參與和建立全球性和區域性合作機制，協調立場，商討對策，逐漸成為維護世界和平、促進世界發展的重要力量。在美、蘇兩大集團緊張對峙的形勢下，第三世界選擇了和平、中立、不結盟的政策，在反對帝國主義、霸權主義和殖民主義的鬥爭中發揮了獨特的作用。

第三，兩大集團既鬥爭又妥協，既對抗又對話。雅爾塔體制本身是美、蘇、英等大國之間妥協的結果。隨著戰後世界政治的發展，以美國為首的資本主義陣營和以蘇聯為首的社會主義陣營之間的全面對抗在雅爾塔體制內逐步展開。這種對抗在軍事上直接表現為北大西洋公約組織和華沙條約組織兩大軍事集團的建立和對峙。這種對峙不僅直接關係到世界政治的發展走向，而且曾使兩個超級大國走到了戰爭邊緣。1962年的古巴導彈危機，是「冷戰」時期美、蘇之間最嚴重的一次直接對抗，整個世界一度面臨著核戰爭的危險，但危機最後以妥協方式解決。古巴導彈危機的解決開創了美蘇關係既對抗又對話、既鬥爭又妥協的新機制。20世紀70年代，雖然美、蘇爭奪世界霸權的鬥爭異常激烈，但是雙方的對抗又與緩和相伴隨。這一時期，美、蘇兩國首腦多次會晤，雙方簽訂了兩個限制戰略武器協定和反彈道導彈條約，長期醞釀的歐洲安全與合作會議得以召開。20世紀80年代後半期，美、蘇還達成了銷毀和不生產化學武器協定、歐洲常規武裝力量條約等。「冷戰」時期，美、蘇兩大集團之間既非戰爭亦非和平的對抗和競爭狀態，致使美、蘇兩國及兩大集團之間多次爆發危機，但最終沒有從「冷戰」走到「熱戰」，這與20世紀60年代以來形成的緩和與對話機制有著密切的關係。

第四，軍備競賽激烈，形成對抗均勢。美、蘇軍備競賽貫穿於整個「冷戰」時期。「冷戰」實際上是除軍事進攻以外的一切敵對活動，是以軍事實力為後盾的。「冷戰」時期之所以沒有發生世界大戰，正是因為美、蘇及其兩大集團的軍備競賽特別是核軍備競賽形成了一種均勢。1953年，美國在軍事上制定了「大規模報復戰略」，即削減常規兵力，大力發展核武器和戰略空軍，以核威懾支持其霸權地位。為了應付美國的核威脅，蘇聯提出了「火箭核戰略」，重視發展核武器，準備打核戰爭。20世紀80年代，美國提出「星球大戰」計劃，試圖鞏固其核優勢。到80年代末，美、蘇兩國共擁有5萬多顆核彈頭，總當量達260億噸，大約相當於世界上人均承受5噸TNT當量的核威脅。兩個超級大國擁有的核武器可以將地球毀滅數十次。這場競賽惡性循環，加劇了雙方的「冷戰」對抗，同時也形成了「核恐怖均衡」局面。這種狀況促使美、蘇建立了一種核武器控制機制，使它們長期對抗而始終不敢以兵戎相見，「冷戰」最終以無世界大戰而結束。

3.1.2 兩極格局的演變與終結

世界政治格局是指在一定歷史時期，世界範圍的若干主要政治力量相互聯繫、相互作用而形成的相對穩定的結構與態勢，是一定歷史時期內國際關係比較集中的表現形式。一般情況下，具有全球影響的重大國際事件的發生和國際形勢的重大變化是導致世界政治格局變動的直接動因。第二次世界大戰不僅改變了各國政治力量的對比，而且導致了世界政治格局的改變。「冷戰」時期兩極格局的演變主要經歷了以下三個階段：

「冷戰」之前，世界近現代史上曾有過四次世界政治格局的變動。它們是經過四次大規模戰爭之後確定下來的：第一次格局變動是歐洲30年戰爭（1618—1648年）後建立的威斯特伐利亞格局，持續了150年的和平秩序；第二次格局變動是拿破侖入侵義大利、奧地利、普魯士、西班牙和俄國的戰爭失敗後，1815年的維也納會議建立的維也納格局，和平持續了100年。當時歐洲是世界政治與經濟的中心，世界性的政治事件大多發生在歐洲，所以這兩次世界格局都是以歐洲為中心的格局。第三次格局變動是第一次世界大戰（1914—1918年）後確立的凡爾賽—華盛頓格局。第一次世界大戰後建立了世界性的國際組織——國際聯盟，由英、法控制，維持了20年和平秩序。第四次格局變動是第二次世界大戰末期在雅爾塔會議等一系列重要國際會議後，形成了雅爾塔格局。雅爾塔格局隨著東歐劇變、蘇聯解體而結束，持續了近半個世紀。

第一階段，戰後初期至20世紀50年代中期，兩大陣營開始「冷戰」，兩極格局形成。

第二次世界大戰結束後，德、意、日戰敗，共同敵人消失，美蘇同盟的基礎不復存在，由於意識形態和政治制度上的對立，美、蘇逐步由合作走向衝突。1947年3月，美國總統杜魯門發表國情咨文，把世界劃分為「自由制度」和「極權政體」兩個陣營，美國要「遏制」蘇聯的「擴張」，開始同蘇聯展開全面對抗。這一政策後來被稱為「杜魯門主義」。杜魯門主義的出抬標誌著美蘇戰時同盟破裂，「冷戰」全面展開。1948年，馬歇爾計劃開始實施，逐漸把西歐納入「冷戰」軌道。1949年4月，美國主導成立了北大西洋公約組織，把西歐、北美納入其所謂「集體防務」體系。北約的成立，標誌著以美國為首的資本主義陣營的正式形成。北約標誌見圖3.2。

圖 3.2　北約標誌

說明：中間的四角星代表北極星，為指明方向之意，意味著北約的使命在於防止以蘇聯為首的共產主義勢力的威脅，維護世界的自由、和平與穩定。藍色背景代表的是成員的海洋文明屬性，也有和平、自由之意。白色的條紋則象徵著成員在共同的理念和利益上團結一致。

北約（North Atlantic Treaty Organization）

1949 年 4 月 4 日，美國、英國、法國、荷蘭、比利時、盧森堡、挪威、葡萄牙、義大利、丹麥、冰島和加拿大 12 國在華盛頓簽訂了軍事聯盟條約，即《北大西洋公約》，簡稱「北約」。根據這一條約建立的軍事聯盟組織被稱為「北大西洋公約組織」。北約組織總部設在比利時首都布魯塞爾，是「冷戰」時以美國為首的西方國家在歐洲對抗以蘇聯為首的社會主義陣營的軍事政治組織。「冷戰」結束後，北約由原來的軍事政治同盟逐步轉變為政治軍事同盟，並不斷東擴。截至 2017 年 6 月底，北約成員已發展至 29 個。

　　面對以美國為首的資本主義陣營的威脅，從 1947 年夏天開始，蘇聯在政治、經濟、軍事等方面採取了一系列措施，與美國進行了針鋒相對的鬥爭。1947 年 9 月，在蘇聯主導下，歐洲 9 國共產黨和工人黨情報局成立。1949 年 1 月，經濟互助委員會成立。1950 年 2 月，中、蘇兩國簽訂了《中蘇友好同盟互助條約》，確定了兩個最大社會主義國家的同盟關係。1955 年 5 月，蘇聯與東歐 8 國簽訂了《友好合作互助條約》（即《華沙條約》），成立了華沙條約組織，與北約對抗，標誌著社會主義陣營形成。至此，經過近十年的過渡時期，在雅爾塔體制的基礎上，以美、蘇兩個超級強國為中心，以歐洲為重點，以亞太為側翼，輻射全球的兩極世界政治格局最終形成。

　　隨著兩極格局的形成，以美、蘇為首的兩大陣營的對抗進入「冷戰」狀態，其基本表現形式有以下四個方面的鮮明特點：政治上表現為兩面旗幟的鬥爭；經濟上表現為封鎖與反封鎖的鬥爭；軍事上表現為全面「冷戰」和局部的侵略與反

侵略戰爭、朝鮮戰爭、越南戰爭就是兩大集團在侵略與反侵略的局部戰爭中的直接交鋒；在意識形態上表現為和平演變與反和平演變的鬥爭。

第二階段，20世紀50年代中期至70年代初，兩大陣營分化，第三世界崛起，兩極格局受到衝擊。

世界政治格局中的力量平衡是相對的，而不平衡則是絕對的。由於各種政治與經濟力量的發展及變化，到20世紀50年代中期，美、蘇在其各自陣營內部的絕對領導地位受到挑戰，加上民族解放運動高漲、第三世界的崛起，兩極政治格局開始受到衝擊。

第一，社會主義陣營的破裂。蘇聯作為最有影響力的社會主義國家，在支持其他社會主義國家的建立和建設中曾發揮過積極作用。但是隨著時間的推移，蘇聯的「老子黨」及大國沙文主義意識惡性膨脹，甚至以霸權主義政策處理兄弟黨之間的關係，直接導致了社會主義陣營內部的矛盾和衝突。1948年，蘇聯操縱歐洲9國共產黨和工人黨情報局開除南斯拉夫，迫使其他國家斷絕與南斯拉夫的一切關係。1956年爆發的波蘭事件、匈牙利事件以及1968年蘇軍入侵捷克斯洛伐克，都是蘇聯與東歐國家關係日趨緊張的集中表現。中、蘇從最初的意見分歧發展到兩國關係惡化，蘇聯單方面撕毀有關援助中國的一系列合同，撤回專家，1969年3月發生珍寶島武裝衝突事件，中蘇兩黨、兩國公開敵對，最終導致社會主義陣營嚴重分裂。

第二，資本主義陣營的分化。美國雖然是綜合實力最強大的國家，但是美國稱霸世界的行為（如朝鮮戰爭、越南戰爭以及在世界上其他地區的干涉活動）耗費了大量的人力、物力和財力，致使其綜合國力相對下降。與此同時，西歐和日本進入戰後經濟發展的黃金時期，對美國的獨立和離心傾向日益明顯。20世紀50年代，西歐開始走上一體化道路。1959年，法國總統戴高樂主張以法、德為軸心實現西歐聯合，提出「歐洲是歐洲人的歐洲」。1960年法國第一顆原子彈試驗成功，對美國的態度更趨強硬，拒絕美國以「多邊核力量」計劃把法國核武器納入美國控制的北約體系的企圖。1966年，法國退出北約軍事一體化組織，法國還將北約理事會、美國駐法軍隊和軍事設施趕出法國。1969年10月，西德（聯邦德國）勃蘭特政府提出「新東方政策」，開始緩和與東德（民主德國）、蘇聯、東歐國家的關係。日本則在20世紀70年代推行「多邊自主外交」，改變以往對美國一邊倒的外交政策。資本主義陣營的控制與反控制鬥爭，導致資本主義陣營出現分化。

新東方政策

勃蘭特的新東方政策是指聯邦德國對位於其東部的蘇聯與東歐國家採取的以接近求轉變的政策思想。該政策醞釀於1961年柏林牆事件後，1969年勃蘭特任總理後開始全面實施。其主要內容是：以西方合作為基礎，承認戰後邊界現狀和存在兩個德國的現實，積極改善和發展同蘇聯與東歐國家的關係。這一政策的實施導致了東德、西德的相互承認以及聯邦德國跟蘇聯與東歐國家的關係正常化，結束了聯邦德國與東方的隔絕狀態，有利於歐洲的穩定與和平。

第三，第三世界的崛起。第二次世界大戰結束後，民族解放運動蓬勃興起，到 20 世紀 60 年代末，已經有 104 個國家獲得獨立。新獨立的第三世界國家面臨維護民族獨立、發展民族經濟的共同任務。它們要求以平等的身分參與國際事務。於是，第三世界國家相互支持，走上了在國際範圍內聯合的道路。1955 年 4 月，29 個亞、非國家在印度尼西亞的萬隆召開了第一次沒有西方殖民國家參加的亞非會議，亦稱「萬隆會議」。會議提出的「萬隆會議十項原則」對傳統的國際關係原則和世界政治舊秩序形成了巨大的衝擊。1961 年 9 月，在南斯拉夫首都貝爾格萊德召開了有 25 個國家參加的第一次不結盟國家和政府首腦會議，宣告了不結盟運動的誕生。1964 年成立的 77 國集團，則突出體現了第三世界國家和人民為爭取改變不平等、不合理的國際經濟關係，建立國際經濟新秩序所做出的重大努力。第三世界的崛起改變了世界政治力量的對比。

第三階段，20 世紀 70 年代初至 90 年代初，美、蘇全球爭霸加劇，最終導致東歐劇變、蘇聯解體，兩極格局終結。

進入 20 世紀 70 年代，美、蘇之間的對抗和爭霸，出現了蘇攻美守的戰略態勢。1973—1975 年，美國發生了戰後最嚴重的經濟危機，經濟增長速度放慢，進入「滯脹」時期。而這一時期蘇聯經濟發展較快，蘇聯借此機會同美國展開軍備競賽，逐漸取得了與美國在核力量上的大體平衡。1972 年，蘇聯的戰略核武器數量達到 2,167 件，美國戰略核武器數量為 2,185 件。蘇聯視歐洲為戰略重點，集中了 4/5 的地面部隊、3/4 的空中力量和中程導彈，形成了在歐洲的軍事優勢。同時，蘇聯極力擴大對第三世界的滲透和影響，1975 年介入安哥拉內戰，1977 年插手埃塞俄比亞與索馬里的戰爭，獲得紅海沿岸阿薩布、馬薩瓦等軍事基地的使用權。蘇聯在亞洲支持越南入侵柬埔寨，並於 1979 年親自出兵入侵阿富汗，使其侵略擴張達到頂峰。

1981 年，羅納德・里根當選美國總統。里根提出「擴軍抗蘇」「重振國威」的口號，制定了以實力求和平的外交方針，大幅度增加軍費開支，以取得對蘇優勢。里根政府還於 1983 年 3 月提出「星球大戰計劃」，試圖通過掀起新一輪大規模軍備競賽，從經濟上拖垮蘇聯。在國際上，美國加強與西方盟國的協調，增加了對第三世界的援助，還加強了與中國的合作，全面實施對蘇遏制。這一時期，蘇聯由於自身固有的體制弊端導致經濟增長速度下降，綜合國力衰退，加上軍費開支的巨大負擔，在與美國爭霸中逐漸處於不利地位。

1985 年，蘇聯新領導人戈爾巴喬夫上臺。他提出了「人道的民主的社會主義」的改革思想，引起了蘇聯國內的思想混亂，導致了蘇聯社會的全面危機。在國際上，蘇聯主動甚至無原則地尋求與西方國家緩和，實行全面的戰略收縮。蘇聯對外政策的變化影響到了東歐國家的穩定，1989 年，東歐國家政局開始動盪。戈爾巴喬夫決定甩掉包袱，不再為鞏固「社會主義大家庭」而增加負擔。而美國總統喬治・布什提出「超越遏制」戰略，採取政治與經濟手段來誘使和迫使東歐、蘇聯發生演變。僅半年時間，東歐國家共產黨相繼失去政權，放棄社會主義道路。1990 年 10 月 3 日，聯邦德國與民主德國統一。1991 年 7 月 1 日華沙條約

組織正式解散。歐洲兩大軍事集團對峙的格局宣告結束。

超越遏制戰略

1989年，美國總統喬治·布什上臺後，針對蘇聯與東歐出現的社會經濟危機，對美國的全球戰略進行了重大調整，提出了「超越遏制」戰略。其基本內容是：在不放棄對蘇聯進行軍事遏制的同時，抓住蘇聯、東歐國家的改革時機，充分發揮美國和西方的優勢，更多地運用經濟、政治、文化和意識形態等手段，同蘇聯展開全方位的爭奪。這一戰略的重點在於以經濟援助與和平演變的方式將蘇聯、東歐及其他社會主義國家「融入」西方的經濟、政治體系中，實現資本主義取代社會主義，鞏固美國的世界霸權。

蘇聯的改革不僅未能扭轉局勢，反而造成政局動盪，經濟形勢急轉直下，民族分裂傾向日益上升，各加盟共和國紛紛宣布獨立。1991年12月，蘇聯11個加盟共和國領導人在哈薩克斯坦簽署了《阿拉木圖宣言》，正式宣告成立獨立國家聯合體，同時宣布蘇聯不復存在。1991年12月25日，戈爾巴喬夫辭去蘇聯總統職務；次日，蘇聯最高蘇維埃宣布蘇聯作為一個國家和國際法主體將停止其存在。蘇聯解體，標誌著兩極政治格局的終結，世界進入重新確立新的政治格局的時期。

※觀點爭鳴※　　　　　　蘇聯緣何解體？

流行的觀點有如下幾種：第一，「計劃經濟失敗論」，認為蘇聯高度集中的、指令性的計劃經濟體制帶來了結構畸形、效率低下，阻礙了經濟和社會的發展。第二，「蘇共領導集團蛻化論」，認為蘇聯的上層政治精英逐漸蛻化為不受約束的官僚特權階層，他們壟斷了國家資源，背棄了原有的信仰，無視人民的利益，使得其最終被人民拋棄。第三，「思想理論僵化論」，認為蘇共在思想理論戰線上長期存在教條主義傾向，自我封閉和禁錮，導致其決策頻頻失誤，埋下了失敗的種子。第四，「民族政策失誤論」，認為從史達林時代開始，蘇聯的民族平等和友好原則就遭到踐踏，大俄羅斯主義盛行，強力推行一體化，強迫少數民族遷徙，種下了民族矛盾和衝突的禍根。第五，「戈氏改革失敗論」，認為蘇聯解體源於戈爾巴喬夫的錯誤改革，他完全否定和拋棄了社會主義制度，試圖以西方國家的政治和經濟制度來改造整個社會，注定了改革的失敗。第六，「外部因素決定論」，認為美國通過曠日持久的軍備競賽拖垮了蘇聯，西方持續的和平演變也促使蘇聯社會主義的國家性質發生變質。面對層出不窮的觀點，作為高校大學生，我們到底應該如何理解蘇聯解體的原因？而蘇聯的結局又為中國的發展提供了哪些教訓和啟示？

3.2　世界政治多極化趨勢

世界政治多極化，是指一定時期內對國際關係有重要影響的國家和國家集團等基本政治力量相互作用而趨向多極格局的一種發展趨勢，是各種政治力量變化調整和實力分佈的一種基本態勢。「冷戰」結束後，世界政治多極化已是不以人的意志為轉移的客觀趨勢。但目前單極與多極的較量不可避免，多極化將是一個長期曲折的過程。

3.2.1 「冷戰」結束後的世界多極化趨勢

20世紀80年代末90年代初，東歐劇變、蘇聯解體導致了兩極格局的終結，世界政治進入格局轉換的過渡時期。目前，世界政治格局轉換的過渡期尚未結束，但多極化趨勢已經成為不以人的意志為轉移的客觀趨勢。

第一，經濟全球化迅猛發展，極大地推動了世界多極化進程。世界經濟是世界政治的基礎。恩格斯指出：「歷史是這樣創造的，最終的結果總是從許多單個的意志的相互衝突中產生出來的。無數相互交錯的力量產生出一個合力，即歷史結果。」「其中經濟的前提和條件歸根到底是決定性的。」[1]雖然經濟全球化是一個持續了數百年的歷史性趨勢，但「冷戰」結束以來的新一輪經濟全球化在政治樊籬消除和信息化加速的背景下得到迅猛發展，成為我們思考國際事務、觀察世界格局的重要起點。

具體而言，經濟全球化把各國更緊密地聯繫在一起，帶來了「一榮俱榮，一損俱損」的局面，這對超級大國以實力和強權推進建立單極世界無疑會起到強有力的制衡作用。經濟全球化的發展必然產生一系列要求所有國家都必須遵守的國際行為規則。這些規則具有普遍約束力，即使最強大的國家也不可能完全忽視國際規則而一意孤行。經濟全球化還進一步加快了世界經濟多極化的發展，而世界經濟多極化必然推動世界政治的多極化。世界經濟多極化出現於「冷戰」時期，曾對兩極政治格局形成強有力的衝擊。「冷戰」結束後這種經濟多極化的趨勢不僅沒有改變，反而通過區域性經濟合作進一步向前發展。

第二，國際力量對比變化正朝著有利於世界多極化的方向發展。「冷戰」結束以後，美國一度成為世界上唯一的超級大國，綜合實力遠遠強於其後面的次等大國，不僅從經濟、軍事和科技等物質性權力對比上來衡量是如此，在政治影響力和軟權力等社會性權力方面，其他國家也難以與其抗衡。[2] 然而，由於「9/11」事件、阿富汗和伊拉克戰爭、金融危機等，美國的綜合國力發展緩慢，與「冷戰」結束初期和世紀之交已不可同日而語。

---

[1] 馬克思, 恩格斯. 馬克思恩格斯選集: 第4卷 [M]. 北京: 人民出版社, 1995: 696-697.
[2] 劉豐. 單極體系的影響與中國的戰略選擇 [J]. 歐洲, 2011（2）: 16.

與之相反，一大批新興市場經濟國家逐漸崛起於全球經濟和政治體系之中，成為促進全球經濟增長、推動世界多極化的重要力量。2000—2008年，新興經濟體九國①占全球 GDP 比重從 11% 上升至 15.7%，而西方七國②的份額則從 77% 下降至 55.8%。③國際金融危機進一步加速了新興經濟體向發達經濟體追趕的進程。雖然危機同樣帶來了新興經濟體的經濟衰退，但這些國家通過強有力的政策刺激迅速擺脫危機，成為經濟復甦和危機終結的有力推動者。據 IMF 預測，危機結束後的 6 年間（2010—2015 年），無論按市場匯率還是 PPP（購買力平價）計算，發達國家在世界經濟中的比重都在持續下降，前者將降至 58.1%，後者將降至 41.9%，將分別下降 5.7 個百分點和 3.5 個百分點。到 2020 年，即使按照市場匯率計算，全球經濟版圖亦將出現新興經濟體與發達經濟體平分秋色的格局。④

美國實力的相對下降以及新興國家的群體性崛起，推動了世界經濟重心從西方向東方轉移的歷史進程，世界多極化逐漸從趨勢變為現實。正是在這個意義上，著名國際戰略學者法里德·扎卡利亞認為，世界已經進入到一個「後美國世界的時代」。美國外交學會高級研究員查爾斯·庫普乾也指出：「僅憑少數富有的自由民主國家集團推動世界發展的時代已經結束，世界秩序將朝著多極化體制發展。」

第三，世界各大力量的戰略調整有利於推動世界多極化。著眼於後「冷戰」時期國際體系的複雜深刻變化，世界各大力量紛紛運籌對外戰略調整，客觀上推動了世界多極化的進程。「冷戰」結束後，歐洲不失時機地加速推進一體化進程，經濟融合、政治互信和價值共享達到了前所未有的高度，綜合實力顯著增強。主權債務危機的爆發使得歐洲深受重創，但危機也倒逼了歐盟的持續改革，堅定了各成員進一步團結的決心。債務危機中的歐盟雖然將面臨一段較長的調整和鞏固期，但由於其一體化持續深化和擴大，歐盟仍將是全球力量格局中的重要一極。⑤

日本是當前世界的第三大經濟體，也是推動世界多極化的重要力量。從 20 世紀 80 年代開始，日本就提出了成為政治大國的戰略目標，力圖擺脫戰後國際秩序的束縛，在世界舞臺上發揮大國作用。近些年來，日本更是致力於推動聯合國改革，希望成為聯合國安理會常任理事國。儘管美日同盟對日本發揮獨立大國作用構成了制約，但以安倍為首的日本政治家正通過解禁集體自衛權、推動修改和平憲法以及「積極和平主義」來謀求在變動中的世界格局中占據一席之地。

「冷戰」結束以來，俄羅斯一度陷入經濟衰退、政治動盪和國際地位不斷邊緣化的困境之中。進入新世紀以來，俄羅斯努力穩定政局，發展經濟，大力強軍，旨在重振俄羅斯的大國雄風，全面謀劃民族復興大業。在此戰略目標指導

---

① 新興經濟體九國指「金磚四國」和「展望五國」，即巴西、俄羅斯、印度、中國、越南、印尼、南非、土耳其、阿根廷。
② 指美國、日本、英國、法國、德國、義大利、加拿大。
③ 高祖貴，魏宗雷，劉鈺．新興經濟體的崛起及其影響［J］．國際資料信息，2009（8）：1.
④ 中國現代國際關係研究院．世界大變局［M］．北京：時事出版社，2010：62.
⑤ 張健．試析後債務危機時期的歐盟及其前景［J］．現代國際關係，2014（9）：64.

下,俄羅斯的對外政策從對西方「一邊倒」調整為「雙頭鷹」的全方位外交戰略,依託原蘇聯地區的空間範圍構築其戰略影響。在世界舞臺上,俄羅斯對美國的霸權主義、強權政治多有批評,在國際和地區熱點問題上發出聲音,與中國、歐洲、印度等共倡多極世界的建設。面對以美國為首的西方國家的步步擠壓,俄羅斯強力反擊,努力捍衛其地緣優勢和民族尊嚴。俄羅斯的實力地位及其戰略選擇,使其成為推動世界多極化的重要力量。

此外,絕大多數中小國家都反對建立單極世界。他們利用地區性國際組織等多種渠道表達了自己關於促進世界民主化的願望和要求。

第四,全球性問題的解決要求各國發揮重要作用也推進了世界多極化進程。伴隨著全球化的發展,世界範圍內的關係人類生存與發展的諸多問題也上升到了全球層次。貧富兩極分化、南北差距擴大、惡性競爭加劇、嚴重的環境污染、恐怖主義猖獗、大規模殺傷性武器擴散、疾病蔓延、跨國犯罪、毒品泛濫等問題,直接影響著世界和平及各國的經濟發展。日益突出的非傳統安全因素為錯綜複雜的國際關係和地緣政治增添了變數。這些紛繁複雜問題的解決,由一個超級大國或少數幾個強國來完成,顯然是不可能的。全球性問題需要多種力量在平等互利條件下相互協作,相互支持,協調行動。多邊安全合作不僅有利於全球性問題的解決,也促使大國戰略關係發生積極變化,進而對世界政治格局的調整產生影響。

第五,非國家行為體的日益活躍帶來了國際權力的持續擴散。世界多極化的進程不僅體現為大國之間力量對比態勢的均衡化,同時也表現為非國家行為體的異軍突起。隨著全球化的深入發展和信息技術革命的持續推進,非國家行為體——全球層面和區域層面的國際政府間組織,地方、國家和國際層次的非政府組織,從地方到跨國的公民社會網絡及公民社會運動,私營公司尤其是跨國公司以及遍及全球的大都市乃至躋身於所謂中產階級的個人都在不斷地擴展自己對國際事務和國際體系的影響力,即不斷地增強他(她)或它們自身的權力和扮演更為顯著的國際角色。[①] 當然,如此多的非國家行為體參與國際事務並不都是福音,也會帶來決策效率低下、引發國際和地區衝突、加劇全球治理危機等問題。如何規範和引導非國家行為體的行為,將是21世紀世界政治面臨的重大問題。

3.2.2 世界仍處在多極化進程之中

世界多極化已成為不可阻擋的歷史潮流,但它的發展進程絕非一帆風順。「多極化趨勢的發展只能是一個漫長、複雜、曲折的過程,在某些方面還可能出現反覆。」[②] 事實上,單極與多極在力量結構、制度規則和國際觀念等方面的較量仍在繼續,世界多極化仍處在進程之中。

---

① 葉江. 論當前國際體系中的權力擴散與轉移及其對國際格局的影響 [J]. 上海行政學院學報, 2013 (2): 58.
② 本書編寫組. 鄧小平外交思想學習綱要 [M]. 北京: 世界知識出版社, 2000: 45.

第一，國際力量結構朝著有利於多極化的方向演進，但仍存在不確定性。從歷史上看，以往的世界政治格局的形成和轉換大都是通過戰爭實現的。戰爭摧毀了舊的格局，新格局基於對戰勝國和戰敗國利益關係的確認而迅速建立起來。這一過程充分體現了戰爭的結果。而 20 世紀 90 年代初的格局轉換卻是通過非戰爭的方式實現的，是在世界總體和平環境下各種政治力量矛盾運動的結果，要經過各種力量的較量和妥協，比通過戰爭方式完成格局的轉換需要更長的時間。世界雖已形成多種力量中心，但各種力量中心的發展態勢還存在不確定性，進而也影響到世界格局的未來走向。

進入新世紀以來，特別是 2008 年國際金融危機爆發之後，新興經濟體的迅猛發展對美國「一超」的實力地位構成衝擊，國際力量結構朝著更為均衡和扁平化的方向發展。然而，在經濟全球化和相互依賴普遍加深的背景下，當發達經濟體陷入低迷困境時，新興經濟體也勢必受到影響。美國為擺脫經濟衰退而實行的數輪量化寬鬆政策一度造成了全球性的輸入通脹，經濟結構單一、出口萎縮、改革滯後等也導致新興經濟體的後勁不足。近年來，美國致力於內部的療傷與重建，經濟復甦態勢明顯，而新興經濟體卻普遍出現了經濟放緩、增長乏力的被動局面（見表 3.1）。如此看來，美國的綜合國力優勢在短期內仍然難以被超越。換言之，國際力量對比朝著有利於發展中國家變化的大趨勢雖然是確定的，但是變化的速度和步伐可能是緩慢起伏的。[1]

表 3.1　　　　　　　金磚國家 2010—2017 年 GDP 增長率　　　　　　單位：%

國家	2010 年	2011 年	2012 年	2013 年	2014 年	2015 年	2016 年	2017 年
俄羅斯	4.50	5.06	3.65	1.78	0.70	-2.80	-0.22	1.54
巴西	7.53	3.97	1.92	3.00	0.50	-3.76	-3.59	0.97
南非	3.00	3.28	2.21	2.48	1.70	1.29	0.27	1.32
印度	10.26	6.63	5.45	6.38	7.50	8.01	7.10	6.74
中國	10.60	9.50	7.90	7.80	7.30	6.90	6.70	6.85

［資料來源］根據 IMF《世界經濟展望》數據整理。

第二，國際制度架構出現歷史性鬆動，但利益分配格局仍嚴重失衡。長期以來，以美國為首的西方國家壟斷著國際制度的制定權，八國集團、國際貨幣基金組織、世界銀行等成為西方世界控制國際事務的重要工具。然而，國際金融危機的爆發使得西方主導的治理機制的缺陷暴露無遺。在此背景下，二十國集團異軍突起，金磚國家開發銀行和亞洲基礎設施投資銀行的產生等，將導致國際金融治理體系向多元化方向發展。凡此種種，意味著既有的國際制度架構出現了歷史性的鬆動。

---

[1] 吳志成. 國際體系仍處在多極化進程中［J］. 現代國際關係，2014（7）：12.

亞洲基礎設施投資銀行（Asian Infrastructure Investment Bank，AIIB，簡稱亞投行）是一個政府間性質的亞洲區域多邊開發機構，重點支持基礎設施建設，其成立宗旨是促進亞洲區域的建設互聯互通化和經濟一體化的進程。其總部設在北京。亞投行法定資本1,000億美元。2013年10月2日，習近平主席提出籌建倡議，2014年10月24日，包括中國、印度、新加坡等在內的21個首批意向創始成員的財長和授權代表在北京簽約。2015年12月25日，亞洲基礎設施投資銀行正式成立。2017年12月，亞投行成員總數增至84個。

圖3.3　籌建亞洲基礎設施投資銀行備忘錄簽字儀式在北京舉行

儘管如此，圍繞國際制度架構的利益分配仍顯著失衡。出於對新興大國的借重的需要，西方國家不得不調整傳統國際制度的利益分配格局，如國際貨幣基金組織和世界銀行相繼進行了投票權改革，旨在向發展中國家轉移部分投票權。然而，到目前為止，這一改革承諾仍然沒有完全兌現，發展中國家爭取同發達國家的平等發言權還任重道遠。在國際貿易和投資領域，當舊的制度規則有損於西方國家利益時，他們又「另起爐竈」，試圖通過《跨太平洋夥伴關係協議》（TPP）和《跨大西洋貿易與投資夥伴關係協定》（TTIP）來重塑其競爭優勢。此外，在網絡、太空、極地等新興領域，西方國家也在積極謀篇佈局，以壓制新興國家的話語權。由此可見，圍繞國際制度架構的競爭博弈異常激烈。

第三，國際觀念朝多元化方向發展，但西方世界仍享有主導優勢。在西方國家看來，「冷戰」的結束不僅是美國在力量層面擊敗了蘇聯，更代表西方價值觀的終結性勝利。在「歷史終結論」的傲慢心態驅使下，美國肆意干涉他國內政，在全世界推廣其所謂的自由民主價值觀。然而，簡單移植甚至武力強加的西方價值觀並沒有給當地國家和人民帶來和平與福祉，相反造成了眾多國家的政治危機、經濟凋敝和社會動盪，進而推動國際觀念朝著多元化的方向發展。中東、北非地區的伊斯蘭激進主義正在回潮，俄羅斯強調基於民族特性的國家發展道路，

中國提出了「理論自信、制度自信和道路自信」，更多的發展中國家也強調探尋適應自身國情的現代化道路。

然而，西方世界在觀念層面的主導優勢仍然顯著。在全球化時代，美國等西方國家在信息傳播領域掌握著主導地位，它們借助高科技手段的便利向全世界推銷自己的價值標準、意識形態和社會文化，宣揚西方主流文化價值觀的正當性和合理性，與此同時對非西方價值觀大肆進行貶損、撻伐，擠壓非西方價值觀和意識形態的生存空間。① 不少發展中國家雖然強調民族獨特性和自主發展道路，但也正因為如此而難以發展出一套具有普世性的可以與西方相抗衡的價值體系。從這個意義上講，國際觀念的多元化是大勢所趨，但還未出現實質性的變化。

總之，世界多極化雖然已成為當今世界的客觀趨勢，但還不是定數。在國際政治領域，單極與多極的較量仍在繼續，世界多極化何時從量變轉為發生質變仍不能確定。

3.3 世界多極化趨勢對國際關係的影響

世界多極化趨勢對國際關係有著深遠的影響。世界多極化與國際關係民主化相輔相成。世界多極化有利於促進世界平衡發展，更能夠體現各國的共同利益，促使國際關係逐漸趨向平等和民主。多極格局對防止戰爭和維護和平也具有積極價值。

3.3.1 多極化趨勢促進國際關係民主化

國際關係民主化，就是各國的事應由本國政府和人民決定，國際上的事由各國政府和人民平等協商解決。在事關世界和地區和平的重大問題上，應該按照聯合國憲章的宗旨和原則以及公認的國際關係基本準則，堅持通過協商談判來和平解決爭端。正如習近平總書記指出的那樣：「壟斷國際事務的想法是落後於時代的，壟斷國際事務的行動也肯定是不能成功的。」② 可見，實現國際關係民主化是各國人民的共同願望，是時代發展的大趨勢。

第一，世界政治多極化，是實現國際關係民主化的重要條件。世界多極化是對兩極制和單極世界的否定。兩極制或單極世界是霸權主義、強權政治的表現。超級大國憑藉其強大的經濟力量和超一流的軍事優勢決定世界事務，爭奪世界霸權，其實質是控制與被控制、操縱與被操縱的不平等關係，不能體現民主原則，是十足的強權政治。世界政治多極化表現為世界上存在多個對全球性事務或地區

---

① 劉豐. 新的國際體系下中國的地位與作用 [J]. 國際經濟評論, 2013 (6)：134.
② 習近平. 弘揚和平共處五項原則 建設合作共贏美好世界——在和平共處五項原則發表60週年紀念大會上的講話 [N]. 人民日報, 2014-06-28.

性事務有影響的力量中心，多個力量中心之間不是互相對立的，更不是互相爭奪霸權，而是相互依存、相互制約的關係。國際問題的處理採用共同參與、平等協商的方式，而不是由一個國家說了算，也不能由極少數的超級大國或國家集團主宰。各個力量中心為了能在相互的競爭中取得優勢，發揮更大的國際影響力，必須傾聽國際社會的意見，更要注意爭取更多中小國家的支持，照顧中小國家的利益。世界多極化還將使中小國家的外交迴旋餘地增大，中小國家將通過參與地區性國際組織或全球性國際組織而發揮更多與更大的作用。隨著多極化趨勢的發展，參與國際事務的力量越來越多，能力越來越強，少數大國說了算的局面將越來越難以維持，各國都有平等參與世界事務的機會。世界多極化有力地推動了各主要政治力量在國際事務中貫徹民主原則，體現各國的共同利益，國際關係逐漸趨向平等、民主。世界多極化趨勢將不斷推動國際關係民主化的發展進程。

第二，國際關係民主化，是推動世界多極化的基本保證。國際關係民主化是由強權政治的國際關係走向平等協商與合作的國際關係的發展進程。國際關係是建立在國際政治與經濟的現實之上的，因此，國際關係民主化是與經濟全球化進程和世界多極化的發展趨勢一致的。實現國際關係民主化，是推動世界政治多極化的基本保證。國際關係民主化要求建立各個主權國家和國家集團平等協商與合作的有效機制，即各國的事情由各國人民做主，國際上的事情要由各國平等協商解決，全球性的挑戰要由各國合作應對。國際關係民主化將促使越來越多的國家以平等身分參與處理國際事務，這必將促進多極化世界的構建。當今世界全球性問題的解決，沒有世界各國的通力合作，就難以處理，世界也難以發展。平等協商與合作的國際關係民主化原則，已經成為國際政治發展的客觀要求。兩極制和單極世界違背國際關係民主化的基本原則，不符合時代發展的潮流，是不能得逞的。國際關係民主化否定霸權主義和強權政治，在國際事務中貫徹民主原則，有利於體現各國人民的意願和利益，有利於促進世界的平衡發展，也成為推進多極化發展的強勁動力。

3.3.2 多極化趨勢有利於世界和平與共同發展

「這個世界，和平、發展、合作、共贏成為時代潮流」，「要跟上時代前進步伐，就不能身體已進入 21 世紀，而腦袋還停留在過去，停留在殖民擴張的舊時代裡，停留在冷戰思維、零和博弈老框框內。」[1] 未來世界格局是多極還是單極，不取決於某些國家的一廂情願，而取決於是否符合時代發展潮流的方向，取決於在思維觀念上是否與時俱進。

第一，世界多極化有利於世界和平與穩定。英國著名歷史學家阿克頓勛爵曾說過：「權力導致腐敗，絕對的權力導致絕對的腐敗。」[2] 阿克頓對權力本性的深

---

[1] 習近平. 順應時代前進潮流 促進世界和平發展——在莫斯科國際關係學院的演講 [N]. 人民日報，2013-03-25.

[2] 阿克頓. 自由與權力——阿克頓勛爵論說文集 [M]. 侯健，範亞峰，譯. 北京：商務印書館，2001：286.

刻洞見為政治權力的制衡與監督提供了重要依據。如同國內政治一樣，不受制約的國際權力同樣可能導致對權力的濫用，鼓勵其為所欲為。在單極世界中，霸權國家擁有空前的行動自由，勢必會無所顧忌地去實現其意志，不受節制地進行對外冒險，從而為國際體系帶來失衡與動盪。拿破侖在建立了萊茵聯盟、確立其在歐洲大陸的主宰地位後，並沒有就此收手。相反，他欲壑難填，將世界看成一個「可以在上面隨心所欲地彈奏他的幻想曲的鋼琴鍵盤」，左徵右伐，並最終將矛頭指向一度是其盟友的俄羅斯。日本在第二次世界大戰期間，利用其相對優勢的權力地位對貧弱的東亞、東南亞各國進行武力徵討，妄圖以武力建立一個在其主宰下的「大東亞共榮圈」。① 相反，世界多極化促成了國際權力的分散與相互制約，任何大國謀求武力推翻既有秩序的企圖都會自然地遭到其他大國的反對，從而有助於維護世界的和平與穩定。

※觀點爭鳴※　　　國際格局與世界穩定的關係

在西方學術界，圍繞「國際格局與世界穩定的相關性」存在不同的觀點，大致存在三大理論流派。①「單極穩定論」，其代表人物包括金德爾伯格、羅伯特·吉爾平等。他們認為霸權有利於維持國際秩序的穩定，因為霸權國實力強大，而且有意願向國際社會提供公共物品，其他國家將樂意接受霸權的領導。反過來，霸權衰落會誘發國際體系的動盪，因為霸權衰落時，其維持國際秩序的能力和意願會降低，而二流國家隨著實力的增強，會傾向於將霸權國取而代之，從而導致國際體系的動盪。②「兩極穩定論」，其代表人物是肯尼思·沃爾茲。在他看來，兩極世界有利於世界的穩定。首先，兩極世界使得敵我界線明確，誰威脅誰，一目了然，這就使得兩個超級大國在採取任何行動時都會謹小慎微。其次，在兩極世界中，壓力幾乎不斷存在，危機時有發生。這就使得雙方擁有控制危機，避免局勢升級的強烈願望。最後，當兩個超級大國誰也吃不掉誰的時候，就會接受彼此共存的現實。③「多極穩定論」，其代表人物是卡爾·多伊奇和戴維·辛格。該理論認為多極體系意味著體系內基本成員數目的增多，大國間利益的交叉不可避免，有助於緩和彼此間的敵對情緒。不僅如此，隨著體系內行為體數量的增加，成員之間進行交易和補償的可能性也相應增多，從而有利於國際秩序的穩定。對於西方學術界的上述爭論，你認同哪種觀點？為什麼？

第二，世界多極化有利於制約霸權主義和強權政治。「冷戰」結束後，作為世界上唯一的超級大國，美國在對外行動中推動霸權主義和強權政治，單邊主義傾向明顯。從海灣戰爭到科索沃危機，從阿富汗到伊拉克，幾乎每一個國際戰場都可以看到美國的身影。小布什當政時期，美國單方面退出《反彈道導彈條約》，撕毀《京都議定書》，拒絕批准《全面禁止核試驗條約》，凡此種種都彰顯著華盛頓的霸權「任性」。然而，伴隨著其實力地位和動員能力的相對下降，美國在越來越多的國際問題上感到獨木難支，不得不重新尊重聯合國權威，不得不依靠

---

① 韋宗友. 解讀修正主義國家：概念、指標及含義［J］. 國際論壇，2006（2）：15.

傳統盟友或新興大國的合作與支持。在對利比亞的軍事打擊中，美國不再衝在戰場的最前線。面對敘利亞的內戰衝突，奧巴馬只能選擇袖手旁觀。即使面對俄羅斯在烏克蘭危機中的「咄咄逼人」，華盛頓也不再有「想打誰就打誰」的氣概。隨著世界多極化趨勢的繼續發展，霸權主義和強權政治行為必然受到更有力的制約。

第三，多極化趨勢有利於促進世界的共同發展。發展問題是當今世界的核心問題。1988年12月，鄧小平在會見印度總理拉吉夫·甘地時說：「和平是有希望的，發展問題還沒有解決。」①「冷戰」結束後，發生世界大戰的可能性幾乎不復存在，但是由於發展問題沒有解決，特別是發展的不平衡，致使地區衝突此起彼伏，人道主義災難不絕於耳。國際發展失衡暴露出西方主導的國際秩序的失靈，不僅對持續已久的全球貧困、公共衛生等問題建樹無多，而且對新出現的日益增多的全球問題也應對乏力。更為重要的是，西方國家利用秩序主導權將自身的金融和債務危機轉嫁給處於弱勢的發展中國家，進一步加劇了世界發展的困境。要解決世界發展難題，需要推動世界多極化的進程。具體而言，國際社會應通過多邊合作方式推動既有秩序的漸進改革，改變權力和利益的不公平分配，使發展中國家得到切實的支持和幫助，增強其自我發展的能力，以實現共同發展。

第四，世界多極化有利於改善全球治理。隨著經濟全球化的深入發展和世界人口的持續膨脹，諸如恐怖主義、氣候變化、公共衛生等全球性問題不斷增多。在「冷戰」結束以來的一段時期內，西方國家是國際公共產品的主要供給者，因而在解決全球性問題方面發揮著主導作用。然而，2008年國際金融危機爆發之後，西方國家自顧不暇，其對外戰略出現了「內傾化」的取向，在維持國際秩序、改善全球治理方面的能力和意願嚴重下降。在此背景下，國際政治出現了動盪失序，甚至有分崩離析的危險。面對全球治理的嚴重赤字，西方以外的國家特別是日益崛起的新興國家理應順應世界多極化發展之勢，通過共同協作、平等對話，為維持世界和平、實現人類發展做出自己應有的貢獻。

3.3.3 推動多極化進程是中國的戰略抉擇

多極化是世界政治發展的客觀趨勢，也是中國外交的重大戰略選擇。世界多極化符合中國的國家利益，有助於中國維持良好發展的國際環境。反過來，中國的力量增長及其外交佈局也成為推動世界多極化進程的重要動力。

第一，中國對世界多極化的認識有一個不斷深入的過程。1974年2月，毛澤東在會見贊比亞總統卡翁達時首次提出了「三個世界劃分」的理論。同年4月，鄧小平代表中國政府在第六屆特別聯大發言中對「三個世界劃分」理論做了全面闡述。「三個世界劃分」的理論指出了當時的世界以美、蘇兩極為主，多極出現、並存的現實表現，實際上是對世界多極化端倪的一種特殊表述，是對世界格局理

---

① 鄧小平. 鄧小平文選：第3卷 [M]. 北京：人民出版社，1993：281.

論的貢獻。

「冷戰」結束之後，中國認為世界處於新舊格局交替期，並提出了世界多極化的戰略理念。1991年3月，中國政府工作報告指出：20世紀90年代的第一年，國際風雲驟變，持續了40多年的舊的格局已經打破，新的格局尚未形成，整個世界進入一個新舊格局交替的時期。此後，中國關於世界多極化的判斷日益明確。1997年4月23日，江澤民在俄羅斯聯邦國家杜馬發表演講時再次指出：「世界正在走向多極化，這是當今國際形勢的一個突出特點。無論是在全球還是在地區範圍內，無論是在政治領域還是在經濟領域，多極化在加速發展。」① 與此同時，中俄簽署了《關於世界多極化和建立國際新秩序的聯合聲明》，共同致力於推進世界多極化。

進入新世紀，中國對世界多極化認識更趨理性化，其基本判斷就是：單邊與多邊、單極與多極、控制與反控制的鬥爭，將是長期的、反覆的，世界多極化在曲折中發展，將是未來很長一個歷史時期內世界發展的基本態勢。2000年12月11日，江澤民在中央軍委擴大會議上講話時強調：「世界多極化在曲折中發展，稱霸與反霸的鬥爭將長期存在，這是影響國際和平與安全的一個基本因素……單極與多極的矛盾、稱霸與反霸的鬥爭，將成為21世紀相當長一個時期內國際鬥爭的焦點。」②

黨的十八大以來，中國對世界多極化的認識進一步深化。在2014年11月28日至29日舉行的中央外事工作會議上，習近平總書記強調：「要充分估計國際格局發展演變的複雜性，更要看到世界多極化向前推進的態勢不會改變；要充分估計世界經濟調整的曲折性，更要看到經濟全球化的進程不會改變；要充分估計國際矛盾和鬥爭的尖銳性，更要看到和平與發展的時代主題不會改變；要充分估計國際秩序之爭的長期性，更要看到國際體系變革方向不會改變。」③ 黨的十九大報告進一步指出，世界多極化、經濟全球化、社會信息化、文化多樣化深入發展，全球治理體系和國際秩序變革加速推進，各國相互聯繫和依存日益加深，國際力量對比更趨平衡，和平發展大勢不可逆轉。

第二，中國成為推動世界多極化的重要力量。經過改革開放30多年的經濟發展和實力累積，中國的綜合國力大大增強，國際地位顯著提升，成為推動世界多極化的重要力量。

在經濟方面，中國進入新世紀以來相繼超過義大利、法國、英國、德國和日本，成為世界第二大經濟體。當前，中國經濟保持中高速增長，國內生產總值超過11萬億美元，占世界經濟總量的15%左右，製造業產值、進出口貿易總額、外匯儲備等穩居世界前列。伴隨著經濟實力的增長，中國持續加大對科技領域的研發投入，發明專利申請數量居世界第一，國際科技論文發表數量位列世界第

---

① 江澤民. 為建立公正合理的國際新秩序而共同努力 [N]. 人民日報, 1997-04-24.
② 江澤民論有中國特色社會主義（專題摘編）[G]. 北京：中央文獻出版社，2002：518-519.
③ 習近平出席中央外事工作會議並發表重要講話 [OL]. 新華網, 2014-11-29. http://news.xinhuanet.com/politics/2014-11/29/c_1113457723.htm.

二，一大批重大科研成果相繼問世，在高鐵、核電、量子通信、高速計算機、深海深空開發等方面已經處於世界前沿行列，各種新技術新產業新業態競相湧現。

在政治方面，中國是聯合國安理會常任理事國，也是二十國集團、金磚國家集團等機制的重要成員，是維護世界和平、促進地區安全的重要力量。中國堅持獨立自主、和平外交政策，以維護世界和平、促進共同發展為對外戰略的基本宗旨，從中國人民和世界人民的根本利益出發，根據事情本身的是非曲直決定自己的立場和政策，不屈服於任何外來壓力，不同任何大國和國家集團結盟，在國際舞臺上發揮著重要作用。

在軍事方面，中國始終不渝地奉行防禦性國防政策，努力建設與中國國際地位相稱、與國家安全和發展利益相適應的鞏固國防和強大軍隊。面對複雜的國際安全環境，著眼全面履行新世紀新階段軍隊歷史使命，中國武裝力量與時俱進，加強軍事戰略指導，不斷拓展和深入軍事鬥爭準備，提高以打贏信息化條件下局部戰爭能力為核心的多樣化軍事任務能力，為國家發展提供安全保障和戰略支撐。

中國綜合國力的不斷增長在客觀上有助於打破單極世界的格局狀態，推動世界的多極化進程。當然，中國的實力增長還不全面，作為發展中國家的國情還沒有改變。只要繼續堅持內部取向優先，著力解決國力發展中不平衡、不協調的問題，進一步提升國家綜合實力，中國就能推動世界格局朝著更為均衡、合理的方向發展。

第三，推進世界多極化是中國的對外戰略選擇。伴隨著國家實力的增強，中國的國際地位和影響也得到了顯著提升，甚至被推至國際舞臺的中心。中國巨大的經濟體量和龐大的外匯儲備對推動世界經濟增長具有舉足輕重的作用，不管是發達國家還是發展中國家都加強了對中國的依賴與借重，在日益廣泛的全球性議題上中國具有了更多的發言權和影響力，在各種國際和地區多邊場合，中國立場、中國聲音正在受到越來越多的重視。

正是基於實力和影響的變化，中國成了國際秩序改革與轉型的重要實踐者。如前所述，隨著國際力量對比的顯著變化，西方主導的國際秩序不僅難以解決日益增多的全球問題，也不能準確反應新興大國和發展中國家的利益訴求，國際秩序的調整已刻不容緩。作為一個負責任的社會主義大國，中國通過大國作為捍衛世界和平、促進人類發展。從力促國際貨幣基金組織和世界銀行投票權的改革到推動金磚國家新開發銀行和亞洲基礎設施投資銀行的建立，從亞丁灣和索馬里海域的護航行動到中國派遣到世界各地的維和部隊，從簽署全球氣候變化協定到落實2030年可持續發展議程，從抗擊非洲埃博拉病毒到馳援尼泊爾大地震，中國的身影遍及世界各個角落，為國際社會提供了力所能及的公共產品，以實際行動詮釋著負責任大國的使命與擔當。凡此種種，表明中國正通過對外戰略佈局積極推動國際秩序的改革與轉型，世界多極化趨勢進一步明朗。

本章小結：

世界政治是國際行為體在政治領域中相互關係的總和。世界政治格局是指在全球各種力量對比的基礎上國際行為體相互聯繫、相互作用形成的相對穩定的結構和態勢。世界經濟決定世界政治，世界經濟格局的演變決定了世界政治格局的走向。

「冷戰」時期，世界政治的發展演變呈現出四個方面的特點：國際行為體數量增多，呈多樣化發展趨勢；兩種社會制度相互對抗，三類國家競爭與共存；兩大集團既鬥爭又妥協，既對抗、又對話；軍備競賽激烈，形成對抗均勢。與此同時，兩極格局經歷了三個階段的發展演變：戰後初期至 20 世紀 50 年代中期，兩大陣營「冷戰」開始，兩極格局逐步形成；20 世紀 50 年代中期至 70 年代初，兩大陣營分化，第三世界崛起，兩極格局受到衝擊；20 世紀 70 年代初至 90 年代初，美蘇全球爭霸加劇，最終導致東歐劇變、蘇聯解體，兩極格局終結。

兩極格局解體後，世界各種力量開始重新分化組合，多極化成為不以人的意志為轉移的客觀趨勢。經濟全球化迅猛發展之勢極大地推動著世界多極化進程；國際力量對比變化朝著有利於世界多極化的方向發展；世界各大力量的戰略調整有利於推動世界多極化；全球性問題的解決要求各國發揮重要作用也推進了世界多極化進程。同時，世界多極化又是一個曲折的發展過程，國際力量結構演進還存在不確定性，國際利益分配格局嚴重失衡，國際觀念結構仍以西方為主導。因此，單極與多極的較量還將持續，世界多極化何時從量變轉為質變有待觀察。

世界多極化與國際關係民主化相輔相成。世界多極化有利於促進世界平衡發展，更能夠體現各國的共同利益，促使國際關係逐漸趨向平等和民主，而國際關係民主化否定霸權主義和強權政治，有利於體現廣大中小國家的意願，也有利於制約單邊主義，加速世界多極化進程。中國對世界多極化的認識有一個不斷深入的過程，中國綜合實力的不斷增長客觀上有利於世界多極化的發展，中國積極推進國際秩序轉型，成為世界多極化的重要實踐者。總之，世界多極化的發展，符合時代發展的客觀要求，有助於建立更為公正、合理的國際新秩序。

思考題：

1. 1991 年 12 月 25 日，當蘇聯的鐮刀錘子旗從克里姆林宮緩緩降下時，一個時代結束了！這一重大歷史事件留給了我們哪些值得深入思考的問題？美蘇對抗的終結又該怎樣塑造後「冷戰」時代的世界秩序？
2. 自「冷戰」結束以來，不少人士就提出「世界格局正向多極化方向發展」這一重大命題。為何時至今日國內外學界卻普遍認為「世界多極化仍然還處在進程之中」？我們應如何看待世界多極化的歷史必然與曲折過程？
3. 自改革開放以來，中國一直以加入西方主導的現行國際體系為基本目標，努力在既有的國際框架內維護並拓展自身國家利益。近年來，中國發起成立金磚國家新開發銀行、亞投行，提出建設「一帶一路」倡議。這是否意味著中

國已經放棄「體系內崛起」戰略,而試圖另起爐竈,重塑國際政治經濟秩序?

閱讀書目:

1. 俞正樑,等. 全球化時代的國際關係 [M]. 2版. 上海:復旦大學出版社,2009.
2. 中國現代國際關係研究院. 世界大變局 [M]. 北京:時事出版社,2010.
3. 瓊斯,帕斯夸爾,斯特德曼. 權力與責任:構建跨國威脅時代的國際秩序 [M]. 秦亞青,等,譯. 北京:世界知識出版社,2009.
4. 卡倫·明斯特,伊萬·阿雷奎恩—托夫特. 國際關係精要 [M]. 5版. 潘忠歧,譯. 上海:上海人民出版社,2012.
5. 奈,韋爾奇. 理解全球衝突與合作:理論與歷史 [M]. 張小明,譯. 上海:上海人民出版社,2012.

4

世界文化格局與文化多樣性

當代世界的整體面貌不僅反應在經濟和政治方面，也反應在文化的維度上。文化從屬於人類的精神世界，從這個意義上講，文化格局反應了當代世界不同地區、國家、族群或其他相關政治群體關於信仰、價值、思維、情感與行為偏好的分佈，也包含了世界各主要文化群落在國際關係意義上的力量對比。

4.1 多元存在的世界文化格局

「文化」是頻繁出現於人們日常生活及學術研究中的概念，但至今仍缺乏一個對「文化」的權威定義。從現有包括文化人類學、社會學、政治學等社會科學著述看，不同學者對「文化」的定義多達 200 種。在「文化—國際關係」互動模式下，文化是行為單位特性的反應，它首先是能夠代表主體在對待相同或相似問題時採取的、能夠體現自身特色的觀念或方式，如「吃飯」本身不能稱之為文化，但「用筷子吃飯」則成為東亞民族的集體烙印。因此，在國際關係意義上，文化應當是民族或國家在相同或相似情境下採取的不同思維模式或行為偏好，它可能通過文化符號反應出來（如冊封、賞賜禮儀或戰爭動員海報），也有可能形成一套統治階層內部長期的、深層的思維模式（如對世界的認識問題上「和而不同」與「二元對立」的思維對比）。文化作為國際關係的影響變量，具備長期性和穩定性的時效特徵。因此相較於經濟、安全和制度因素，文化——包括不同宗教、哲學及行為偏好等——對國際體系和行為體具有更為深層、長期的影響作用。[1]

4.1.1 多元的文化行為體

文化內容需要有現實的承載體，這些承載體因自身性質的不同而構成了文化行為體的多元圖景。在全球化不斷深入、國際政治扁平化的今天，根據類屬不同

---

[1] 郭小聰. 守夜人與夜鶯：國際關係領域的文化思考 [M]. 北京：北京大學出版社，2014：117-124.

产生的多元行为单位,是当代世界文化多样性的表征之一。从单位类属看,行为单位的多元性主要表现为主权国家、地区、族群、宗教群体及国际组织等,它们在不同层次上对世界文化图景进行塑造,进而对全球经济或政治产生影响。因此可以说,行为主体的多元性是当代世界文化格局的构成部分。

——主权国家——

主权国家是今天世界政治中最为主要的行为体,在通常情况下,主权国家也具备相应的文化身分。现代主权国家源于17世纪的欧洲,主权意识源于欧洲不同民族的语言、观念、价值乃至风俗等文化内容。美国学者本尼迪克特·安德森在《想像的共同体》一书中曾提出,现代民族意识始自欧洲,首先在于民族语言逐步取代「大一统」拉丁语成为主要书写交流方式。民族之间彼此逐步建立起「本我」的认知,从根源上讲是文化赋予的结果。[①] 现代主权国家尽管在当今世界与不同民族的文化边界存在偏差,但由于当代世界政治的总体性质,主权国家仍然是最为主要、关键的文化承载体。它在国际事务中需要通过精神性的力量维持对内部成员的凝聚号召,同时需要在世界舞台中不断地确立自己身分与气质的独特性,这就使文化工具性地服务于主权国家的外交战略。

——地区——

地区是超越主权国家界限的概念,既可以囊括多个国家,也可以指主权国家内部的次国家行政单位(如省、州、加盟共和国、城市等)。地区脱胎于地理范畴,并在不断演进的历史进程中逐渐拥有了独特的政治身分。而且,地区超越民族与国家,拥有内部久远、深层、广泛的社会互动体系,带有鲜明的文明演进特征。因此在精神层面上,地区具有相应的文化特色。从全球范围看,地区由于内部较为悠久、深层的历史互动而更易于形成较为一致的精神信仰、价值理念、认知态度、风俗乃至语言。在全球化加速的今天,区域一体化进程也不断加速,这在客观上使地区文化意识落实在政治进程当中,也使得地区作为独立行为体成为世界文化多元性格局的有力推动者。次国家行政单位参与国际关系与主权国家的利益存在双重现象,它既可以将自身行为较好地融入国家的根本大战略框架内,也有可能损害国家利益。文化在这两种情况下均可以发挥应有的功能。对于前者而言,地方文化可以以增强国家软权力、为国家外交提供精神性力量或维系海外利益纽带等形式出现;对于后者,次国家行政单位的地方文化在特定情况下容易助长分离主义,对国家利益构成极大危害。

——族群——

族群是文化色彩非常突出的行为体,一般说来族群有着更为紧密的内部精神维系纽带和对成员更为有效的身分召唤力量。共同的语言与习俗,以及在历史过程中形成的内部长期、持之有效的价值观念,使族群成为文化直接依附的现实载体。相较于主权国家、地区和国际组织,族群带有更为鲜明的文化特征与排他性的文化边界。在国际政治舞台上,族群也往往以较为明显的文化身分参与国际事务。虽然主权国家仍然是当今世界最主要的行为主体,但族群作为非国家行为体,

---

① 本尼迪克特·安德森. 想像的共同体 [M]. 吴叡人,译. 上海:上海人民出版社,2005:45-47.

其所表達的利益與價值訴求、政治功能及國際影響力不容小覷。在現代國家建構、國際合作、安全管理等領域，族群文化所發揮的政治影響力日益明顯。見圖4.1。

圖 4.1　第一屆猶太復國主義大會

［圖片來源］百度百科。猶太民族是世界上較為典型的跨國家、跨地區且具有較強政治影響力和文化感召力的族群。

──**宗教群體**──

這裡所指的宗教群體包括兩種形式：不同的宗教以及相同宗教內的不同分支。宗教本質上是精神性的，但精神性內容無法脫離現實載體單獨存在，它需要通過實在的社會共同體表達出來。宗教群體同樣具有極為強烈的文化內聚力，儘管同族群相較，宗教群體可以跨越語言、膚色、人種和風俗，但由於對相關教義的秉承，宗教群體具備同樣嚴格的內部組織能力與對外行為合法性。在國際關係當中，宗教群體作為行為單位，其影響力與號召範圍是跨越國際、族際的；同時又因宗教本身的社會特徵，宗教群體的行動效力能夠深刻地介入主權國家內部，進而影響國家對外政策和國際政治。

──**國際組織**──

國際組織通常在國際安全、世界貿易、全球金融、環保、減貧等方面發揮重要作用，但仍有不少國際組織因其文化身分，在世界政治中成為文化行為的主體。地區性國際組織經常直接與地緣文明關聯，帶有色彩鮮明的文化烙印。並且在很多情況下，文化本身構成了界定內部成員身分認同及鑒定未來加入者的標準。在當代世界文化格局中，這樣的地區性國際組織無疑強化了地緣文化的聚合力與自我意識，並將其文化身分反應在其政策行為中。國際組織作為文化行為體的另一種表現是部分國際組織的行為帶有強烈的文化目的，例如促進教育、普及文化或文化產品管理等工作。文化管理工作是當代全球治理的環節之一，文化管理工作水準和效果的高低，某種意義上反應了世界（或某地區）的文明水準。

──**其他文化行為體**──

在當今高度全球化、信息化的背景下，還有一些具備文化色彩的行為單位在參與和影響著國際事務。例如，儘管企業的行為是遵循商業邏輯的，但不同企業的行事風格、價值傳統或文化包裝上，亦能反應出相關國家或族群的文化取向，間接地服務於國家的軟權力戰略。再如，儘管學界對個人能否成為國際關係行為體尚有爭論，但在文化層面上，知名人物在文化行為或個人感召力渲染中也能明

顯體現出當代世界的文化多樣性，形成對某種文化價值的宣揚，成為國家軟權力建設的重要來源。同時，不能忽視在特定國家內部，家族往往也反應了不同的、能夠作用於政治的文化，這也需要我們以更為細緻的比較視野進行觀察和認識。見圖4.2。

圖4.2 史蒂夫·喬布斯和比爾·蓋茨

［圖片來源］百度百科。美國國家文化軟權力的締造，離不開大量美國企業的品牌效應和個人力量。例如，微軟和蘋果公司在其各自經濟行為當中，不僅締造了美國在全球互聯網和電子通信行業的霸權，同時也將美國商業文化中的品牌力量投向世界市場。其代表人物——比爾·蓋茨和史蒂夫·喬布斯的個人奮鬥史和人格感召力，也間接地將「美國夢」的精神傳遞給世界。

4.1.2 多元的文化內容

世界文化格局多樣性又體現為文化內容的多樣。文化內容在生活當中以無數種形態存在，其中包括我們熟知的語言、文字、藝術等。需要指出的是，在政治生活領域，文化也呈現出內容多樣性的特徵，即不同的文化內容助長行為體的政治行為差異性。

——多元的宗教與宗教分支——

宗教是人類文明中長期存在的精神產物和社會組織形式，宗教的差異性是人們在討論文化多元性時無法忽視的話題。塞繆爾·亨廷頓在《文明衝突論》中對多元文化的闡述，即帶有深刻的宗教色彩。宗教來源於精神世界，其通常蘊含著深厚的哲學底蘊和對現實世界「理想狀態」的價值信念，在政治身分確定、社會動員以及區分行為體遠近親疏的動態政治過程中有著強大的功能。當今世界主要有基督教、伊斯蘭教、印度教、猶太教、佛教等若干對政治有著較強塑造功能的宗教。在各宗教內部，由於教義及歷史發展軌跡的差異，又產生大量不同的宗教分支。例如基督教由於歷史原因，形成天主教、東正教和新教三大分支，伊斯蘭教也主要分成遜尼派和什葉派。這些宗教或教派，由於其教義不同，或因政治實體間的歷史恩怨或現實利益，呈現出對世界政治頗為明顯的影響力。

──多元的政治價值理念──

政治價值理念同樣是人類文明固有的精神產物，政治價值理念也因族群、宗教、歷史傳統的不同而彼此相異。政治價值理念容易與哲學掛勾，要求行為者在腦中塑造政治生活當中的善惡優劣評判標準，也容易使行為者在政治進程中對他人進行身分確定。縱觀當代世界，主要的政治價值理念通常與強勢行為者相關聯，例如政治自由主義較大程度上成為西方世界的文化標籤，東亞後發國家往往偏好脫胎於自身傳統卻能較好地適應經濟全球化的亞洲價值。另外，宗教激進主義在新世紀以來的種種表現容易使人將其與伊斯蘭世界產生聯想，威權主義在部分轉型國家或地區容易占據主流地位，也是當代世界政治價值理念多元特徵的表現。

──多元的行為偏好──

在國際政治生活中，如果以民族國家為行為體來進行觀察的話，不同的行為偏好也構成了當代世界文化格局的多樣性。偏好來自於認知，帶有強烈的觀念性力量。同時偏好又能夠較好地反應行為體的個體差異，因此從政治科學的角度看屬於文化範疇。偏好在政治行為中可以反應為兩種情況：內向的、自我發展偏好以及外向的、對外決策偏好。前者一般反應為國家（或決策集團）對自身發展根本大戰略的路徑選擇，在文化意義上例如不同民族對不同經濟產業的觀念排序；後者一般反應為戰略主體對外交決策行為的選擇偏好，例如中俄在使用武力或武力威懾的行為上存在不同的認知差異，就深受兩大民族的民族性格和文化特徵的影響。

4.1.3 多元的文化進程

文化不僅是既有的存在，同時也是不斷演進的過程。文化的萌發、形成以及為人群所熟知並接受是相對長期的歷史結果。在全球化加速發展的今天，不同文化的發展方向、發展意願並未隨著國際標準的趨同而步伐一致，反而因為它們自身的獨特性而呈現出動態的差異，並構成當代世界文化多元性的一面。

當代世界文化格局的多元性特徵，在這一動態進程中也有充分表現，即不僅在空間分佈方面存在文化樣式的差別，而且這些文化樣式在整體的人類文明進程中所處的階段也不盡相同。也就是說，在人類文明發展的坐標內，不同文化地區所處的時間位置存在區別。例如，歐洲較早實現現代化，內部文化表現出較為前沿的一面，對現代性的反思、批判精神較發展中地區更為明顯，這種個體脫離「本我」的精神反應在今日歐洲的社會思潮與社會運動當中，包括反思主權性、保護動物權利、包容同性戀或反工業化等。中國正處於現代化進程當中，因而中國文化面臨著非常關鍵的現代化問題，即如何使自身傳統適應高速的、現代的經濟、政治建設和社會進步，並使中國文化精華更好地服務於國家的現代性成長並克服「現代化困境」。再如伊斯蘭世界，其內部文化在人類文明進程中面臨著非常重要的世俗化需求，這一需求是典型的宗教化地區文明軌跡的構成部分，是歐洲早已完成、中國無需面對的歷史任務。土耳其曾在一個世紀前為伊斯蘭世界世

俗化進程提供了較好範例。在今天，隨著近年來中東地區伊斯蘭宗教激進主義的重新興起，伊斯蘭文化世俗化的意義更加突出。

在國際關係的安全領域中，文化的多元進程也是顯而易見的。建構主義學派從社會學角度論述了國際體系的觀念性力量，對結構性質、單元角色與身分以及行為邏輯進行說明，旨在表述一定地域內部的安全文化對安全政策及國家戰略的有效影響力。[①] 在當代世界，不同地區所表現的安全文化也呈現出多元進程的一面。首先，戰後歐洲致力於經營內部一體化和安全共同體。通過長期持之有效的內部一體化建設，歐洲這個曾經孕育多次大戰的地區今日已經擁有程度較高的內部安全機制，並營造出內部高度信任、合作、相互依存的集體文化。其次，東亞地區經過戰後高效、高速的經濟發展，也已從經濟全球化和世界市場中受益匪淺，經濟層面合作已經達到較為可觀的層次。但由於地區內部成員現實利益衝突和歷史問題羈絆，目前來看遠未達到歐洲安全機制和安全文化的高度，東亞地區內部成員的彼此不安全感與競爭壓力極高，整體的安全文化仍是競爭高於合作的。最後，如中東或若干南部非洲地區，由於安全層次和經濟層次均無法達到歐洲與東亞的級別，加之歷史、宗教、族群矛盾依舊嚴重，這些地區內部安全文化帶有較為明顯的「霍布斯式」色彩。從上述地區的安全文化對比可以看出，文化進程的差異性不僅表現在單元層次，在集體層次上也有反應，同時也能對國際關係產生較大影響。

多元文化進程是除多元行為體和多元文化內容之外，對當代世界文化多元性的另一個角度的合理說明。這樣的視角將文化研究從單純的類屬框架中提出，進一步放置在動態的文化演進過程內。在全球化加速與深化、文化接觸與跨文化交往密切的今日世界，這樣的觀察視角尤其必要。

4.2　多元文化與世界經濟

當代世界文化格局是多元性的，這種多元性影響了國際關係的諸多方面。不可否認，世界經濟在全球化浪潮下一體性程度明顯增強，規範、機制以及行為單元經濟活動的內在邏輯呈現出趨同特徵。但即便如此，不同區域內的人群，其信仰、價值觀、心理特徵、氣質以及對社會發展認知等文化內涵，仍然對各自經濟的運行和效果產生著較為明顯的影響。在對文化如何影響經濟進行研討之前，有必要對一些問題進行界定。本章旨在說明文化如何影響經濟與政治，但必須看到，社會現象的形成源於多重因素的複合關係結果，因此文化無法成為政治及經濟現象的唯一答案。而且，就世界現狀看，文化的區別並不是那樣分明，這裡對不同地域文化差異的概括，具有相對性和模糊性，不能將其理解為全面的、特指的。

[①] 亞歷山大・溫特. 國際政治的社會理論 [M]. 秦亞青, 譯. 上海：上海人民出版社, 2000：232-233.

4.2.1 文化對經濟發展的影響

現實中的一些問題，促使人們進一步思考文化與經濟發展的關係，例如：歐洲天主教地區在人口、殖民地和航路控制等方面原本有巨大的優勢，卻為何在宗教改革之後被新教地區在經濟增長環節超越？第二次世界大戰結束後，拉丁美洲和東亞地區同時經濟起步進入高速增長，為何東亞不斷創造經濟奇跡，而拉丁美洲在擁有相似甚至更佳經濟稟賦（例如地緣上離歐美更近、戰亂較少、語言更接近西方）條件下卻遜色許多？同屬戰後贏得獨立、自然稟賦相似的中國和印度，為何前者在全球製造業轉移過程中能夠將人口優勢迅速轉化為經濟增長動力，而後者卻較難實現這一目的？

德國社會學家馬克斯·韋伯曾在其著作《新教倫理與資本主義精神》中系統地闡述了第一個問題，他的論證同時成為後世學界討論文化影響經濟的重要起點。韋伯認為，基督教新教中蘊含的獨特文化氣質，如勤勞、崇尚商業、重視教育、勇於嘗試新興產業以及精神層面貼近世俗生活，在資本主義時代比天主教文化更符合經濟發展要求，這是新教國家在物質發展方面成就大於天主教國家的原因。[1] 韋伯的「文化—經濟」模式旨在揭示大國興衰的原因，試圖從相對簡單的物質框架中尋求更為深層的思想性、觀念性因素，在學術層面上具有非常重要的意義。制度經濟學代表人物道格拉斯·諾斯在其《經濟史上的結構和變革》中將文化因素（在該書中被稱為「意識形態」）納入影響經濟結構變遷的考慮之中，指出包括宗教和族群意識在內的文化因素在社會管理成本和決策過程等經濟行為當中具有關鍵性的影響，並可能對經濟結構變遷起到輔助性的解釋。[2]

從經濟學視角——尤其是在當今全球化加速發展的時代——同樣可以說明文化對經濟發展的有效推動。有學者認為，在經濟全球化加速的今天，企業可以相對容易地取得諸如土地、資本、技術、原材料等被傳統經濟學界定的比較優勢。在這樣的世界市場高效配置下，傳統經濟稟賦對增長的重要性就下降了，而諸如工作熱忱、勞動態度、責任感或涉及資本的價值觀念等能夠被稱為文化的因素，則成為當代世界市場競爭中更為關鍵的要素。[3]

4.2.2 不同地域文化對經濟的影響

文化本身對經濟發展的影響，可以從宗教、道德感、信任感、職業尊卑排

---

[1] 馬克斯·韋伯. 新教倫理與資本主義精神 [M]. 於曉，等，譯. 北京：生活·讀書·新知三聯書店，1987：23-27.
[2] 道格拉斯·諾斯. 經濟史上的結構和變革 [M]. 厲以平，譯. 北京：商務印書館，1992：56-58，136-138.
[3] 邁克爾·波特. 態度、價值觀、信念以及繁榮的微觀經濟學 [M]//塞繆爾·亨廷頓. 文化的重要作用. 程克雄，譯. 北京：新華出版社，2010：62-63.

序、公平/競爭關係觀等視角進行分析。① 這裡以較為直觀的地區框架，即從文化格局中的主要文化力量入手，對當代世界主要文化的經濟影響做出簡要說明。

——基督教新教地區文化——

基督教新教文化主要囊括北美與西北歐洲，是當代世界經濟最為發達的地區。正如馬克斯·韋伯在《新教倫理與資本主義精神》中系統闡述的那樣，基督教新教文化在尊重個人權利、鼓勵創新與財富累積、鼓勵冒險等方面擁有相對較高的社會認同感，這也成為西歐迅速崛起的文化推動力。另外，西方古典文明中的相關文化要素，如理性主義，也大致在基督教新教地區得到了較為良好的傳承。這些要素對科學進步和技術創新起到了積極作用。

儘管第二次世界大戰結束後宗教在政治話語方面的地位嚴重下降了（尤其在歐洲地區），但馬克斯·韋伯所歸納的歐美文化氣質仍然影響著當代歐美相關國家的經濟運行。除了古典文明（「希臘—羅馬」傳統）和基督教新教的文化基因，資本主義文化在新教地區的鞏固也極大地推進了歐美文化的現代化過程，如財富觀念、競爭觀念、個人獨立性、實用主義等文化要素，對當代歐美經濟的發展起到了推動作用。

——基督教天主教地區文化——

基督教天主教文化主要包括南歐和拉丁美洲地區，這一地區既包括如法國、義大利等發達國家，也包括巴西這樣經濟起步較晚但前景看好的新興經濟體，同時也包括大量欠發達國家。在現代文明框架內，天主教地區的文化特徵在推進科學與技術進步方面較新教地區相對滯後。例如，傳統的、家族式的社會裙帶關係網絡錯綜複雜，不利於個人乃至經濟部門在現代社會中的公平競爭與發展；勞動精神、創新意識的相對不足使地區經濟發揮呈現疲態；對新生事物接受速度較慢不利於企業對外競爭等。

——東亞文化——

東亞在世界文明現代化過程中屬於後發地區，但由於近幾十年東亞的巨大經濟成就，其獨特的內涵不斷吸引著人們對東亞文化的關注。東亞地區在古代曾創造出燦爛的文化成就，其中一些精髓對後發國家的追趕式發展具有積極的意義。一是東亞帶有明顯的「非宗教」色彩，宗教文化尤其是一神教文化在東方社會難以立足。東方民族普遍對人類自身終極關懷思索較少，這相應地助長了東方人安於世俗世界、樂於享受現實物質生活的性格特徵。以中國人為例，祖先崇拜取代了對單一神性的信仰，反應出農耕文明對長者耕種經驗的服從，它折射出人們對世俗的、利己的勞動生產的關注。這種對宗教的相對漠視，使其在現代化過程中無需借助深層的、根本性的「啓蒙」過程，這使東方國家由傳統步入現代的過程更為順利。二是東方有著根深蒂固的學習傳統，仿效精神、接受新生事物能力極強，這有利於東亞地區在現代化進程中實現跨越式發展。三是東方式集體主義精神和組織文化，在現代高度集中、規模龐大的經濟部門當中有助於提升效率並相

---

① 馬里亞納·格隆多納. 經濟發展的文化分類 [M] //塞繆爾·亨廷頓. 文化的重要作用. 程克雄，譯. 北京：新華出版社，2010：91-98.

應降低管理成本。四是東亞地區重視人倫、禮法的傳統和「修齊治平」精神，在當代資本主義運作中對塑造企業人員經世致用的從業人格有著較大的幫助。五是吃苦耐勞精神成為東亞地區戰後經濟巨大成就的重要文化原因。這不僅涉及個體勞動成本較低、勞動環境適應性強、單位時間內勞動效率高等方面，在更為宏觀的社會經濟層面，這種吃苦耐勞精神在「累積—消費」環節中對前者的明顯偏好，在東亞地區現代化進程中有助於在較短時間內形成規模龐大的國家或私有資本。

當然，我們還應當注意到東亞地區文化對當代經濟發展的不利之處。仍以中國——文化意義上較能代表東亞地區、經濟意義上近年來成為該地區最典型的增長點——為例，其部分文化要素對自身經濟增長有一定抑製作用。例如，強烈的世俗性和實用主義氣質，容易產生利益短視特徵，甚至在極端條件下，部分地區以犧牲國民教育或社會治理為代價，換取短時期內的財富增長。再如，傳統東方「官本位」文化對當代經濟掣肘頗深，官商勾結、腐敗、不良競爭等問題極大地影響著東亞地區的經濟公平與發展，同時也通過年輕人擇業偏好反作用於經濟，在一定程度上對經濟部門的發展形成不利影響。

——俄羅斯文化——

蘇聯解體之後，俄羅斯遠離了世界經濟格局的中心位置，但俄羅斯民族傳統對其經濟發展乃至國際關係仍然產生著重要影響。俄羅斯民族在自身發展過程中，由於地緣關係、生產傳統和歷史事件影響，在文化方面表現為較為明顯的不安全感、對權威的高度依賴和偏愛展示實力等特徵，上述文化因素在沙俄時代、蘇聯時代和當代俄羅斯均有表現。經濟方面，這些文化價值觀容易使俄羅斯對特定經濟部門（如能源、軍工、科技）以及國家資本產生依賴，同時東方式的服從主義傾向也在俄羅斯經濟運作過程中較為容易形成官商勾結、腐敗、寡頭經濟等問題。

——伊斯蘭文化——

伊斯蘭世界儘管在當代世界經濟體系中處於邊緣位置，但其龐大的規模和對重要資源的強大話語權保證了伊斯蘭文化對世界經濟有較大影響。其宗教保守性特徵以及與此相關的政治傳統性，在多方面影響著伊斯蘭世界的內部經濟運行：生產方面，當代伊斯蘭世界帶有突出的反西方思潮，源自西方的現代文明難以被伊斯蘭世界普遍接受，以至於現代製造業、現代服務業在伊斯蘭地區的發展遭遇到了比在東亞和拉美更強的阻力；商業方面，伊斯蘭教法鼓勵商業往來但嚴禁商業詐欺，這對市場經濟健康運行形成了有利因素；金融領域，由於《古蘭經》反對放債取利，現代金融制度在伊斯蘭世界難以生根，不少伊斯蘭國家銀行保持低息甚至無息，客觀上不利於現代金融業的發展；稅制方面，伊斯蘭教法規定信徒的部分財產用於社會救助，主張保護窮人生計、抑制貧富分化。此外，伊斯蘭文化中男女不平等，也不利於社會勞動力要素的充分利用。

——印度文化——

印度擁有非常好的自然稟賦（領土、人口、海洋地緣等），目前經濟發展速度很快，被視為 21 世紀最具潛力的新興經濟體。印度文化對經濟的影響主要體

現為以下幾個方面：①種姓觀念。種姓觀念在當代經濟生活中表現為社會層級間資源與財富的分配不公，甚至對婚育產生極為消極的影響，使其龐大的人口規模難以轉化為同樣規模的有效勞動力。②語言方面。印度本地語言多樣且難以互通，曾經的英屬殖民地歷史使英語成為其主要溝通語言。其消極影響在於，多樣語言不利於統一市場經濟的發展；而積極方面則是，對英語的相對熟練使印度在參與國際經濟活動方面擁有便利，有利於軟件業等特定行業的國際發展。此外，印度文化中公民意識、法制意識乃至公共衛生意識淡薄，也增加了其經濟運行與社會管理成本。

——非洲文化——

非洲處於當代世界體系的邊緣位置，非洲經濟問題與其內部文化不無關聯。首先，現代民族認同缺失，使非洲形式上的主權國家難以形成相對統一、有效的內部經濟管理體系。例如，很多非洲國家內部語言無法統一，部分國家甚至處於部落政治階段，這對於非洲國家參與現代經濟體系極為不利。其次，與上一點相關，這種現代國家意識的缺失在管理層面勢必轉化為行政效率低下甚至惡性管理，極端弱化的國家責任感極易滋生貪腐。最後，故步自封、自給自足的生產方式使非洲社會生活保留了較多遠離現代文明的陳腐習俗（如教育觀念的缺失），人們對傳統方式滋生出滿足感和惰性。① 這在高速競爭、日新月異的當代世界經濟中不利於非洲的經濟發展。

非洲擁有廣袤的土地、豐富的自然資源和龐大的人口基數，但落後的觀念、意識嚴重阻礙了非洲尤其是撒哈拉以南非洲的經濟發展。例如，教育意識的淡薄使非洲無法將其人口資源充分轉化為智力資源與勞動力資源。世界銀行數據顯示，撒哈拉以南非洲截至2016年年底小學畢業率低於70%。在性別意識的作用下，在全部適齡入學的兒童當中，2016年年底小學畢業人數中男女性別比為114∶100。②

正是多元文化格局的長期存在，使得在經濟研究中的文化分析有了存在的意義。同時還應看到，正是經濟全球化背景下各要素自由流動卻並未帶來地區間經濟發展均衡這一事實，使我們有必要適時地將目光轉向文化。

4.3 多元文化與國際政治

當代世界多元的文化格局同時也影響著國際政治形態與運作。文化參與塑造著我們所處的時代，文化也影響著國際政治的兩大主題——衝突與合作。

---

① 鄭家馨. 非洲傳統文化與市場經濟體制［J］. 西亞非洲，1996（1）：35.
② http://data.worldbank.org.cn/topic/gender.

4.3.1 多元文化與國際衝突

國際衝突是國際關係的核心主題，多元文化對國際衝突也有著十分重要的影響。不可否認，由於觀念及價值層面的錯位乃至對立，文化之間存在相對難以調和的矛盾，「十字軍」式的對抗思維在國際關係中屢見不鮮。從微觀層面看，「文化」是人群獲得身分與集體認同的來源，是界定「你」和「我」的標準。在現實利益衝突的前提下，文化差異便構成國際衝突的催化劑。有學者從文化的誘因、催化和手段三個功能，逐一分析了文化對國際衝突的產生、強化及賦予衝突「合法性」的影響。[1] 例如西方與伊斯蘭世界衝突兼有殖民與反殖民、帝國主義與反帝之間的政治鬥爭因素，卻由於宗教對抗的原因而更容易激發並使衝突社會化與深層化。亨廷頓的「文明衝突論」旨在表明在後「冷戰」時代，文明間的對抗取代了「冷戰」時期美蘇間意識形態的對抗，成為當代世界國際衝突的主要形式。具體地說，西方與伊斯蘭世界、西方與中國之間的政治衝突，都可以理解為文化矛盾的產物，文明斷裂帶（即多種文化聚集的地區，如中東歐、巴爾干半島）則是衝突最容易爆發的地區。儘管「文明衝突論」某種程度上是為美國建立跨大西洋領導合法性、尋求後「冷戰」時代戰略目標服務的，但其獨特的研究視角和對當代國際衝突的敏銳洞察力，也為我們分析多元文化格局與國際衝突的關係提供了邏輯框架。

「文明衝突論」是當今世界系統研究文化與國際衝突的最有影響的著述之一。在《文明的衝突與世界秩序的重建》一書中，作者塞繆爾·亨廷頓按照文化標準將世界分為七個或八個板塊：西方、東正教、伊斯蘭、中華、拉美、日本、印度教以及（可能存在的）南部非洲，並指出，在後「冷戰」時代，隨著意識形態對抗強度的下降，文明之間的衝突將構成對世界安全最大的威脅。在微觀層次上，亨廷頓通過對車臣、巴爾干、克什米爾等「文明斷裂帶」局部戰爭的考察，認為隨著後「冷戰」時代人們文化身分認同的增強，文明板塊交匯處的局部衝突不僅是文明間對抗的直接形式，而且可能成為帶動各個文明核心國家（例如美國、俄羅斯、沙特阿拉伯、印度和中國）全球範圍戰爭的推力。[2]「文明衝突論」為後「冷戰」時代理解國際政治提供了非常清晰、深入的理論框架，但由於對文明的定義的簡單化和對文化間對立因素的誇大，也引起了不少質疑「文明衝突論」的聲音。

近年來「文明衝突論」在國際政治當中仍不時轉化為現實。我們可以看到，在錯綜複雜的中東局勢中，往往隱含著伊斯蘭世界遜尼派與什葉派兩大分支的激烈對抗；也可以看到，特朗普上臺後，美國加大了對移民、對穆斯林身分上的制度性歧視。這挑戰了自「冷戰」結束以來我們日益習慣的文化多元、平等且彼此取長補短的世界，為當今全球治理製造了本不必要的負面因素。

---

[1] 張驥，劉中民，等. 文化與當代國際政治 [M]. 北京：人民出版社，2003：200-206.
[2] 塞繆爾·亨廷頓. 文明的衝突與世界秩序的重建 [M]. 周琪，等，譯. 北京：新華出版社，2002：228-230.

4.3.2 多元文化與國際合作

　　文化多元性與當代國際合作也有著明顯的關係。一方面，正如多元文化格局推動國際衝突的邏輯，它對國際合作也存在顯而易見的阻礙作用。例如，儘管土耳其在地緣、安全、經濟乃至文字上與西方有著密切聯繫，但因其伊斯蘭國家的身分，土耳其長期難以加入歐盟。再如，伊斯蘭世界內部長期存在的文化隔閡，是導致整個伊斯蘭世界內部長期處於分裂狀態的重要原因。這種隔閡既表現在文化的內容上（如什葉派和遜尼派），也表現在文化的進程中（世俗化力量和宗教激進主義）。兩個層面交織影響，抑制了伊斯蘭世界內部的廣泛、深遠合作。

　　另一方面，我們還應注意到，多元文化格局對國際合作也有著積極作用。正如矛盾的對立統一性所表現的那樣，世界文化格局的多樣性在帶給不同人群獨特性質的同時，也賦予了他們彼此接納、相互包容、互相學習的可能性。多元文化林立並長期存在的現實，使人們獲得了更多瞭解他人的機會和跨文化交往的能力，並得以將這種能力付諸政治合作過程中。若從社會化角度來理解國際關係，主體間長期的互動，可以形成有效的共有知識，並隨之提升國際體系內部的社會化程度，建構起高層次的國際規範與準則。[①] 同時文化多元本身，也為國家間開展合作提供了安全和經濟之外的領域。大國或地區間的互動，文化交往經常扮演著非常重要的角色。諸如影視、書籍、信息共享、人員往來、旅遊業發展等文化交流內容，在世界產業結構向服務業邁進的背景下，成了國際合作的有效推動力量。

4.3.3 中國對世界文化格局的基本主張：倡導尊重世界文明多樣性

　　當代中國以推動人類命運共同體建設為使命，這在世界文化格局範疇內也有綱領性反應。具體而言，中國主張尊重世界文明多樣性，以文明交流超越文明隔閡、以文明互鑒超越文明衝突、以文明共存超越文明優越。文明間應當包容互鑒、尊重世界文明多樣性、發展道路多樣化，尊重和維護各國人民自主選擇社會制度和發展道路的權利，相互借鑒，取長補短，推動人類文明進步。

　　對於具有「己不正不能正人」文化基因的中國而言，上述文化訴求必須落實在自身科學、戰略的文化建設中。黨的十八大以來對自身文化建設的高度重視，反應了黨和國家對文化自信、文化發展並建成文化強國的迫切願望。這需要在牢牢堅定文化意識形態領導權基礎上，不斷培育並踐行社會主義核心價值觀，以發展、開放的路徑繁榮文化產品，最終形成具有民族特色、符合時代要求的文化成果。

　　站在世界歷史的高度上看，中國作為當代世界經濟、政治格局中的重要組成部分，其深厚的歷史文化底蘊和當代文化意識使其在多元文化格局中占據了越來

---

① 亞歷山大·溫特. 國際政治的社會理論 [M]. 秦亞青, 譯. 上海：上海人民出版社, 2000：286-287, 317-319.

越重要的地位。在中國追求實現現代化和民族偉大復興的戰略框架下，尊重和包容世界文化多元性是中國對當今世界秩序的價值訴求。這一方面反應了中國對源自西方、單一線性的現代化文化模式的反思和批判，另一方面也反應了中國對世界多元文化格局的客觀認知和理性態度，同時還反應了中國積極利用自身文化軟實力參與構建國際新關係的主動性，是踐行「負責任的大國」的文化體現。

本章小結：

本章主要介紹了當代世界文化格局的最主要特徵——文化多元性，並在此基礎上就文化多元性如何影響世界經濟和世界政治予以簡要回答。不可否認，在經濟全球化不斷深化的今天，隨著經濟交往的頻繁和人員、信息流動的顯著提升，傳統意義上的文化邊界在這一進程中正向著模糊的方向發展。標準的趨同、規範的普遍及共有觀念的不斷形成使得政治單位間的文化區分不再涇渭分明。但仍需看到，由於全球化發展的非均衡性以及個體間價值、情感、觀念、思維的差異，文化多元性特徵仍具有十分強大的生命力。這不僅表現在不同文化形態、內容的差異上，也表現在人類文明進程中不同文化的時代差序上。在個體間深入交往的同時，軟力量價值在不斷發揮著重要功能，這使文化自覺、文化自信被帶入政治主體的行為目標並提升到戰略議程上，反應出經濟全球化背景下個體對文化多元性的堅守。

在中國追求實現現代化和民族偉大復興的戰略框架下，尊重和包容世界文化多元性是中國對當今世界秩序應有的強烈期盼。它既有傳統中國「和而不同」的理想世界文化訴求，也兼具著現代中國對文明間不平等地位的改良願望。隨著文化主題在國際政治中地位的提升，新型國際關係中對世界文化格局的應然訴求及其相應的制度或政策成果，在推動人類命運共同體建設的過程中是非常關鍵的。

思考題：

1. 如何在經濟全球化加速的今天重新認識文化多元性？
2. 如何看待「文明的衝突」及其當下反應？

閱讀書目：

1. 郭小聰. 守夜人與夜鶯：國際關係領域的文化思考 [M]. 北京：北京大學出版社，2014.
2. 馬克斯·韋伯. 新教倫理與資本主義精神 [M]. 於曉，等，譯. 北京：生活·讀書·新知三聯書店，1987.
3. 彼得·卡贊斯坦. 多元政治中的文明：多元多維視角 [M]. 秦亞青，等，譯. 上海：上海人民出版社，2012.
4. 塞繆爾·亨廷頓. 文明的衝突與世界秩序的重建 [M]. 周琪，等，譯. 北京：新華出版社，2002.
5. 塞繆爾·亨廷頓. 文化的重要作用：價值觀如何影響人類進步 [M]. 程克雄，譯. 北京：新華出版社，2010.

5

美國的經濟、政治及中美關係

美國是當今世界唯一的超級大國。「冷戰」期間，美國與蘇聯在全球範圍內展開了長達半個世紀的激烈爭奪。「冷戰」結束後，美國一度綜合實力無人匹敵、戰略影響無處不在。2008年國際金融危機爆發之後，美國的經濟、政治和外交出現了不確定性。美國國力的興衰影響著大國關係變化和國際格局的深刻調整。

5.1 美國經濟的強勢與困境

第二次世界大戰結束後，美國經濟在資本主義世界中佔有全面優勢。「冷戰」時期，儘管一度遭受布雷頓森林體系解體、西方盟友崛起、世界石油危機等多重挑戰，美國仍然保持著世界第一大經濟體地位。「冷戰」結束後，美國在新技術革命的推動下實現了長期經濟繁榮。國際金融危機爆發之後，美國經濟步入了修復與調整時期。

5.1.1 戰後美國經濟的發展歷程

第二次世界大戰結束以來，美國經濟的發展大致可分為五個時期：

（1）經濟恢復與調整期（二戰結束至20世紀50年代初）。戰後，美國經濟發展結束了戰爭狀態。居民對於住宅和耐用消費品的需求量高漲，刺激了建築、鋼鐵等行業的發展。大量戰爭期間發展起來的軍工技術開始向民用轉變，推動美國經濟迅速發展。美國出於自身戰略利益的考慮，先後推行了總額為130多億美元的「馬歇爾計劃」和「佔領區經濟復興基金」，對西歐和日本擴大了商品和資本輸出，緩解了因二戰結束導致的生產過剩與市場縮小的矛盾。朝鮮戰爭的爆發使美國的直接軍事開支由1950年的177億美元增加到1953年的530億美元，也為軍工以及相關產業的增長提供了契機。1947—1953年，美國國民生產總值年均增長3.9%，工業生產年均增長6.6%，是當時主要資本主義國家中經濟增長速度最快的國家。

（2）經濟高速增長期（20世紀50年代初至20世紀70年代初）。這一時期，不僅經濟增長率高，而且通貨膨脹率較低，物價基本穩定，失業率低，被稱為美國經濟發展的「黃金時期」。其主要原因是：在凱恩斯主義的影響下，美國聯邦政府對經濟加強了干預，運用赤字財政政策，刺激需求，促進經濟增長；為應付「冷戰」而與蘇聯展開的軍備競賽和1964年爆發的越南戰爭也刺激了美國經濟增長；美國在第三次科技革命的推動下，一系列新興工業部門如電子計算機、半導體、激光等都在這一時期建立並發展，科技革命還極大地促進了勞動生產率的提高，從而推動了經濟的迅速發展。

（3）經濟「滯脹」與調整時期（20世紀70年代初至20世紀80年代末）。以1973年石油危機為導火索，美國爆發了戰後最嚴重的經濟危機。一直到80年代初，美國不單純是經濟增長的停滯，而且還伴隨著惡性的通貨膨脹，二者並存。這種情況在資本主義經濟史上極為罕見，西方經濟學家稱之為「滯脹」。滯脹的出現意味著凱恩斯主義失效。為了對付滯脹，里根政府運用貨幣主義和供給學派的理論，實行小政府、低稅收、少規章、小開支的自由放任經濟政策。到80年代後期，美國經濟逐漸擺脫了滯脹。這一時期，迫於石油危機的壓力，美國經濟增長方式也開始發生變化，高科技產業得到迅速發展，最典型的就是信息產業的興起，能源消耗量大的鋼鐵工業等生產部門的產值在經濟中的比重逐漸下降，這為後來的新經濟奠定了基礎。

（4）「新經濟」時期（20世紀90年代至21世紀初）。20世紀90年代，在信息技術革命和經濟全球化的推動下，美國經濟發生了顯著的變化。首先，自1991年3月到2001年3月，經濟擴張達10年之久，創造了美國經濟史上的最長記錄。其次，經濟呈現出「一穩三低」的傳統經濟學難以解釋的新特徵。即在經濟持續穩定增長的同時，通脹率、失業率和財政赤字水準不斷下降，並保持在較低水準。西方經濟學中菲利普斯曲線所斷定的低通脹率和低失業率不能同時存在，至少不會長期並存的傳統規律被打破。最後，經濟增長方式、產業結構、就業結構、企業結構、資本所有權結構等都出現了新變化。正是因為90年代的美國經濟出現了不同於以往的運行態勢，因而被人們稱為「新經濟」。連續10年的經濟持續穩定增長，使美國占世界GDP的比重從1990年的24.2%上升到2001年的32.5%。

（5）後金融危機時期（2008年以來）。2008年9月15日，存在了158年的老牌投資銀行雷曼兄弟破產，標誌著美國銀行系統的內部危機轉變為全球性金融海嘯。受此影響，美國上百家銀行關門，股市大幅跳水，金融市場劇烈震盪。金融危機很快波及實體經濟，企業紛紛倒閉，失業率急遽攀升，2009年美國經濟出現負增長。為拯救「大到不能倒」的銀行，緩解金融危機衝擊，小布什政府提出了高達7,000億美元的金融救助方案。為刺激實體經濟復甦，奧巴馬又簽署了7,870億美元的經濟刺激計劃，並在此後實行了三輪量化寬鬆貨幣政策。經過幾年的恢復與調整，美國房地產市場持續回暖，私人消費和投資穩步增長，失業率降至金融危機以來的新低。特朗普將重振經濟作為其執政的核心議程，通過稅收體制改革，加大基礎設施建設力度，推動製造業回流本土，美國經濟的增長勢頭較為強勁。儘管如此，美國經濟還存在一些不確定性，其GDP占世界經濟比重持續下降，總體實力已難以恢復到「一超獨霸」的黃金時代。

5.1.2 美國經濟的強勢及困境

自 19 世紀 90 年代中期以來,美國一直是世界上最龐大和最發達的經濟體,GDP 占世界的比重一直穩定維持在 25%~30% 之間,在第二次世界大戰結束後一度躍升至 50%。「冷戰」結束以後,在新技術革命和金融創新的帶動下,美國經歷了長達 10 年的經濟黃金增長期,與日本的經濟衰退、歐洲的發展乏力形成鮮明對比。在生物技術、航空通信、新能源等幾乎所有的高科技領域,美國都保持著一馬當先的發展勢頭。儘管國際金融危機對其造成了重大衝擊,但美國仍然牢固占據著世界第一大經濟體的位置。2014 年,美國經濟增長率為 2.4%,GDP 總量為 17.39 萬億美元。

從美國經濟的發展歷程來看,美國經濟之所以能長期保持強勢地位,成為世界首屈一指的經濟大國,主要有以下幾方面原因:

第一,經濟發展具有良好的自然和人文環境。美國經濟發展的自然條件得天獨厚,國土廣闊,可耕面積占國土的 20%,擁有大量未開墾的土地,礦產資源豐富。美國自然資源儲量僅次於俄羅斯,排名世界第二。這為美國的經濟發展提供了有利的物質基礎。從歷史人文條件來看,美國沒有經歷過封建社會,沒有遇到過類似於封建行會、等級制、王權限制等經濟發展的阻礙。在長期的資本主義市場經濟激烈競爭中培養了人們求實創新和敢於冒險的精神,從而促進了美國社會的持續發展。由於經歷過多次開拓疆土的運動,美國人崇尚變革嘗新、講求實效,反對墨守成規,產生了美國特有的實用主義哲學。美國還是一個移民大國,源源不斷的移民輸入,為美國經濟的發展提供了大量廉價勞動力。

第二,擁有完善的國家科學技術創新體系。在推動美國經濟發展的各種因素中,科學技術的發展具有重要的作用。20 世紀初,美國就開始形成了國家科技創新體系,並在實踐中不斷完善。在第二次世界大戰期間,美國通過提供獎學金、科研經費等各種方式吸引外來科技人才,如愛因斯坦等。為了取得戰爭的勝利,美國啟動了著名的「曼哈頓計劃」,並成立了科學研究與發展辦公室,從而開始了政府大規模參與科學研究和科技開發的時代。二戰後,美國政府對科技研發的投入不斷增加,同時通過發達的資本市場、強有力的知識產權保護政策、完善的基礎設施建設等為企業、研究機構、高等學校的創新提供良好環境和強大支持,確保美國在重大基礎研究和前沿關鍵領域保持領先地位。

第三,政府實行靈活的經濟政策。在經濟發展過程中,美國政府針對不同情況,採取了不同的經濟政策,推動了美國經濟的發展。作為一個有濃厚自由主義傳統的國家,美國在很長時期內一直採取自由主義的經濟政策。但經濟大蕭條出現後,美國並沒有固守「自由放任」傳統,而是通過羅斯福新政干預經濟社會生活,使美國最終走出了危機,並成為第二次世界大戰的最大贏家。二戰結束後,受凱恩斯主義的影響,美國政府對經濟發展的調節更加頻繁,但最終陷入了「滯脹」危機的泥潭中。20 世紀 80 年代以來,美國政府再次修改經濟政策,實行了以放鬆管制和加強市場競爭為主要內容的經濟自由化改革,旨在重新恢復美國的

經濟活力。國際金融危機的爆發充分暴露了新自由主義的弊端，美國政府再次果斷出手，通過刺激政策推動經濟復甦。由此可見，美國政府對於經濟發展並沒有一成不變的原則，而是根據現實情況不斷調整，使經濟發展在大多數情況下都處於穩定有序的狀態。

第四，在經濟全球化的進程中獲利最大。美國擁有世界上最大的資本市場和最先進的信息技術，可以充分利用自由貿易政策從全球化過程中受益。為了推動經濟全球化，美國政府制定了以放鬆規則為主要內容的經濟全球化戰略，具體包括：政府放鬆對國外投資的管制；在全球和地區以及多邊層次推進經濟自由化，消除全球化的制度障礙；在雙邊貿易方面，採取自由貿易與「公平貿易」雙管齊下的政策；加強經濟外交，把外交與經濟全球化戰略結合起來，要求駐外使館加強對市場機會信息的收集，並積極協助美國公司從事海外業務。隨著新興市場經濟體的不斷崛起，美國在經濟全球化中的優勢有所削弱。作為回應，美國正努力在世界範圍內構建新的貿易與投資規則，以繼續維持經濟全球化帶來的紅利。

儘管以上因素支撐著美國經濟的強勢地位，但美國經濟也絕非沒有問題。首先，債務無底洞越陷越深。美國從20世紀70年代中期就開始了持續性的經常貿易逆差，政府財政赤字越積越多，國家債務急遽攀升。截至2014年11月30日，美國聯邦政府債務總額達到18.01萬億美元，歷史上首次超過該國年度國內生產總值（GDP）規模。其次，經濟高度虛擬化。自20世紀70年代以來，傳統製造業部門在國民經濟中的比例顯著下降，而以金融、信息為核心的服務業逐漸占據主導。各種金融衍生工具不斷創新發展，貨幣互換、期權、期貨、遠期協議等金融工具連接了資本市場和貨幣市場。高度發達的金融市場為美國經濟發展注入了活力，但不斷泛濫、缺乏監管的虛擬經濟最終釀成了2008年的國際金融危機，如何維持實體經濟與虛擬經濟的平衡是美國經濟面臨的一大考驗。最後，美元霸權面臨新挑戰。國際金融危機爆發之後，為刺激經濟和消除債務，美國實行了三輪量化寬鬆政策，導致全球流動性泛濫和國際通貨膨脹危機。這種以鄰為壑的行為引發了其他國家特別是新興經濟體的不滿，世界正出現明顯的「去美元化」趨勢，美國貨幣霸權的優勢正在被不斷削弱。總之，能否正確解決以上問題，決定著美國經濟的發展態勢和長期走向。

5.2 美國政治制度及其評價

短短200多年的歷史，美國即成長為世界上唯一的超級大國，穩定有效的政治制度是美國崛起的重要基礎。作為西方資產階級文明的組成部分，美國的政治制度有其自身獨特的內涵和表現。第二次世界大戰結束後，隨著國際國內政治環境的變化，美國的政治制度經歷了重要調整，也出現了新的問題。

5.2.1 美國的基本政治制度

美國政治制度的基本原則：

第一，「天賦人權」與「人民主權」。天賦人權論認為人的權利來源於造物主或自由狀態，是不能轉讓的。天賦人權中強調個體的生命、自由、財產的不可剝奪性，以及法律面前人人平等。為了保障天賦人權，美國《獨立宣言》強調人民是主權者，一切權力屬於人民，政府的權力來自於人民，政府與政府官員應向人民負責，否則，「人民就有權改變或廢除它，以建立新的政府」，即人民作為主權者，有權進行革命。《獨立宣言》宣布人民有革命的權利，這成為美國人反抗英國殖民統治以爭取解放的理論根據。然而，需要提及的是，在美國革命勝利後，已掌握政權的美國資產階級轉而強調政府有維護法律和秩序（即現存制度）的權力。在「冷戰」的背景下，1951年，美國最高法院在「丹尼斯訴美國」一案中的裁決中判定：公民不能利用公民的基本人權來進行宣傳推翻政府的活動。

> 在美國訪問期間，我見到很多新鮮的事物。其中，身分平等給我留下了深刻的印記。它是人類社會發展中的一件大事，對社會具有重大影響。它給輿論、法律帶來了特定的方向和方針，讓執政者擁有了新的政治原則，讓人民養成了特有的習慣。它的影響超過了政治措施和法律，對政府和社會產生了同樣的限製作用。它影響著人們的言論、情感、習慣和民俗，甚至改變著社會的一切方面。我認為，身分平等是美國社會中最為根本的基礎，其他一切事件都離不開它。它也是我整個美國考察的焦點所在。
>
> ——〔法〕托克維爾

第二，法治原則。美國人認為，政府是必要的，但是必須防範權力被濫用和官員獨斷專行，而防範的辦法之一就是強調法治。根據法治原則，法律尤其是憲法在政治生活中具有至高無上的地位，政府和人民必須服從法律，法律面前人人平等，法律保障個人權利，防止官員濫用權力，法院是法律含義的最後裁判者。

第三，權力分立與權力制衡。美國的制憲者認為，為了防止政府濫用權力，保障個人和少數人的權利，僅僅依靠限制政府的權力是不夠的，他們還實行分權原則。分權原則體現為兩種形式：一種是橫向分權，即立法、行政、司法三個部門的分權；另一種是縱向分權，即聯邦政府與州政府分權。在實行橫向分權的同時，如果權力不能受到制約，就有可能出現專制的情況。所以「三權」既相互分立，又相互制約，保持平衡。

美國政治制度的基本架構：

1787年制定的《美利堅合眾國憲法》規定，美國國家結構形式為聯邦制。聯邦設有最高立法、行政和司法機關，有統一的憲法和法律，是國際交往的主體；各州又有自己的憲法、法律和政府機構；若各州的憲法和法律與聯邦憲法和

法律發生衝突，聯邦憲法和法律優於州的憲法和法律。美國憲法列舉了聯邦政府享有的權力，即「列舉權力」，如徵稅、舉債、鑄幣、維持軍隊、主持外交、管理州際和國際貿易等。未經憲法列舉的其他權力，除非憲法明文禁止各州行使者外，一概為州政府保留，即州的保留權力。州的權力主要是處理本州範圍內的事務，如以地方名義徵稅，管理州內工商業、道路、衛生、教育、勞工、組織警衛力量和維持治安等。州政府的權力不來源於中央政府，而是直接來自於憲法。

美國實行三權分立的政治體制。根據美國憲法，立法、行政、司法三權分立並分別由國會、總統和最高法院掌管。

> 除列舉權力外，聯邦在政治實踐中還擁有許多「默示權力」。所謂「默示權力」，指憲法雖然沒有明確授予，但在慣例上由聯邦行使而又被認為不違反憲法精神的權力。這一司法解釋，為聯邦後來擴張其權力提供了重要的法律依據。

（1）國會由參議院和眾議院組成。參、眾兩院議員由各州選民直接選舉產生。參議員每州2名，共100名，任期6年，每兩年改選其中1/3。眾議員按各州的人口比例分配名額選出，共435名，任期2年，期滿全部改選。兩院議員均可連選連任，任期不限。參、眾議員均系專職，不得兼任政府職務。

（2）總統是國家元首、政府首腦兼武裝部隊總司令。總統通過間接選舉產生，任期4年，連任不得超過兩屆。

（3）美國設聯邦最高法院、聯邦法院、州法院及一些特別法院。聯邦最高法院和聯邦法院的法官由總統任命，並經國會批准，若無過錯，終身任職。

三權之間相互制衡。總統擁有行政權，不對國會負責，但行政機構的設置和運作經費需經國會批准，總統任命的高級官員以及與外國政府締結的條約需經參議院批准。國會還有權監督行政過程，包括檢查法律的執行情況、行政經費的使用和官員的行為等，在必要的時候，還可以彈劾總統。國會擁有立法權，但總統有權否決國會的立法，並擁有立法倡議權和行政立法權；同時參議院和眾議院各司其職，相互制約。法院系統擁有司法權，聯邦最高法院憑藉司法審查權強有力地制約國會和總統，對國會通過的法律可以「違憲」為由宣布其無效。但聯邦法官需經總統提名，經國會批准後再由總統任命，國會則擁有最高法院法官人數和低級聯邦法院設立的決定權。

美國的政黨制度為兩黨制。憲法雖然沒有規定政黨地位，但政黨制度是美國政治制度的重要組成部分。兩黨制在美國成立聯邦初期就已萌芽，到南北戰爭後，兩黨制正式形成。民主黨和共和黨輪流執政。資產階級通過兩大政黨控制整個國家政治機構，操縱全國政治生活。兩黨的

> 法國歷史學家、社會學家托克維爾在其名著《論美國的民主》中說：「有助於美國維護民主制度的原因有三：自然環境、法制和民情，」「按貢獻對它們分級……自然環境不如法制，而法制又不如民情。」托克維爾說：「美國的聯邦憲法，好像能工巧匠創造的一件只能使發明人成名發財，而落到他人之手就一無用處的美麗藝術品。」

主要職能是操縱和包辦選舉，特別是總統選舉。美國政黨除兩大黨外，還有綠黨、改革黨等一些政黨，但它們都無法影響兩大黨輪流執政的地位，在國內政治及社會生活中起重大作用的只有共和黨和民主黨。

5.2.2 戰後美國政治的新變化

第二次世界大戰結束後，隨著國際國內政治生活環境的變化，美國的政治制度不斷調整，發生了一些新的變化。

第一，總統與聯邦政府的行政權力不斷擴大。第二次世界大戰結束以後，美國總統權力急遽擴大成為美國政治中的一個重要特點。作為一個超級大國，美國在兩極格局中面臨著複雜的國際政治鬥爭，外交和全球軍事戰略部署是美國政府工作的重要內容，這就擴大了總統在外交和國防方面的決策權力。1950年杜魯門出兵干涉朝鮮，1958年艾森豪威爾下令美國海軍陸戰隊在黎巴嫩登陸，20世紀60年代肯尼迪和約翰遜兩位總統出兵侵略越南，1962年肯尼迪在古巴導彈危機期間下令封鎖古巴，1965年約翰遜武裝干涉多米尼加共和國，1970年尼克松下令轟炸柬埔寨——所有這些戰爭行動，都是在事前沒有得到國會批准的情況下進行的。[1] 1973年，美國國會通過了旨在限制總統海外用兵的《戰爭權力法案》，但仍沒有改變總統行政權力擴大的歷史趨勢。特別是「9/11」事件發生之後，美國通過了以防止恐怖主義為目的的《愛國者法案》。根據法案內容，警察機關有權搜索電話、電子郵件通信、醫療、財務和其他種類的記錄，極大地增強了聯邦政府收集和分析美國民眾私人信息的權力。奧巴馬上臺以來面對美國國會的掣肘，也頻頻通過簽署行政命令的方式來實現其政治意志。從聯邦政府與州政府的關係來看，20世紀80年代以來，由於處理公共事務的需要，聯邦政府的權力逐漸深入到了傳統上屬於州與地方政府管理權限的公共事務，州與地方政府的權力被進一步縮小。

第二，利益集團的政治影響不斷增大。在現代政治生活中，利益集團是「持有共同態度、為了一定目的而尋求影響政府決策的集團」[2]。第二次世界大戰結束以後，隨著美國政府職能的擴大，各種形式的利益集團迅速發展，它們試圖對美國的政治決策產生影響，利益集團已經成為美國公民參與政治的重要渠道。利益集團大多數依行業與專業分類，通過遊說、宣傳、法律訴訟、影響選舉等各種方式來影響政府的公共決策與國會的立場。比如「冷戰」結束後的美國外交中，出現了諸如否決《全面禁止核試驗條約》、發展國家導彈防禦系統、增加軍費開支、削減對外援助金額、拖欠聯合國會費、阻礙貿易自由化進程等現象，這些現象就反應出國內利益集團特別是以軍工複合體為代表的利益集團對美國外交政策的影響。

---

[1] 李存訓. 戰後美國政治制度的演變 [J]. 美國研究，1988（2）：88.
[2] 李道揆. 美國政府與政治（上）[M]. 北京：商務印書館，2004：274.

第三，大眾民主帶來了政治參與主體的急遽增加。儘管自獨立以來，美國就建立起一套以權力制衡和定期選舉為特徵的制度架構，但美式民主在相當長時期內具有明顯的「精英主義」色彩。1870 年，美國憲法第十五條修正案賦予了黑人選舉權，但一直停留在紙面上。婦女在 1920 年獲得了選舉權，但政治參與熱情並不高。二戰結束後，美國政治的大眾化成為重要趨勢。1944 年 6 月 22 日，美國總統羅斯福簽署了《軍人權利法案》。根據該法案，有近 800 萬退伍軍人依靠政府資助完成了部分或全部大學教育，這帶來了美國人口知識結構的變化以及政治參與主體的增加。進入 20 世紀 60 年代，各種社會運動在美國風起雲湧（如黑人民權運動、婦女運動、青年學生運動和校園反戰運動等），處在底層的社會大眾積極參與政治事務，爭取應有的政治權利，美國民主具有了實質內涵。

第四，新興網絡技術手段對美國政治產生了重要影響。隨著以互聯網為代表的新興技術的成熟，互聯網對美國政治生活的影響越來越大。在選舉中，候選人大量運用電子郵件、個人博客、社交網站等媒介，並且通過網絡進行籌款、組織投票、動員群眾集會。與傳統的競選手段相比，互聯網宣傳效果更明顯，花錢也比較少，對年輕人的吸引力也更強。在 2008 年選戰中，奧巴馬團隊以競選網站為核心，組織了超過 15 萬次活動，創建了 3.5 萬個群組，擁有超過 150 萬註冊用戶，並且從 300 多萬名選民那裡籌得了超過 6 億美元的競選資金。[1] 特朗普執政以來大搞「推特治國」，通過頻發發帖和轉帖來表達其對國內外重大問題的看法。目前特朗普擁有的粉絲數量已經超過 4,000 萬人。可見，互聯網已經並將繼續改變美國的政治生態。

5.2.3 美國政治制度評價

自建國以來，美國建構並努力發展出了一套世界上最為複雜的政治體系。這一體系是名副其實的、有意識地創造出來的產物，是憲政主義、分權制衡、共和、民主、自由、自治等政治精神與美國殖民地經驗的現代融合，呈現出不同於歐洲和亞、非、拉其他國家的獨特政治形態。[2] 正是在這一獨特政體的支撐下，美國從過去的 13 個殖民地成長為當今的全球首強。概括起來，美國政治制度具有以下特點：

第一，年輕而又古老。作為一個移民國家，美國沒有經歷漫長的封建統治時期，因而在國家建構過程中較少受到專制傳統的影響。早期來到美國的移民，多數是因為在歐洲受到宗教迫害和經濟壓迫，因而普遍對公共權力充滿警惕，對個人自由格外珍視。在從歐洲舊世界到北美新大陸的過程中，殖民者們通過訂立契約來應對漂洋過海所帶來的風險和不確定性，「五月花號」精神最終演化為「國家基於人民同意而產生」的政治理念。正是在這種獨特歷史經驗的影響下，美國

---

[1] 翟崢. 對 2012 年美國總統大選的政治傳播學探討——以奧巴馬競選團隊的新媒體運用為例 [J]. 國際論壇, 2013（6）：59.

[2] 倪世雄, 趙可金. 美國政治的邏輯：一項研究議程 [J]. 美國研究, 2009（3）：7.

建構起了基於有限政府和權力制衡的共和制度。相對於當時世界上盛行的君主制，美國的政治制度是新奇的、年輕的。然而，換一個視角，美國的政治制度又是古老的。美國革命為歐洲專制統治敲響了喪鐘，法國大革命隨即而至；作為近代世界第一部成文憲法，《美利堅合眾國憲法》被眾多後發國家學習和模仿。正是在這個意義上，美國又被描繪成為最經典的現代國家。

第二，穩定而又富於變化。縱觀歷史，我們發現美國政治相當穩定，其制度框架保持了極大的延續性。在過去的200多年裡，除了南北戰爭之外，美國沒有出現全國性的政治動盪和軍事政變。與此同時，美國政治也有變化的一面。從邦聯走向聯邦、從進步主義運動到羅斯福新政，華盛頓的決策者總是根據經濟、社會和國際環境的變化不斷變革其政治體制，從而化危為機，實現國力的跨越式發展。不過，這種變化並非推翻重來的革命，而是漸進式的社會改良，使美國在延續與變革之間實現了平衡。美國在歷史上雖然充滿了經濟危機、社會危機、種族衝突，還有對外的「熱戰」和「冷戰」，但是它避免了暴力革命、軍事政變和其他無序的政權更替，在思想信仰上也沒有經歷過「和傳統決裂」的過程，基本上仍在原有的思想和政體的框架內不斷更新、變化。①

第三，制衡中帶有妥協。出於防止權力的獨斷專行和被濫用的目的，美國「國父們」構建的政治制度處處體現著制衡的原則。反應在政黨制度上，美國的民主黨和共和黨經常相互攻擊、爭吵不斷。不過，美國兩黨的博弈經常被限定在一定的邊界之內，是在承認基本秩序前提下的討價還價。換言之，美國政黨的相互制衡並非你死我活的鬥爭，而是一種相互妥協的政治。不同聲音的存在提供了自我糾錯的機會，也降低了權力獨斷專行的概率，而政治上的相互妥協又使得美國的政治機器不會因意見分歧而陷入癱瘓狀態。反觀不少發展中國家，雖然建立了現代民主安排，但由於缺乏必要的政治寬容和妥協精神，政黨競爭最終蛻變為政治對抗，社會撕裂，甚至使國家解體。可見，在現代政治生活中，制衡與妥協缺一不可，制衡是防止權力走向獨裁的必要前提，而妥協又是政治有效運轉的重要保障。

總體來看，美國的政治制度相對穩定、成熟，為美國崛起並成為世界上的唯一超級大國提供了內在基礎。然而，近年來，美國政治也出現了問題，特別是政黨政治極化越來越嚴重。如前所述，在很長時期內，美國的民主與共和兩黨雖然在政治哲學和政策立場上存在分歧，但雙方都承認美國的主流價值，堅持溫和的中間立場，爭論的目標是為了糾正錯誤的政策選擇，著眼於解決共同面臨的問題。如今，兩黨在稅收、醫療、社會保障制度改革、移民等經濟和社會福利政策以及墮胎、同性戀和同性婚姻、槍支管制等文化問題上的政策分歧不斷增大。②兩黨政治極化帶來的決策效率低下，導致公眾的不信任情緒，也影響到美國內部的政治運作以及在國際事務中的領導力。2013年10月1日，美國國會兩院因政黨惡鬥沒能就預算案達成一致，從而導致聯邦政府非核心部門關門停擺，直到同

---

① 資中筠. 20世紀的美國 [M]. 北京：生活・讀書・新知三聯書店，2007：11.
② 張業亮.「極化」的美國政治：神話還是現實？[J]. 美國研究，2008 (3)：26.

年10月17日奧巴馬總統才簽署法案結束了此次風波。美國著名戰略學家法里德·扎卡利亞不禁感嘆，一個曾經「雷厲風行」的國家如今深陷「寸步難行」的政治泥潭中，其初衷就是為了黨派鬥爭而非為解決問題開綠燈。[①] 美國國家廣播公司與《華爾街日報》2014年10月上旬的聯合民意調查顯示，65%的受訪者認為美國走在錯誤的道路上，認為國家方向正確的只有25%。[②] 如此看來，美國民主遠未實現「歷史的終結」，能否克服政治極化傾向關係到美國的未來前途。

※觀點爭鳴※

　　1992年，日裔美籍學者弗朗西斯·福山出版《歷史的終結及最後之人》一書，宣稱「冷戰」的結束意味著西方的自由民主將成為人類政府的最終形式。在書中，他論證道：「自由民主制可能是人類的意識形態進化的終點，是人類政府的最後形式，因此構成了『歷史的終結』。這就是說，以前的種種政府形式都以嚴重的缺陷和不合理為特徵，結果導致了它們的崩潰，而自由民主制，我們則有理由說是免於這些根本性的內在矛盾的……現有的有些國家有可能無法實現穩定的民主，另一些則有可能倒退到其他的、更原始的如神權政治和軍人獨裁，但自由民主制的理想已經不能再加以完善了。」然而，就是這位曾為西方民主體制大唱贊歌的著名學者卻在20年之後轉而嚴厲批評自由民主體制的僵化。2012年，福山發表了《歷史的未來》一文，認為支撐自由民主的中產階級正在衰落，西方在意識形態上走進了死胡同，政治和社會體制已無力應對危機。他呼籲徹底批判所謂「自由市場與小政府」的理念，建立新的意識形態，改革社會和政治體制，鞏固中產階級的地位，從而保衛自由民主。短短20年時間，福山的觀點何以發生如此變化？我們到底應該如何看待美國的政治制度？

5.3　美國主導世界的全球戰略

　　第二次世界大戰結束以來，美國政府的對外戰略進行了多次調整，但無論如何調整，其目的都是追求和強調美國對世界的主導地位，維護美國的全球霸權。

5.3.1　戰後至20世紀末美國全球戰略的演變

　　第二次世界大戰期間，羅斯福總統拋棄了孤立主義傳統，積極參與國際事務，並公開宣稱「20世紀是美國世紀」。二戰結束時，無論經濟實力，還是軍事

---

① 法里德·扎卡利亞. 後美國世界：大國崛起的經濟新秩序時代［M］. 趙廣成，林民旺，譯. 北京：中信出版社，2009：204-205.
② NBC News/Wall Street Journal Survey［R/OL］. October 8-12, 2014. http://newscoms.nbcnews.com/sites/newcoms/files/141290_early_oct_nbcwsj_poll.pdf.

實力，美國在世界上都處於絕對優勢地位。憑藉其超強的實力，美國開始推行稱霸世界的全球戰略。縱觀戰後至 20 世紀末美國全球戰略的發展，大致可以分為四個階段：

第一階段，二戰結束後初期到 20 世紀 60 年代末的遏制戰略。這一時期，美國依靠其強大的經濟、軍事力量，妄圖稱霸整個世界，其全球戰略具有強烈的進攻性。杜魯門是戰後第一任美國總統。他認為，第二次世界大戰結束後，美、蘇結盟的基礎已經消失，蘇聯等社會主義國家的存在和強大，成為美國稱霸世界的主要障礙。因此，杜魯門修改了羅斯福設想的戰後大國合作政策，制定了以反蘇、反共為中心的遏制戰略。1947—1949 年，他先後拋出了「杜魯門主義」「馬歇爾計劃」「第四點計劃」，建立北大西洋公約組織，逐步確立了稱霸世界的全球戰略。杜魯門把自己的戰略稱為「遏制」戰略，表面上是防禦性的，但實際上不僅對蘇聯採取遏制政策，而且打著「反蘇反共」的旗號，以遏制為名，干涉別國內政，充當「世界憲兵」，向全世界擴張。其戰略的總目標，是從「遏制共產主義」到最終消滅社會主義國家，稱霸世界。朝鮮戰爭、越南戰爭正是這一戰略在實踐中的表現。

喬治·凱南的「遏制」理論

1946 年 2 月 22 日，美國駐蘇聯代辦喬治·凱南向美國國務院發去一份長達 8,000 字的電報，對戰後蘇聯的「理論、意圖、政策和做法」以及美國應採取的對策，提出了全面的分析和建議。凱南斷言，蘇聯無視「理智的邏輯」，卻對「武力的邏輯」十分敏感，如果美國擁有足夠的實力，並且表明準備隨時動用的話，那麼用不著真的動武便可遏制住蘇聯，甚至迫使蘇聯退卻。1947 年，已是美國國務院政策研究室主任的凱南化名「X 先生」，在美國《外交》季刊上發表了《蘇聯行為的根源》一文。這篇文章指出，美國必須「把蘇聯看成是對手，而不是夥伴」，必須「靈活而警惕地運用對抗力量加以遏制」，最終導致「蘇維埃政權的瓦解或逐步趨於軟化」。這樣，凱南為杜魯門政府提供了一整套所謂「遏制」蘇聯的戰略，這套戰略很快就成為美國對蘇政策的指導方針。

從二戰結束到 20 世紀 60 年代末，美國經歷了杜魯門、艾森豪威爾、肯尼迪和約翰遜等屆政府，對外戰略基本上一脈相承。在這一時期，美國對外戰略的重點是歐洲，主要對手是蘇聯，主要目標是在亞、非、拉擴張，控制西歐和日本，謀求實現稱霸世界的目的。但隨著美國擴張政策屢屢受挫，美國的實力開始衰退。

第二階段，20 世紀 70 年代的尼克松主義。20 世紀 60 年代末 70 年代初，美國深陷越南戰爭泥潭，國內社會動盪，國際地位相對衰落，稱霸全球戰略受挫。1969 年，尼克松入主白宮，面對國際形勢發生的重大變化和美國面臨的嚴重困難與挑戰，著手調整美國的外交戰略。1970 年 2 月，尼克松在向國會提出的國情咨文中，提出以「夥伴關係」為核心、以實力為後盾、以談判為手段作為美國全球

外交三原則，從而形成了所謂的「尼克松主義」。其內容主要包括：把建立同盟國的「夥伴關係」作為美國對外政策的基石，要求盟國在政策上協調一致，共同對付蘇聯；在經濟上相互讓步，幫助美國渡過難關；在軍事上共同分擔軍費和防務責任；以實力為後盾，以談判為手段，通過談判制約蘇聯，維持美蘇之間的均勢；利用中國制約蘇聯，積極打開對華關係的大門；在第三世界縮短戰線，加強重點；在亞洲實行有限收縮，實行「亞洲人打亞洲人」的新亞洲政策；在中東和波斯灣地區增強軍事存在，阻止蘇聯滲透和擴張。

尼克松主義是美國霸權地位衰落的產物，它標誌著美國轉入了全球戰略的收縮與調整時期，其實質是通過戰略收縮繼續維持美國的全球霸權地位。1974年，尼克松因「水門事件」辭職，福特繼任總統，其對外政策被稱為「沒有尼克松的尼克松政策」。1977年卡特就任美國總統，繼續奉行尼克松主義。卡特在美國外交中第一次提出重視人權外交，以人權外交作為反擊蘇聯的武器。

第三階段，20世紀80年代里根時期的「以實力求和平」戰略。1981—1989年，里根連任兩屆美國總統。里根上臺後，在著力重振和復興國內經濟的同時，在外交戰略上也進行了調整。他放棄了緩和與維持均勢的戰略，提出了「重振國威」「以實力求和平」的對外關係新戰略。其主要內容是：重振美國經濟，大規模擴充軍備，提出「星球大戰」計劃，增強美國的經濟、軍事實力，對蘇聯實行進攻性強硬措施，扭轉其在美蘇爭霸中的不利局面；努力恢復美國在西方世界的領導地位，力圖通過強有力的對外政策，使盟國服從於反蘇的總戰略；不斷加強美中關係，借助中國來抗衡蘇聯。里根「以實力求和平」戰略的目的，在於壓縮蘇聯的勢力範圍，擴大美國的影響，努力恢復美國在世界的霸主地位。

第四階段，謀求主導「冷戰」結束後世界的戰略調整時期。1989年喬治·布什就任總統後，美國政府對全球戰略進行了重大調整。針對美蘇力量對比的變化和蘇聯、東歐改革的新形勢，喬治·布什提出了「超越遏制」的外交新戰略，即在不放棄對蘇聯進行軍事遏制的同時，加大對蘇聯和其他社會主義國家和平演變戰略的實施和推行力度，企圖「打一場沒有硝煙的世界戰爭」，力求把蘇東等社會主義國家納入西方的軌道。在此戰略的指導下，美國在與蘇聯的「冷戰」對抗中最終取得勝利，並使得國際格局以相對和平的方式實現了過渡。1990年海灣戰爭期間，布什又提出要建立以美國為領導的「世界新秩序」，其實質是要在美國的領導下按照美國的價值觀改造世界。

1993—2000年，克林頓擔任美國總統。他一上臺就針對「冷戰」結束後的國際形勢，闡述了美國外交政策的「一個目標」和「三個支柱」。「一個目標」即在全世界鞏固和擴大美國的「領導地位」。為此，要防止潛在的戰略對手和新的超級大國，重點遏制那些有潛力成為全球大國的國家，如中國和俄羅斯。所謂「三個支柱」，是指經濟安全、軍事實力、民主人權。具體是：把經濟安全放在對外政策的突出地位；保持強大的軍事力量，應付新的安全挑戰；突出美國外交中的意識形態因素，在外交中大力推行美國「自由」「民主」「人權」等價值觀，力圖建立以美國為主導的「冷戰」結束後新世界。1994年7月，克林頓政府發表上任後的第一份《國家安全戰略報告》，正式提出了「國家參與和擴展」的全

球新戰略，其主要目標就是通過更加積極地「參與」世界事務，「擴展」美國的利益、價值觀和政治與經濟模式，確立美國在 21 世紀「獨一無二的世界領導地位」。

5.3.2　21 世紀的美國全球戰略

進入新世紀以來，美國已經歷了兩任總統，分別是喬治·W.布什（即小布什）和巴拉克·奧巴馬。在這期間，美國的實力地位發生了顯著變化，其全球戰略也經歷了深刻調整。

2001 年 1 月，喬治·W.布什就任美國總統。9 月，發生了震驚全世界的「9/11」事件，造成 2,986 人死亡，直接經濟損失達到 250 億~350 億美元，這是繼「珍珠港事件」以後美國國土遭受的最沉重打擊。事件的發生暴露了美國本土安全的脆弱性，促使美國重新審視其全球安全戰略，並導致其安全觀念和戰略思想發生轉變。首先，對新時期美國國家安全的威脅來源有了新的認識。2002 年，布什總統在提交給國會的《美國國家安全戰略》中指出：美國現在受到的威脅，「與其說來自耀武揚威的國家，不如說來自衰敗國家；與其說來自艦隊和軍隊，不如說來自少數懷恨在心者手中的災難性技術」。於是，傳統安全威脅尤其是大國戰略競爭不再是美國國家安全所面臨的頭號現實直接威脅。美國把恐怖主義威脅定位為美國國家安全的頭號和現實威脅，把打擊國際恐怖主義、徹底消除恐怖主義對美國的威脅作為外交、安全政策的首要目標，對俄羅斯、中國等大國的防範則在美國國家安全戰略輕重緩急排序表中相對後移。其次，美國更加重視本土防禦，將防止美國本土直接受到襲擊確定為最優先關注的安全問題。由於各大國在「9/11」事件後紛紛給予美國最大的同情和盡可能的支持，這也促使美國重新認識大國關係，增進大國合作，共同應對非傳統安全威脅開始成為美國的主流戰略思想。最後，重新審視世界政治、經濟、金融、貿易、文化、民族和宗教等問題，美國希望通過加強對世界各個領域的干預，強化其對全球事務的控制力。

在安全觀念和戰略思想發生轉變的基礎上，布什總統推動了美國政府的全球戰略重大調整，其主要內容是：①奉行「單邊主義」，謀求建立單極世界，追求美國在世界上的絕對霸權、絕對領導權、絕對安全和絕對軍事優勢。②推動大國合作關係，力求建立美國主導的全球反恐聯盟，強化美國對國際事務的主導作用。③聯盟政策發生變化。因為在反恐及其他全球性問題上，美國的傳統盟友不再對美國亦步亦趨，加之國際危機多變性和突發性的特徵越來越明顯，美國提出了「議題決定聯盟」的戰略觀念，強調建立和依靠「自願聯盟」。④調整國家安全戰略，強調維護本土安全，為防範更大的威脅做準備。為此，美國積極開發導彈防禦系統，發展高科技進攻性武器；提出「先發制人」戰略，強調在恐怖主義威脅和核擴散威脅形成之前，就先行出擊；組建「國土安全部」，把維護本土安全確定為國家安全戰略的核心。⑤全球戰略重心向中亞、中東地區轉移，並發動了阿富汗戰爭和伊拉克戰爭。⑥把對外輸出美國式民主、自由等價值觀作為徹底鏟除國際恐怖主義根源的最終保證，大力在世界範圍內策動顏色革命，積極推進

「大中東」民主計劃。

小布什政府在對外戰略上的「單邊主義」和「先發制人」不僅在國內遭到了不少批評，同時還引起了全球範圍的反美情緒，甚至也導致其大西洋聯盟內部出現裂痕，從而大大損害了美國的國際形象。不僅如此，美國的反恐戰爭並沒有實現既定的戰略目標，反而使其深陷戰爭泥潭。加之國際金融危機的爆發和新興國家的群體性崛起，美國一度陷入過度擴張、國力透支的困境當中，而這也構成了奧巴馬執政的重要起點。

2009年1月20日，奧巴馬就職美國第44任總統。面對國內外的嚴峻挑戰，打著「變革」旗號上臺的奧巴馬進行了廣泛的政策調整，旨在修復受損的美國霸權，重塑其全球領導地位。反應在全球戰略上，奧巴馬政府對小布什時期「單邊主義」、軍事優先的政策風格進行糾偏，提出了「巧實力」的外交理念，更加注重多邊合作與責任分擔。具體而言，奧巴馬對外戰略的主要內容是：①將「反恐戰爭」降格為「反恐行動」，並將重點放在打擊中亞和南亞地區的「基地」組織，逐步從伊拉克和阿富汗撤軍。②強化與傳統盟友的關係，在歐洲方向通過平等對話來彌合跨大西洋關係出現的裂痕，在亞太方向則通過同盟的升級換代來鞏固其戰略主導權。③奧巴馬軟化了對所謂「流氓國家」和「潛在對手」的對抗立場，從小布什時期的「以壓促變」轉向通過接觸、談判來實現戰略目標。④提倡多邊主義，改變小布什政府在降低溫室氣體排放和簽署《京都議定書》等問題上的保守立場，力圖提升國際形象，確立美國在氣候、環保、核裁軍以及改革國際金融體制等全球議題上的主導權。⑤利用對國際秩序的主導權，推動跨太平洋夥伴關係協議（TPP）和跨大西洋貿易與投資夥伴協定（TTIP）的談判，以重塑美國在全球經濟領域中的優勢地位。

除了以上政策調整之外，奧巴馬政府最重要的全球佈局在於將戰略重心轉移至亞太，實現所謂的「亞太再平衡戰略」。亞太地區是全球經濟最具活力的區域，也是大國雲集、競相博弈的舞臺，同時還是各種歷史恩怨和現實爭端匯集的場所。在這裡，經濟合作與政治敵視同時並存，區域主義與民族主義相互激盪，地區軍備競賽與安全機制建設交替進行。凡此種種，都意味著亞太地區正在成為21世紀全球最為重要的地緣樞紐。為了確保在這一地區的領導地位，美國多管齊下，以推動其全球戰略轉向亞太。在經濟上，美國試圖以跨太平洋夥伴關係協議來抗衡東亞地區日益加深的經濟一體化進程；在政治上，美國重返東亞峰會，加強與越南、菲律賓等國的戰略合作關係，並對緬甸進行了歷史性接觸；在軍事上，美國宣稱將在2020年前將60%的海空軍力量部署在亞太地區，強化與盟友的軍事同盟關係，積極利用地區熱點問題強化其東北亞和東南亞的戰略存在。美國的再平衡戰略加劇了亞太地區的緊張局勢，造成中國周邊環境顯著惡化。

特朗普執政以來高呼「美國優先」，在國際上「收縮」戰線，控制全球霸權成本，集中精力解決國內問題。在這一執政思路下，特朗普調整了美國與其盟友的戰略關係，敦促後者承擔更多的國際責任；穩定與主要大國的關係，盡量避免大國間的戰略性對抗；在全球治理問題上煞車，退出了一系列國際多邊組織或協定；將反恐、經貿和朝核作為優先解決的國際議題，強調以結果為導向來運籌對

外戰略。總體上看，特朗普的全球戰略非常實用，不尋求在世界上推廣美國的政治制度和意識形態，更加注重解決現實問題，追求短期利益，沒有長遠的戰略規劃。特朗普的這些舉措對美國和全球的影響尚有待進一步觀察。

「亞太再平衡」戰略　自奧巴馬上臺以來，美國對外戰略的基本思路是「全球收縮、亞太突進」，通過所謂的「亞太再平衡」戰略來鞏固其全球領導地位。美國亞太再平衡戰略的出抬經歷了一個不斷調整、充實的過程。2009 年，美國國務卿希拉里·克林頓上任伊始，就一改歷屆前任首訪歐洲的慣例，而選擇首先訪問亞洲國家。2010 年，希拉里在越南河內第 17 屆東盟地區論壇外交會議上，宣稱「保證南海航行自由」和地區穩定「事關美國國家利益」，美國「轉向亞太」的戰略意圖日益明確。2011 年 10 月，希拉里在美國《外交政策》雜誌上發表《美國的太平洋世紀》一文，認為「未來幾年將在亞洲發生的一切會對美國的未來有巨大影響。我們無法支付待在外圍坐視不管的代價，聽任別國決定我們的未來」。同年 11 月 17 日，奧巴馬在澳大利亞議會發表主題演講，宣稱「作為總統，我做出這樣一個戰略決定——作為一個太平洋國家，美國將堅持核心價值觀和盟友的密切夥伴關係，在重塑該地區及其未來方面，發揮更大、更長久的作用」。2012 年 1 月 5 日，美國國防部發表《維持美國的全球領導地位：21 世紀國防的優先任務》報告，該報告主張加強美國在亞太地區的軍事存在，到 2020 年，美國 60% 的戰艦要部署在西太平洋地區。2013 年 11 月 20 日，美國國家安全事務助理蘇珊·賴斯就美國的亞太戰略發表講話，強調「亞太再平衡」戰略為奧巴馬對外政策的「基石」，目的是要讓美國在亞洲發揮不可或缺的領導作用。至此，美國的「亞太再平衡」戰略大致成型。縱觀過去幾年的實踐，受制於國內外因素的多方掣肘，美國的「亞太再平衡」戰略效果不彰。而且，隨著烏克蘭危機的不斷加劇，以及極端伊斯蘭國的異軍突起，美國不得不將相當部分精力重新投向歐洲和中東地區。

5.4　中美關係

中美兩國分別是世界上最大的發達國家和最大的發展中國家。1949 年以來，中美關係風雲變幻，跌宕起伏，經歷了曲折、艱難的演變過程。如今，中美關係已經成為世界上最重要的雙邊關係。中美關係的發展態勢不僅關係到兩國人民的福祉，更影響著亞太地區的繁榮與穩定，甚至影響世界的和平與發展。

5.4.1　中美關係的歷史演變

中華人民共和國成立以後，當時的美國總統杜魯門宣稱，將一如既往地支持

（中國）臺灣國民黨政府，不承認新生的中華人民共和國。美國把中華人民共和國視為敵人，對中華人民共和國實行遏制、孤立和封鎖政策，這一政策一直持續到1972年尼克松訪華。

20世紀60年代後期，中、美兩國政府面對發生巨大變化的國際形勢，重新調整了外交政策，開始互相進行試探和接觸。1972年2月，美國總統尼克松應周恩來總理邀請訪華，中、美交往的大門重新打開。尼克松訪華期間，中、美雙方於1972年2月28日在上海發表了《中美聯合公報》（即《上海公報》），美國在公報中聲明「只有一個中國，臺灣是中國的一部分」立場，強調「認識到海峽兩岸都堅持一個中國，並對此不表異議，支持和平解決兩岸問題，將逐步減少在臺美軍設施和武裝力量」。1978年12月16日，中、美兩國發表了《中美建交聯合公報》（即《建交公報》）。1979年1月1日，中美兩國正式建立大使級外交關係，美國宣布斷絕同（中國）臺灣的所謂「外交關係」，並於年內撤走駐臺美軍，終止美臺《共同防禦條約》，實現了「斷交、廢約、撤軍」。1979年1月，應美國總統卡特的邀請，中國領導人鄧小平訪美，揭開了中美關係史的新篇章。

在發展中美關係進程中，（中國）臺灣問題始終是一個核心問題。1979年，美國國會通過了所謂的《與臺灣關係法》，並經美國總統簽署生效。《與臺灣關係法》以美國國內立法的形式，做出了許多違反中美建交公報和國際法原則的規定。美國政府根據該法，繼續向（中國）臺灣出售武器和干涉中國內政，阻撓（中國）臺灣與祖國大陸統一。對此，中國政府強烈反對，經過多次談判，1982年8月17日，中、美兩國政府發表《中美聯合公報》（即《八一七公報》），美方承諾「不尋求執行一項長期向臺灣出售武器的政策，它向臺灣出售的武器在性能和數量上將不超過建交以來近幾年的水準，準備逐步減少它對臺灣的武器出售，並經過一段時間導致最後解決」。中、美三個聯合公報（即《上海公報》《建交公報》和《八一七公報》），成為中美關係發展的指導性文件。

《八一七公報》發表後，中美關係發展順利，兩國高層互訪不斷，安全合作持續深入，經貿和人員往來也迅速增多，雙邊關係一度進入蜜月期。然而，1989年的「6.4」風波使得中美關係嚴重倒退。美國不僅中止了兩國的高層往來，而且對中國實行經濟制裁、政治打壓和外交孤立。1992年，美國政府宣布向（中國）臺灣出售150架F-16戰鬥機，嚴重違反中美《八一七公報》，兩國關係進一步惡化。1995年5月，美國政府宣布允許李登輝以私人名義於當年6月訪美，中美關係陷入低谷。中國政府對美方干涉中國內政、侵犯中國主權的行徑進行了嚴正交涉和堅決鬥爭。

20世紀90年代末，在中、美雙方的共同努力下，兩國的元首再次實現了互訪，極大地改善了兩國之間的關係。1997年10月26日至11月3日，中國國家主席江澤民應美國總統克林頓的邀請對美國進行了國事訪問，這是中國國家元首時隔12年以來對美國進行的首次國事訪問。江澤民訪美期間，中美發表了《中美聯合聲明》。雙方在聲明中確認，將在中美三個聯合公報的原則基礎上處理中美關係，共同致力於建立面向21世紀的建設性戰略夥伴關係。江澤民主席訪美，

標誌著中美關係進入了一個新的發展階段。1998 年 6 月，美國總統克林頓訪華，在華期間提出了對臺「三不」政策：美國不支持「兩個中國」「一中一臺」的主張，不支持臺灣獨立，不支持臺灣加入任何必須是主權國家才能參加的國際組織。雙方決定，不將各自控制下的戰略核武器瞄準對方；雙方同意，進一步加強在經濟和金融領域的戰略對話，為促進世界經濟和國際金融的良性發展做出積極貢獻；雙方同意繼續加強和擴大在政治、經貿、環保、能源、文化、教育、科技、軍事、法律等廣泛領域的合作與交流。通過兩國元首互訪，中美關係得到了明顯的改善。

1999 年 5 月 8 日，以美國為首的北約用五枚炸彈從不同角度擊中中國駐南斯拉夫聯盟共和國大使館，造成三名中國記者死亡，20 多名使館工作人員受傷，使館館舍被嚴重毀壞。此次事件的發生使中美關係受到了很大的影響。1999 年 9 月，在新西蘭奧克蘭出席 APEC 領導人非正式會議期間，江澤民主席同美國總統克林頓舉行了正式會晤。雙方表示，中、美兩國將繼續致力於建立面向 21 世紀的建設性戰略夥伴關係。中美兩國元首奧克蘭會晤後，中美關係氣氛有所緩和。同年 11 月，中美簽署了《中華人民共和國政府和美利堅合眾國政府關於中國加入世界貿易組織的雙邊協議》，加快了中國加入世界貿易組織的進程。

進入 21 世紀以來，中美關係仍然在曲折中向前發展。小布什上臺之初，一改克林頓時期中美戰略協作夥伴關係的定位，將中國稱為「戰略競爭者」。2001 年 4 月 1 日，中、美兩國在南中國海發生「撞機」，兩國關係跌至冰點。「9/11」事件發生後，美國對外戰略重點轉向反恐，為中美關係的改善提供了契機。一方面，在反對國際恐怖主義、防止大規模殺傷性武器擴散等問題上，美國需要中國的合作；另一方面，美國對中國的實力崛起和發展意圖依然充滿戒心。在對華戰略上，美國推行的是「兩面下註」的外交政策，在保持對華友好交往的同時，繼續加大對中國的防範力度。2005 年 9 月，時任美國常務副國務卿羅伯特·佐立克發表了題為《負責任的利益攸關方》的政策演講。2006 年 4 月，中國國家主席胡錦濤訪問美國時提出中美兩國不僅是利益攸關方，而且是建設性合作者。在這一關係定位之下，中美關係實現了平穩、健康的發展。

奧巴馬執政以來，中美關係同樣經歷了大起大落。2009 年 11 月，奧巴馬打破美國外交傳統，上任首年就對華進行國事訪問，中美關係可謂「高開高走」。然而，進入 2010 年，圍繞著西藏問題、對臺售武、人民幣匯率等一系列問題，中、美爭吵不斷。隨後，美國大力推行所謂的「亞太再平衡」戰略，不斷加大在亞太地區進行軍事演習的次數和規模，並深度介入南海事務和中日之間的釣魚島爭端，導致中美在亞太地區形成短兵相接之勢。中國在對美政策上主動謀劃，提出構建「中美新型大國關係」的戰略設想。中、美共建新型大國關係是雙方著眼世情國情以及中美關係未來發展達成的重要共識，體現了中、美兩國不走歷史上大國衝突老路、開創大國關係新模式的政治智慧和歷史擔當。

「新型大國關係」是中國新一屆中央領導集體針對中美關係提出的戰略構想，旨在避免歷史上守成大國與崛起大國之間必有一戰的歷史悲劇。最早揭示這一歷史規律的是古希臘歷史學家修昔底德。他在《伯羅奔尼撒戰爭史》中指出：「雅典和斯巴達的戰爭最終變得不可避免，是由雅典人的崛起在斯巴達引起的巨大恐懼導致的。」故此，守成國與崛起國必然衝突的歷史魔咒又被稱為「修昔底德陷阱」。

2012年2月，習近平以國家副主席身分訪問美國時提出中美之間應建立一種「前無古人但後啟來者」的新型合作夥伴關係。同年5月，在北京召開的中美戰略與經濟對話期間，雙方將構建中美「新型大國關係」作為主題，這一概念被高調推出。2013年6月7日至8日，中國國家主席習近平與美國總統奧巴馬在美國加利福尼亞安納伯格莊園舉行非正式會晤，習近平主席對中美新型大國關係的內涵進行了闡述，即不對抗、不衝突，相互尊重、合作共贏。2014年11月12日，美國總統奧巴馬對中國進行國事訪問，中國國家主席習近平進一步提出了要從6個重點方向推進中美新型大國關係建設：①加強高層溝通和交往，增進戰略互信。②在相互尊重基礎上處理兩國關係。③深化各領域交流合作，夯實兩國關係社會基礎。④以建設性方式管控分歧和敏感問題。⑤在亞太地區開展包容協作。⑥共同應對各種地區和全球性挑戰。

特朗普執政以來，中美關係總體平穩。兩國元首保持著密切順暢的溝通，進行了多次會晤和通話，不僅建立和加深了彼此之間的友誼，增進了相互瞭解，而且為雙邊關係的發展進行了戰略規劃和政治引領。中、美建立起四大高級別對話機制，圍繞外交安全、經貿合作、人文交流、執法及網絡安全展開了廣泛對話，有效管控戰略分歧，增進政治互信，拓展合作領域，成為新時代中美關係發展的重要助推器。然而，不容忽視的是，當前中美關係正在走進以競爭為基調的新時期。特朗普政府發布的首份《國家安全戰略報告》明確地將中國定義為「修正主義大國」，聲稱中國正在成為美國全面的挑戰者。在這一戰略定位趨於負面的情況下，特朗普政府正以經貿問題為抓手對中國進行極限施壓，導致了中美貿易戰的爆發。此外，美國政府在臺灣地區、中國南海等安全議題上也持續挑釁，進一步增加了中美軍事對抗的風險。可以預見，中美關係將進入一個相對困難的時期。雙方能否有效管控競爭，繼續擴大互利合作，無疑將考驗兩國領導人和執政團隊的政治智慧。

5.4.2 中美關係的現狀與發展

作為世界上最大的發達國家和最大的發展中國家，中美關係無疑是當今世界上最為重要的一對雙邊關係。中美關係之所以重要，源於雙邊關係存在的兩大特性即重要性和複雜性。重要性意味著中美關係不僅影響到兩國關係的發展狀況和兩國人民的福祉，更關涉21世紀國際關係的基本性質。複雜性則說明中、美兩國既有巨大的共同利益和廣闊的合作空間，又存在重大的政治分歧和戰略矛盾。

這兩大特性使得中美關係經常處於「合作—對抗」的週期性波動當中。

隨著中國的崛起，兩國關係中結構性矛盾的一面顯著上升，調控和管理中美關係的難度明顯增大。

第一，力量對比的變化。經過30多年的經濟發展和實力累積，中國的綜合國力顯著增強。與之相對應，中美之間的力量差距迅速縮小，而且其速度之快，超出了國際社會的普遍預期。以經濟總量為例，按當時匯率計算，1981年，中國的GDP僅為2,923.66億美元，美國的GDP則為32,109.50億美元，雙方差距達10.9倍；到2017年，中國的GDP達12.2萬億美元，美國的GDP為19.5萬億美元，中國的GDP規模相當於美國的63%。國際社會普遍預測，到2020年前後，中、美在經濟總量上將等量齊觀。中美實力對比的拉近與西方世界同新興大國力量對比發生歷史性變遷的國際大勢產生共振，更放大了兩國實力差距縮小的態勢。其結果，中美關係從以往一般意義上的「超—強」關係轉變為特殊意義上的「老大—老二」關係，從而導致中美關係的競爭、博弈面明顯增強。[1]

進入21世紀以後，美國對華關係的一個根本基礎似乎正在發生改變：自近代以來，美國對華政策是建立在認為中國弱小，不足以挑戰其實力與地位基礎上的，因此也才有克林頓之前的多位總統關於一個穩定、繁榮和強大的中國符合美國利益的政策宣示；但在新世紀，美國似乎不再那麼自信，因為一個日益強大的中國正在崛起，並似乎正在挑戰美國的領導地位。支持中國走向現代化是否還符合美國的利益遂成為縈繞在一些美國人心中的疑問，加上美國對中國政治制度和意識形態的深度不信任，所以在一些戰略家的思想中，「強大中國」的範式正在取代「弱小中國」的範式，並成為美國對華政策思想的基礎，於是就有了「中國威脅論」的甚囂塵上和如何「防範」中國的熱議。關於「強大中國」的認知在一定程度上已經主導了美國的對華政策思維，因此必將極大地影響未來的中美關係。

第二，戰略基礎的動搖。歷史經驗表明，當兩國戰略基礎牢固時，中美關係能夠順利發展；反之，中美關係則會紛爭不斷。1972—1989年，基於共同應對蘇聯威脅的需要，中、美摒棄了長達數十年的意識形態敵對，實現了兩國關係的正常化。在後「冷戰」時期，中美關係跌宕起伏，但總體上保持著積極向上的發展勢頭，其根本原因在於中、美尋找到了新的戰略基礎，即中國加快了融入經濟全球化的進程，謀求在美國領導的現行國際體制內崛起。這樣，雙方都獲得了極大的戰略好處。中國獲得了經濟發展的良好國際環境，在融入全球化的同時實現了國家的飛速發展；而美國在從中國得到大量商業利益的同時更確立了穩固的國際領導地位。然而，近年來隨著「強大中國」「中國威脅論」聲音的增大，中美關係的戰略基礎出現了動搖，美國對華政策中的「防範」性在增強。

第三，政治互信的缺失。戰略基礎動搖的結果是兩國互信嚴重缺失，相互猜疑不斷增加。自奧巴馬執政以來，美國堅定不移地推進旨在重點經營亞太的「再平衡戰略」。儘管世界其他地區亂象叢生、衝突不斷，美國仍不為所動。與此同

---

[1] 袁鵬. 中國新一輪改革與中美「新型大國關係」[J]. 現代國際關係，2014（11）：5.

※觀點爭鳴※　　　　　　中美戰略互疑的根源

一是中、美對「亞太再平衡」戰略認知不同。美國認為「再平衡」不針對中國，自己在亞太的軍事存在有效地阻止了地區軍備競賽，限制了日、韓兩國核力量的發展，防止了地區熱點問題激化，保障了地區的和平與安全。中國並不接受美國的這種說法和邏輯，認為美國整合亞太同盟體系是「冷戰的延續」，遏制中國的色彩濃厚；認為美國介入東海、南海等熱點問題使亞太地區局勢複雜化；認為越南、菲律賓等國在美國的支持之下提升了與中國對抗的力度，而美日同盟的強化助長了日本的民族主義情緒。二是中、美兩國的戰略文化不同。美國的戰略文化受「孤立主義」和「美國例外論」影響，美國維護國家安全的目標是「把威脅拒之門外、把潛在威脅消除在萌芽狀態」，因此，美國維護國家安全的手段不是國家間合作，而是有效的威脅防禦。這些手段包括在海外投擲軍力，保持絕對軍事優勢，獲取區域安全機制的主導權。而中國的戰略文化受到「百年國恥」和「華夷體系」的影響，其國家安全目標是「防止外來干預，保護和平崛起的外部環境」，而實現目標的手段主要是對沖外來影響，獲取區域主導權。中、美兩種戰略文化的碰撞導致了亞太區域的安全困境：中、美兩國都不會放棄對亞太主導權的爭奪，都將對方視為威脅，但同時又不認為自己威脅到了對方。三是兩國政治體制不同，加深了彼此的戰略不信任感。一方面，大多數美國民眾認同「民主和平論」，認為民主國家受國內政治機制制約，比較難以發動戰爭，因此常把非民主國家視為安全威脅的來源，把推廣民主與人權作為重要的保障國家安全的手段，而中國則將此視為西方的「和平演變」，認為是對國家安全的重要威脅；另一方面，美國不理解中國的政治決策機制，而中國對美國的三權分立機制也充滿懷疑。例如，中國一直對美國國會竟然通過《與臺灣關係法》深表不解，認為美國「言而無信」、利用政治機制「玩弄政治手段」。而由於對彼此的政治和經濟體制缺乏理解，雙方很容易將對方的很多市場行為視為「國家行為」，導致了中、美兩國在人民幣匯率、中國對美投資、竊取商業機密等問題上摩擦不斷。四是國內因素對中美關係的消極影響在擴大。此前，國內政治的許多因素一直是推動中美關係發展的積極力量。如中國企業對美大量出口商品，經濟上獲益頗豐，而美國人也因物美價廉的中國商品而得以「用較低成本維持高水準的生活」。中國大量持有美國國債，降低了美國利率，對美國經濟發展有利。因此，美國商界一直是支持中美關係發展的積極力量。如今，這些因素正在發生改變。一方面，美國工人大量失業，美國社會將其歸咎於「中國的製造業競爭」。由於中國經濟實力增強，中國政府降低了對外資的「超國民待遇」，在華的美資企業感到了「心理落差」；同時，中國的資本輸出不斷增加，中美之間的商業競爭愈演愈烈。另一方面，伴隨著中美實力差距的不斷縮小，兩國國內的民族主義情緒同時膨脹。2013年的最新民意調查顯示，僅有37%的美國人對中國持正面看法，而超過60%的中國人認為美國有意遏制中國崛起。民意的壓力導致兩國政府更難把握發展關係上的尺度。

——引自：董春嶺. 斯坦伯格與奧漢隆眼中的21世紀中美關係 [J]. 世界知識, 2014 (14)：62.

時，中國外交步入從韜光養晦到有所作為的新歷史時期，特別是通過「一帶一路」倡議、構建亞洲基礎設施投資銀行等方式穩步推進周邊外交。在中國看來，美國推行再平衡戰略的目的在於通過在亞太地區構築反華統一戰線，遏阻中國的

崛起。近年來，中、日之間的博弈，中越、中菲的海洋爭端，其背後都有美國戰略操作的影子。反過來，美國則認為中國不再低調內斂，將中國捍衛主權權益的行為看成是「咄咄逼人」的外交進攻，將中國的系列外交倡議解讀為「另起爐竈」之舉。中、美兩國在政治層面的相互猜疑大大加劇了雙方戰略對抗的可能性。

儘管中美關係存在以上種種問題，但利益的高度融合、廣闊的合作空間以及複合的對話機制又使得這些問題相對可控。換言之，促進中美關係的健康和可持續發展仍然具備諸多有利條件。

第一，中美經濟貿易關係發展迅速。進入新世紀以來，中美經貿關係發展迅猛，雙邊貿易額持續增加。根據中方統計，2016 年，中美貨物貿易額達 5,196 億美元，其中中國對美出口為 3,852 億美元，從美國進口為 1,344 億美元。[①] 美國是中國的第二大貿易夥伴、第一大出口市場和第四大進口來源地，中國是美國第一大貿易夥伴、第三大出口市場、第一大進口來源地。與此同時，中美雙向投資保持增長。截至 2016 年 12 月底，美對華投資項目累計達 6.7 萬個，實際投入 798.6 億美元。與此同時，中國在美投資保持快速增長的勢頭。截至 2016 年 12 月底，中國企業在美累計非金融類直接投資達 499.9 億美元。[②] 中、美在經貿領域關係密切，並且相互深度依賴，是兩國關係發展的穩定器和「壓艙石」。

第二，中美在國際事務中的合作持續拓展。隨著全球性問題的增多，中、美兩國在共同應對各種傳統和非傳統安全問題上的合作不斷增多，在反恐、防核擴散以及朝鮮半島核、伊朗核等諸多問題上開展著有效的溝通與協調。近年來，能源、氣候、環境等問題在國際議程上的重要性不斷凸顯，中、美在這些問題上具有相似的政治立場和政策態度，成為兩國關係發展的新支點。中、美在國際事務中的協調與合作加強了雙邊的戰略互信，對解決地區熱點問題，促進世界和平穩定也具有重要意義。中、美在國際和地區問題上的合作表明兩國關係早已超越雙邊範疇，而越來越具有全球內涵。

第三，中美對話溝通渠道進一步豐富。兩國迄今已建立起 90 多個對話溝通機制，形成了多領域、多層次、多級別的對話網絡，涵蓋政治、經濟、軍事、執法、科技、教育、能源、環保、航空等方方面面。在眾多的機制中，中美戰略與經濟對話是級別最高、最具戰略性的溝通平臺，從 2009 年開始定期在兩國間輪流召開。該對話機制的主要功能是加強戰略信任，通過溝通與協商，知道對方的利益訴求，尋找合適的解決途徑，使雙方容易產生合作的態度，而不是彼此敵對和猜疑，從而有助於中美關係的穩定。[③] 特朗普執政以來，中、美建立起了四個新的高級別對話合作機制，進一步提高了中、美溝通協調的針對性和效率。

由此看來，中、美兩國一方面存在大量的結構性矛盾，但同時也具有深厚的合作基礎。存在利益的紐帶並不意味著中、美一定會走向合作，矛盾的存在也不必然導致中、美爆發衝突。換言之，中美關係的未來是開放的，取決於兩國的決策者及民眾如何互動與溝通。總的來講，作為世界上最大的發展中國家與最大的

[①] 中國海關統計數據 [EB/OL]. http://www.customs.gov.cn/publish/portal0/tab49666/info836856.htm.
[②] 中國商務部新聞辦公室. 中美經貿關係沿著互利共贏的方向繼續前進 [EB/OL]. www.mofcom.gov.cn/article/ae/ai/201701/20170102506285.shtml.
[③] 金燦榮，趙遠良. 構建中美新型大國關係的條件探索 [J]. 世界經濟與政治，2014（3）：67.

發達國家，中美共同利益在不斷擴大且遠遠超過彼此分歧，兩國合作的基礎在持續加強。中、美發展建設性合作關係，既符合兩國的根本利益，也符合當今世界求和平、謀發展、促合作的時代潮流。只要雙方堅持從戰略高度和長遠角度看待和處理中美關係，進一步加強對話，增進互信，積極擴大利益的匯合點，拓展各領域互利合作，照顧彼此的利益和關切，妥善處理兩國的分歧，中美關係就能繼續保持健康穩定發展的勢頭，並造福於中、美兩國人民和世界人民。

本章小結：

作為世界上唯一的超級大國，美國在整個世界格局中佔有舉足輕重的地位。由於具有良好的發展基礎、完善的國家科技創新體系、靈活機動的市場經濟模式，美國經濟在「冷戰」結束以後仍然保持著強勢地位。美國的政治制度相對穩定、成熟，為美國的崛起奠定了重要基礎。然而，近年來，美國政治也出現了問題，特別是政治上的極化越來越嚴重。第二次世界大戰結束後，美國的全球戰略不斷調整。進入 21 世紀以來，美國的戰略重心經歷了從打擊恐怖主義到轉向亞太地區的深刻調整，但世界其他地區的亂局使得美國在外交政策上難以集中精力，其全球戰略仍然存在不確定性。中美關係經歷了曲折、艱難的演變過程。現在，中美關係已經成為世界上最重要的雙邊關係，雙方正朝著構建新型大國關係的方向不斷前進。

思考題：

1. 「冷戰」結束之初，西方世界幾乎一致歡呼自由民主制度成為「歷史的終結」。然而，時至今日，國際上越來越多的人卻對美國民主提出了尖銳的學理批判。在這 20 多年的時間內，到底是美國的政治制度出現了蛻化，還是這些批判者的思想實現了進化？
2. 隨著中國崛起以及中美力量對比的變化，有人認為中美關係正在陷入「老大」與「老二」必有一戰的「修昔底德陷阱」。中、美如何才能超越傳統的大國政治悲劇，開啟一條新興大國與守成大國和解共存的歷史新路？

閱讀書目：

1. 李道揆. 美國政府與政治（上、下冊）[M]. 北京：商務印書館，1999.
2. 資中筠. 戰後美國外交歷史 [M]. 北京：世界知識出版社，1994.
3. 陳寶森. 當代美國經濟 [M]. 修訂版. 北京：社會科學文獻出版社，2011.
4. 吳心伯. 世事如棋局局新：21 世紀初中美關係的新格局 [M]. 上海：復旦大學出版社，2011.

6 歐洲一體化及中歐關係

歐洲是西方文明的發祥地，也是工業革命、資產階級革命與現代資本主義制度的肇始之地，是近代史上的世界中心。然而，數百年的相互傾軋以及兩次世界大戰的浩劫使歐洲喪失了這一中心地位。為使歐洲大陸重振並免於再遭戰火塗炭，西歐各國痛定思痛，在第二次世界大戰結束之後啟動了歐洲一體化進程，堅定地走上了聯合圖強、協同發展的道路。經過半個多世紀的曲折發展與不懈努力，歐洲成為世界上經濟和政治一體化程度最高的地區。然而，英國脫歐以及近年來右翼勢力、民粹主義的興起給歐洲一體化投下了濃重的陰影，歐洲一體化的前景變得不確定起來。

6.1 歐洲一體化歷程

得益於歷史、文化、經濟、政治等方面的有利因素，歐洲一體化雖歷經挫折，但仍然是當今世界上一體化水準最高的地區。

6.1.1 歐洲聯合發展的動因

推動歐洲一體化的原因主要是：

第一，「歐洲意識」與「歐洲認同」由來已久。長期以來，歐洲人心中一直存在著一種意識與認同，即歐洲文明是基於希臘—羅馬文明發展起來的，並借助於基督教會（主要是天主教和新教）的組織和精神力量而傳遍歐洲的帶有共性的文明。之所以會形成這樣的意識與認同，有兩個根本的原因，一個是歐洲歷史上統一帝國的世俗影響，另一個是基督教無處不在的影響。就前者而言，亞歷山大大帝建立馬

> 「總有一天……所有的歐洲國家，無須丟掉你們各自的特點和閃光的個性，都將緊緊地融合在一個高一級的整體裡；到那時，你們將構築歐洲的友愛關係……」
> ——維克多·雨果

其頓帝國可說是創建世界性帝國的最初嘗試，而羅馬帝國的鼎盛則標誌著歐洲文明達到頂峰。在後來歐洲四分五裂的中世紀，基督教會又扮演了統一文明的推動角色（「一個上帝和一個教會」）。統一文明的發展，奠定了歐洲意識與歐洲認同的基礎。文明的同源性，歷史、文化的長期交融以及歐洲意識、歐洲認同的普及，使歐洲聯合的思潮可謂是「野火燒不盡，春風吹又生」。

第二，一體化是歐洲國家為了避免戰禍，尋求永久和平的大膽嘗試。歐洲各國自 18 世紀以來就戰爭不斷。到了 20 世紀，歐洲陷入嚴重的集團對立之中，兩次世界大戰均發端於歐洲，歐洲成為世界大戰的主戰場。長期以來揮之不去的戰爭陰霾，使歐洲人民飽嘗了戰爭帶來的痛苦。避免戰爭、尋求永久和平成為二戰結束後歐洲人的共同願望。一些有遠見的政治家發出了歐洲「聯合起來」的呼聲。1946 年 9 月，丘吉爾在蘇黎世發表演說時指出，歐洲各國只有在共同遺產上聯合起來才能醫治好戰爭創傷，只有在這種聯合的架構中歐洲才能安定，並獲得和平與自由。[1] 他還提議建立「歐洲合眾國」。事實上，歐洲聯合從建立「煤鋼共同體」開始，其初衷就是想以聯合生產煤炭和鋼鐵這兩種最重要的戰略物資的方式，將戰場上的敵人轉化為董事會中的合作夥伴，根除納粹主義、軍國主義復活的土壤，以消弭數百年來的法德積怨，構築歐洲永久和平的防波堤，防止再次發生大戰。「永不再戰、統一歐洲」的思想構成歐洲走向聯合的強大政治動因。

在此存亡危急之秋，倘不做創造性努力，就無法捍衛世界和平。
……當歐洲沒有得到統一時，我們便遭戰爭之苦。
法國政府建議，立即在一個有限的但有決定性的方面開始行動，把法、德的全部煤鋼生產置於一個其他歐洲國家都可參加的高級聯營機構的管制之下。
煤鋼生產和聯合經營將保證歐洲聯邦共同經濟基礎的建立和發展，還可改變這個地區長期從事武器製造從而使它自己不斷成為犧牲品這一命運。
這樣結合起來的聯合生產意味著將來在法、德之間發生戰爭是不可想像的，而且在物質上也不再可能。
——摘自法國外交部部長羅貝爾·舒曼的聲明（1950 年 5 月 9 日）

第三，二戰結束後國際地位一落千丈以及兩極格局造成的外部壓力迫使西歐各國聯合圖強。近代史上，西歐曾經是世界政治與經濟的中心。二戰結束後，歐洲痛失世界中心地位，各國紛紛淪為美、蘇兩個超級大國的附庸，在美、蘇對抗的夾縫中艱難度日。面對兩個超級大國，只有聯合自強，才能爭取歐洲在世界上的地位。

第四，從煤鋼領域起步的經濟一體化進程，從根本上符合西歐各國的現實經濟利益和長遠利益。在歐洲煤鋼共同體出現之前，西歐就已經形成荷、比、盧關稅同盟和經濟聯盟，這是一種小範圍的實驗，但具有重要的示範效應。在戰後恢

---

[1] 潘琪昌．歐洲國際關係 [M]．北京：經濟科學出版社，2001：187．

復經濟的過程中，西歐國家由於美國的「馬歇爾計劃」而加強了彼此間的經濟聯繫，跨國公司突破國界限制，推動了生產國際化的發展，致使產品及各生產要素更具國際性質，形成了良好的溢出效應。它一方面為歐洲經濟一體化奠定了基礎，另一方面又需要某種超國家機構來調節經濟的發展，以促進生產要素跨國自由流動。事實證明，經濟一體化極大地促進了戰後西歐各國經濟的恢復和發展，共同體成員的經濟實力在質和量兩個方面都有了很大提高，客觀上為歐洲重新上升為世界一極準備了堅實的物質基礎，也為歐洲一體化帶來了強大的內生動力。

「冷戰」結束後，歐洲聯合進程加速發展，發生了歐盟建立、統一貨幣歐元發行、成員急遽增加以及推動制憲等一系列重大事件。促進「冷戰」結束後歐洲聯合進程加速發展的主要因素有：

首先，統一後的德國力量增強，德國問題再次凸顯。柏林牆被推倒、德國實現統一，使德國成為歐共體內部實力最強的國家，這將打破歐洲力量的相對平衡，引起了西歐各國的不安。要消除這種疑慮，包括德國在內的歐洲國家都意識到，只有加速推進歐洲一體化，使德國更深層次地融入一體化進程，成為「歐洲的德國」，才是最佳途徑。

其次，劇變後的東歐國家希望「迴歸歐洲」。隨著「冷戰」的結束，劇變後的東歐國家發出了「迴歸歐洲」的呼聲，紛紛提出入盟申請。這一方面顯示了歐盟的巨大吸引力，為歐洲聯合向東擴展、實現歐洲的真正統一提供了機會；另一方面，眾多經濟發展水準較低、政局發展不穩的東歐國家的加入，也使歐盟成員異質性增強，使歐洲一體化進程面臨巨大的衝擊。但是，基於歐洲一體化的歷史經驗和現實成果，大多數歐盟成員仍然認為，只有深化一體化，才能消弭差距，鞏固已有成果。

再次，經濟領域一體化的成果必然產生溢出效應，對政治一體化產生積極推動作用。隨著歐洲統一大市場的建成，成員經濟聯繫更加緊密。在當今世界經濟關係政治化、政治關係經濟化趨勢的影響下，各國在經濟領域的聯合發展必然要求在政治、外交及防務領域的聯合與之相匹配、相適應、相促進。

最後，提升歐洲的國際戰略地位，重現昔日輝煌，是「冷戰」結束後加速歐洲聯合進程的巨大驅動力。「冷戰」結束後，世界多極化加速發展，為歐洲國家在國際事務中發揮更積極的作用提供了機遇。歐盟成員力圖通過聯合發展，增強自身實力，在「冷戰」結束後世界新秩序中占據更為重要的地位。

6.1.2 歐洲聯合發展的歷史進程

歐洲一體化走過了60多年的風雨歷程，經歷了由低層次向高層次、由經濟領域向政治領域逐步發展的過程，成員也從當初的6國發展到今天的28國[①]，取

[①] 2016年6月23日，英國舉行公投，超過一半選民投票支持脫離歐盟，成為歐盟歷史上第一個以全民公投方式脫離歐盟的國家。目前，英國正與歐盟展開艱苦的脫歐談判。在英國正式脫離歐盟之前，我們仍視英國為歐盟成員。

得了舉世矚目的成就。

到目前為止，歐洲一體化進程大致經歷了四個階段：

第一階段，從煤鋼共同體到歐洲共同體。歐洲的一體化進程始於1950年的「舒曼計劃」。1950年5月9日，法國外長羅貝爾·舒曼提議把法、德的煤鋼生產置於一個其他歐洲國家都可參加的高級聯營機構的管制之下，即建立歐洲煤鋼共同體，史稱「舒曼計劃」。這個倡議得到了法國、聯邦德國（西德）、義大利、荷蘭、比利時、盧森堡6國的回應。1951年4月18日，6國代表在巴黎簽訂了《歐洲煤鋼聯營條約》（又稱《巴黎條約》）。1952年7月25日條約正式生效，歐洲一體化的第一個實體——歐洲煤鋼共同體成立。煤鋼共同體不僅取消了西歐6國煤鋼工業產品貿易中的一切限制，有效地推動了成員經濟的發展，而且為法德和解、避免歐洲再戰創造了條件。

> **歐盟發展簡史** 1950年5月9日，法國外長舒曼發表聲明（史稱「舒曼計劃」），建議法德兩國建立煤鋼共同體。1952年7月，法國、西德、義大利、荷蘭、比利時和盧森堡正式成立歐洲煤鋼共同體。1958年1月，6國成立了歐洲經濟共同體和歐洲原子能共同體。1967年7月，3個共同體的主要機構合併，統稱歐洲共同體。1993年11月，《歐洲聯盟條約》（又稱《馬斯特里赫特條約》）生效，歐洲共同體演化為歐洲聯盟（簡稱「歐盟」）。2002年1月歐元順利進入流通。2009年《里斯本條約》生效後，歐盟具備了國際法主體資格，並正式取代和繼承歐共體。

煤鋼共同體的成功促使6個成員決定將一體化措施從煤鋼領域擴展到所有經濟部門。1957年3月25日，6國又在羅馬簽訂了《歐洲經濟共同體條約》和《歐洲原子能共同體條約》，合稱《羅馬條約》。1958年1月1日，條約正式生效。《羅馬條約》的主要內容是：建立關稅同盟和農業共同市場，逐步協調經濟和社會政策，實現商品、人員、服務和資本的自由流動。條約還設置了一套擁有相對獨立的立法、行政和監督仲裁權的共同機構，使一體化進程在制度上有了相應的保障機制。

1965年4月8日，六國又簽訂了《布魯塞爾條約》，決定將歐洲煤鋼共同體、歐洲經濟共同體和歐洲原子能共同體三個機構合併，統稱歐共體（EC）。《布魯塞爾條約》於1967年7月1日生效，宣告歐洲聯合的更高一級組織形式——歐共體誕生。1968年，歐共體建成了共同市場。由於去除了共同體內的關稅障礙，一體化措施刺激了整個歐共體的經濟增長。1958—1972年，歐共體6國的經濟增長速度超過了美國。在歐共體成立之初，英國的富裕程度超過歐共體6國，但到了20世紀70年代，除義大利外，其他5國的生活水準都已超過英國。

第二階段，從歐洲共同體到歐洲聯盟。這一時期歐洲一體化在鞏固前一時期成果的基礎上繼續發展，在建設歐洲統一大市場的經濟一體化方面取得了長足進步，在政治一體化和防務合作方面開始有所進展。

1970年10月，歐共體6國外長通過了《關於歐洲政治統一的報告》，確立了成員外長定期協商對外政策的機制，歐洲政治合作機制初具雛形。與歐共體在

經濟方面建立的超國家體制不一樣的是，歐共體的政治合作只是一種政府間合作，對於政治聯盟的目標尚未形成明確、一致的看法。

由於歐共體日益顯示出其巨大的優勢，使得它對於其他歐洲國家產生了強烈的吸引力，1973年1月，歐共體實現了歷史上第一次擴大，英國、丹麥和愛爾蘭加入，共同體由6國擴展為9國。

1979年，以準固定匯率制為基礎的歐洲貨幣體系建成，確定了成員之間的中心匯率，並以埃居（European Currency Unit，簡稱ECU，音譯「埃居」，即歐洲貨幣單位）為統一貨幣的兌換單位。歐洲貨幣體系的建立促進了歐共體成員之間的交叉投資和企業兼併，降低了貿易成本，減少了成員貨幣對美元的依賴，在一定程度上削弱了美元波動造成的衝擊，降低了美國對歐洲經濟的影響，加強了成員在國際金融體系中的地位。

隨著1981年希臘、1986年西班牙和葡萄牙的加入，歐共體擴大為12個成員。1987年7月1日，對推進歐洲聯合具有歷史意義的文件《單一歐洲法令》正式生效。該法令規定，在1992年底之前建成一個沒有內部邊界的統一大市場，在統一市場內，商品、人員、服務和資本自由流動。法令還確定了歐共體的政治目標，即「制定和實施共同的對外政策」及「在歐洲安全問題上實行更緊密的合作」；通過機制調整提高歐共體組織機構的決策效能。《單一歐洲法令》為歐共體內部統一市場的建設提供了法律和制度保證，並賦予一體化以新的動力。[①]

20世紀80年代末，正當歐洲統一大市場加緊建設的時候，國際形勢出現劇烈動盪，蘇東劇變，兩極格局崩潰。在此背景下，歐共體各國加速推進一體化進程，於1991年12月11日在荷蘭城市馬斯特里赫特舉行的首腦會議上通過了《歐洲聯盟條約》，亦稱《馬斯特里赫特條約》（簡稱《馬約》）。根據《馬約》的規定，歐共體今後的任務是實現經濟貨幣聯盟和政治聯盟，將歐共體由一個經濟集團建設成為一個具有強大經濟實力並執行共同外交和安全政策的政治實體。《馬約》是繼《巴黎條約》和《羅馬條約》之後，歐洲一體化發展的一個極為重要的階段性里程碑，是歐洲一體化一次質的飛躍，標誌著歐洲聯合又向前邁出了一大步。

1993年1月，歐共體統一大市場如期建成。同年11月1日，《馬約》生效，歐共體（EC）正式更名為歐洲聯盟（EU）。歐盟成立後，1995年實現了第4次擴大，奧地利、瑞典和芬蘭加入，使歐盟成員增加到15國，總人口達3.75億，貿易額（含內部貿易量）占世界的40%左右，居世界第一，對外直接投資也為全球之首，歐盟成為名副其實的世界經濟巨人。

第三階段，歐盟東擴和一體化進程不斷深化。將中東歐國家納入歐洲一體化進程，從而建立一個真正統一的「大歐洲」，是歐洲人多年來的理想。2004年5月1日，塞浦路斯、匈牙利、捷克、愛沙尼亞、拉脫維亞、立陶宛、馬耳他、波蘭、斯洛伐克和斯洛文尼亞共10個中東歐國家正式加入歐盟，這是歐盟歷史上第5次擴大，也是迄今為止規模最大的一次。

[①] 諶取榮，等. 國際關係史（1980—1989）：第11卷［M］. 北京：世界知識出版社，2004：105-120.

2007年1月1日，歐盟第6次擴大，羅馬尼亞和保加利亞兩國加入歐盟。2013年7月1日，克羅地亞正式加入歐盟。這是歐盟的第7次擴大。這次擴大也使歐盟成為一個擁有28個成員、人口超過5億、GDP總量超過17萬億美元的大型區域一體化組織（見圖6.1）。然而，歐盟擴大的步伐並未結束。2014年6月27日，歐盟在布魯塞爾舉行的歐盟夏季峰會上與格魯吉亞和摩爾多瓦正式簽署聯繫國協定，並與烏克蘭簽署了聯繫國協定的剩餘部分。2014年9月16日，歐洲議會全體會議批准了歐盟與烏克蘭聯繫國協定，從而為烏克蘭加入歐盟打開了通道。

圖6.1 歐盟的擴大

在成員迅速增加的同時，歐盟在經濟和政治一體化方面也取得了重大進展。1999年1月1日歐盟正式啟用統一貨幣歐元（Euro），除英國、希臘、瑞典和丹麥外，其餘11個國家成為首批歐元區成員。2000年6月希臘加入歐元區。2002年1月1日零時，歐元正式流通。歐元啟動後，作為宏觀經濟調控手段之一的貨幣政策，由歐洲中央銀行在歐元區內統一實施。歐元的實施提高了歐盟在國際金融體系中的地位，衝擊了美元的中心地位，減少了對美元的依賴，增強了歐盟抵禦國際金融危機的能力。此後，斯洛文尼亞、塞浦路斯、馬耳他、斯洛伐克、愛沙尼亞、拉脫維亞6國先後加入歐元區，歐元區成員達到18個。如圖6.2所示。

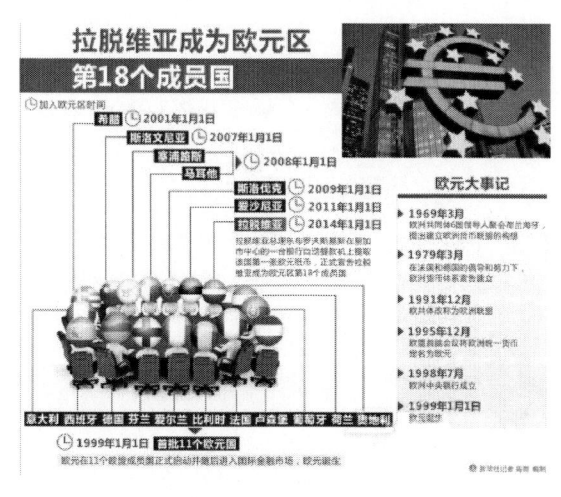

圖6.2 歐元區的發展

在政治一體化方面，2001年12月，歐盟萊肯首腦會議通過了《萊肯宣言》，宣言強調歐洲面臨諸多挑戰，為此需要對歐盟的政治體制進行改革，使歐盟成為一個更加民主、透明和高效的整體，需要為歐洲公民制定一部「歐盟憲法」。2003年伊拉克危機刺激了歐盟的「深化意志」，歐盟尤其是法、德等國領導人再一次強烈意識到，歐洲迫切需要推進政治聯盟的建設，必須繼續推動共同外交和安全政策，逐步建立統一的、獨立的防務力量。在此背景下，2004年10月，歐盟25國領導人在羅馬簽署了歐盟歷史上第一部憲法

條約，標誌著歐盟在推進政治一體化方面邁出了重要一步。2005年1月，歐洲議會表決批准了《歐盟憲法條約》，但該條約還需要歐盟各成員根據本國法律規定，通過全民公決或議會投票方式批准後方可最後生效。原設想，如獲得所有成員的批准，憲法條約將於2006年11月1日正式生效。但2005年5月29日、6月1日，法國、荷蘭先後在全民公決中否決了《歐盟憲法條約》，歐盟制憲出現危機。2007年10月19日，歐盟領導人在葡萄牙首都里斯本通過了修改後的憲法條約，即《里斯本條約》。2009年12月1日，《里斯本條約》正式生效，比利時人範龍佩當選首任歐洲理事會常任主席，並新設歐盟外交和安全政策高級代表一職。至此，歐盟正式取代並繼承歐共體，具備法律人格。2012年10月，歐盟因為促進了「歐洲的和平與和解、民主與人權」而榮獲2012年諾貝爾和平獎。

第四階段，英國公投脫歐，歐洲一體化遭遇重大挫折。

然而，歐洲一體化一路走來，並非一帆風順，而是面臨著諸多挑戰，存在種種不確定因素，其中一個就是英國。作為老牌資本主義國家和曾經的「日不落帝國」，英國「光榮孤立」（Splendid Isolation）的外交思想影響深遠，保守主義、自由主義的政治傳統也使英國與德、法等具有國家主義、專制主義政治傳統的國家若即若離。歐洲一體化的主要推動力量來自德、法，英國較為被動，並非主要的發起者。在加入歐盟的過程中，英國並不十分主動，與德、法等國態度存在明顯差異。一個明顯的例證就是英國沒有加入歐元區，英國中央銀行至今仍保持獨立地位，單獨發行英鎊。因此，脫歐並非英國政府和民眾突發奇想，而是早有端倪。除了上述理念層面的因素以外，導致英國脫歐還有一些現實因素，首先就是移民的大量湧入，導致了一系列問題，引發了民眾的排外情緒。據統計，英國10年間接納了超過100萬東歐移民，這些移民不但從英國中低階層手中搶走了大量就業崗位，還申請了大量福利、津貼，但這些移民很少在英國消費，而是將錢寄回了東歐老家。這樣，就對本國人的福利造成了影響。其次，英國分攤的歐盟費用水漲船高，達百億歐元之巨，是一筆不小的開支。當2008年金融危機爆發，全球經濟形勢惡化之後，這就成了一個令英國人感到難受的額外負擔。最後，歐債危機暴露了歐洲一體化的諸多問題，也強化了英國人的脫歐意願。因此，英國脫歐可謂應了「合久必分，分久必合」的那句老話。然而，英國脫歐雖然是歐洲一體化過程中的一個重大變故，但我們還不能就此斷言歐洲一體化的進程將就此逆轉甚至終結。如前所述，歐洲一體化對大多數成員來說依然是利大於弊的，一體化仍然是理性的選擇。顯然，在一體化的紅利並未消失的前提下，歐洲一體化不會就此終結，仍有可能在曲折中前行。

6.2 歐盟的治理機制與面臨的新挑戰

在歐盟的治理框架中，經濟與貨幣聯盟、共同外交與安全政策、司法與內務合作這三個方面構成了三大支柱。歐洲理事會、歐盟理事會、歐盟委員會、歐洲議會及歐盟對外行動署是歐盟的五大主要機構，體現了政府間性質和超國家性質的雙重特徵。隨著歐盟的擴大和一體化的深化，歐盟機構日益膨脹，政策協調難度也越來越大，決策效率低下，從而遭到了越來越多的批評。歐債危機的爆發以及英國脫歐，更暴露出歐洲一體化的一些深層次矛盾和結構性障礙，給歐洲一體化帶來了新的挑戰。能否戰勝這些挑戰，將決定歐洲一體化的命運。

6.2.1 歐盟治理機制

——歐盟的「三大支柱」——

1993年11月正式生效的《歐洲聯盟條約》主要包括三個方面的內容：經濟與貨幣聯盟、共同外交與安全政策、司法與內務合作。這三個方面構成了歐洲聯盟的三大支柱。其中經濟與貨幣聯盟是歐盟最主要的支柱，共同外交與安全政策和司法與內務合作則屬於政治聯盟的範疇。經濟貨幣聯盟和政治聯盟構成歐洲聯盟的兩大板塊。前者是共同體形成後經濟一體化發展的邏輯產物，而後者則是在經濟一體化的基礎上向更高層次、更廣泛領域的延伸。

歐盟小常識

【成員】28國：奧地利、比利時、保加利亞、塞浦路斯、捷克、克羅地亞、丹麥、愛沙尼亞、芬蘭、法國、德國、希臘、匈牙利、愛爾蘭、義大利、拉脫維亞、羅馬尼亞、立陶宛、盧森堡、馬耳他、荷蘭、波蘭、葡萄牙、斯洛伐克、斯洛文尼亞、西班牙、瑞典、英國（已公投脫歐）

【人口】5.1億（2016年）

【面積】438萬平方千米（2016年）

【盟內生產總值】16.4萬億美元（2016年）

【總部】比利時首都布魯塞爾

【盟旗】藍底上12顆金色五星構成的圓環

【盟歌】貝多芬第九交響曲中《歡樂頌》的主旋律

【慶典日】「舒曼日」即5月9日

（來源：中華人民共和國外交部網站）

在經濟與貨幣聯盟方面，1993年1月，歐洲統一大市場正式建成。統一大市場的啟動，標誌著歐共體12個成員的經濟邊界不復存在，在歐共體內部初步實現了商品、資本、人員和服務四大生產要素的自由流動。2002年1月歐元正式流通。貨幣一體化是經濟一體化的最高形態，也是對政治一體化的一種強有力的支持，因為統一貨幣本身就已經涵蓋了國家貨幣主權讓渡的內容，這體現了政治一體化的階段性步驟。歐元使歐盟成為真正的利益共同體、命運共同體。特別是歐

洲中央銀行，改變了歐洲國家傳統的國家職能，使歐盟的超國家機構具有了政治功能，從金融突破口入手，推動歐洲政治一體化取得實質性進展。

在外交與安全政策領域，1970年，歐共體外長會議通過了《盧森堡報告》，其主要內容是決定加強外交領域的合作，建立一個外交事務磋商制度，決定從1970年11月起，成員外長每年舉行兩次會議，就外交政策交換意見。1973年歐共體9國外長在哥本哈根舉行會議，通過了《哥本哈根報告》，進一步將外長定期會晤由一年2次增加到一年4次。這份報告規定，外交磋商的目的是執行共同的外交政策，凡涉及歐洲利益之問題，未經共同磋商，任何成員不得做出決定。「歐洲政治合作制度」由此建立。此後不久，歐共體更明確指出：在國際事務中，歐共體應該用「一個聲音說話」，以體現「歐洲的同一性」。

1997年10月，歐盟成員代表簽署了《阿姆斯特丹條約》，把共同安全與防務提上重要議事日程，決定設立歐盟外交政策和共同安全高級代表的職位。共同安全與防務政策的界定和貫徹不再由歐盟和成員共同負責，而是屬於歐盟的職責。授權歐洲理事會針對具體的國家或地區採取長期的共同戰略，由歐盟外交與安全政策高級代表（同時兼任歐盟委員會副主席）領導，協調成員外交政策。2009年12月1日，《里斯本條約》生效後，歐盟還成立了歐盟對外行動署，以協助其工作。

歐盟共同外交與安全政策往往是在經歷重大危機之後才會取得實質性進展。在歐洲防務機制的演變過程中，1998年科索沃危機是一個轉折點。在這個事件中，歐盟的外交努力失敗，導致英國和法國發表了一個有關歐盟防務的共同宣言，認為歐盟外交的有效性必須要有可信的軍事力量的支持，並提出了建立快速反應部隊的倡議。1999年12月，在赫爾辛基首腦會議上，歐盟決定在4年內建立一支5萬~6萬人的快速反應部隊，使歐盟能在不依賴歐洲之外任何力量的情況下，對在歐洲範圍內發生的危機做出迅速反應。2003年5月，歐盟國防部長會議宣布，組建總數為6萬人的歐洲快速反應部隊的第一階段工作已經完成，這支部隊已具備了行動能力。歐洲快速反應部隊的建立，從軍事上來說只邁出了一小步，但從政治上來說卻邁出了一大步，它標誌著歐盟在「冷戰」結束後進入了歐洲防務一體化建設的實質性階段。

伊拉克戰爭給歐洲獨立防務建設注入了新的動力。2003年4月10日，歐洲議會通過了一份報告，決定加強歐盟在外交與防務方面的合作與協調，制定更加有效的共同外交與防務政策，同時建立歐盟防務部長理事會、歐洲維和力量、歐洲常規警察力量和保護歐盟共同邊界的邊防警察，並建議在未來的聯合國框架內給予歐盟一個安理會常任理事國的席位。同年4月底，法、德、比、盧四國決定籌建獨立於北約的軍事指揮機構，並呼籲建立歐洲安全防務聯盟。同年12月12日，歐盟首腦會議通過了《歐盟安全戰略文件》，這是歐盟通過的第一個安全戰略文件，為進一步提高歐盟的危機預防和處理能力及獨立防務能力奠定了新的理論基礎。

在司法與內務合作方面，歐盟絕大多數成員通過加入《申根協定》取消了內部邊界，極大地方便了人員在歐盟內部的自由流動。同時，歐盟根據《馬斯特里

赫特條約》成立了歐洲刑警組織，負責與成員在打擊跨國有組織犯罪和毒品走私等重大案件上進行協調。此外，歐盟成員在教育、衛生、社會服務等多方面開展了合作，使歐盟公民在眾多領域受益於一體化成果。

總的來說，歐洲聯盟三大支柱的建設未能齊頭並進。經濟領域是起步最早、一體化程度最高也最為成功的一個領域，已經建成經濟與貨幣聯盟。司法與內務合作也已列入聯盟共管的範圍內。但在外交和安全領域，外交和防務大權實際上仍然牢牢掌握在各成員手中。雖然後來多次補充和修改歐盟條約，但歐盟共同外交和防務的政府間合作性質一直未能改變，共同外交和安全政策在很多情況下僅局限於有限的協調和「共同立場」，無法採取有效的「共同行動」。因此，共同外交與安全政策在今後相當長一段時期內仍會是歐洲一體化中最薄弱的環節，其進展遠遠落後於經濟貨幣聯盟。

──**歐盟的機構設置**──

歐盟共有 5 個主要組織機構：

（1）歐洲理事會（European Council），又稱歐盟首腦會議或歐盟峰會，由歐盟成員的元首或政府首腦及歐盟委員會主席組成。歐洲理事會是歐盟的最高權力機構，負責確定大政方針，討論歐洲聯盟的內部建設、重要的對外關係及重大的國際問題。每半年舉行一次例會，必要時召開特別首腦會議，在決策過程中採取協商一致通過的原則。理事會實行主席國輪值制，輪值國任期半年。根據《里斯本條約》，歐洲理事會設常任主席（亦稱歐盟總統）一職，任期 2 年半，可連任一屆。首任主席是比利時人赫爾曼·範龍佩（Herman Van Rompuy），2012 年 3 月獲得連任。2014 年 8 月，波蘭總理圖斯克（Donald Tusk）當選歐洲理事會主席，並於 2017 年 3 月成功實現連任。理事會下設總秘書處。

（2）歐盟理事會（Council of the European Union），又稱部長理事會，是歐盟的主要立法與政策制定、協調機構。理事會由每個成員各 1 名部長級代表組成，在理事會會議上代表其成員政府進行投票表決。理事會按不同領域劃分為若干個部長理事會。除外長理事會外，理事主席由各成員輪流擔任，任期半年。理事會設秘書長 1 人。歐盟理事會自誕生之日起，就傾向於盡可能採用「一致通過」表決機制實現決策。但這一機制在實踐中並不容易執行，特別是隨著歐盟成員數量的增加，「一致通過」表決機制的運用越來越困難，「有效多數」表決機制遂成為歐盟理事會的主要表決機制。在一些意義重大的問題上，歐盟理事會採用「一致通過」表決機制，其範圍主要包括：外交與安全、內政司法、稅收、憲法事務、社會保障機制、能源、文化、工業和與發達國家簽署協議等。在涉及內部市場、某些教育事務以及環境、消費者事務和歐盟區域發展基金等問題時，一般都會採用「有效多數」表決機制。

（3）歐盟委員會（European Commission），又稱歐盟執行委員會、歐委會或委員會，是歐洲聯盟的常設機構和執行機構，負責實施歐洲聯盟條約和歐盟理事會做出的決定，向理事會和歐洲議會提出報告和立法動議，處理聯盟的日常事務，代表歐盟對外聯繫和進行貿易等方面的談判等。執行委員會是一個政治上獨立的機構，代表並維護歐盟共同利益。在歐盟實施共同外交和安全政策範圍內，

只有建議權和參與權。在政治上，執行委員會對歐洲議會負責，且歐洲議會有權通過譴責動議解散執行委員會。執行委員會應參加歐洲議會所有會議，並在會上闡明並證明其政策合理性。同時，其應回覆歐洲議會議員的書面及口頭提問。

根據《馬斯特里赫特條約》的規定，自1995年起，歐盟委員會委員任期為5年，設主席1人、副主席8人。該委員會由來自不同成員的代表組成。歐盟委員會主席人選由歐盟各成員方政府徵詢歐洲議會意見後共同提名，歐盟委員會其他委員人選由各成員方政府共同協商提議。按此方式提名的歐盟委員會主席和其他委員需一起經歐洲議會表決同意後，由歐盟成員方政府共同任命。歐盟委員會現任主席是盧森堡前首相、歐元集團前主席容克（Jean-Claude Juncker），2014年當選，任期5年。

（4）歐洲議會（European Parliament），是歐洲聯盟監督、諮詢和立法機構。主要職能包括參與立法權、部分預算決定權、通過行使「共同決定權」影響歐盟理事會和歐盟委員會的決策、以2/3多數彈劾歐盟委員會。自1979年起，歐洲議會議員由成員直接普選產生，任期5年。歐洲議會現有議員754名，7個黨團。設議長1人，副議長14人，任期2年半，可連選連任。2017年1月，義大利議員安東尼奧·塔亞尼接替德國人馬丁·舒爾茨，當選新一任歐洲議會議長。

（5）歐盟對外行動署（European External Action Service）。由歐盟外交與安全政策高級代表（同時兼任歐盟委員會副主席）領導，協調成員方外交政策。2009年，英國人凱瑟琳·阿什頓（Catherine Ashton）當選首任歐盟外交與安全政策高級代表，任期5年。2014年8月，義大利外長莫蓋里尼（Federica Mogherini）當選新一屆歐盟外交與安全政策高級代表（兼任歐委會副主席），11月正式就職。

此外，歐盟機構還包括設在盧森堡的歐洲法院和歐洲審計院。歐洲法院是歐盟的仲裁機構，負責審理和裁決在執行歐盟條約和有關規定中發生的各種爭執。現有15名法官和9名檢察官，由成員方政府共同任命。歐洲審計院負責歐盟的審計和財政管理。審計院於1977年成立，由12人組成。

總的來看，歐洲理事會（首腦會議）和歐盟部長理事會是歐盟的政府間機構，也是歐盟的主要立法機構，主要代表成員的利益。歐盟委員會、歐洲議會、歐盟對外行動署是歐盟的超國家機構，主要代表歐盟的整體利益。其中，歐盟委員會是歐盟的行政執行機構，類似於主權國家的政府；歐洲議會擁有部分立法權和諮詢與監督的權力；歐洲法院是歐盟的最高法院，主要從司法角度保證歐盟法律的有效貫徹實施。歐盟主要機構的設置和運作體現了政府間性質和超國家性質的雙重特徵：政府間性質表現為歐盟部長理事會和歐洲理事會作為成員的論壇在歐盟政策制定中起著主導作用，是歐盟的主要立法機構。歐盟機構體系的超國家性質表現為立法、行政和司法三權分立的特徵，有普選產生的議會參與立法過程，而代表歐盟整體利益的執行委員會具有立法動議和行政執行的廣泛權力。[1]

---

[1] 劉文秀. 歐盟政策過程特徵及政策效率分析 [M] //中國人民大學國際關係學院. 國際前沿問題研究. 北京：當代世界出版社，2005：345.

6.2.2 歐洲債務危機回顧

2009年10月20日，希臘政府突然宣布當年財政赤字占國內生產總值的比例將超過12%，遠高於歐盟設定的3%上限。同年12月，全球三大評級公司紛紛下調希臘主權信用評級，從而拉開了歐洲主權債務危機（簡稱歐債危機）的序幕[①]。2010年4月，標準普爾再次下調希臘主權信用評級，從BBB+降為BB+，發展前景為負面。這是從1999年歐元區誕生以來，在歐元區國家中希臘國債首次淪為「垃圾債券」。

2010年9月底，愛爾蘭財政赤字升到其GDP的32%。同年11月21日，愛爾蘭政府正式請求歐盟和國際貨幣基金組織（IMF）提供救助，被迫考慮接受來自歐盟和IMF高達850億歐元的貸款，從而淪為第二個希臘，歐元區主權債務危機掀起第二波高潮。隨後，債務危機迅速蔓延至葡萄牙、西班牙、義大利等其他歐元區成員，債務嚴重的成員的主權信用評級紛紛遭到降級，不得不尋求經濟援助。在美國次貸危機之後，希臘主權債務危機造成的「蝴蝶效應」再次在全球範圍引發恐慌。

> **標準普爾評級**
>
> 根據標準普爾主權信用評級準則，決定一國主權信用評級有以下五個主要因素：政治制度的有效性與政治風險；經濟結構與增長前景；外部流動性與國際投資者頭寸；財政表現和靈活性以及債務負擔；貨幣靈活性。
>
> 根據以上準則，標準普爾的長期主權信用評級主要分為投資級和投機級，信用級別由高到低。投資級分為AAA、AA、A和BBB；投機級分為BB、B、CCC、CC、C和SD/D級。AAA級表示償債能力極強，為最高評級。從AA級到CCC級可加上「+」「-」號，表示評級在各主要評級分類中的相對強度。債務到期而發債人未能按期償還債務的即為D級，發債人有選擇地對某些債務或某類債務違約時為SD（選擇性違約）評級。
>
> 此外，標準普爾還對各主權信用評級推出評級展望和信用觀察。評級展望評估長期信用評級的中長期潛在變化方向，一般為六個月至兩年。其中，「正面」表示評級有上升趨勢，「負面」表示有下降趨勢，「穩定」表示基本不會改變，「待定」表示尚不能確定變動方向。
>
> 信用觀察則主要評估短期潛在趨勢，一般為90天。信用觀察分為「正面」「負面」和「待定」三種。
>
> （來源：新華網）

危機爆發後，歐盟成員迅速採取了一系列的緊急救援措施，力圖避免危機進一步惡化，形成連鎖反應和傳染效應，使其他歐元區成員遭受池魚之殃。

2010年12月16日，歐盟成員方領導人在比利時首都布魯塞爾舉行峰會，就如何修改《里斯本條約》以建立歐元區永久性危機應對機制達成一致。2011年

[①] 歐洲主權債務危機（簡稱歐債危機）是指在2009年希臘等歐盟國家所發生的主權債務違約危機。主權債務是指一國以自己的主權為擔保向外——不管是國際貨幣基金組織、世界銀行還是其他國家——借來的債務。債務違約（Default）是指債務人無法按照合同條款向債權人償還債務。

3月，歐元區17國領導人提出「歐元公約」建議，歐盟通過了「歐洲穩定機制」方案。

2012年3月2日，除英國和捷克以外的25個歐盟成員在歐盟春季峰會上正式簽署《歐洲經濟貨幣聯盟穩定、協調和治理公約》，又稱《財政契約》，以加強各成員的財政紀律。該契約於2013年1月1日生效，旨在強化財政紀律，避免債務危機重演。

2012年3月30日，歐元區財長會議同意將歐洲救助基金規模擴大至8,000億歐元。同年6月28日，歐盟夏季首腦會議在布魯塞爾召開。會議期間，除了增長計劃和「增長契約」之外，歐盟領導人還就如何緩解西班牙、義大利等國融資壓力、如何完善歐洲經濟與貨幣聯盟等問題進行討論。同年10月8日，歐洲穩定機制正式生效，取代計劃運行到2013年中期的歐元區臨時救助機制——歐洲金融穩定工具。同時，在2012年7月5日召開的歐洲中央銀行貨幣政策會議決定將歐元區主導利率從1%下調25個基點至0.75%的歷史最低水準，從而啟動了2011年12月以來的首次降息。

債務危機發生後，歐盟經濟受到嚴重影響。2012年第一季度，歐元區17國的政府債務占盟內生產總值的比重環比上升為88.2%，這是歐盟統計局自從2011年第三季度首次以季度為單位發布政府債務數據以來歐元區國家債務水準首次環比上升。希臘的債務水準最高，占其國內生產總值的132.4%，債務水準次高為義大利，占其國內生產總值的123.3%，葡萄牙和愛爾蘭緊隨其後，反應出歐債危機已傳導到實體經濟，對相關國家的經濟增長產生了負面影響。

> **名詞解釋：歐洲穩定機制**
>
> 歐洲穩定機制是歐元區的永久性救助基金籌集和管理機制的簡稱，英文縮寫為ESM。它於2012年10月生效，接替此前具有臨時性的歐洲金融穩定工具（EFSF）而成為常設性救助機制，向融資困難、需要幫助的歐元區國家和銀行提供資金支持。
>
> ESM在形式上效仿EFSF，類似一個為專門目的成立的基金，但也有諸多不同。ESM是由歐元區國家根據國際公法，通過締結條約成立的機構，總部設在盧森堡，但不隸屬於歐盟。其實際放款能力初始為2,000億歐元，在此後將增加到5,000億歐元。而按照歐元區國家達成的協議，ESM認繳資本將達到7,000億歐元，其中800億歐元為實際到位款項，其餘6,200億歐元將包括歐元區國家承諾可隨時支付的款項和擔保，其本質是一個資金和信用的混合體。
>
> （來源：新華網）

不過，上述救助機制也開始發揮作用，歐元區和歐盟經濟開始緩慢復甦。根據歐盟統計局網站公布的數據，2013年全年歐元區和歐盟經濟增長分別為-0.5%和0.1%，2014年這兩項指標分別為增長0.9%和1.4%，顯示出歐元區和歐盟經濟有所恢復。但是，歐債危機暴露了歐洲一體化的一些深層次矛盾，值得歐盟反思。

6.2.3 當前歐盟面臨的困境與發展前景

歐洲一體化取得了舉世矚目的成就。但是，歐盟未來的發展也面臨許多難題。

第一，隨著歐盟的擴大和一體化進程的深化，政策協調難度日益增大。經過 21 世紀初期的三輪東擴，歐盟一下子吸收了 13 個中東歐國家。成員的急遽增加，加上新老歐洲的經濟、政治、社會發展水準各異，呈現出很大的異質性，使歐盟內部原有的力量均勢和利益平衡被打破，協調新老成員和大小國家之間的利益難度增加。在經濟方面，新入盟的中東歐國家都屬於蘇東劇變後的經濟轉軌國家，經濟實力弱，市場體制不夠成熟，在經濟發展水準方面與原歐盟國家存在巨大的差異，這不僅拉大了歐盟內部窮國和富國的差距，而且也使歐盟財政不堪重負，短時間內難以消化，也遭到一些富國民眾的排斥，導致一些極右翼思潮死灰復燃，也是英國脫歐的一大誘因。在政治方面，擴大後的歐盟在政治一體化特別是涉及主權的問題上更難達成一致；在外交政策上，新老成員在一些國際事件中表現出的意見不一顯示出了歐盟內部的裂痕。可以說，如何加強內部建設，消化新成員，協調處理好所有成員之間的權益平衡關係，是當前歐盟亟待解決的問題。

第二，歐盟一直面臨著機構改革的巨大壓力。機構改革的問題自成立共同體機構後一直存在，長期以來受到來自兩方面的壓力和挑戰：一是關於民主化與合法性問題，二是關於歐盟決策和執行機制效率問題。一方面，批評歐盟機構官僚化、脫離歐洲民眾的聲音越來越大。一些觀點認為歐盟與成員方職責權限劃分不清，要求歐盟機制職能更加民主化，增加透明度，更接近公眾，以增強合法性。另一方面，提高歐盟的決策效率也是當前歐盟機構改革的核心問題。現行的機構運行模式是在 20 世紀 50 年代歐共體成立時建立的模式，隨著歐共體/歐盟的不斷擴員，成員的發展程度和利益上的差異進一步拉開，它已經遠遠不能滿足現實的需要。自煤鋼共同體建立以來，共同體的職能也從個別的經濟部門延伸至整個經濟領域，並進入許多非經濟部門，包括外交、安全、民政、司法等政治事務領域。職能的膨脹加重了決策的困難，而利益差異的擴大又增加了決策協調的難度，使原本就不堪重負、效率不高的決策體制更顯出不適應形勢的發展。但是，決策民主化與決策效率之間存在著此消彼長的關係。長期以來，部長理事會習慣於「充分協商一致」的民主表決原則，但在歐盟擁有 20 多個成員的情況下，決策民主雖然得到有效保障，但決策效率會受到嚴重影響，甚至還可能導致決策機制癱瘓。而表決機制的改革必然涉及不同成員的利益，從而面臨許多分歧。因此，如何平衡決策民主與決策效率之間的關係，是擺在歐盟面前的一大難題。

第三，歐盟對自己未來的發展方向也存在一定困惑。歐盟是在摸索中成長起來的，今後究竟是走向邦聯、聯邦還是其他形式的超國家聯合，歐盟領導人至今也沒有一個明確一致的意見。隨著一體化程度的不斷加深，歐盟政治架構建設與成員方主權讓渡的矛盾將更加突出，也嚴重滯後於經濟一體化的發展，並構成其

阻礙因素。一種觀點甚至認為，歐債危機之所以爆發且如此嚴重，一定程度上與政治一體化滯後特別是財政未能實現統一有關。然而，由於地位、利益與歷史文化傳統的種種差異性，各國對此問題一直存在重大分歧。是在密切成員合作的同時堅持主權原則，還是不斷加強歐盟的超國家要素，更多地向共同體一級讓渡主權，這是分歧的核心所在。而在這些核心問題上的分歧也成為歐洲一體化道路上的重大阻力。

第四，歐債危機、英國脫歐給歐洲一體化帶來了不確定性。歐洲債務危機的爆發，使歐元區一度陷入嚴重危機，給歐洲一體化帶來了極大的不確定性，給其發展前景蒙上了一層濃厚的陰影。英國脫歐更是給了歐洲一體化當頭一棒。然而，縱觀歐洲一體化的發展歷程，歐洲國家似乎特別善於將各種危機和挑戰轉化為一體化的動力，使歐洲一體化不斷向前推進。因此，如果歐洲國家能夠將歐債危機、英國脫歐化為總結經驗和教訓，尋求更穩健的一體化方案，推動歐元區的結構性矛盾即統一的貨幣政策和分散的財政政策之間矛盾的解決契機，避免英國脫歐效應擴散，鞏固歐洲政治一體化取得的成就，避免發生類似重大挫折，反而有可能因禍得福，推動歐洲一體化可持續地健康發展。

展望歐洲一體化的未來發展，可容納共性和差異性的彈性一體化方向是首選。基於處境和利益的不同，歐盟各成員對進一步一體化的需求和態度不盡相同，可能將出現不同問題上不同速度的一體化發展。這將導致歐盟內部出現若干個一體化程度不同的集團，呈現一個多樣化的聯合體。根據歐盟憲法的設計，一些國家可以按照自願結合的原則，在移民等問題上穩妥行事，可考慮有條件的國家先行推進，其他國家待條件成熟後跟進，或長期留在外面。比如，並不是所有成員都參加了《申根協定》和歐元區。縱觀戰後歐洲一體化的經驗，其關鍵在於從歐共體到歐盟總是善於相機行事，因事制宜，因地制宜，不搞「一刀切」「齊步走」。歐盟在一體化權限行使方面有超國家性和政府間合作之分，在不同的領域有共同政策和協調政策之分，在表決方式上有全體一致、特定多數、普通多數之分。這些機制靈活多樣，隨機應變，目的在於更及時更有效更便利地協調成員利益，穩扎穩打，鞏固一體化的成果，再尋找合適時機合理方式推進一體化。[1]

總之，儘管歷經坎坷，屢遭挫折，但歐洲聯合的道路順應了經濟全球化的趨勢和規律，通過制度創新，使各種要素跨國界自由流動，降低了經濟運行的交易成本，實現了資源優化配置和經濟共同繁榮，從而被譽為區域經濟合作的一個範例，即所謂的「歐洲模式」。同樣，聯合的歐洲也順應了世界政治多極化發展的勢頭，為歐洲的和平與發展做出了巨大貢獻。歐盟迄今走過的道路和經驗，對世界各地區發展區域合作，實現共存共榮，即通過經濟聯合消除宿怨和衝突，保障和平與共同安全，並從聯合中實現單個國家無法實現的利益，仍然具有不可忽視的示範作用和重要的借鑑意義。

---

[1] 伍貽康. 歐洲一體化整合協調經驗及其啓迪［J］. 太平洋學報，2005（1）.

6.3 歐盟的對外關係

歐盟是國際舞臺上的一支重要力量。一方面，歐盟對內統一成員外交立場，力爭用「一個聲音」說話；另一方面，歐盟對外與世界大多數國家、地區、國際組織發展友好關係，締結了大量經貿合作或聯繫國協定，積極參與國際事務，在處理恐怖主義、巴爾干問題、武器擴散、中東和平進程、非洲發展等議題上發揮了建設性的重要作用。《里斯本條約》生效之後，歐盟創設了外交事務與安全政策高級代表，並隨後建立了歐洲對外行動署，以提高歐盟外交政策的一致性、有效性與連貫性，加強歐盟在對外事務上的集體行動效率。

6.3.1 歐盟對外關係概況

歐盟積極發展對外關係，與世界大多數國家和地區建立了關係。目前有100多個國家向歐盟派駐外交使團，歐盟委員會也已在多個國家及國際組織所在地派駐了代表團。歐盟積極開展全方位外交：同美、日保持密切的合作關係，加強與俄國及獨聯體國家的關係；實施東擴戰略，積極吸納中東歐國家入盟；推進「南下」戰略，與地中海沿岸國家發展經濟貿易合作。歐盟十分重視加強同亞、非、拉地區發展中國家的關係。1994年歐盟制定了《邁向亞洲新戰略》，自1996年以來先後舉行了十屆亞歐首腦會議。1999年6月，歐盟與拉美國家在里約熱內盧舉行了首屆歐拉首腦會議，迄今為止已舉行了七屆。2000年4月，歐盟與非洲國家在開羅召開了首屆歐非首腦會議，決定建立面向21世紀的歐非戰略夥伴關係。6月，歐盟與77個非加太國家在貝寧簽署了取代第四個《洛美協定》的《科努托協定》，該協定有效期20年，其間歐方將提供225億歐元的援助。迄今為止，歐非首腦會議已召開五屆，為推動雙方在政治、經濟和社會等領域的合作，構築面向21世紀的歐非新型戰略夥伴關係做出了積極努力。

在歐洲的對外交往中，歐美關係無疑是最重要的方面。「冷戰」期間，美國和西歐各國在反蘇反共的基礎上建立了包括政治、經濟、軍事等在內的全方位的同盟關係。隨著「冷戰」的結束，共同敵人蘇聯已消失，歐美聯盟的外部因素發生了變化，歐美關係進入了一個調整和重新定位的時期。

當前歐美關係的新特點主要是雙方的分歧、裂痕有所擴大。早在20世紀90年代初，《馬斯特里赫特條約》的生效，並把「共同外交與安全政策」列為歐盟的三大支柱之一，就令美國深感不安。歐元的誕生也對長期以來美元的霸主地位形成了一定程度的挑戰。進入21世紀，喬治·W.布什上臺後，圍繞《京都議定書》問題，歐美第一次產生了嚴重分歧。在反恐尤其是伊拉克戰爭問題上，美歐矛盾表面化。而在應對烏克蘭危機問題上，雙方雖加強了協調與合作，但仍然存在著一定的政策分歧。特朗普當選後，歐美在環保、移民、貿易、北約經費等一些重大問題上出現了新的分歧和裂痕。

第一，國際戰略目標方面的分歧與衝突。作為當今世界唯一的超級大國，美國的國際戰略目標是保持並強化其領導地位，實現絕對安全，不允許任何潛在的或現實的力量挑戰美國。而實力日漸壯大的歐盟則迫切希望改變「冷戰」時期確立並一直延續至今的「美歐主從關係」，希望在重塑世界秩序的過程中與美國建立平等的夥伴關係，共同承擔責任，分享權力，主張建立多極化的世界。

第二，外交政策上單邊主義與多邊主義的矛盾。20世紀90年代以來美國經濟的迅速發展，以及海灣戰爭、科索沃戰爭和阿富汗戰爭接連取得勝利，刺激了美國的單邊主義外交傾向，忽視盟國及國際組織的作用。而西歐各國在半個多世紀的一體化歷程中已經形成了「多邊與多元」「合作與對話」「包容與共存」等不同於美國的「歐洲理念」，主張通過國際合作，展開雙邊和多邊對話來解決當前的國際問題，強調聯合國的作用。雙方在這方面的矛盾有所擴大。

第三，在歐洲安全格局問題上的分歧逐漸加大。「冷戰」結束後，共同戰略安全威脅的消失，使美歐的安全利益分歧逐漸加大。歐盟在歐洲安全格局中希望建立起歐洲自己的獨立防衛，擺脫美國的控制，能夠從自身利益出發解決問題；希望充分考慮俄羅斯的安全訴求，以利於歐洲大陸的穩定和整合。但歐盟的這種追求必然會導致美國和北約在歐洲的地位削弱，由此形成了今後相當長時期內美歐在這一領域發生分歧甚至矛盾的態勢。

第四，歐盟在一些重大外交事務採取與美國明顯不同的立場和政策。在難民危機、烏克蘭危機、歐盟國家以創始會員國身分加入亞洲基礎設施投資銀行、巴黎氣候協定等重大事務上，歐盟表現出更加明顯的與美國不同的價值取向、利益訴求和政策導向。

歐美關係出現分歧甚至矛盾，其根源在於隨著歐盟實力的不斷增強和國際地位的不斷提高，歐盟要在國際政治與經濟舞臺上更加獨立自主，謀求歐盟的自身利益。歐盟由於現實利益和戰略目標與美國存在差異，更加關注歐洲周邊地區的安全和內部的一體化進程，因此會進一步在外交事務上與美國拉開距離，以求對美獨立，在涉及自身根本利益的問題上，歐洲將毫不含糊地發出自己的聲音。

儘管目前歐盟顯示出了更多的對美獨立傾向，但這並不意味著歐美聯盟破裂、雙方分道揚鑣。美歐聯盟在相當長時間內不會發生根本變化，這是由美、歐之間存在的共同價值觀和巨大的共同利益決定的。

首先，不能否認，美、歐同為西方發達國家，它們在基本的意識形態、價值觀、人權觀方面，在謀求建立由西方主導的世界秩序和維護歐洲安全等重大原則問題上並不存在根本分歧和重大矛盾。

其次，歐盟主要國家與美國有幾十年聯盟的歷史和錯綜複雜的安全利益聯繫。「冷戰」結束後，歐洲周邊地區的穩定和安全還離不開美國和北約，近期爆發的烏克蘭危機也使歐洲意識到歐美關係對歐洲安全的重要性。此外，歐洲也無力單獨應對國際恐怖主義、大規模殺傷性武器擴散、跨國犯罪、能源危機等新的威脅。在伊朗核問題、敘利亞內戰、巴以衝突、烏克蘭危機等熱點問題的處理上也仍然離不開美國的影響。

最後，在經濟方面，歐、美之間存在巨大的相互依存性，雙方都承擔不起關係惡化的損失。歐盟和美國是世界上最大的兩個經濟體，雙方經濟加在一起可占全球經濟的一半左右。隨著經濟全球化的發展，雙方經濟聯繫越來越緊密，歐、美彼此互為最大的貿易夥伴，也是最重要的外資來源和投資目標，橫跨大西洋的貿易和投資額每日約達10億歐元。這種榮辱與共、利益貫通的經濟聯繫在很大程度上穩定著雙方的政治關係。

總之，歐、美之間有著許多傳統和現實的聯繫與合作紐帶，也存在不少舊的矛盾和新的裂痕。從今後的發展來看，美歐關係的結構調整不大可能以美、歐分裂和對抗為最終結局，也不大可能重歸「冷戰」期間美歐聯盟式的和解與合作，最大的可能或許就存在於兩者之間，即美、歐之間形成新的既合作又競爭的平等關係。[1]

6.3.2 歐盟對外關係新發展

《里斯本條約》的誕生，給歐債危機侵襲下的歐盟外交帶來了生機和活力，在拓展戰略夥伴關係、調整週邊政策、提升國際接受度等方面取得了新進展。2010年即危機爆發後的第二年，範龍佩、阿什頓等歐盟領導人就強調，「需要評估和加強我們與關鍵夥伴的關係」，「需要對夥伴關係進行投入」。2010年9月7日，巴羅佐在他的首份《盟情咨文》中認為，戰略夥伴關係將「決定我們的繁榮」。同月16日的歐洲理事會特別會議著重討論戰略夥伴關係，並授權阿什頓「與（歐盟）委員會和外交理事會進行協調，評估與所有戰略夥伴的關係的前景」[2]。歐盟與中國、俄羅斯、日本、印度、墨西哥、南非等戰略夥伴國舉行了首腦峰會，以加強雙邊關係。

2010年12月1日，歐盟對外行動署開始運行。根據《里斯本條約》的規定，歐盟把原來分屬於歐盟理事會和歐盟委員會的外交權力合二為一，組建成單一的外交部門，直接服務於歐盟的共同外交政策。2011年5月，聯合國大會通過決議，正式授予歐盟在聯合國大會發言權。2012年9月，歐盟駐聯合國使團新址正式揭牌。這些都表明，歐盟外交取得了新的重要進展，使歐盟朝著「超級國家」的方向又邁進了一大步，提升了歐盟的國際可見度和影響力，標誌著歐盟加強國際作用的努力取得了重要勝利。

但是，歐債危機、烏克蘭危機、難民危機（見圖6.3）、英國公投脫歐等事件的相繼爆發，削弱了歐盟的內聚力，增大了成員之間的離心力。由於各個國家立場不一，差距甚遠，強調本國利益高於整體利益，外交政策國家化傾向有所增強，使歐盟在外交上的統一、協調作用有所下降，也暴露出歐盟的固有缺陷，對歐盟的外交政策造成了負面衝擊。只有解決好這些深層次問題，未來歐盟的國際作用才會得到更有效提升，成為國際舞臺上舉足輕重的一支力量。

---

[1] 孫溯源. 認同危機與美歐關係的結構性變遷［J］. 歐洲研究，2004（5）.
[2] 目前，歐盟共有10個戰略夥伴，分別是巴西、加拿大、中國、印度、日本、墨西哥、俄羅斯、南非、美國和韓國。

圖 6.3　從 2015 年起，大批來自敘利亞、伊拉克、利比亞等國的難民乘坐簡陋船隻，漂洋過海前往歐洲，試圖尋求棲身之所。

6.4　中歐關係

中、歐自 1975 年建立正式關係以來，經過雙方 40 多年來的不懈努力，已取得巨大進展，形成全方位、寬領域、多層次的合作局面。近年來，中歐關係發展勢頭良好，逐漸將雙方關係定位從「合作夥伴」發展為「全面合作夥伴」，再提升為「全面戰略夥伴」，並將「和平、增長、改革、文明」作為其主要內涵。可以說，中歐關係日趨全面、穩定、健康，全面戰略夥伴關係得到了鞏固和提升。

6.4.1　中歐關係發展歷程

　　中華人民共和國成立後，瑞典、丹麥、芬蘭、挪威和瑞士等在 20 世紀 50 年代初即與中國建立了外交關係。但在很長一段時期裡，迫於「冷戰」形勢的壓力，多數西歐國家追隨美國，採取敵視中國的政策或與中國保持距離。英國和荷蘭則採取兩面政策，一方面表示願意與中國建立外交關係，但另一方面又追隨美國，只於 1954 年與中國建立了代辦級關係。

　　20 世紀 50 年代後半期西歐經濟一體化進程啟動，至 60 年代歐共體形成和發展，歐美經濟力量對比發生變化，西歐國家對美獨立傾向逐步增強。1964 年法國率先和中國建立外交關係。進入 20 世紀 70 年代，在中美關係逐步改善的背景下，大多數歐洲國家在 70 年代初與中國建立了外交關係。1975 年，中國與歐共體正式建立了外交關係。1985 年，歐共體與中國簽訂了經濟貿易和合作協定，該協定為雙方貿易和經濟合作的穩定發展提供了一個良好的框架。

　　在「冷戰」時期，歐共體雖然意識到中國在國際舞臺上的重要性，但因受兩極對峙的「冷戰」格局制約，中歐關係進展有限。進入 21 世紀以來，隨著國際

形勢的深刻變化，特別是中國改革開放的深入發展和中國國際地位的提高，中歐關係步入穩步發展軌道。

對由歐共體演變而來的歐盟而言，中國已不僅僅是一個重要的經濟貿易夥伴和充滿活力的巨大市場，更是一個在地區和全球事務中日益不可忽視的重要角色。歐盟逐步意識到需要從整體上審視歐盟對華關係，並從全球戰略高度制定相應的對華政策。1995年12月，歐盟委員會通過了《歐洲—中國關係長期政策》文件，這是歐盟制定的第一個全面對華政策文件。歐盟希望與中國建立一種長期的並能反應出中國全球性經濟和政治影響的關係，主張與中國保持「建設性接觸」。在政治關係方面，歐盟主張加強雙方在地區爭端和重大國際事務中的合作，促使中國參與裁軍和軍備控制問題、防止核擴散問題、人權問題等方面的長期政治對話，鼓勵中國全面融入國際社會。1998年6月，歐盟外長理事會議通過了《與中國建立全面夥伴關係》的對華政策新文件，希望與中國建立「適應21世紀的積極、開放、全面的夥伴關係」。歐盟決定把對華關係提升到與歐美、歐俄、歐日關係同等重要的水準，標誌著歐中關係發展到一個新的高度。

在長期以來阻礙中歐關係發展的人權問題上，歐盟國家對中國的態度逐漸由對抗轉為對話，主張通過對話和合作解決雙方關於人權問題的爭議，進一步促進中國人權的發展。在20世紀90年代的前五年，歐盟在聯合國人權會議上曾屢次提出反華動議，但從1996年起歐盟內部在此問題上出現分歧。到1998年，歐盟外長理事會宣布，鑒於歐盟與中國在人權對話中取得的進展，歐盟及其成員不再在聯合國提出有關中國人權問題的提案。

在外交機制建設方面，1994年中歐建立了政治對話與磋商機制。1998年1月，中、歐領導人在第二屆亞歐首腦會議期間舉行會晤，決定建立領導人年度會晤機制。中歐間各級別政治對話與磋商機制不斷完善，有力地推動了雙邊關係的健康發展。2001年，雙方決定建立全面夥伴關係。2003年10月，第六次中歐領導人會晤後，雙方決定發展全面戰略夥伴關係。2006年9月9日，在芬蘭赫爾辛基舉行的第九次中歐領導人會晤上，雙方同意啟動中歐新一代夥伴合作協定的談判。新協定將涵蓋雙邊關係的全部領域，包括加強政治事務合作，標誌著中歐關係進入了新階段。

良好的政治關係也有力地促進了雙方經貿合作的迅速發展。為確保雙方經貿關係平穩發展，歐盟調整了對華貿易政策，從1998年開始，不再將中國列入「非市場經濟國家名單」（但仍將中國視為「市場經濟轉型國家」），並修改了對華反傾銷政策，在反傾銷調查中實行個案處理的新方法。近幾年來，中歐貿易額增長迅速。2003年，中歐貿易額達1,252.2億美元，首次突破千億美元大關。2004年歐盟擴大至25國後，中歐貿易額上升至1,772.8億美元，歐盟超過日本和美國，成為中國最大的貿易夥伴。此外，中、歐在科技、教育、財政、金融及社會保障等各領域內的合作也富有成果，還加強了在新型疾病防控、能源、氣候變化等全球性問題上的交流與合作。

6.4.2 中歐關係的現狀與前景

中、歐自 1975 年建立正式關係以來，經過雙方 40 多年來的不懈努力，已取得巨大進展，形成了全方位、寬領域、多層次的合作局面。2013 年，雙方發表《中歐合作 2020 戰略規劃》。2014 年，雙方提出打造「和平、增長、改革、文明」四大夥伴關係，中國發表第二份對歐盟政策文件。2016 年 6 月 22 日，歐盟委員會會議通過了一項歐盟—中國關係的新戰略（即歐盟外交事務與安全政策高級代表和歐委會聯合向歐洲議會和理事會提交的報告），為中歐關係的發展確定了新的要素，提供了重要機遇。中歐關係逐漸從「合作夥伴」發展為「全面合作夥伴」，再提升為「全面戰略合作夥伴」，並將「和平、增長、改革、文明」作為其主要內涵。可以說，中歐關係的全面性、戰略性和穩定性得到了加強。

中歐貿易關係是中歐關係的基石和亮點。據統計，中、歐之間平均每天有 15 億美元的貿易往來，遠遠超過中、歐建交初期的水準。歐盟已連續 10 年成為中國的第一大貿易夥伴，中國則是歐盟的第一大進口來源國和第二大貿易夥伴。歐債危機爆發後，中國是最早表態支持歐洲的國家之一，並增持了歐洲債券，採取多種方式力所能及地幫助歐洲恢復穩定。2015 年 3 月 12 日，英國政府宣布以創始會員國的身分加入亞投行，隨後德國、法國等歐盟重要成員也紛紛加入，把中歐全面戰略夥伴關係推向金融合作這一重要領域。

近年來，中歐高層交往不斷。2014 年 4 月，習近平主席對歐盟總部進行正式訪問，同時任歐洲理事會主席範龍佩、歐盟委員會主席巴羅佐及歐洲議會議長舒爾茨舉行會談、會見，並在歐洲學院發表演講。這是中國國家主席首次訪問歐盟總部。目前，中、歐雙方已建立 70 多個磋商和對話機制，涵蓋政治、經貿、人文、科技、能源、環境等各領域。中歐領導人年度會晤機制是雙方最高級別的政治對話機制，建立於 1998 年，迄今已進行了 19 次會晤。中歐高級別戰略對話是中歐就宏觀戰略問題進行深入溝通的重要平臺，迄今也已舉行了 7 輪。

隨著美國次貸危機以及歐債危機的相繼爆發、英國脫歐、特朗普當選後美國政府外交政策走向孤立主義以及歐美右翼思潮的泛濫，世界政治經濟格局經歷著重大變化。敘利亞內戰、烏克蘭危機、難民危機等地緣政治危機的爆發，也預示著新一輪大國關係的博弈加劇，世界政治格局也進行著深刻的調整。在這種背景下，中歐雙邊關係的戰略意義更加突出。

中國和歐盟都主張加強聯合國的作用，推動國際關係民主化，主張國際政治格局多極化，反對國際恐怖主義，主張消除貧困，保護環境，實現可持續發展。中歐經貿和技術合作前景廣闊，在反對貿易保護主義方面存在共同利益。中、歐各有悠久歷史和燦爛文明，都主張加強文化交流，相互借鑑。中、歐在政治、經濟、文化方面的共識與互動構成中歐關係不斷發展的堅實基礎。儘管由於歷史文化傳統、政治制度和經濟發展階段的差異，中、歐雙方在某些問題上仍存在不同看法和分歧，但並不妨礙雙方發展穩定、成熟的全面戰略夥伴關係。

總之，歐中全面戰略夥伴關係的基礎是歐盟與中國都具有重要的國際作用，具有日益增加的政治、經濟分量，並且有興趣共同促進全球穩定、和平以及可持續發展。歐盟與中國未來關係的基調將是合作而不是對抗。雙方可以繼續通過高層政治對話並在各種多邊論壇中就各種雙邊及全球問題進行廣泛合作。這種合作有利於雙方的利益。中、歐之間雖然存在著貿易逆差問題、中國完全市場經濟地位問題、歐盟維持對華軍售禁令問題以及雙方在自由、人權、民主等政治理念、價值觀乃至政治制度方面的差異，但由於歐洲的外交戰略更強調政治對話與多邊主義，因此這種經濟利益、軍事安全、政治觀念和意識形態差異所導致的矛盾甚至衝突，將主要表現為外交領域的鬥爭，而不會影響到中歐關係的根本大局。在這樣的鬥爭中，中國可以通過對話與談判，通過增信釋疑，求同存異，謀求擴大共識，縮小利益分歧，並在與歐盟的經濟合作以及政治和安全合作中發揮更大的國際影響。

本章小結：

歐洲在經歷兩次世界大戰之後浴火重生，走上了一條聯合圖強、「抱團取暖」的一體化道路。總體來看，得益於由來已久的歐洲意識和歐洲認同、對避免戰禍和永久和平的共同向往、因應兩極格局的外部壓力以及順應經濟全球化的時代浪潮等有利條件，歐洲一體化進展較為順利，發展水準較高。然而，歐洲一體化也存在著深層次的發展不平衡，歐債危機、烏克蘭危機、難民危機、英國脫歐就是這種不平衡的具體表現，對歐洲一體化向縱深發展帶來了不利影響。如何實現更均衡的更高水準的經濟融合和政治融合，推動歐洲一體化深入發展，是擺在歐盟面前的一大課題。

歐盟積極發展對外關係，與世界上大多數國家和地區建立了關係，締結了大量的貿易、經貿合作或聯繫國協定，在一系列外交事務上協調和統一成員立場，成為國際舞臺上一支十分重要的力量。《里斯本條約》生效之後，歐盟創設了外交事務與安全政策高級代表和歐洲對外行動署，以提高歐盟外交政策的一致性、有效性與連貫性，加強歐盟在對外事務上的決策效率。

戰後，美國和西歐各國在反蘇反共的基礎上建立了包括政治、經濟、軍事等在內的全方位的同盟關係。但隨著歐洲一體化的發展和「冷戰」的結束，歐美關係發生了重要變化，歐盟也逐漸擺脫了對美國高度依賴的局面，在許多問題上與美國存在著分歧甚至裂痕，顯示出了更多的對美獨立傾向。然而，由於美、歐之間存在著共同的價值觀和巨大的共同利益，美歐聯盟並不會破裂，從而走上分道揚鑣的道路，相反，美歐同盟關係在相當長時期內仍不會發生根本性變化。

歐盟與中國都具有重要的國際作用，具有日益增加的政治、經濟分量，在一系列國際問題上存在共同看法和相近主張，並且有興趣促進全球穩定、和平以及可持續發展。中、歐雖然由於存在著歷史文化傳統、政治制度和經濟發展階段的差異，在人權問題、貿易逆差問題、歐盟維持對華軍售禁令問題等方面存在分歧，但並不妨礙歐盟和中國發展穩定、成熟的以「和平、增長、改革、文明」四大內容為主的全面戰略合作夥伴關係。

思考題：

1. 歐盟最終會發展演變為一個單一國家嗎？
2. 英國公投退出歐盟，歐洲一體化會被逆轉嗎？
3. 歐元走過的風雨歷程給國際貨幣體系變革帶來哪些經驗、教訓和啟示？
4. 歐洲的和解可以給東亞合作提供哪些啟示？

閱讀書目：

1. 潘琪昌. 歐洲國際關係［M］. 北京：經濟科學出版社，2001.
2. 伍貽康. 歐洲一體化的走向和中歐關係［M］. 北京：時事出版社，2008.
3. 周弘. 歐洲發展報告（2011—2012）——歐債危機與歐洲經濟治理［M］. 北京：社會科學文獻出版社，2012.
4. 陳志敏，古斯塔夫·蓋拉茨. 歐洲聯盟對外政策一體化——不可能的使命？［M］. 北京：時事出版社，2003.
5. 張志前. 歐債危機［M］. 北京：社會科學文獻出版社，2012.

7

日本的經濟、政治及中日關係

第二次世界大戰結束後，日本創造了經濟高速增長的奇跡，於 1968 年躍居為僅次於美國的西方第二經濟大國。20 世紀 90 年代以後，日本進入了重要的轉折時期，其戰後建立起來的經濟體制與政治體制都在經歷重大變革。與之相伴，其社會思潮與外交戰略也在發生著顯著變化。這些變化對日本及其周邊國家和世界將會產生深遠的影響。

7.1 艱難轉型的日本經濟

第二次世界大戰結束後，日本從戰爭的廢墟中崛起，創造了舉世公認的經濟奇跡。日本產業也給世人留下了科技精湛、製造精良、經營方式獨特的深刻印象。然而 20 世紀 90 年代初經濟泡沫驟然破滅，日本經濟進入了漫長的蕭條期。90 年代以來，日本展開了戰後以來最大規模的經濟改革。2002—2007 年，經濟剛剛步入穩定復甦軌道，一場全球金融危機再次將其捲入衰退。日本經濟仍在艱難探索轉型之路。

7.1.1 戰後經濟奇跡的創造與「經濟泡沫」的破滅

——戰後經濟奇跡的創造——

第二次世界大戰結束後，美國對日本實施單獨占領。在美國主導下，經濟上重點實施瞭解散財閥、農地改革和勞動改革三大改革，使日本完成了從戰時統制經濟向市場經濟的轉變。日本首相吉田茂提出「重經濟、輕武裝」的吉田路線，專注於發展經濟。經過十年的恢復，到 1955 年，日本國民生產總值達到 240 億美元，為當時美國的 6%、聯邦德國的 56%，經濟已步入正軌。

1956—1970 年，日本大部分年份的國民生產總值實際年增長率保持在 10% 以上。1955—1973 年的 18 年間，日本實際國民生產總值增長了 4.2 倍，其增長速度居全球之冠。1967 年日本國民生產總值超過英、法，1968 年超過西德（聯

邦德國），成為僅次於美國的西方第二經濟大國，創造了舉世矚目的「經濟奇跡」。在高速增長的過程中，日本的經濟面貌發生了根本性變化。主要表現在：

第一，1970年前後，日本工業生產已全面實現了機械化、自動化，部門勞動生產率已達到或超過世界先進水準。以鋼鐵業為例，1969年日本鋼鐵工人人均年產量301噸，超過了美國的253噸，居世界第一。

第二，經濟結構實現了現代化。按各國統一標準計算，1960年日本重工業在工業中的比重為53.7%，低於英、法、西德（聯邦德國）；到1970年，這一比例提高到68.9%，超過了所有主要資本主義國家。重化工業產品占全部出口產品的比重也由1960年的44%提高到1970年的73%，表明日本已成為重化工業發達的工業大國。

第三，經營管理方式實現了電子化、科學化，並且形成了一支具有先進技術水準的熟練工人、技術人員和科研人員隊伍。

第四，主要工業產品的產量和質量達到世界先進水準。1970年日本造船量居世界第一位；鋼鐵、發電、冶金設備、機床、汽車、水泥、硫酸、化纖、紙張、塑料以及合成橡膠等產量均僅次於美國，位居世界第二。產品性能和質量也居世界前列，鋼鐵、機械、汽車、船舶和家用電器等在國際市場上具有很強的競爭力。

——戰後經濟迅速發展的原因——

日本在較短時間內實現經濟的迅速發展並非偶然，它是由國際、國內諸方面因素共同促成的。

首先，自明治維新以來，日本工業已經奠定了堅實的基礎。日本從明治維新開始推動工業革命，獲益於第一次世界大戰歐洲戰場的軍備需求，重工業得到了大幅提升，至1918年，日本工業占國民經濟比重已超過50%，達到56.8%。1941年至第二次世界大戰結束前，日本的汽車、飛機、造船等工業都擁有等同或領先於西方國家的實力，民用科技也有很大發展。這些為戰後日本經濟的迅速恢復與發展奠定了基礎。

其次，獨具日本特色的政府主導的不完全競爭型市場經濟是戰後日本能夠最大限度動員全社會資源，全力推動經濟發展的體制基礎。戰後，有別於主要資本主義國家政府有限干預的自由市場經濟，日本政府與壟斷財團聯繫密切，始終保持著對經濟很強的影響力和干預能力。日本政府先後制定的一系列長短期經濟計劃，都是以政府投資與引導為龍頭，將私人經濟納入全社會的目標計劃，形成了全國上下目標一致、協調發展的經濟模式。

再次，日本國內穩定的政局，富有日本特色、適合民族特點的經營管理體制，重視發展科學技術和教育的傳統，以及日本民族勤勞、節儉、守紀，為達目的鍥而不捨的民族特性等，都對日本經濟的發展起到了極大的推進作用。

終身雇傭制、年功序列制和企業工會，被譽為日本企業文化「三大神器」。日本企業通過打造「利益共同體」「命運共同體」的文化，培養人們對企業的歸宿感和忠誠感。企業利用傳統習俗，每年舉行年節聚會，進行「感情投資」。企業還關心職工業餘活動，做好家屬工作，經常進行家庭拜訪等。這種管理制度，被西方稱為「柔性管理」「人情管理」。人們普遍認為，富有凝聚力和進取性的企業文化是促成日本企業經營成功和經濟高速發展的重要微觀因素。

最後，有利的國際環境。美國對日本實行特殊的扶植政策是日本經濟高速發展的重要的外部因素。戰後初期，美國在日本實行了一系列政治與經濟制度改革，為日本經濟走上健康發展道路奠定了基礎。「冷戰」開始後，美國為了將日本納入美國在遠東的反共戰略體系，對日本大力扶植。1949—1970年，在日本的外國資本累計為139億美元，其中大部分是美國私人企業在美國對日扶植政策的影響下進行的投資。美國還對日本幾乎無保留地轉讓技術，並向日本開放本國市場。在朝鮮戰爭和越南戰爭期間，美國龐大的軍需訂貨給日本帶來了「特需繁榮」。同時，戰後以來國際市場上初級產品價格十分低廉，而製成品價格卻大幅度上揚，這使主要原材料和燃料幾乎完全依賴進口而又以加工出口大國著稱的日本獲得了大量的「剪刀差」利潤。此外，在「和平憲法」的限制和日美軍事同盟的護航下，日本的軍費開支銳減，使它比別的發達國家將更多的財力投資於經濟建設之中。

經濟泡沫的產生與破滅

1985年秋，西方五國財長會議後，日本政府為應付日元升值的衝擊，採取了「超緩和」的金融政策，造成流動性大幅增加。在當時國內經濟不景氣、實物投資呆滯的情況下，大量過剩資本便投向收益相對較高的金融市場和房地產市場，致使股價和地價狂漲，導致「經濟泡沫」的出現。據統計，

> 所謂的「經濟泡沫」，一般是指在不切實際的盈利預期和投資狂熱的驅動下，以股票、房地產等資產價格超常規猛漲，虛擬資本的增長遠遠超過實質資本增長為特徵的虛假經濟繁榮。

1985—1989年，日本的土地資產總額由1,000萬億日元躍升至2,130萬億日元，股票市值總額由同期的214萬億日元劇增至896萬億日元，4年間增長的地價和股價分別相當於1989年國民生產總值的449%和208%。地價和股價的暴漲帶來了「財富效應」，私人消費急遽擴大，並帶動了企業設備投資的增長。從1986年11月起，日本經濟進入高速增長的「泡沫」時代，一直持續到1991年4月。

隨著資產價格的上漲和企業設備投資的增多，1988年日本經濟明顯「過熱」，日本政府為減少通貨膨脹危險，抑制土地投資，採取金融緊縮政策，引起資產價格大幅下跌，「泡沫」被刺破。日經225指數從1989年12月底的38,916點跌至1992年3月末的22,984點。股市的暴跌引起房地產市場崩盤。至此，「經濟泡沫」徹底破滅，日本經濟形勢急轉直下，宣告戰後「增長奇跡」及其20

多年海外商業快速擴張的終結，轉而陷入長期的經濟蕭條。

20世紀90年代被日本國民稱為「失去的10年」，日經指數一路下跌，幾乎毫無反抗之力，到2003年4月28日，跌至近20年來的最低點7,607點。銀行、證券公司等金融機構留下巨額呆壞帳，大規模倒閉，進而引發實體經濟危機。企業經營困難，長期存在人員、設備、債務「三過剩」問題，導致投資乏力和就業狀況惡化。完全失業率從1991年的2.1%一路上揚到2002年的5.4%，傳統的終身雇傭制受到衝擊。基本工資呈長期下降態勢，居民消費萎縮，形成長期緩慢的通貨緊縮。金融危機→債務過剩→高失業率→消費不足→通貨緊縮→投資減少，形成惡性循環。日本政府累計10次動用財政手段刺激經濟，但始終增長乏力，1992—2001年，GDP年均增長率只有0.85%，赤字財政政策反而累積了巨額的政府債務。見圖7.1。

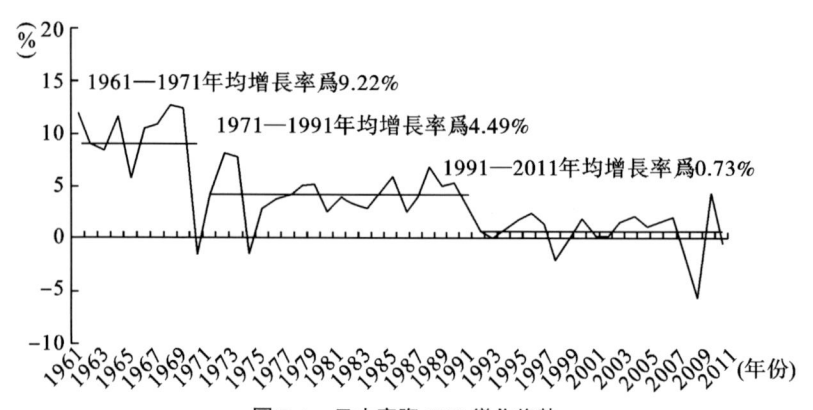

圖7.1　日本實際GDP變化趨勢

引自：王洛林，張季風.日本經濟藍皮書——日本經濟與中日經貿關係研究報告（2014）[M]．北京：社會科學文獻出版社，2014．

[數據來源] World Bank. World Development Indicators（WDI）.

※觀點爭鳴※　　《廣場協議》與日本「失去的20年」

二戰結束後，日本政府長期推行貿易立國戰略，通過制定各種關稅和非關稅壁壘阻止外國商品進入日本市場，又以行政手段幫助企業重組及對外傾銷本國產品，這些政策使貿易摩擦大增。進入20世紀80年代中期，隨著「冷戰」形勢的緩和，歐美發達國家要求日本放鬆政府管制、貫徹機會均等原則以及明確市場規則的壓力與日俱增。這就是1985年五國財長會議上要求日元升值以緩解歐美對日貿易逆差的《廣場協議》產生的背景。

1985年9月，西方5國（美國、日本、聯邦德國、英國和法國）在紐約廣場飯店達成《廣場協議》，以人為干預的方式迫使日元升值。不到3個月的時間，日元兌美元比率由250日元升至200日元左右，升幅達20%；到1987年，日元兌美元比率達到120日元左右，翻了一番。日元升值使日本貿易條件惡化。長期以來，日本國內許多人認為《廣場協議》是導致日本經濟泡沫破滅、經濟陷入長期蕭條的罪魁禍首。這一說法源於美國著名經濟學家羅納德·麥金農，他認為日

本在20世紀70年代以來長期屈服於美國的壓力，以年均4%的幅度（對美元）升值，形成日本與美國的息差，而20世紀90年代美國利率下降，迫使日元利率趨於零，從而陷入「流動性陷阱」。

然而更多學者認為，將日本「失去的20年」歸咎於《廣場協議》是一種誤解，日元大幅升值是其原因之一，但算不上主要因素。日本經濟泡沫破滅的根本原因，乃是日本戰後經濟體制的僵化和政府錯誤的應對政策。

進入20世紀80年代以後，被稱為「政府主導型」市場經濟的日本戰後經濟體制已經顯露出不適應新時期經濟發展的「疲態」，主要表現為：第一，政府主導型經濟模式負面影響上升。日本政府對經濟的干預和導向政策曾在20世紀60~70年代極大地促進了日本經濟的發展。然而進入80年代以後，這種經濟模式的負面影響日益累積起來：政府行政職能過度膨脹，降低了行政執行效率；官、政、財界結成錯綜複雜的利益關係，衍生了結構性腐敗，制約了經濟資源的合理配置；阻礙了自由競爭市場機制，企業缺乏競爭力。第二，「追趕型」經濟路線使經濟結構調整滯後。戰後初期形成的日本經濟體制帶有明顯的「追趕主義」特點，各項政策和制度安排都緊緊圍繞經濟快速增長。這種體制在幫助日本實現趕超目標的同時，也埋下了一系列矛盾，如生產過剩與國內有效需求不足的矛盾、國家經濟實力增強與國民生活水準未得到相應提高的矛盾。當對外貿易壓力增大時，國內需求不振，無法彌補出口受阻帶來的經濟損失。第三，產業政策失誤，科技創新能力不足，企業盈利能力下降。從西方引進先進技術成果的政策使戰後日本科技實力在很短時間內就趕上甚至超過了歐美先進國家。但這一成功的途徑也造成了日本科技領域重應用、輕基礎研究的短期行為，導致科技創新後勁不足。同時，日本政府在產業政策上的失誤，如過度關注汽車及家電等傳統產業，使日本企業在新興產業競爭中失去優勢。

日元升值後，日本政府沒有從調整經濟體制和經濟結構入手，而是試圖通過寬鬆的貨幣政策化解升值壓力。日本銀行連續5次下調再貼現率，從1986年1月的5.0%降至1987年2月的2.5%。在日元升值和低利率政策的作用下，貨幣供應量不斷增大，1987年5月至1988年2月，貨幣供應量（M2+可轉讓存單）連續9個月保持10%以上的增長率，遠遠超過同期GDP增長率，形成流動性過剩。大量資金流向股市和房地產市場，滿足了資產增值的投機需要，促成了股價、地價等資產價格的異常繁榮，埋下了經濟泡沫的禍根。2.5%的低利率政策一直維持了兩年多時間，在意識到經濟過熱後，1989年5月起日本銀行突然改變貨幣政策方向，連續5次將再貼現率提高至6.0%，同時要求商業銀行大幅削減貸款。貨幣政策的突然收縮，使日本地價和股價等資產價格大幅縮水，造成巨額資本損失，金融機構由於背負巨額不良債權而紛紛破產，經濟泡沫被刺破。[1]

作為趕超型發展模式的典範，日本經濟騰飛的經驗和泡沫破滅的教訓對中國都具有很大的借鑑意義。這種借鑑不是簡單的類比或者描繪增長曲線、匯率曲線等表面數字游戲，而應深入瞭解其經濟發展和產業發展的機理，進行深入細緻的比較研究。

---

[1] 張季風. 日本經濟概論 [M]. 北京：中國社會科學出版社，2009：186.

7.1.2 經濟體制改革與經濟現狀

——經濟體制改革與 21 世紀初的經濟復甦——

經濟泡沫的破滅與長期蕭條,使日本經濟付出了沉重的代價,也使日本國民痛感實行改革的必要性。改革的主要對象則是戰後以來形成的獨具日本特色的政府主導型經濟體制。

1993 年 8 月成立的細川聯合政府提出了包括政治改革、行政改革以及經濟與財政改革在內的三大改革設想。1996 年,橋本內閣提出了經濟結構改革、金融體制改革、社會保障結構改革、財政結構改革、行政結構改革和教育體制改革六大改革目標。2001 年小泉純一郎上臺後更提出要推進「沒有禁區的改革」。綜合起來,日本政府改革內容主要包括[1]:第一,官廳體制改革。以改革日本官僚體制為目標,意在縮小官僚的決策權限,加強政治家在政策決定中的作用。第二,規制改革。1995—2007 年共放鬆及減少數十個領域數千項行政規制。第三,金融改革。金融領域是戰後日本政府干預程度最高的領域之一,因而成為改革的重點。1996 年橋本內閣推進「金融大爆炸」改革,圍繞「自由、公平、國際化」三大原則,進行了大規模、全方位的激進式改革。第四,民營化改革。將原有的以特殊法人等形態存在的國營企業實現組織變更,推進其民營化,鼓勵民間企業進入某些公共事業領域。第五,地方分權改革。其主要內容是改變戰後以來長期以官廳縱向管理為主的中央集權體制,增加地方政府的財稅權,確立地方政府自立、自主的財政營運體制,增強地區活力。

經濟泡沫破滅後的十餘年間,由於經濟形勢陰晴不定,加上政權頻繁更迭等原因,日本經濟體制改革時斷時續,但終究產生了一定的效果。總的來說,改革有利於消除或緩解舊的「日本模式」存在的弊端,但也同時產生和暴露出一些新的問題。比如日本社會曾經引以為傲的「橄欖形」社會結構已經遭到衝擊,社會階層、地區之間差異擴大的問題已經引起了普遍的擔憂。

進入 21 世紀初期,受世界經濟形勢好轉尤其是中國經濟的強勁拉動的影響,日本經濟從 2002 年下半年起出現了戰後以來最長的景氣期,截至 2008 年 6 月,經濟景氣連續保持了 77 個月。但是與戰後各景氣時期[2]相比,這次景氣期的平均實際經濟增長率是最低的,只有 1.5%。這次經濟復甦具有幾個特點:一是企業效益上升。企業的設備、人員、債務「三過剩」問題得到一定解決,企業活力得到一定恢復,投資需求有一定上升。二是失業壓力減輕,雇傭擴大,由此帶來了社會總收入水準的上升,消費拉動經濟增長的效用開始顯現。投資和消費效應的初步顯現,顯示日本經濟泡沫破滅以後第一次出現非財政刺激下的自律性經濟增

---

[1] 張季風. 日本經濟概論 [M]. 北京:中國社會科學出版社,2009;第二章、第四章。
[2] 日本經濟高速增長時期有三大景氣期:神武景氣(1954 年 11 月~1958 年 6 月),持續了 31 個月,實際經濟增長率平均為 7.1%;岩戶景氣(1959 年 4 月~1962 年 10 月),持續了 42 個月,實際經濟增長率平均為 10.6%;伊奘諾景氣(1965 年 11 月~1970 年 7 月),持續了 57 個月,實際經濟增長率平均為 10.9%。此外,經濟泡沫形成時期有個平成景氣(1987 年 6 月~1991 年 2 月),持續了 51 個月,實際經濟增長率平均為 5.8%。

長。三是經濟泡沫破滅後形成的巨額不良債權基本處理完畢。至 2007 年 3 月末，主要銀行按照日本《金融再生法》基準披露的不良債權比例已由 2002 年的 8.4% 降至 1.5%。金融秩序趨於穩定，股市和地價迎來經濟泡沫破滅以來首次大幅度回升。四是出口與國際收支持續擴大。2007 年度經常帳戶順差高達 26.12 萬億日元，同比增長 26.0%。在日本的出口增長中，中國市場發揮了重要的作用。日本國內將對中國的出口稱為「中國特需」。2003 年，日本對美出口增長率為 -9.8%，而對華出口增長率則高達 33.2%。2007 年，中國超過美國成為日本的最大貿易夥伴。受「中國特需」拉動，日本鋼鐵、機械設備製造、造船業和海運業都呈現出繁榮的景象。這一階段的經濟復甦表明經濟泡沫破滅後遺症已基本消除，日本經濟進入了一個新的階段。

——經濟長期蕭條的深層次原因——

對於日本經濟長期蕭條的深層次原因有很多研究，所論重點不一，但對於「人口老齡化、有效需求不足、投資缺乏、公共債務過高」等方面的看法基本一致。根據古典經濟學的增長公式，可以將經濟增長率分解為資本增長的貢獻、勞動增長的貢獻和技術進步（TFP）的貢獻。下面引用日本學者對戰後以來日本經濟增長各階段分解計算的結果（見表 7.1）：

表 7.1　　日本經濟的增長會計分解計算（1970—2009 年）　　　　單位：%

年份	技術進步（TFP）	資本貢獻	勞動貢獻
1970—1980 年	2.7	1.6	0.6
1981—1990 年	2.5	1.5	0.4
1991—2000 年	0.6	1.0	-0.6
2001—2009 年	0.8	0.2	-0.7

［資料來源］轉引自：王洛林，張季風. 日本經濟藍皮書——日本經濟與中日經貿關係研究報告 (2014)［M］. 北京：社會科學文獻出版社，2014：153.

從表 7.1 可以看出，進入 20 世紀 70 年代以後，促進日本經濟增長的資本、勞動和技術進步的貢獻度全都呈現不同程度的下降。究其原因大致有：因人口老齡化和僵化的勞動市場而帶來的勞動貢獻下降、因企業長期產能過剩帶來的私人投資下降以及因研發投資的邊際效用下降帶來的技術進步貢獻下降。而這些結構性問題又形成企業盈利能力下降→工資增長緩慢→消費疲軟→通貨緊縮的惡性循環。

——再度衰退與「安倍經濟學」——

受美國次貸危機及隨後的全球金融風暴影響，國際經濟形勢惡化，復甦尚不穩固的日本經濟再次陷入深度衰退之中。2008 年第四季度，日本 GDP 按年率折算實際下降了 12.7%，為 35 年以來的最大季度降幅。日本在 2008 年、2009 年的實際 GDP 增長率分別為 -3.7% 和 -2.0%。2010 年，中國經濟總量超過日本，結束了日本作為世界第二大經濟體的歷史。2011 年東日本大地震和福島核電站泄漏事故接踵而至，日本經濟似乎陷入了「沒有最壞，只有更壞」的魔咒之中。

2013 年安倍晉三內閣拋出了令國際國內廣泛關注的「安倍經濟學」經濟政

策，由「大膽的金融政策」、「機動的財政政策」和「日本再興戰略」這「三支箭」構成，意在走出長達15年的通貨緊縮。其實質就是通過大幅增加流動性和大規模公共投資來刺激經濟增長。從積極性來看，2013—2017年，增加流動性帶來的日元貶值，刺激了日本國內以電子零部件和運輸機械為主的出口增長，拉動日本GDP增長，實際增長率在這五年分別實現了2.0%、0.3%、1.2%、1.0%和1.7%，迎來了戰後第二長的一輪景氣擴張期，但漲幅超低，在七國集團（G7）中墊底。同時，日本國內失業率從5年前的4.3%下降到2.7%，實現了充分就業。然而，就業的增加卻並未帶來實際工資的上漲，成為「沒有溫度的經濟增長」，停滯的薪資繼續抑制私人消費。2017年第三季度，內需對GDP的貢獻率為-0.2%。[1] 進入2018年上半年，日本經濟出現萎縮，據分析主要原因是內需不振和出口增速放緩。由於美國貿易保護主義政策直接或間接影響包括日本在內的全球產業鏈，日本經濟將面臨較大的外部不確定性。

　　長遠來看，日本經濟復甦後勁不足，其面臨的最大挑戰恐怕是少子老齡化。自2005年起，日本人口開始出現負增長。2017年12月底，日本厚生勞動省公布的數據顯示，2017年日本新出生人口僅為94.1萬人，全年人口淨減少40.3萬人，為有統計數據以來最高。少子老齡化給日本經濟帶來的影響，不僅表現為社會總消費下降、總累積不足，更表現為創新和創業能力缺失。隨著年輕人數量和比例的減少，日本社會日益趨於保守，加上日本文化中普遍存在論資排輩的傳統，在老年人比例增加的社會結構中進一步限制了年輕人的創新創業空間。近20年日本的出口優勢產業仍主要集中在具有傳統優勢的機電製造業，基本沒有出現帶來新興產業形態的大型高科技公司。超低生育率所導致的社會老齡化和人口坍塌，將是日本未來不得不面臨的嚴峻問題。這也將給中國的未來發展戰略帶來啟示。

7.2　改革中的日本政治

　　戰後日本政治體制的基礎是1947年生效的《日本國憲法》。憲法規定，日本天皇象徵化；實行以「三權分立」為基礎的議會內閣制，內閣總理大臣為國家最高行政長官。1993年，日本政治「五五體制」崩潰，此後進行了包括選舉制度、行政體制在內的一系列政治體制改革，希望重建健康的政治與經濟結構。

7.2.1　現行基本政治制度

　　日本現行制度是以1947年5月3日生效的《日本國憲法》為依據建立起來的。憲法規定，日本實行以立法權、司法權和行政權「三權分立」為基礎的議會

---

[1] 數據引自：田泓. 日本經濟持續緩慢復甦［N］. 人民日報，2017-12-28（22）.

內閣制；天皇為日本國和日本國民總體的象徵，無權參與國政。日本議會內閣制的主要特點是：議會中心、內閣集權、議會與內閣相互制約。

——憲法——

《日本國憲法》是在第二次世界大戰結束後美國占領期間，以盟軍司令部領導的憲法起草委員會擬定的新憲法草案為藍本，經國民討論和帝國議會審議後通過的，於 1946 年 11 月 3 日正式頒布，1947 年 5 月 3 日正式生效。

《日本國憲法》第九條規定：「日本國民真誠渴求基於正義與秩序的國際和平，永遠放棄以國權發動的戰爭、武力威脅或武力行使作為解決國際爭端的手段。為達到前項目的，不保持陸、海、空軍及其他戰爭力量，不承認國家的交戰權。」

《日本國憲法》全文共 11 章 103 條。條文的擬定貫徹了美國占領軍關於改造日本的「改革天皇制、放棄戰爭、廢除封建制度」三大原則精神，突出了「國民主權、基本人權、和平主義」三大原則。其中，第九條關於放棄戰爭、否認戰爭權的內容使這部憲法具有區別於其他國家憲法的最大特色，擁有了「和平憲法」的美稱。

——國會——

根據憲法規定，國會是日本國家最高權力機關，是唯一的立法機關。國會由眾議院和參議院兩院構成，兩院議員均由國民選舉產生，眾議院 480 席，參議院 242 席。眾議院議員任期 4 年，期滿或被宣布解散後全部重新選舉；參議院議員任期 6 年，每 3 年改選其中半數，不得中途解散。

國會擁有的權限包括：立法權、財政權、對外條約的審批權、提議修憲權、提名內閣總理大臣權等。此外，還擁有國政調查權、對法官的彈劾裁判權等。兩院各自獨立行使議定權，當兩院的決議完全一致時，則成為國會的意志。雖然如此，但實際上日本眾議院擁有比參議院更大的優先權（眾議院優先制）。見圖 7.2。

圖 7.2　日本眾議院

［圖片來源］新華網.

——內閣——

根據日本憲法，內閣是日本的國家最高行政機關，一切具有行政職能的機關

都必须在内阁的统一支配下工作。内阁由总理大臣（首相）和负责各省厅的国务大臣组成，所有内阁成员都必须是文职人员，不能是现役武官。内阁总理大臣是最高行政首脑，由国会提名经议员选举产生，经天皇任命，对国会负有连带责任。内阁其余各国务大臣均由内阁总理大臣任命或罢免，一般为14~17人，其中半数以上必须从国会议员中产生。战后日本历届内阁基本是由在国会中占多数席位的政党（执政党）组成，该党的领袖（总裁）即出任内阁总理大臣，阁员也多半是从该执政党所属的国会议员（主要是众议院议员）中任命的。见图7.3。

内阁对国会负有连带责任。众议院有权通过对内阁的不信任案（或否决内阁信任案），内阁有权提前解散众议院并重新举行大选。日本宪法规定，内阁在众议院通过不信任案或信任案遭到否决时，如十日内不解散众议院，则必须总辞职。

图7.3 2017年11月1日，日本首相安倍晋三（前排中）带领阁僚合影
［图片来源］新华网.

内阁的组织机构由内阁府、行政省以及内阁辅助机构组成。根据2001年1月的重大机构改组，内阁设立了十个行政省，2007年1月原防卫厅升格为防卫省后，形成11个行政省的现状（见图7.4）。

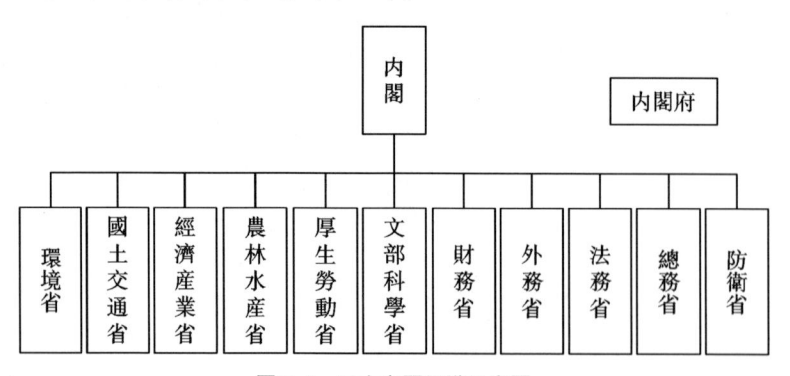

图7.4 日本内阁组织示意图

——司法機關——

日本司法機關主要包括審判機關和檢察機關。法院屬於審判機關，日本法院機構分為最高法院和下級法院兩大類。檢察機關是刑事審判中掌握刑事案件的起訴權並代表國家對罪犯提起公訴的機構。

最高法院是與國會、內閣處於平行地位並保持相互制衡關係的國家最高司法機關。最高法院擁有終審裁判權、違憲立法裁判權、司法管理權和下級法院法官提名權。最高法院由 1 名具有法官資格的院長和 14 名法官組成，院長由內閣總理大臣推薦、天皇任命；其他法官由內閣任命、天皇認證。日本不實行法官終身制，各級法官任期均為 10 年，可以連任。對法官的罷免、彈劾有嚴格的規定，必須經由兩院一定數量的議員組成的彈劾法院和起訴委員會按特定程序審判通過，方可罷免。日本憲法保障法官非經正式彈劾不得罷免，法官的懲戒處分不得由行政機關行使等權益。[①]

7.2.2 政治發展及其趨勢

明治維新是日本近代化的開端。1889 年，日本頒布《大日本帝國憲法》，建立了由天皇總攬統治權、保留了較多封建殘餘的君主立憲制。1936 年軍部完全控制了政權，近代天皇制演變為天皇制軍事法西斯專制，直至第二次世界大戰結束。1945 年日本戰敗投降後，美國以盟軍的名義單獨占領日本，按照西方的模式對日本進行了改造。

——「五五體制」的形成與演變——

在戰後美國對日實施民主化改造的大背景下，日本各政治勢力紛紛組建政黨，但在初始發展階段，各派勢力此消彼長、紛爭離合，經歷了一個政黨政治紛亂的時期。在 1947 年根據新憲法舉行的第一次國會選舉中，左翼的社會黨在參議院獲得 46 席、在眾議院獲得 143 席，同時在參、眾兩院成為第一大黨，贏得組閣權，顯示戰後初期日本左翼力量十分強大。但在 1948—1955 年，保守勢力派別形成了「吉田派」和「反吉田派」，不斷分化改組和互相傾軋，爭奪組閣權；社會黨也因對《舊金山和約》和《日美安保條約》意見不合而分裂。1955 年 10 月，社會黨左、右兩派重新聯合，在當年的眾議院大選中獲得了 155 席，比 1947 年執政時還多出 12 席。為了對付聯合起來的左翼力量，在美國和日本財界的壓力下，代表保守勢力的自由黨和民主黨在尚存嚴重分歧的情況下倉促合併，於 1955 年 11 月建立了自由民主黨（簡稱「自民黨」）。統一後的自由民主黨在眾議院擁有 299 個議席、在參議院擁有 118 個議席，從而成為國會中擁有過半席位的第一大黨。從此，日本結束了戰後紛亂動盪的政局，進入一個新階段，被稱為「五五體制」。1955—1993 年，「五五體制」維持了 38 年的穩定局面，為日本戰後經濟的快速發展提供了良好的政治環境。

---

① 徐萬勝，等. 戰後日本政治 [M]. 天津：南開大學出版社，2009.

「五五體制」的基本特徵是：①保革對立。人們普遍認為「五五體制」最大的特點是在國會中形成了代表保守勢力的自民黨和代表革新勢力的社會黨長期對峙與並存的局面。②一黨獨大。自民黨執政期間，尤其是20世紀60年代以後長期實施優先發展經濟的戰略，獲得了財界以及社會的普遍認同，加上自民黨內部的特殊結構以及權力在黨內派閥之間更迭的機制，使自民黨得以長期占據日本政壇的統治地位。③形成了官、政、財「鐵三角」關係。戰後相當長時期內，日本的官、政、財三界在國家發展目標和戰略方面有著廣泛的一致，它們相互協調利益，主導著日本社會各個領域以及政治過程的各個環節，起到了推動國民經濟快速發展的作用，同時也為制度性政治腐敗提供了溫床。

進入1992年，接二連三的「金權醜聞」使自民黨遭遇了嚴重的信任危機，1992年底的民意調查顯示，自民黨的支持率從1991年的54%下降至20%。支持率的嚴重下降，加上自民黨重要人物、黨內最大派閥竹下派會長金丸信因為「佐川快件案」而被迫辭職，自民黨迅速走向分裂。在1993年7月舉行的第40屆眾議院選舉中，自民黨僅獲得223席，沒有占據眾議院過半數席位。同年8月6日，由日本社會黨、新生黨、公明黨、日本新黨、民社黨、先驅新黨、社民聯合會以及參議院民主改革聯盟共7黨1派聯合推舉細川護熙為首相組成聯合內閣。自民黨痛失政權，淪為在野黨。「五五體制」宣告崩潰。

從表面來看，自民黨垮臺的直接導火索是由於政治腐敗和內部分裂。但對於運行38年的「五五體制」而言，不能適應時代環境的變化、治理效能下降、政治腐敗才是「五五體制」崩潰的深層次原因。① 因此，日本政治結構重組勢在必行。日本政治結構的重組，是新保守勢力取代傳統保守勢力的一場變革。所謂新保守勢力，是指先後從自民黨分裂出來組成的日本新黨、新生黨、先驅新黨等資產階級新興保守政黨。它們在維護日本現行政治與經濟制度方面與自民黨立場一致，不同的是它們打出了「政治改革」「消除腐敗」「結束一黨統治」等旗號，迎合了日本國民中既希望維持社會穩定，不願意改革現行制度，又希望由「清廉的保守勢力」掌權的「不變中求變」的心理，同時也符合日本壟斷資產階級希望通過兩大保守政黨輪流執政來鞏固其地位和資本主義政治制度的願望。

——「兩大政黨制」的嘗試——

進入20世紀90年代以來，為了調整已不適應國際國內形勢變化的戰後政治體制，理順政治權力中各方的利益關係，提高執政效能，日本迫切需要進行政治體制改革。對於政治體制改革的思路，曾經擔任過自民黨干事長的小澤一郎在其著作《日本改造計劃》中指出，日本應該通過以選舉制度改革為核心的政治改革，建立兩大政黨輪流執政的政黨體制，同時配之以政府機構等其他方面的改革，以大幅度地刷新和提高政治統治的效能。

在選舉制度改革方面，根基深厚的自民黨和社會黨等在野黨經過反覆博弈，於1994年1月29日在國會參、眾兩院通過了《公職選舉法修正案》，將眾議院選舉制度由戰後以來的中選區制改革為小選區比例代表並立制。但這一折中方案

---

① 包霞琴，臧志軍. 變革中的日本政治與外交[M]. 北京：時事出版社，2004.

仍然具有較濃的小選舉區色彩，因此比較有利於自民黨，而不利於以社會黨為代表的傳統左翼政治力量。

「五五體制」崩潰後，1994—2009 年，日本政壇經歷了新進黨的成立與解散、社會黨的一蹶不振以及民主黨的成立與成長，這些政黨的分化組合極大地影響了後「冷戰」時期日本政治生態的發展。在這期間，自民黨雖然無法同時單獨掌握參、眾兩院的過半席位，必須聯合其他黨派聯合執掌政權，但其他在野黨也沒有足夠實力取代自民黨「第一大黨」的地位。2003 年，民主黨與原新進黨中分裂出來的自由黨合併為新的民主黨，使得日本政壇自「五五體制」崩潰以來首次出現了一個有可能挑戰自民黨政權的反對黨。

2007 年 7 月，在日本第 21 屆參議院選舉中，自民黨遭遇歷史性慘敗，民主黨成為參議院第一大黨。在 2009 年 8 月舉行的眾議院選舉中，民主黨再下一城，獲得眾議院絕對多數席位，自民黨失去長期的執政黨地位，日本首次實現戰後以來真正意義上的政權更迭。儘管這是自民黨自 1993 年短暫下野以來的第二次下野，卻是自民黨自 1955 年成立以來首次失去國會第一大黨地位，也是首次因敗給另一大政黨而下野。

民主黨的上臺反應了日本國民對於自民黨長期執政下的政治腐敗、體制僵化感到厭煩的心態以及期待變革的強烈願望。然而，2009 年爆出的日本西松建設公司向民主黨提供政治獻金一案，又使民主黨的變革色彩大打折扣。在處理東日本大地震及核電站泄漏危機中，菅直人內閣和隨後的野田佳彥內閣的表現倍受批評，又暴露出民主黨在執政經驗和能力上的欠缺，令國民大失所望。在 2012 年 12 月的眾議院選舉中，執政 3 年零 3 個月的民主黨慘敗，自民黨重新奪回過半數席位上臺，安倍晉三出任日本第 96 任首相。由於執政時期給國民留下了嚴重不信任感，並無金權醜聞的民主黨在 2014 年 12 月的眾議院選舉中仍然難以與自民黨抗衡，安倍晉三獲得連任。

——自民黨繼續單方面長期執政——

再次選舉失敗的民主黨為了尋求與自民黨抗衡之路，於 2016 年 3 月與日本維新黨合併，成立新黨，取名為「民進黨」，在國會參眾兩院合計占 156 個議席，成為日本第一大在野黨。然而，新組建的政黨並未能扭轉民進黨內部矛盾叢生的狀態，又由於一些有影響的資深政客如鳩山由紀夫、小澤一郎等人隱退與脫離，新生代中堅力量如前原誠司、岡田克野等逐漸淡出，民進黨缺乏核心人物，自我修復整合的努力趨於失敗。2017 年 9 月底，民進黨在眾議院選舉期間再次解散，一分為三，一部分並入小池百合子的希望之黨，一部分成為無黨派議員，還有一部分以枝野幸男為核心創立了「立憲民主黨」。2017 年 10 月 23 日，日本第 48 屆眾議院選舉的開票結果顯示，執政的自民黨和公明黨聯盟共計獲得 312 個議席，超過眾議院 2/3 議席；其中，自民黨獲得 283 個議席，單獨過半數。立憲民主黨獲得 55 個議席，成為多年來日本國會最弱勢的最大在野黨。

近年來，在野黨的不斷分化與內耗，使日本政治生態向著「一強多弱」的格局愈演愈烈。加之自民黨內幾大派系頭目：麻生太郎、石原伸晃、谷恒禎一等實力均無法與安倍晉三相抗衡，11 月 1 日，安倍晉三成功當選為日本第 98 任首相，

如無意外，安倍謀求「超長期執政」將成為事實。這對日本的政治穩定、政策的長期性無疑具有積極意義。然而，日本自民黨的一家獨大、安倍的長期執政，與其說是自民黨與安倍深得民心，不如說是日本國民別無選擇。此外，日本的這一政治格局，可能將對日本社會思潮繼續產生令人擔憂的影響。

7.3 轉變中的社會思潮與外交戰略

國民情緒反應為社會思潮，在一定程度上制約和影響著國家的決策過程。第二次世界大戰結束以後，日本社會中存在著兩大主要思潮——和平主義思潮與民族主義思潮，這兩種思潮互動消長，在20世紀90年代以後呈現出總體保守化的趨勢。這種變化顯著地影響著日本國家戰略的調整及其發展方向。

7.3.1 戰後日本社會思潮及外交思想變遷

隨著戰後日本經濟、政治形勢的演變，其社會思潮和外交思想也悄然發生著變化。對這種變化的考察有助於我們理解日本當前的變化態勢。[1]

——戰後和平主義思潮蓬勃發展——

戰後初期，國際共產主義運動和國際和平運動風起雲湧。受國際形勢的影響，日本國內以日本共產黨、社會黨為代表的左翼力量擁有廣泛的社會基礎。從國內形勢來講，一方面美國占領初期對日本實行民主化改造，頒布《自由結社令》，使日本共產黨和社會黨組織蓬勃發展起來，在1955年體制中社會黨成為國會中最大的在野黨，對偏右翼的保守勢力自民黨形成了有效牽制；另一方面日本國民深刻感受到戰爭的殘酷性，擁護和平路線成為全社會一致的呼聲。

和平主義社會思潮最主要的特點是：

（1）主張建設和平民主的日本，反對將日本綁在美國這一「世界憲兵」的戰車上。社會黨曾經動員數十萬群眾在國會前靜坐，反對《日美安保條約》，反對美軍在日本設立軍事基地。

（2）和平主義社會思潮源於戰後初期日本國民憎恨第二次世界大戰期間日本軍國主義侵略戰爭的感情，具有強烈的和平色彩。社會黨曾經發起呼籲禁止原子彈、氫彈的和平運動，反對日本重新武裝，堅決主張日本在對外政策方面實行非武裝中立的政策。

（3）始終維護戰後新憲法的基本原則，特別強調日本新憲法第九條放棄武裝的理想，堅持「護憲」，反對右翼勢力以種種借口修改憲法的行動。

從戰後日本歷史發展進程來看，和平主義思潮在截至20世紀80年代初期以前，始終在日本社會占據重要的地位，具有強大的影響力。

---

[1] 高增杰. 日本的社會思潮與國民情緒 [M]. 北京：北京大學出版社，2001.

——戰後保守主義思潮的形成與演變——

與和平主義相對抗的社會思潮主要是偏向右傾的保守主義思潮。戰後初期「農地改革」造就的一大批小土地所有者以及代表大資本利益的財界共同構成保守主義思潮的社會基礎。保守主義思潮在形成初期的主體思想是由日本戰後第一任首相吉田茂提出的「保守本流」思想，其主要主張是「重經濟、輕軍備」的國家發展戰略，其核心在於強調日美同盟。1951年9月8日，日、美兩國簽訂了《日美安全保障條約》，1960年1月修改了這一條約，簽訂了《日美共同合作與安全保障條約》（簡稱《日美安保條約》）。這一時期日本以日美雙邊關係為基石開展外交。

實際上保守主義思潮是一種混合物。在1951年簽訂《舊金山片面媾和條約》後，一大批原被整肅的右翼政治家和思想家復出，加入保守主義陣營，保守主義思潮就包括比較慎重的「保守本流」思想和更為右傾的其他保守思想。這部分更為偏右的分子進一步強調日本的「國益」，民族主義的色彩更加突出。

保守主義社會思潮在20世紀70年代中期以後開始發生較大的變化。70年代中期以前，以吉田茂為代表的「保守本流」曾經是保守思潮的主體，主要強調發展經濟、對美協調。1955—1973年日本經濟持續高速增長，國民生活條件獲得巨大改善，為民族主義思潮的發展打下了物質基礎。隨著保守主義陣營中較為穩健的吉田茂等政治家逐漸退出政治舞臺，「保守本流」思想逐漸失去主導地位。到80年代中曾根康弘上臺時，開始提出了所謂「新保守主義」，保守思潮中比較偏右的部分主要是比較強烈的民族主義思潮逐漸占據上風。

新保守主義思想認為，過去100年來日本以西方強國為目標，全力以赴地實行「趕超」，現在經過經濟高速增長，日本已經趕上甚至超過了歐美國家，因此應該改變過去的政策和路線，制定和實行新的戰略。1982年中曾根康弘就任首相後不久，就提出了實行「戰後總決算」的方針。所謂「戰後總決算」，就是認為日本已經進入一個新的時期，對戰後以來實行的政策方針要進行認真的「核查」，「修正過去」，並且揚言要打破「禁忌」，實際上是要在憲法和軍事力量問題上有所突破。在對外政策方面，新保守主義思潮確立了日本要做政治大國的目標，強調運用綜合國力，贏得與經濟大國實力相適應的國際政治地位。在對美外交上繼續維持日美同盟關係的同時，有意拉開與美國的距離，提出「全方位外交」，要與美國建立平等夥伴關係，要做西方陣營中平等的一員；在貿易問題上與美國的摩擦也日趨嚴重。

但是新保守主義觀點在社會上仍然遭到了左翼和平主義思潮的強烈反對。中曾根首相在他的家鄉群馬縣發表演講時第一次提出「政治大國」的口號，隨即遭到了批評，《朝日新聞》就發表評論文章質疑政治大國「要把日本引向何方」。

可以看出，從二戰結束後至20世紀90年代初，日本國內的社會思潮在結構上形成了一個重要特點，即：左翼和平主義思潮與右翼保守主義思潮對峙，構成一種左右兩翼的緊張平衡關係。這種社會思潮的對峙狀況反應在政治層面上，則表現為自民黨與社會黨以及其他「革新勢力」以國會為舞臺的攻防戰。可以說，在「五五體制」存在的30餘年中，和平主義思潮在國民中影響很大，而保守主

義思潮則一直是制約日本政府內外政策的重要基礎。這種社會思潮左右兩翼牽制平衡的結構是 30 多年來影響日本內政外交政策的重要背景因素。

7.3.2 「政治大國」外交戰略

「五五體制」崩潰以後，原有左翼和平主義思潮明顯衰退，左右兩翼社會思潮相互抗衡的結構瓦解，右翼保守主義思潮在政壇上表現得十分活躍，國民思潮也趨於保守化。究其原因，一是受到國際局勢變化的影響。20 世紀 80 年代末 90 年代初，蘇東劇變，「冷戰」結束，全球社會主義意識形態受到巨大衝擊，日本左翼思潮明顯地失去了思想上的依託，在國民中的影響力大大削弱。二是意識形態迷失方向，又長期遠離執政地位的社會黨為了爭權奪利，在思想上不斷蛻化，與自民黨達成妥協，在 1996 年更名改組為社會民主黨，背離其原來的主張越來越遠。三是源於 20 世紀 90 年代日本長期的經濟徘徊。與日本的經濟低迷形成鮮明對照的是中國、韓國等亞洲其他國家經濟發展充滿活力。強烈的反差更讓日本國民感到失落，加之日本與亞洲鄰國在領土問題、歷史問題上的嚴重分歧，使得日本民族主義情緒越發強烈。英國《經濟學家》雜誌指出，日本衰退的經濟和居高不下的失業率加劇了其盲目的民族主義情結。20 世紀 90 年代以後，新保守主義思潮集中表現為民族主義思潮，其最大表現就是追求政治大國地位。

——「政治大國」的內涵——

1983 年中曾根康弘首相首次明確提出了日本要成為「政治大國」的願望。關於「政治大國」的內涵，根據 1983 年日本《外交藍皮書》的闡述，其主要思想是日本「要從過去以經濟為中心盡國際責任，擴展到國際政治方面，做出與國力、國情相適應的貢獻」，強調要進一步加強防衛力量，承擔起作為「自由主義國家有力的一員」的責任；客觀判斷國際形勢，追求自己的獨立見解。1989 年海部俊樹首相聲稱日本「今後前進的道路」是「日本外交必須盡早地從中小國外交政策轉變為大國外交」，「日本要與美國、歐洲形成三足鼎立之勢」。可以說，日本所追求的「政治大國」，就是要徹底擺脫戰敗國的陰影，確立政治上的大國地位，在國際事務中發揮領導作用。日本對政治大國的追求已經涵蓋政治、經濟、軍事、外交等諸多領域，成為日本的國家戰略。①

——「政治大國」外交戰略的內容——

從中曾根開始，以後的歷屆政府都繼承和發展了「政治大國」戰略，20 世紀 90 年代以後，實現「政治大國」戰略目標的意圖更加明顯，其內容主要體現為以下四個方面：

第一，積極樹立良好的大國形象。1987 年，竹下登內閣打出了「為世界和平與繁榮做貢獻的日本」的新旗幟，提出了具體的行動路線，被稱為「竹下路線」，包括積極開展國際和平合作與文化交流，擴大日本政府開發援助（ODA）

---

① 劉宗和. 日本政治發展與對外政策 [M]. 北京：世界知識出版社，2010：239, 240, 344.

以及開展聯合國外交三大支柱，力圖憑藉其強大的經濟實力打造良好的國際形象。

日本對華 ODA

ODA 是 Official Development Assistance（政府開發援助）的縮寫，一直被日本作為承擔大國道義和責任的重要手段。20 世紀 80 年代後在追求「政治大國」目標的推動下，日本加大了對外援助的力度，成為世界上提供政府開發援助最多的國家。其中，中國是日本最大的 ODA 對象國之一，日本也是中國接受 ODA 的最大來源國。

日本對華 ODA 始於 1979 年末。據外媒統計，30 多年來（截至 2009 年年底），日本以各種形式向中國提供援助 350 多億美元，佔中國接受外國政府貸款總額的 40%左右。日本 ODA 主要有無償援助、低息貸款和技術援助三種形式，其中約 90%的對華援助屬於低息貸款。日本對華 ODA 廣泛用於機場、鐵路、港口等基礎設施建設，極大地緩解了改革開放初期中國建設資金不足的困境，對此我們應客觀評價。

同時，日本對華 ODA 也是日本謀求自身利益和特定歷史背景的結果。首先，對華 ODA 有助於日本拓展中國市場以及建立穩定的能源、資源進口渠道；其次，對華援助是日本提升政治地位、改善外交環境的需要；最後，由於中國主動放棄了對日本的戰爭賠償要求，日本國內有通過優惠貸款和援助的方式補償中國的強烈呼聲，因此對華 ODA 在決策初期有很強烈的「補償」色彩。2008 年，日本正式停止 ODA 對華項目中的日元低息貸款，ODA 在中日經濟交往中的主要使命也正式終止。

日本自 1991 年起就超過美國而成為世界最大的對外援助國。日本政府對外援助具有濃厚的政治色彩，不僅用來保證其自身的經濟利益，還憑藉它參與和影響地區事務。日本的慷慨援助贏得了國際社會的好評，甚至一些亞洲國家的憎日情緒也開始下降。以經濟援助為媒介，日本在東南亞的影響不斷擴大，進入 21 世紀後又進一步加強了同蒙古、印度和緬甸的關係。

日本將聯合國視為其開展多邊外交、樹立大國形象的重要場所，一方面積極繳納聯合國會費，20 世紀 80 年代就成為僅次於美國的第二大出資國，並且經費不斷上升，到 2000 年，其繳納的會費一度達到聯合國會費總額的 20.573%[1]；另一方面積極支持國內優秀人才到聯合國重要的崗位上任職，以此增加對國際事務的發言權。成為聯合國安理會常任理事國是日本聯合國外交的主要目標，早在 20 世紀 90 年代初就提出了「力爭在聯合國成立 50 週年的 1995 年加入常任理事國行列」的目標，但因聯合國機構改革時機並不成熟而未能實現。到 2005 年，自認為國際社會討論聯合國機構改革時機已經成熟，日本再一次高調謀求入常，但因小泉內閣執政時期未能處理好與周邊鄰國的關係而遭到激烈反對。《日本產經新聞》在一篇報導中稱，由於日本未能在國際上獲得足夠支持，將決定放棄成為安理會常任理事國。但同時指出，日本仍然將繼續尋求於 2020 年前成為安理會

---

[1] 申險峰. 日本政治經濟與外交 [M]. 北京：知識產權出版社，2013：209.

常任理事國。

20世紀90年代以來，日本還積極參加聯合國的維和行動和人道主義救援活動，其足跡已遍及亞洲、非洲、美洲和大洋洲。在環保、難民救援等領域，日本也發揮著很大的影響力。

第二，推出新的防務政策，積極向軍事大國邁進。提升軍事力量是日本追求「政治大國」的題中應有之意。進入20世紀90年代以來，日本保守主義勢力一直在謀求解除「戰後體制」的約束，積極追求軍事大國地位。

其一，加強日美安全同盟。儘管為了拓展「政治大國」的外交空間，日本外務省曾提出過「聯合國中心主義」的外交路線，但從「冷戰」結束後日本外交的實際表現觀察，「日美基軸」仍是日本外交「絕對的第一原則」。「冷戰」結束後，日本一改20世紀80年代末的「脫美」傾向，積極與美配合，推動加強日美安全同盟。1996年4月美國總統克林頓訪日期間兩國發表的《日美安全保障聯合宣言》中重申了雙方要繼續加強同盟關係，並對在同盟中各自承擔的義務、合作領域和範圍做了新的界定。進入21世紀，日本借助美國實施反恐戰略和亞太戰略對日本的需求，一面強化日美同盟，一面不斷推進突破戰後體制的進程。

其二，突破「專守防衛」限制，提高防衛能力。戰後相當長時期，日本因受憲法「非戰條款」的限制，只設自衛隊，實行低軍費開支。「專守防衛」戰略是日本政府根據1957年制訂的《國防基本方針》於1970年正式提出的，其防衛範圍只能限定在「日本國土及周邊」，行使防衛力量的條件是「受到對方武力攻擊以後」。日本歷年的《防衛白皮書》都採納了這種「受到武力進攻以後才能行使防衛力量」的定義。但是隨著日本經濟和軍事力量的崛起，「專守防衛」的限制被逐漸突破。

反應日本防務政策變化的一系列法案：

1992年6月日本國會通過《聯合國維持和平合作法》（簡稱PKO法案），從法律上確定自衛隊可出國執行聯合國主持的國際維和行動。

1997年日、美共同制定了新的《日美防衛合作指針》；1999年4月日本國會通過了新《日美防衛合作指針》的三個相關法案——《周邊事態法》、《自衛隊法修正案》和《日美物資勞務相互提供協定修正案》。三項法案的通過，使《日美防衛合作指針》的實施有了法律依據。它標誌著日本的「防衛」範圍突破了本土，擴展到周邊甚至更遠的區域。

2001年10月日本國會通過了《反恐特別措施法案》、《海上保安廳法修正案》，首次從法律上認可自衛隊在「反恐戰爭」中可開赴外國領土。2001年11月底，三艘日本軍艦以「為美提供後勤保障」為名從日本本土出發開向印度洋，這是日本在二戰結束後首次向海外派兵行動，具有非常特殊的意義。

2002年4月4日本政府提出《有事三法案》，包括《應對武力攻擊事態法案》、《自衛隊法修正案》和《安全保障會議設置法修正案》，賦予日本首相在「緊急事態下」可直接調動自衛隊的權力，並使國民個人權利在「相關情況」下受到很大限制。由於遭到國內一些政治團體的反對，在當年未獲通過，但仍於2003年6月6日在日本國會獲得通過。

2006年12月15日，日本國會通過了將防衛廳升格為防衛省的相關法案，大幅度提升了防衛機構的職能和權限，並且把國際緊急援助活動、聯合國維和行動、根

據《周邊事態法》進行的後方支援活動等自衛隊的「附帶任務」升格為「基本任務」。根據這一法案，2007年1月9日起，日本防衛廳正式升格為防衛省。

2012年底安倍晉三上臺後，明顯加快了突破「專守防衛」限制的步伐。2014年4月1日，日本政府通過「防衛裝備轉移三原則」，大幅度放寬向外輸出日本武器裝備和軍事技術的條件，意味著日本放棄自1967年以來一直堅持的「武器出口三原則」。

2014年7月1日，日本政府通過了修改憲法解釋、解禁集體自衛權的內閣決議案，提出所謂「武力行使三條件」，其本質是摒棄「專守防衛」，允許自衛隊在海外使用武力。

2015年5月14日，日本政府「批量」通過11個與《安全保障法制》有關的法案，並於次日提交給國會。這些法案包括1個新立法《國際和平支援法案》，允許日本隨時根據需要向海外派兵並向其他國家軍隊提供支援；和10個統一「打包」為《和平安全法制整備法案》的修正法。如獲通過，則實質上完全架空了《和平憲法》。

第三，試圖修改憲法。修改憲法被日本保守勢力認為是推翻戰後體制，掃清通往「政治大國」障礙的極為重要的一步。1947年生效的《日本國憲法》第九條關於「放棄武裝力量」的規定是日本和平憲法的關鍵之處，幾十年來一直是左、右兩翼社會思潮鬥爭的焦點。戰後初期，由於左翼和平主義思潮影響極大，「護憲」構成各個階層大體認同的基本點。但自20世紀80年代以後，要求修改憲法的聲音日益強烈。中曾根首相提出要突破「禁忌」，其中之一就是指修改憲法問題。同一時期，右翼思潮的輿論領袖清水幾太郎曾經明確提出，由於憲法放棄武裝力量的制約，日本已被「閹割」，僅僅是一個「社會」，而不成為「國家」，迫切希望修改憲法，以便擺脫束縛，成為一個名正言順的「國家」。隨著戰爭歷史的遠去、反戰情緒的淡化，更由於國際國內形勢的變化和青年一代價值取向的改變，在2004年5月的一項民意調查中，受調查者表示接受修改憲法的比例第一次突破50%，達到了53%。2004年底，自民黨成立了由小泉純一郎首相掛帥的「新憲法推進本部」，之後又成立了新憲法草案委員會。2006年安倍晉三第一次組閣時，就明確將修憲作為其參選的政治主張。2007年5月，安倍推動國會通過了《國民投票（公決）法》，被認為是從法律程序上解決了修改憲法的問題。2009年以鳩山由紀夫為首的民主黨上臺，由於適逢全球金融危機，將重心放在經濟恢復和民生發展上，修憲問題暫時停止。2012年自民黨重獲執政權，安倍晉三第二次出任首相，決心加速推動修憲進程。

最近一次眾議院大選結果顯示，自民黨、希望之黨、公明黨、日本維新會等「修憲勢力」占據了國會提議修改憲法所需的2/3議席，為修憲準備了良好的國會條件。但各黨派圍繞憲法修改的具體條例、憲法第九條第二款的具體修改意見仍存在分歧。即使自民黨發起了修憲動議，新的憲法草案要獲得50%以上國民同

意也存在不確定性，因此修憲之路並非一帆風順了。此外，日本修憲一定程度上還會受到美國、中美關係以及周邊安全形勢等外部因素的影響。按照首相安倍晉三的設想，首先實現集體自衛權（已經實現）；其次讓自衛隊入憲，成為合法的力量（目前正在爭取）；接下來徹底推翻和平憲法，使自衛隊變為國防軍。儘管目前修憲進程尚不明朗，但發展趨勢大致是這個方向。

關於日本修憲我們應該怎樣認識？修改憲法本是一國主權，外國對日本的這一政治進程很難橫加阻撓。許多日本國民認為，戰後70年從未修改過的日本憲法在很多方面都已不適應新時代發展的需要，尤其是對日本政治體制改革形成了制約。因此，長遠來看，修改憲法在日本是大勢所趨。但具體如何修改則是一個充滿爭論的問題。日本的民族派追求國家自立是可以理解的，而且在當今國際形勢下，即使日本修改了憲法第九條，立即在周邊挑起戰爭的可能性也不大。但是，從日本目前的社會思潮右傾化趨勢和當前外交政策來看，修改憲法無疑將加劇亞太地區軍事對抗，對地區穩定產生不利影響。

第四，在歷史問題上，試圖擺脫戰敗國陰影。日本民族主義思潮的一個重要特徵就是極力美化日本，否定日本在近代以來發動侵略戰爭的罪行，在歷史問題上翻案。20世紀80年代以來，右翼保守勢力就肆意歪曲戰爭歷史，甚至一些政界要人和政府高級官員也屢屢在這一問題上大放厥詞；而日本政府的態度總的趨勢是迴避和推卸戰爭責任，這兩者的互動構成了日本民族主義思潮中最為令人擔憂的一面。2001年小泉純一郎當選日本首相後固執己見，不顧周邊各國民眾的感情，公然連續6次參拜供奉有二戰甲級戰犯的靖國神社，激起了二戰受害國的極大憤慨，嚴重惡化了日本與其亞洲鄰國的關係。

2012年年底安倍晉三第二次上臺後，一度在歷史問題上走得比較遠，不僅表示不會完全繼承為日本殖民侵略歷史謝罪的「村山談話」、有關「慰安婦」問題的「河野談話」，還對日本侵略的定義也提出了質疑。2013年4月，日本多名閣僚和168名國會議員參拜靖國神社，人數創歷史之最。日本《外交學者》雜誌指出，安倍執政期間，日本民族主義以一種「令人不安」的方式「重返政界前沿」。

日本對「政治大國」的追求有其深厚的社會基礎和思想淵源。首先，長期作為「經濟優等生」的驕傲和民族優越感使日本的政治訴求膨脹；其次，多年來對獨立自主外交的追求使日本渴望提高政治地位；最後，戰後日本做出的「國際貢獻」也助長了日本的大國夢。應當說，日本對政治大國的追求是日本發展到一定程度後的正常需求，是可以理解的。但是，當日本對「政治大國」的追求與日本國內政爭「總體保守化」、不能正確認識和對待歷史問題等現實傾向結合的時候，就不能不引起亞洲及世界各國的高度警惕。這一進程與日本大力提升軍事力量、推翻戰後體制、強化日美軍事同盟相關聯，增大了亞太地區的安全困境，將給亞太地區的整體穩定帶來很大的隱患。

7.4 中日關係

中、日兩國同為東亞大國，互為對方重要鄰國。中日關係不但是重要的大國關係之一，而且對雙方而言，也是重要的周邊關係之一。兩國關係的穩定發展對亞太地區的安全與穩定具有十分重要的意義。

7.4.1 中日關係的外交實踐

發展同日本的友好合作關係是中國外交的一貫方針。今天中日關係所取得的積極成果是中日兩國政府和人民長期共同努力的結果。戰後中日關係的發展經歷了四個階段：

第一階段：中日復交前「以民促官」的曲折發展。第二次世界大戰結束後，美國出於「冷戰」的需要，對中國實行了政治上孤立、經濟上封鎖、軍事上對抗的政策。日本吉田茂政府在外交上追隨美國，也採取了反共政策，與（中國）臺灣發展外交關係，使中日關係經歷了一個曲折發展的艱難時期。

按照毛澤東、周恩來等黨和國家第一代領導人提出的「將日本人民和日本軍國主義區分開來」的對日政策基本思路，中國方面從發展貿易、文化關係入手，以民促官，以漸進、累積的方式為中日關係正常化創造條件。在中國政府的努力下，1952年4月莫斯科國際經濟會議期間，日本代表、國會議員高良富等三人毅然接受中國代表團的邀請，克服重重困難，輾轉來華，這是中華人民共和國成立後首批來華的日本政界人士，具有突破性的意義。他們與中國國際貿易促進會簽訂了第一個中日民間貿易協定，兩國民間交往的大門打開了。隨後相繼簽訂了第二個、第三個民間貿易協定以及民間漁業協定、民間文化交流協定等。在20世紀50年代中期，中日之間出現了民間往來頻繁、交流日益廣泛的局面。但1957年岸信介內閣成立後奉行親臺政策，惡化了前期兩國民間良好的發展勢頭，中日貿易一度幾乎斷絕。1960年6月池田勇人內閣成立後，中日民間交往得到恢復。1962年11月，簽訂《中日綜合貿易備忘錄》，具有了一定的官方性質。自此，中日關係進入「半官半民」的狀態，中日文化交流也得到了恢復，雙方還互換了常駐記者。1966年，「中日備忘錄」貿易額達到2億美元，「友好商行」貿易額超過3億美元，這個數字比日、蘇之間的貿易額還大，更遠遠超過了日本與（中國）臺灣地區的貿易，達到中、日建交前的最高峰。

第二階段：中日復交揭開兩國關係新篇章。1971年7月，美國總統國家安全事務助理基辛格秘密訪問北京，發生了戲劇性的中美和解。同年10月，第29屆聯合國大會以壓倒多數通過決議恢復中華人民共和國的合法代表席位。1972年2月，美國總統尼克松訪華，發表了《中美聯合公報》。受中美關係突然改善的刺激以及來自國內要求恢復日中邦交的國民呼聲的壓力，堅持敵視中國政策的佐藤榮作內閣下臺，新成立的田中角榮內閣積極著手恢復日中邦交。1972年9月，

田中首相訪華，中、日雙方正式簽署恢復兩國邦交的《中日聯合聲明》。聲明中宣告結束中日之間的不正常狀態，在和平共處五項原則基礎上建立兩國間持久的友好關係；日方對過去戰爭給中國人民造成的重大損害和責任表示深刻的反省。聯合聲明簽署後，日本外相大平正芳在記者招待會上又就（中國）臺灣問題發表談話，表示日本政府堅持《波茨坦公告》有關（中國）臺灣問題的規定。

中日邦交正常化開創了中日關係新的歷史時期，此後中日關係在官方和民間都掀起了一個高潮。1978年10月鄧小平副總理訪日，《中日和平友好條約》批准書交換儀式在東京舉行，條約正式生效，標誌著兩國睦鄰友好關係發展到一個新階段。與政治關係穩步發展相適應，中日經貿關係也取得了可喜的成就。1972年中、日之間的貿易額僅為10.38億美元，1978年就上升到48.23億美元。1979年1月大平正芳首相訪華，正式表明日本政府從1979年到1984年將向中國提供日元貸款3,300億日元。同時，中日兩國在科技、文化藝術、教育、體育等方面的交流也蓬勃發展，中國學生掀起留日高潮，雙方人員往來從1972年的9,000人增長到1978年的46,000人。

第三階段：在合作與摩擦交織中繼續發展。中日關係在熱情友好的氣氛中進入20世紀80年代。這一時期中日雙方經貿關係有了長足的發展，到1989年，中日雙邊貿易額達到146.63億美元；日本對華投資不斷擴大，據對1979—1987年投資情況的統計，日本對華投資金額占外商在華投資金額的8.41%；日本政府向中國提供了1984—1990年的第二批日元貸款5,400億日元；在資源開發、企業技術改造領域也展開了許多合作。可以說在20世紀80年代，中日關係在前一階段的基礎上有了全方位的深入發展。

但其間不和諧的聲音和事件也開始不斷出現，給中日關係蒙上了陰影。這一方面是國際形勢的變化，蘇聯對中、日的軍事威脅相對減弱，針對蘇聯的共同戰略需要有所下降；另一方面隨著日本經濟的飛速發展，民族主義情緒開始抬頭，中日間一些沒有得到解決的潛在矛盾逐漸暴露出來。1982年、1986年日本兩次修改教科書事件，1985年中曾根首相及其閣僚以公職身分正式參拜靖國神社事件等的先後發生，20世紀70年代那種友好的氣氛被摩擦與合作交織的狀態代替。

第四階段：「冷戰」結束後既謀求合作又相互戒備的起伏不定時期。進入20世紀90年代，「冷戰」結束，國際政治、經濟關係發生了深刻變化，兩極格局崩潰，經濟全球化和政治多極化成為世界主要潮流。中、日雙方都認識到，兩國關係繼續順利向前邁進對雙方都有利，都願意努力將雙邊關係提高到一個新的水準。同時，日本經歷了經濟泡沫破滅和經濟低迷，民族主義情緒進一步上升，追求政治大國的願望日益強烈；中國綜合國力有了大幅度提高，兩國在東亞地區「兩強並存」的競爭態勢悄然形成。

在1998年中日締結和平友好條約20週年之際，中國國家主席江澤民訪問日本，這是中國國家元首第一次訪問日本。在此基礎上，雙方發表了《關於建立致力於和平與發展的友好合作夥伴關係的聯合宣言》，這是繼1972年《中日聯合聲明》和1978年《中日和平友好條約》後的中、日間第三個基本文件，標誌著中日關係又進入一個新的發展階段。除兩國首腦互訪外，中、日間還建立了其他層

次的對話和磋商機制。至 2000 年年底，中、日外交當局之間的定期磋商已經進行了 18 次，中、日安全磋商進行了 7 次，中日友好 21 世紀委員會的會議舉行了 14 次。這些磋商和對話機制有利於推動中、日加強聯繫，增進瞭解。

由於中、日經濟互補性很強，兩國經貿關係以十分強勁的勢頭發展到一個新的高度。1992—2003 年，日本連續 12 年成為中國第一大貿易夥伴。2007 年，中國超過美國成為日本的第一大貿易夥伴。中、日兩國經濟相互依存度日益加深。在對華投資方面，1996 年日本成為中國第二大外資來源地，僅次於中國香港地區，對華投資的項目規模不斷擴大，高附加值、高科技的投資也開始增多。截至 2006 年年底，日本對華直接投資累計項目數為 37,714 個，實際投入金額 579.7 億美元，占中國累計實際使用外資總額的 17%，為中國經濟增長注入了活力；中國的高額投資回報率和巨大的市場需求也為日本的經濟復甦起到了顯著的推動作用。

與火熱的經濟關係不同，新時期中日政治關係卻充滿了波折。「冷戰」結束後日本對華防範態勢增強，「中國威脅論」一度甚囂塵上。日本防衛政策的變化和日美同盟的加強也使中國產生了疑慮。1997 年新的《日美防衛合作指針》和 1999 年日本《周邊事態法》都因涉及東海海域和（中國）臺灣問題而引起了中國的強烈反對。2001 年以後，小泉純一郎首相連續 6 年正式參拜靖國神社，更使中日政治關係跌落到冰點。輿論界普遍將這一時期的中日關係概括為「政冷經熱」。

小泉純一郎的一意孤行與兩國的國家利益及民間呼聲背道而馳，因此當繼任者安倍晉三上臺後，兩國都迫切希望推動高層互訪，打破僵局，改善雙邊關係。在中、日兩國中斷了 5 年首腦互訪後，2006 年 10 月和 2007 年 4 月，日本首相安倍晉三和中國國務院總理溫家寶先後實現了互訪，雙方將這次互訪分別稱為「破冰之旅」和「融冰之旅」，意在融化中、日兩國關係中的寒冰，促進兩國關係回暖。雙方決定共同構築「基於共同戰略利益的互惠關係」。2007 年 12 月和 2008 年 5 月，日本首相福田康夫和中國國家主席胡錦濤又實現了一輪被輿論稱為「迎春之旅」和「暖春之旅」的互訪，雙方關係進一步回暖，兩國簽署了《中日關於全面推進戰略互惠關係的聯合聲明》，成為中、日間的第四份指導雙邊關係的政治文件。

7.4.2 中日關係的現狀與發展

2010 年以後，全球金融危機造成的惡果使得國際政治經濟格局發生了深刻變化，中日關係也隨之發生了一系列的深刻變化，進入了一個新階段。

——中日關係的 U 型走勢——

民主黨執政初期，中日關係繼續延續良好的發展勢頭。在中、日兩國歷來較為敏感的歷史問題上，鳩山由紀夫首相明確表示繼承「村山講話」精神，「對於過去的殖民支配和侵略行為表示痛切的反省」。在東海領土領海爭議問題上，他

也提出「要使東海成為友愛之海，而不是爭吵之海」。在外交取向上，鳩山首相創造性地提出了「中日美等邊三角形關係」，並有意創建一個「東亞共同體」。然而隨著鳩山的下臺，其繼任者紛紛「走向了鳩山由紀夫的反面」。

2010年9月，中日發生釣魚島撞船事件，日方逮捕中國船長並揚言將用日本國內法對其進行處置，雙邊關係顯著惡化。2012年9月，日本政府通過了對釣魚島實施所謂「國有化」的決議，中日政治關係陷入僵局，元首外交再次中斷。安倍晉三再度掌權後，沿著右傾化道路越走越遠，歷史問題與釣魚島主權爭端相互交織，2014年中日關係演變到復交以來最惡劣程度。2014年11月，在雙方通過艱難談判達成四點原則共識的基礎上，中、日兩國元首在亞太經合組織（APEC）領導人非正式會議期間實現短暫會面，企圖為兩國關係的惡化態勢緊急煞車。2015年初以來，中、日防務部門重啓已擱置兩年的「海上聯絡機制」談判，並更名為「海空聯絡機制」，著力於建立危機管控機制，避免發生不測事件。2016年，兩國關係有所緩和但博弈不減並競爭外溢。

與小泉時期的「政冷經熱」不同，這一階段中日關係呈現出政治經濟雙降溫的特點：持續多年的中日韓自由貿易區（FTA）談判陷入僵局；雙邊貿易額自2011年達到3,450多億美元高點後，2012—2016年連續五年下降，2016年降至2,748億美元；日本企業對華直接投資自2013年的73億美元連續四年下滑，2016年降至31億美元，日本已由中國吸引外資來源國的第一位下降，現在排在新加坡、韓國和美國之後，居第四位。

2017年中日關係出現積極改善動向。日本對華政策出現策略性調整，首相安倍晉三對中國提出的「一帶一路」倡議態度出現積極轉變。11月，中國國家主席習近平在越南峴港出席亞太經合組織領導人非正式會議期間會見日本首相安倍晉三，並指出中日關係穩定發展符合雙方利益。2018年是中日和平友好條約締結40週年，雙方以此為契機努力推動兩國關係改善。1月，日本外相河野太郎訪問中國，中國國務委員兼外長王毅於4月回訪日本，並重啓了中斷7年的中日經濟高層對話，兩國間多層次對話逐步展開。5月，中國國務院總理李克強訪問日本，標誌著中日高層交流和互訪的恢復。中日雙邊貿易和投資隨之也呈現回暖跡象，中日韓自貿區談判也宣布重啓。

——中日關係進入新階段——

儘管目前中日關係持續改善，但我們可以看出，中日關係中存在的敏感問題並未真正解決，分歧仍然存在，日本在對華政策上兩面性特徵十分明顯，兩國關係復甦的基礎仍然脆弱，前景仍不明朗。

有哪些因素影響著新階段中日關係的發展趨勢呢？

第一個因素是中日力量對比結構顯著變化。日本自經濟泡沫破滅以後經歷了「失去的20年」，2010年日本國內生產總值（GDP）也僅相當於1991年的1.6倍。而中國經濟則始終保持高增長態勢，加上人民幣升值因素，2010年成功取代日本成為世界第二大經濟體。經濟實力逆轉的同時，兩國經濟依賴關係也發生了逆轉，日本對華貿易依存度由1991年的4%增加到2010年的20%，而中國對日

貿易依存度由 1991 年的 16% 下降為 2010 年的 11%。[①] 這種力量對比結構的變化不僅反應在中、日兩國之間，還廣泛地反應在整個東亞經濟圈上，中國已經成為大多數亞洲國家的第一大貿易夥伴，並且還在不斷產生更大的影響力，而日本正在失去其在東亞地區的主導權。這正是日本所謂面臨「國家重新定位」的癥結所在。日本自明治維新以來所形成的日本是東亞地區天然主導國家的心理定勢遭遇了前所未有的重大衝擊，對華敏感度上升，猜忌增加，過去未能妥善解決的問題被進一步放大。日本民族要求自立、自強，成為政治大國的願望，與中國人民實現民族偉大復興的理想形成了激烈碰撞。在這樣的歷史性轉折期和過渡期，各種矛盾和摩擦都可能出現。

第二個因素是日本政治保守化趨勢。前面已經述及，當前日本右翼保守勢力及其主張在政界日漸占上風並左右了政府決策。以日本政界和社會上各種右翼勢力為核心的保守團體試圖通過美化侵略歷史、提升防衛力量等方式，達到擺脫戰敗國地位、追求「正常國家化」的政治理想。「冷戰」結束後成長起來的年輕日本國民普遍缺乏清晰的歷史認知，又面臨經濟低迷、失業率高等具有挫敗感的生活環境，漸漸形成了回憶輝煌歷史、頌揚民族優越性、渲染當下日本民族面臨的危機，以此增強日本民族自信心和凝聚力的新民族主義集體意識。日本右翼保守勢力與國民的民族主義情緒相互迎合、強化，在對華態度上形成了一種既不滿又不安、既依賴又不服的複雜情緒，這構成了今後一段時期日本對華政策的心理基礎。

第三個因素則是美國亞太政策的複雜多變。總體上來說，從奧巴馬政府到特朗普政府，美國都延續了將遏制中國在亞太地區的崛起作為其亞太政策主要戰略目標的思想。某種程度上來說，美國的這一戰略思想與日本具有相當大的重合性。同時，由於美國實力的相對下降，對盟友的戰略需求上升，因而一定程度上對日本戰後體制「鬆綁」，並迎合日本在釣魚島問題上的需求，客觀上還為日本謀劃「印太戰略」構想提供了溫床。但隨著特朗普政府奉行「美國優先」政策，不斷加強貿易保護，日本貿易環境惡化風險加大，經濟壓力迫使日本不得不在對華政策上採取更加務實的態度。尤其是中、日兩國經濟仍存在明顯的結構性互補，兩國都面臨經濟結構轉型改革的壓力，改善中日經貿關係的必要性越來越突出。

正是由於以上各種原因，日本在對華態度上呈現出明顯的兩面性特徵。一邊急於推動實現領導人互訪、尋求中日關係改善，一邊鼓吹「中國威脅論」，以中國為假想敵，積極推動軍事力量發展，並深化對釣魚島的戰略性針對性部署；一邊對「一帶一路」倡議積極表態，希望借這個地區合作平臺擴大本國對外投資與出口，一邊加緊推動美國、日本、印度、澳大利亞四國對話機制，試圖主導地區秩序構建與規則制定，對沖「一帶一路」倡議。

基於以上分析可以判斷，新階段中日關係將處於競爭與合作交織的起伏狀態，但總體以競爭為基調。這一階段的主要特徵將表現為中日關係史上各個時期

[①] 楊棟梁. 直面拐點：歷史視野下中日關係的演進與現實思考 [J]. 日本學刊, 2012 (6).

都沒有同時存在過的四種形態：和而不同、鬥而不破、互惠互利、往來不絕。和而不同，指的是戰略及政治關係上有對立、摩擦但尋求基本穩定；鬥而不破，指的是在軍事安全領域，包括在部分主權爭端上有對峙、爭鬥但難以發生戰爭；互惠互利，指的是互通有無、正常的經貿關係以及相互依存；往來不絕，指的是人文及社會交流不少，但情感上未必有認同。①

總之，中日關係可謂是中國發展道路上繞不開的難題。

應當看到，當前中日關係的新狀態，是極不穩定、複雜多變、成本高昂的。為了確保中國周邊環境的穩定和中華民族偉大復興這一主要國家戰略目標的順利實現，我們應當將構建互利共贏、健康穩定的新型中日關係作為努力的方向。我們在對日戰略中，要在確保核心利益不受侵害的前提條件下，盡可能讓日本因素為我所用，多發揮正能量，不讓其成為中國崛起道路上如影隨形的巨額負資產。②

習近平總書記指出：「中日雙方應該本著以史為鑒、面向未來的精神，在中日四個政治文件基礎上，共促和平發展，共謀世代友好。」③ 黨的十九大報告也為我們指出了處理對日關係的基本精神：既要「相互尊重、平等協商，堅決摒棄冷戰思維和強權政治，走對話而不對抗、結伴而不結盟的國與國交往新路。要堅持以對話解決爭端、以協商化解分歧」，又「決不放棄自己的正當權益，任何人不要幻想讓中國吞下損害自身利益的苦果」，要「按照親誠惠容理念和與鄰為善、以鄰為伴周邊外交方針深化同周邊國家關係」，「擴大同各國的利益匯合點」。總之，我們應在全面維護國家核心利益的前提下，處理好全局利益與局部利益之間的關係，以高度的政治智慧和戰略定力，維持中日關係的大局穩定，管控好危機，盡量創造條件推動改善中日關係並使之回到正常健康的發展軌道上來。

本章小結：

日本經濟在第二次世界大戰結束後經歷了10多年的高速發展，使日本成為資本主義世界第二經濟大國。日本在戰後建立起來的一套政治、經濟體制對其經濟的高速發展起到了重要作用。但從20世紀90年代初開始，隨著經濟泡沫破滅和「五五體制」的崩潰，日本經歷了經濟的持續低迷和政壇動盪，顯示出日本經濟、政治制度在「冷戰」結束後的不適應性，迫切需要改革。這些改革仍面臨許多困難。與政治、經濟的變化相適應，日本的社會思潮和外交思想都在經歷著變革。目前日本社會思潮和外交思想的最大特點是追求「政治大國」。

戰後中日關係經歷了「以民促官」、「正式復交」和「復交後的迅速發展」三個階段，「冷戰」結束後的中日關係進入既謀求合作又相互戒備的起伏不定時期。進入21世紀第二個十年後，中日關係發展到了一個新的階段。由於中日力量對比結構的變化、日本政治總體保守傾向和美國對華戰略調整的影響，中日關

---

① 關於四種表現形式的論述引自《日本藍皮書（2017）》，來源：人民網．2017年《日本藍皮書》出爐，中日關係面臨新調整［EB/OL］．人民網．http://www.china.com.cn/opinion/think/2017-06/22/content_41076398.htm.
② 楊伯江．日本藍皮書（2017）［M］．北京：社會科學文獻出版社，2017.
③ 習近平2015年5月23日在中日友好交流大會上的講話［EB/OL］．新華網．http://news.xinhuanet.com/politics/2015-05/23/c_1115384379.htm.

係將總體處於較低水準，但仍有一些因素制約雙邊關係的嚴重惡化。在維護國家核心利益的前提下，維持中日關係的大局穩定，管控好危機，是當前中國的現實選擇。

思考題：

1. 如何正確認識當前日本的經濟發展態勢？
2. 日本的「政治大國」戰略與「中國夢」是衝突的嗎？
3. 促成 2018 年中日關係明顯改善的原因有哪些？
4. 新階段為何要努力維持中日關係總體穩定的大局？

閱讀書目：

1. 五百旗頭真. 戰後日本外交史：1945—2010［M］. 吳萬虹，譯. 北京：世界知識出版社，2013.
2. 劉江永，王新生. 戰後日本政治思潮與中日關係［M］. 北京：人民出版社，2013.
3. 劉宗和. 日本政治發展與對外政策［M］. 北京：世界知識出版社，2010.
4. 魯思·本尼迪克特. 菊與刀［M］. 呂萬和，等，譯. 北京：商務印書館，2005.

8

俄羅斯的經濟、政治及中俄關係

　　蘇聯是世界上第一個社會主義國家,其創立的社會主義制度及之後組建的社會主義陣營改變了世界政治版圖,對人類歷史進程產生了深遠影響。蘇聯解體後,作為其繼承國的俄羅斯在國際社會中的影響力明顯下降。但俄羅斯幅員遼闊,資源豐富,擁有很強的發展潛力。進入 21 世紀,在「政治強人」普京的領導下,俄羅斯在國際事務中發揮的作用也越來越大。中俄建立了「戰略協作夥伴關係」,兩國在經濟、政治、軍事、文化等領域的合作日益深化。

8.1　戈爾巴喬夫的改革與蘇聯的解體

　　蘇聯歷經興盛期和中轉期之後,到 20 世紀 80 年代進入衰亡期。戈爾巴喬夫上任後,本想通過改革阻止蘇聯的衰退,卻直接導致了蘇聯的解體。蘇聯解體的原因是多方面的,制度性因素、領導人錯誤的改革、民族問題因素及西方的「和平演變」等是蘇聯解體的主要原因。

8.1.1　蘇聯的成立與演變

　　1917 年 3 月,俄羅斯帝國爆發「二月革命」,帝國隨之解體。以列寧為首的俄國社會民主工人黨左翼（布爾什維克）發動「十月革命」,從臨時政府手中奪取了政權。「十月革命」後,俄國改稱蘇維埃俄國（簡稱蘇俄）。1922 年 12 月,蘇俄宣布組成蘇維埃社會主義共和國聯盟（簡稱蘇聯）。蘇聯在誕生之初只有俄羅斯、烏克蘭、白俄羅斯和南高加索 4 個加盟共和國。後來,蘇聯的加盟共和國逐漸增加到 15 個。蘇聯的演變歷程大致可以分為興盛期、中轉期和衰亡期:

—— 興盛期（1922—1953 年）——

　　俄國共產黨（布爾什維克）在 1921 年宣布實行新經濟政策,使得農業得到迅速發展,並促進了工業、商業和整個社會經濟的發展,使國家擺脫了戰時的困境。列寧對新經濟政策的成功頗感欣慰,說道:「在戰爭結束的時候,俄國就像

是一個被打得半死的人……而現在，謝天謝地，他居然能夠拄著拐杖走動了！」

列寧去世後，史達林按照自己的意圖規劃蘇聯社會主義發展道路，使蘇聯「甩掉拐杖」並進入快跑狀態。1929 年，蘇聯進入「大轉變的一年」，按照史達林的主張進行了工業化和農業集體化，新經濟政策宣告終結。到 1936 年，蘇聯基本完成了國有大工業體系的建設，農業領域完成了集體化，商業領域的私有經濟成分基本被消滅。

史達林時期是蘇聯歷史上最為重要、最為輝煌和最具有尊嚴的時期，主要表現在：①建立了世界上第一個社會主義國家制度，改變了世界政治版圖；②把一個落後的農業國建設成先進的工業國，形成了完整的軍工綜合體；③為世界反法西斯戰爭的勝利做出了卓越貢獻，特別是莫斯科保衛戰和史達林格勒保衛戰的勝利，極大地牽制了法西斯德國的兵力；後來出兵中國東北和朝鮮北部，加速了日本投降的進程；④組建了強大的社會主義陣營，在二戰結束後形成了兩極格局。

—— 中轉期（1954—1982 年）——

史達林之後，赫魯曉夫主政的 11 年和勃列日涅夫主政的 18 年是蘇聯演變歷程的中轉期。

赫魯曉夫提出「趕超美國」的目標後施行了一系列改革，如政治上恢復和加強社會主義民主和法制；降低重工業、國防工業的比重，加大對輕工業的投入；減少國家對農村的干預。改革取得了一定成效：消除了個人崇拜和個人專權的影響；經濟獲得較大發展，1960 年國民生產總值達到 1945 年的 523%；國防工業和科技取得突破，1957 年發射世界上第一顆人造衛星，1961 年又把世界上第一個宇航員送上太空；人民生活福利有了較大改善。

勃列日涅夫主政期間是蘇聯由盛轉衰的開始。前十年蘇聯仍處於穩定發展時期，工業、農業及主要經濟指標都有明顯提升；軍事實力大大增強，核武器及部分常規武器的數量超過美國；外交上推行霸權主義，在全球範圍內與美國爭霸，一度還出現了「蘇攻美守」的態勢。但勃列日涅夫執政後期，蘇聯卻由盛轉衰：經濟下滑，農業生產出現危機，工業生產增長率急遽下降；政治體制膨脹，效率低下；「社會主義大家庭」出現危機，蘇聯在國際上陷入孤立。與美國軍備競賽的升級以及入侵阿富汗，使蘇聯的經濟不堪重負，終於走向衰亡。

—— 衰亡期（1983—1991 年）——

勃列日涅夫去世後，安德羅波夫和契爾年科相繼執政，但此時蘇聯的問題已逐漸顯現：黨內產生元老派和少壯派之爭，政治鬥爭日趨激烈；經濟形勢持續惡化，人民生活水準下降；對外擴張嚴重消耗了蘇聯的外交信譽和資源，蘇聯在「爭霸」過程中已是外強中乾、氣喘吁吁了。

躊躇滿志的戈爾巴喬夫上任後，推行了一系列改革。但他的改革無力扭轉蘇聯的頹勢，反而加速了國家衰亡的進程：經濟進一步衰退，政治出現動盪，民族分離主義抬頭，蘇共逐漸喪失權威。1991 年 4 月，為了穩定局勢，戈爾巴喬夫提出蘇聯各加盟共和國應重新簽署聯盟條約。當年 8 月 19 日，以蘇聯副總統亞納耶夫為首的 8 名政府高級官員，趁戈爾巴喬夫休假之機發動政變，組成「國家緊急狀態委員會」，宣布實行戒嚴，試圖「恢復秩序」和「挽救聯盟」。以俄羅斯

聯邦總統葉利欽為代表的激進派在西方國家的支持下，對亞納耶夫等政變者進行了猛烈反擊，政變不到72小時就徹底失敗了。

「8/19」事件之後，蘇聯政局急遽惡化，黨和國家全面走向崩潰。俄羅斯總統葉利欽簽發了禁止共產黨活動的命令。戈爾巴喬夫辭去了蘇共中央總書記的職務，要求蘇共中央自行解散，各加盟共和國的共產黨自行決定前途。蘇聯共產黨全面瓦解之後，15個加盟共和國紛紛宣布獨立。1991年12月8日，俄羅斯、白俄羅斯和烏克蘭3國領導人簽署成立「獨立國家聯合體」（簡稱「獨聯體」）的協議（即《別洛韋日協議》）。1991年12月25日，戈爾巴喬夫宣布辭去蘇聯總統職務。至此，曾經盛極一時的蘇聯壽終正寢，永遠地從地球上消失了。

8.1.2 戈爾巴喬夫的改革新思維

蘇聯的解體無疑是與戈爾巴喬夫的改革直接相關聯的，因此有必要瞭解戈爾巴喬夫改革的背景、改革新思維以及改革的主要內容。

——改革的背景——

在戈爾巴喬夫上任之前的幾年，蘇聯領導層老化和政治體制僵化問題已經凸顯。1981年3月，蘇共二十六大選出的14名政治局委員中，60歲以下的僅2人，70歲以上的竟有8人；政治局候補委員的平均年齡為67歲，部長會議領導層的平均年齡為68.1歲。「老人政治」的結果是政治體制嚴重僵化，領導層特權、腐化現象突出，貪污腐敗、濫用職權、以權謀私成為普遍現象。蘇聯在與西方的經濟和科技競賽中差距日益明顯，爭霸的態勢迅速倒退。在這種情況下，國內要求改革的呼聲日益高漲。

1985年3月11日，「年輕」的「改革派」人物戈爾巴喬夫當選蘇共中央總書記。上任伊始，戈爾巴喬夫是一個廣受歡迎、備受期待的領導人。這樣一個充滿活力的領導人在體制僵化的蘇聯推行改革，似乎是順理成章之事。

——「改革新思維」——

儘管戈爾巴喬夫本人躊躇滿志，但他推行的「加速」戰略並沒有使經濟發展取得預期效果。他將經濟改革的窘境歸因於蘇聯的政治制度，開始謀求政治改革。1987年，戈爾巴喬夫出版《改革與新思維》一書，重新評價了20世紀30年代史達林時期工業化和農業集體化、蘇共二十大和赫魯曉夫時期內外政策以及1965年以後的經濟改革等一系列重大歷史問題，詳細介紹了當時蘇聯改革的根源和實質、措施和步驟、問題和前景，還闡述了蘇聯對外政策新思維。《改革與新思維》正式吹響了蘇聯全面改革的號角。

——改革的主要內容——

戈爾巴喬夫改革的主要內容有以下幾個方面：

第一，以「民主化、公開性和多黨制」為主要特徵的政治改革。在上任半年後，戈爾巴喬夫對蘇共最高領導層進行大幅撤換或調整，目的在於推進政治改革。1987年1月，蘇共召開「一月全會」，「民主化、公開性」的改革方針得到

確認。1988年6月28日，蘇共第十九次全國代表大會全面拉開了政治改革的大幕，並將「人道的民主的社會主義」確立為改革的「最終目標和理想」。1990年3月，第三次蘇聯（非常）人民代表大會正式通過修改憲法的法律，從法律上取消了蘇共的領導地位，確立了多黨制。戈爾巴喬夫又以多黨制條件下國家不能出現權力真空為名建議設立總統職位，其本人作為唯一候選人當選為蘇聯第一任總統。同年召開的蘇共二十八大通過《走向人道的民主的社會主義》綱領性聲明，成為蘇共新的指導思想。

第二，「加速」戰略和以「私有化」為主要內容的經濟改革。1986年初，蘇共二十七大明確了「加速」發展戰略的方針、目標和規劃等。此後，蘇共中央陸續推出一些經濟改革措施，如給企業一定自主權、減少指令性計劃、整頓工作紀律與社會秩序等。「加速」戰略在實施的頭兩年取得了一定成效，但並沒有解決蘇聯經濟的結構性問題。於是，戈爾巴喬夫開始嘗試進行「私有化」改革。1990年10月19日，蘇聯最高蘇維埃通過《穩定國民經濟和向市場經濟過渡的基本方針》，開始推動私有化進程。1991年7月1日，蘇聯最高蘇維埃又通過《關於企業非國有化和私有化原則法》。但還未等私有化進程全面展開，蘇聯就「突然」解體了。

第三，以「多元化」為核心的意識形態領域改革。蘇聯是個意識形態化的國家，但長期教條化、僵化的意識形態窒息了人們的思想，固化了社會生活。戈爾巴喬夫上任後，意識到「人民已經厭煩了萎靡不振、死氣沉沉的時代」。儘管戈爾巴喬夫宣稱「全部活動的出發點是忠於馬克思列寧主義學說」，但他在意識形態領域的改革使蘇聯在社會主義道路上漸行漸遠。在「公開性」的口號下，蘇聯的意識形態由「一元指導」變成「多元共存」。為加強「公開性」工作的組織領導，戈爾巴喬夫選調後來被稱為「公開性之父」的雅科夫列夫為中央宣傳部長和中央書記處書記。雅科夫列夫隨即對新聞媒體進行改革，一大批主張西化的編輯記者得到重用，一大批過去被禁止的反社會主義的文學作品和電影被解除封印。1990年6月，戈爾巴喬夫以總統名義批准《新聞出版法》，宣布「新聞自由」。同年7月，蘇共二十八大通過《走向人道的民主的社會主義》綱領，規定「蘇聯共產黨堅決放棄政治上和意識形態上的壟斷主義」，徹底放棄了蘇共對意識形態的領導權。

8.1.3 蘇聯解體的原因

蘇聯解體之謎一時間成為全球熱點，眾說紛紜。經過時間的沉澱，一些客觀事實漸漸被人們理清，綜合來看，學術界認可度比較高的有以下幾點：

第一，制度性因素是導致蘇聯解體的根本原因。以高度集中的計劃經濟體制、高度集權的政治體制和高度管控的思想文化體制為主要特徵的史達林模式可以在較短時期內使蘇聯擺脫戰時困難並迅速走上工業化道路，但時間一長便逐漸失去了活力和凝聚力。經濟方面，蘇聯實行高度集中的中央管理體系，否定商品經濟和價值規律的作用，用強制性的行政手段管理經濟。政治方面，實行個人集

權制、任期終身制和指定接班人制，使社會主義政治體制帶有鮮明的專制主義色彩。思想文化方面，實行嚴格的書報檢查和輿論管制，基本否定和排斥一切外來文化，遏制思想多元化傾向。赫魯曉夫雖然對史達林建立的政治與經濟體制進行了改革，但並未擺脫史達林模式的束縛；勃列日涅夫除了將個人獨裁和專制演變成上層官僚集團統治之外，也沒有改變史達林模式的本質。戈爾巴喬夫的改革雖然廢除了長期實行的輿論管制，瓦解了過於僵化的意識形態，結束了高度集中的政治體制，但同時也動搖和摧毀了社會主義制度本身。

第二，領導人錯誤的改革是導致蘇聯解體的直接原因。蘇聯的解體無疑與戈爾巴喬夫有著直接的聯繫。不可否認，戈爾巴喬夫確實是一位充滿改革意識的領導人。在改革伊始，戈爾巴喬夫的本意是要在現存制度的範圍內去除他說的「變形」的東西，恢復列寧主義原貌。但隨著改革進程的發展，戈爾巴喬夫的思想和立場發生了重大動搖，對現存制度產生了懷疑。在經濟改革無果的情況下，戈爾巴喬夫便開始改革整個上層建築，其標誌就是實行差額選舉制、政治多元化和多黨制以及修改保障黨的領導地位的憲法第六條款。這些改革已經不是「改善」而是「變更」現存制度了，是與社會主義制度完全背離的。正是在改革過程中放棄了共產黨的領導權，使國家的社會主義性質發生了變化，才導致政治不穩、社會動盪和各類分離主義勢力抬頭，國家在缺乏領導核心的情況下最終分崩離析。所以說，戈爾巴喬夫錯誤的改革是導致蘇聯解體的直接原因。

第三，民族問題是導致蘇聯解體的助燃劑。蘇聯是一個民族成分非常複雜的國度，共有100多個大大小小的民族。早期的布爾什維克領導人在奪取政權的革命過程中曾提出「民族自決權」的口號。但史達林後來背離了民族平等和民族自決原則，建立了高度集中的垂直型官僚體系，對地方民族事務強行干涉，忽視了不同民族的意願和利益，對民族平等權粗暴踐踏。民族問題在高度集權的體制下被暫時掩蓋起來。隨著「公開性、多元化和民主化」改革的推動，積壓已久的民族糾紛和民族矛盾以異常激烈的方式爆發出來，掀起了民族分離主義浪潮，對聯盟的統一形成了巨大挑戰。民族問題雖然不是導致蘇聯解體的最主要原因，卻是導致蘇聯解體的助燃劑，加快了蘇聯分崩離析的進程。

第四，西方的「和平演變」戰略是導致蘇聯解體的催化劑。蘇聯的解體是與外部環境因素密切相關的。在「冷戰」的背景下，雙方在意識形態領域進行著「沒有硝煙的戰爭」。在這場戰爭中，西方世界對蘇聯推行的「和平演變」戰略起到了催化劑的作用。首先是新聞媒體的滲透，「美國之音」「自由歐洲電臺」等不斷向蘇聯人民灌輸西方價值觀。其次是針對蘇聯的貨幣金融戰。從1989年起，蘇聯由固定匯率制轉為雙重匯率制，國際金融機構趁機推高盧布比值，盧布兌美元的比價很快接近2：1。1990年11月，盧布兌美元的比值跌到100：1。盧布急遽貶值使蘇聯經濟雪上加霜，加速了蘇聯解體的進程。再次是西方提出附加政治條件的經濟援助。從1990年起蘇聯經濟形勢日趨嚴重，戈爾巴喬夫主動向西方求援，西方則開出了以下一些政治條件：蘇聯的聯盟中央與加盟共和國實行分權；實行全面市場化，加速全面私有化。另外，西方還通過在蘇聯內部培養「代理人」來實施「和平演變」戰略。美國前國務卿基辛格曾說：「為什麼還要

進行宣傳？不如直接在蘇聯黨內建立『第五縱隊』，培養代理人。」西方人眼中的「代理人」就是戈爾巴喬夫。時任英國首相撒切爾夫人不無自豪地說：「是我們把戈爾巴喬夫提拔起來當了總書記。」隨著改革新思維的提出與推進，戈爾巴喬夫更是成為西方的「寵兒」。蘇聯國防部長亞佐夫說：「美國前總統克林頓說過，美國為瓦解蘇聯花費了幾萬億美元。可我認為，不光有美國人參與其中，還有一支隱藏在蘇聯內部的『第五縱隊』。這些人依靠美國人吃飯。人數雖然不多，但也正是他們打殘了蘇聯。」

※觀點爭鳴※　　　　如何評價戈爾巴喬夫？

世人對於戈爾巴喬夫的評價呈明顯的兩極化趨勢。有人對其敬仰贊美，有人則對其口誅筆伐。西方人對戈爾巴喬夫評價頗高，戈爾巴喬夫在 1990 年獲得諾貝爾和平獎就是證明。2006 年 7 月，在英國、法國、德國、義大利、西班牙五國的民意調查表明，歐洲大部分居民認為戈爾巴喬夫是比普亭優秀的國家領導人，其中支持前者的有 59%，支持後者的只有 12%。美國前總統喬治·布什（老布什）這樣評價說：「戈爾巴喬夫作為一個偉大的領導人，為使世界不再分裂，並走到一起，提供了一種可能。當東歐的人們生活在黑暗之中的時候，他像一座燈塔一樣，引導了尋求自由的人們。」

但對戈爾巴喬夫的負面評價同樣激烈。絕大多數的俄羅斯人及原加盟共和國的人民都認為：戈爾巴喬夫是俄羅斯民族的罪人和共產主義的叛徒。他們認為戈爾巴喬夫過於草率、脫離實際的改革政策，對西方特別是美國近乎幼稚的過分信賴，以及他的虛榮心，使其常常沉醉在西方的贊美中不能自拔，導致了蘇共亡黨、蘇聯亡國的嚴重後果，違背了他建設「民主的社會主義蘇聯」的初衷，背叛了共產主義事業。1996 年，戈爾巴喬夫參選俄羅斯總統，只獲得不足 1% 的選票。在一次競選活動中，他甚至被一名憤怒的選民重重地扇了一記耳光。

8.2　俄羅斯的經濟與政治

蘇聯解體後，其最大加盟共和國俄羅斯繼承了蘇聯的國際地位。獨立後的俄羅斯經歷了痛苦的經濟與政治制度轉軌過程。如今，俄羅斯邁入了經濟發展、政局穩定的新時期。

8.2.1　俄羅斯的經濟

俄羅斯的經濟發展主要經歷了三個階段。20 世紀 90 年代前半期，俄羅斯經濟在「休克療法」政策下出現動盪；90 年代後半期，俄羅斯政府對經濟政策進行調整，經濟狀態逐漸穩定下來；進入新世紀，俄羅斯經濟步入快速發展的軌

道，總體經濟狀況良好，但近期出現了一些危機。

第一階段：「休克」與動盪（1992—1995年）。1991年是蘇聯經濟走向全面崩潰的一年，也直接導致了蘇聯的解體。在此背景下，主張進行「激進經濟改革」的觀點在剛剛獨立的俄羅斯占了上風。1991年12月19日，俄羅斯總統葉利欽批准《1992年國有及市有企業私有化綱要基本原則》，一場所謂的「休克療法」改革在俄羅斯全面鋪開。

「休克療法」的具體內容，包括經濟自由化、國有企業私有化以及維持穩定的財政和貨幣秩序。按照這一思路，俄羅斯政府從1992年初開始實行一系列新政策：一次性全面放開價格；實行緊縮的財政政策和貨幣政策；對外貿易自由化；以行政手段強制推行大規模的私有化。俄羅斯政府提出，要在3~4年內基本完成私有化過程，在1995年之前通過私有化使私人手中掌握的生產性資產達到國民經濟的60%以上。其主要方式是將大中型國有企業改組為股份公司，然後向公民發放私有化證券，公民再用私有化證券購買公司的股票。

「休克療法」讓俄羅斯政府和民眾都付出了慘重的代價。物價全面放開後，消費品價格直線上升，短短4個月內就上漲了65倍。財政緊縮造成企業流動資金嚴重短缺，「三角債」日益嚴重，政府被迫放鬆銀根，大量增發貨幣，從而又導致通貨膨脹率急遽上升，1992年通貨膨脹率高達2,510%，國內生產總值下降14.5%，工業產值下降18%，對外貿易量劇跌，外匯空前短缺。在私有化過程中，有數千億美元的資金外逃，大量國有資產以極低價格落入某些私人手中，一些具有戰略意義的經濟資源被寡頭控制，社會貧富差距急遽擴大。「休克療法」造就了占總人口5%~7%的俄羅斯新貴，而絕大多數民眾則掙扎於貧困線上下。

第二階段：調整與穩定（1996—1999年）。在1996年的總統大選中，葉利欽雖然成功連任，但由於經濟改革陷於困境而受到了猛烈的抨擊。在這種情況下，政府制定了《1997—2000年俄羅斯政府中期綱要：結構改革和經濟增長》，體現了自由市場經濟轉向社會市場經濟的思路，停止大規模私有化。經過一段時期的調整，俄羅斯的經濟狀況趨於穩定。1997年俄羅斯國內生產總值增長了0.9%，工業產值增長了2%，通貨膨脹也得到了有效控制，約為11%，盧布匯率基本穩定，居民實際收入有所增長，貧困人口占總人口的比例從1/2減少到1/3。但是，經濟形勢的好轉並沒有能夠持續下去。1998年8月爆發了嚴重的金融危機，盧布匯率劇跌，通貨膨脹率再次攀升，國民經濟大幅衰退，重新陷入「休克」。

金融危機爆發後，普里馬科夫出任俄羅斯政府總理。他上臺後對經濟政策進行了根本性調整，包括：加強國家對經濟的控制，加強對銀行和證券市場的管理；增加投資，刺激生產；改革稅制，擴大徵稅範圍，減少財政開支，維持財政穩定；探索適合俄羅斯特點的經濟改革道路等。此外，政府還保證按月發放聯邦預算內撥款的工資、軍餉和退休金，並且補發了以往的欠款，遏制了人民生活貧困化的趨勢。總的來看，普里馬科夫政府對俄羅斯轉軌以來的經濟政策進行了深刻反思，有效緩解了經濟危機。

第三階段：發展與危機（2000年以來）。1999年12月，普亭出任俄羅斯代

總統，2000年3月正式當選為總統，俄羅斯進入普亭時代。俄羅斯經濟開始進入快速發展時期。

普丁大刀闊斧地對經濟發展戰略進行了調整：首先是大力提升國家在經濟中的作用，通過法律程序將具有戰略意義的企業收歸國有；打擊寡頭壟斷，使國民經濟命脈被重新掌握在國家手中；建立有效的財政金融體系，改革稅制，減輕企業負擔；充分利用能源優勢，獲取大量能源外匯以充盈國庫；努力消除結構性制約，培育創新經濟；加快融入世界經濟體系步伐，增強俄羅斯在國際上的經濟影響力。

經濟政策調整又適逢國際油價持續上漲的良好機遇，俄羅斯經濟步入快速發展的軌道：連續8年保持了年均7%的經濟增長率，2007年比2000年增長58.1%；GDP達到1.2萬億美元，比2000年增加了63%。2008年，俄羅斯經濟總量按照購買力平價法計算已達2.38萬億美元，居世界第七位；居民實際收入增加了1.5倍，失業和貧困水準降低了一半。

不過，俄羅斯的經濟增長仍然具有「資源型」和「粗放型」特徵：第一，對能源等原材料出口的依賴非常嚴重；第二，產業結構失衡，經濟原材料化和能源化趨勢加強；第三產業比重下降，金融服務業嚴重滯後；投資結構不當，融資渠道單一；社會兩極分化嚴重，制約消費增長；研發投入不足，科技進步停滯不前。

對原料出口的嚴重依賴及經濟結構的失衡使俄羅斯經濟極易受到國際因素的影響，經濟發展中的一些風險逐漸顯現。2008年全球金融危機使俄羅斯經濟遭受重創，2009年GDP下降了7.8%；但之後很快恢復穩定增長，2010年、2011年經濟增幅分別為4.5%和4.3%；2012年俄羅斯全年經濟增長率僅為3.4%，2013年降至1.3%。2014年下半年起，受國際原油市場價格不斷下跌和西方國家因烏克蘭危機對俄實施制裁的影響，盧布大幅貶值，大型國企在國際市場的資金流動出現困難，國家經濟發展受到嚴重影響，全年GDP僅增長0.6%。這場衝擊在2015年仍在延續，俄羅斯經濟進一步深陷危機。在經歷了一年多的負增長以後，從2016年第三季度起，俄羅斯國內生產總值已實現連續4個季度的正增長。俄羅斯統計局公布的數據顯示，2017年前9個月俄羅斯經濟增長率達到1.6%。俄羅斯總統普丁表示，2017年是成功的一年，俄羅斯經濟走出衰退並進入可持續發展和增長階段。但俄羅斯對原料出口的依賴及經濟結構不合理等「內傷」依然沒有得到治愈。

8.2.2 俄羅斯的政治

1993年發生「憲法危機」之後，俄羅斯通過了新的憲法，確立了總統制。進入21世紀，普丁通過一系列改革，強化了國家權力，俄羅斯形成了特色鮮明的威權主義政治體制。這套體制有效保障了俄羅斯政治與社會的穩定和經濟的增長。

──憲法危機──

1991年6月，葉利欽當選為蘇維埃俄國總統。蘇聯解體後，蘇維埃俄國獨立並更名為「俄羅斯聯邦」，葉利欽擔任首任總統。當時俄羅斯憲法仍然保留了蘇聯的蘇維埃體制：俄羅斯聯邦人民代表大會是國家最高權力機關，最高蘇維埃則是它的常設機關。俄羅斯聯邦總統被置於人民代表大會的領導之下。議會與政府之間的權力矛盾，最終引發了一場憲法危機。

自1992年推行「休克療法」後，經濟形勢反而持續惡化，導致大多數黨派對政府經濟政策不滿，進而又轉變為「建立什麼樣的政治體制」的爭論。各政治派別圍繞國家權力分配的對抗加劇。以俄羅斯最高蘇維埃主席哈斯布拉托夫、副總統魯茨科伊為首的一派主張建立議會—總統共和制，限制總統權力；而以葉利欽為首的一派主張建立總統制，通過加強總統行政權力來控制局勢。葉利欽政府將最高蘇維埃視為蘇聯舊制度的遺物，打算通過修改憲法徹底摧毀殘存的蘇維埃體制。

1993年3月，葉利欽發表電視講話，宣布在俄羅斯實行總統治理，但這一決定被憲法法院裁定為違憲。最高蘇維埃決定召開人民代表大會彈劾葉利欽，但未能成功。經過多次鬥爭與妥協後，雙方同意於1993年4月25日舉行全民公決。公決結果顯示，大多數俄羅斯人更傾向於支持總統。由於在全民公決中占了上風，葉利欽發布了召開制憲會議的總統令。在同年7月召開的制憲會議上，加強總統權力的新憲法草案獲得通過。為了進一步掃清障礙，同年9月21日，葉利欽宣布解散議會。第二天，最高蘇維埃宣布總統令違憲、解除葉利欽本人的總統職務並任命副總統魯茨科伊為總統。同年10月4日，葉利欽下令俄羅斯政府軍向議會所在地白宮發動進攻，哈斯布拉托夫等人最終投降（即「十月事件」）。12月12日，俄羅斯對新憲法草案進行了全民公投，通過了新的總統制憲法，同年12月25日新憲法正式生效。歷時兩年多的憲法危機結束。

──新憲政制度──

根據1993年的憲法，俄羅斯是共和制的民主聯邦法治國家，政體形式為元首集權式的總統制，國家權力由俄羅斯總統、聯邦會議（聯邦委員會和國家杜馬）、俄羅斯聯邦政府、俄羅斯聯邦法院行使。

總統：俄羅斯總統是國家元首，由全民選舉產生，任期4年（2008年年底通過的憲法修正案將總統任期延長至6年），除非犯有叛國罪或其他十分嚴重罪行並經最高法院確認，不受議會彈劾。總統在國家權力體系中占據著特殊的地位，總統不屬於立法、行政、司法任何一個權力分支，而是超越於三權之上。總統的權力相當廣泛，包括：統帥軍隊、任免政府官員（包括總理）、召集和解散議會、任命聯邦憲法法院和最高法院法官、特赦等權力。

司法機構：俄羅斯聯邦司法機關主要有聯邦憲法法院、聯邦最高法院、聯邦最高仲裁法院及聯邦總檢察院。聯邦憲法法院對涉及憲法的案件和糾紛做出裁決。聯邦最高法院是民事、刑事、行政和其他案件的最高司法機關。聯邦最高仲裁法院是對經濟糾紛和仲裁法院審理的其他案件進行裁決的最高司法機關。聯邦總檢察院負責犯罪案件偵查和提起公訴等事務。

──**俄羅斯政局的演變**──

　　1993 年新憲法通過以後，俄羅斯政治鬥爭的方式發生了很大變化。由於總統擁有很大的權力，政局混亂無序的狀態得到遏制，流血的政治衝突讓位於較溫和的議會鬥爭。「十月事件」之後，一些以極端方式與政府對抗的政黨被解散。其餘政黨在定期的選舉中逐漸形成了左派、中派、右派和民族主義並存的、比較穩定的力量格局。但表面穩定的政局下卻暗藏危機。由於與金融寡頭之間的牽連，葉利欽不能實施任何違反金融寡頭集團利益的改革，導致權錢勾結、腐敗叢生，俄羅斯幾次在國際腐敗「排名榜」上名列前茅。政府威信不斷下降，社會矛盾日趨激烈，葉利欽不得不通過頻頻撤換政府領導人來挽救岌岌可危的政治局勢。1999 年 12 月 31 日，心力交瘁的葉利欽出人意料地辭去了總統職務，普丁出任代總統。在 2000 年 3 月的大選中，普丁正式當選為總統，俄羅斯開始進入「普丁時代」。

　　為維持政局穩定，普京上任後採取了一系列措施。首先，加強了國家的垂直管理，強化國家權力。2000 年 5 月，普丁將俄羅斯劃分成七個聯邦區，任命每個聯邦區的總統全權代表，設立代表處對地方政府進行協調和監督。2004 年，啟動聯邦主體合併計劃，聯邦主體總數從 2000 年的約 90 個減少為 70 多個。其次，採取強有力的措施恢復憲法秩序，維護聯邦國家的統一。堅定地出兵車臣，有力打擊了恐怖主義和分離主義勢力，增強了政府的權威。最後，打擊寡頭壟斷，整肅腐敗。普丁通過司法程序嚴厲打擊金融寡頭，結束寡頭政治，並將寡頭控制的經濟部門收歸國有；設立國家反腐敗委員會，強力治理腐敗，緩解了導致俄羅斯社會政治動盪的根源性問題。

　　由於行政措施效果卓著，經濟獲得快速發展，民眾生活水準大幅提升，普京獲得多數民眾的支持。2004 年 3 月，普京成功連任總統，並得到 71% 的絕對多數票。2008 年 5 月，普京卸任總統後正式成為統一俄羅斯黨主席。5 月 7 日，俄羅斯新任總統梅德韋杰夫提名普京為新一屆政府總理。2012 年 3 月，普京第三次參加總統大選並以 63.75% 的得票率當選，任期至 2018 年。媒體戲稱普京和梅德韋杰夫在玩權力的「二人轉」。但這也從另一個側面說明俄羅斯人民對普京及其政治夥伴的支持（見圖 8.1）。2017 年 12 月，普京宣布他將作為獨立候選人參加

圖 8.1　2013 年 8 月，自信的普京獨行在空曠的大街上
［圖片來源］國際在線.

2018年總統大選，爭取再次連任。在 2018 年 3 月的大選中，普京以 76.66% 的得票率當選為俄羅斯總統，再次獲得連任。

──**特色鮮明的威權主義政治體制**──

獨立後的俄羅斯雖然拋棄了蘇聯時期的集權主義體制和領導人任命制，採取民主選舉的方式確定國家最高領導人，但從政治實施的後果來看，俄羅斯政治的威權主義特色是非常鮮明的。「十月事件」後，俄羅斯新憲法賦予總統超強權力，為威權主義體制的形成奠定了基礎。1996 年葉利欽在總統大選中獲勝，標誌著有憲法保護的、以總統為主導的威權主義政治體制最終形成。

普京上臺後，更是將「威權主義」演繹得淋漓盡致。他在《千年之交的俄羅斯》一文中聲稱「俄羅斯需要一個強有力的國家政權體系，也應該擁有這樣一個政權體系」。俄羅斯威權主義體制有兩個重要特徵：一是帶有鮮明的「國家主義」特色，普京加強了國家對行政體系及經濟社會生活的垂直管理，統一國家意志，強化中央政府的強勢地位，喚醒人民的國家意識，從而確立了「國家權威至上」的原則；二是與「民族主義」相輔相成，普京想方設法激發民眾的民族意識和大國意識，從俄羅斯的歷史和文化中尋找增強民族凝聚力的手段，在國際上不惜與西方交惡來贏取俄羅斯的民族地位，以「民族主義」旗號為政府贏得了更多的權威。

俄羅斯的威權主義與其歷史上的中央集權傳統和專制主義文化密切相關，也與俄羅斯的政治、經濟、社會現實的需要及俄羅斯人的「大國訴求」息息相關，得到了民眾的支持，具有歷史合理性。

※**觀點爭鳴**※　　　**俄羅斯是民主國家還是獨裁國家？**

很難簡單地將俄羅斯定性為民主國家或獨裁國家。從程序來看，俄羅斯已經進行了「深刻的民主改革」，它引入了西方式競爭性選舉，每次競選都異常激烈。普京第三次當選總統時，曾因為勝利來之不易而當眾流下眼淚。俄羅斯反對派的力量不斷增長，可以對政府進行批評，而且聲音越來越高。從長遠看，俄羅斯政壇的「政黨輪替」是早晚的事。俄羅斯的政體完全符合政治學理論所講的「程序民主」。

但從民主實施的效果來看，俄羅斯似乎並沒有走上「實質民主」的道路。普京的執政思路是強化國家權力和個人權威，乃至於西方輿論差不多仍把俄羅斯當成當年的蘇聯來罵，通過選舉上臺的普京被說成了「獨裁者」、「普京大帝」，俄羅斯如此大跨度的民主改革被西方輿論一筆勾銷。　俄羅斯的部分媒體也擔心普京長期執政是否會重現史達林時代。　也有人將普京同俄羅斯歷史上著名的彼得大帝相比較，稱普京為「新沙皇」。

不管如何，這位將威權主義政治演繹得淋漓盡致的俄羅斯領導人畢竟是民選的總統，他得到了多數俄羅斯人的堅定支持。也許，正是他的權威風格和鐵腕作風讓他獲得了民眾的支持。懷有大國情結的俄羅斯人需要這樣一位「政治強人」，普京成為俄羅斯保持國家凝聚力和重現大國風采的政治寄托。

8.3 俄羅斯的對外戰略

俄羅斯的對外戰略歷經「一邊倒」外交到「多極化」外交的轉變。普京執政以來確立了獨立自主的大國外交戰略，大幅提升了俄羅斯的國際影響，引人矚目。

8.3.1 葉利欽時期的對外戰略

葉利欽政府早期對西方抱有很大期望，奉行了向西方「一邊倒」的外交戰略。但西方並沒有給予俄羅斯期待已久的援助，俄羅斯開始調整外交戰略。普里馬科夫擔任外交部部長後，確定並實施全方位「多極化」外交。

——「一邊倒」外交戰略的形成與實施——

早在蘇聯解體前，俄羅斯就顯示出「親西方」的外交傾向，美國喬治·布什政府與葉利欽領導的俄羅斯交往密切。獨立之初，葉利欽對西方寄予很大期望，試圖通過與西方解決一系列歷史遺留問題以獲得大量的資金援助，力求早日實現國內經濟轉軌，重新恢復經濟活力。1992年4月，美國宣布給予俄羅斯一筆為數240億美元的援助，這相當於當時俄羅斯一年國民生產總值的一半，這讓俄羅斯領導人歡欣鼓舞，更堅定了對西方「一邊倒」外交戰略的實施。「一邊倒」戰略的主要表現為：

第一，將處理與西方國家關係當成俄羅斯外交戰略的重點。1992年初，葉利欽旋風般訪問西方國家，與美國簽署《關於俄美兩國新關係的戴維營聲明》，並分別與英國、法國、加拿大簽署友好合作條約。俄羅斯總統被吸收參加西方七國首腦會議的政治性磋商，世界銀行、國際貨幣基金組織等也開始接納俄羅斯。

第二，在諸多國際問題上放棄以前的立場，開始偏向追隨西方。在南斯拉夫衝突問題上，俄羅斯放棄其傳統立場，在聯合國投票支持西方對塞爾維亞共和國的制裁；在伊拉克問題上，支持西方在伊拉克設立禁飛區；在朝鮮核問題上，指責朝鮮的行為，督促朝鮮接受國際社會的核調查；俄羅斯還有意疏遠了蘇聯時期的一些盟國，如結束與古巴的軍事關係。

第三，在軍事安全領域同西方展開前所未有的合作態勢。俄羅斯積極配合美國解決獨聯體國家的核擴散問題。1992年5月，俄羅斯與烏克蘭、白俄羅斯、哈薩克斯坦三國一起同美國簽署《里斯本五國協議書》，宣布該三國為無核國家。俄羅斯還宣稱不再將導彈對準美國及其他西方國家。1992年6月，俄羅斯與美國簽署有利於美國謀求核優勢的《關於進一步削減戰略核武器的諒解協議》。

——外交戰略的調整——

從1993年開始，俄羅斯的外交政策發生了微調：葉利欽相繼訪問了韓國、中國和印度；部分改變了在重大國際問題上完全跟隨西方的做法；明確表示反對東歐國家加入北約。但這並未改變其向西「一邊倒」的傾向。俄羅斯的長遠目標

是與美國及北約建立戰略夥伴關係甚至盟友關係。

然而「一邊倒」外交政策並沒有給俄羅斯帶來預想的國家利益。一是因為西方的援助「口惠而實不至」；二是由於疏遠與非西方國家尤其是與一些社會主義國家的關係而損害了自身的利益，使俄羅斯的國際影響力與國際地位大大降低。1994年2月，葉利欽在國情咨文中明確宣稱俄羅斯外交「應結束有缺陷的單方面讓步」，標誌著外交戰略將有所調整。

此後，俄羅斯在涉及國家利益、戰略安全及民族尊嚴等問題上重新回到對西方強硬的立場。1994年12月召開的北約理事會決定制定接納中東歐國家加入北約時間表，俄羅斯對此表示強烈反對；葉利欽在隨後舉行的歐安會首腦會議上指責北約「意在歐洲製造新的分界線」，並憤然提前回國。1995年1月，美國提出建立戰區導彈防禦系統，俄羅斯認為這是變相恢復星球大戰計劃，對此表示堅決反對。在車臣問題上，俄羅斯指責西方干涉俄羅斯內政，表示絕不接受西方國家對俄羅斯的霸道行為。俄羅斯開始重視與獨聯體國家的一體化建設，1995年9月通過《俄羅斯對獨聯體國家戰略方針》，確定將獨聯體建成政治和經濟一體化的國家聯合體，並增強俄羅斯的主導作用。

——「多極化」外交——

1996年1月，普里馬科夫擔任俄羅斯外交部部長，開始大幅度調整外交戰略，確定並實施全方位「多極化」外交。普里馬科夫認為多極化是當今世界發展的基本趨勢，俄羅斯應反對任何建立單極世界的企圖，並謀求成為多極世界中重要的一極。在普里馬科夫的主導下，俄羅斯正式實施「多極化」外交戰略，具體表現在：不再對美國言聽計從，而是謀求與美國的「平等關係」；主動介入地區事務，與西方國家立場形成鮮明對比，抨擊美國的霸權行徑；謀求與中、法、德、印度等國建立緊密的戰略關係，深化與地區大國的戰略合作，以增強其自身的國際影響力。

普里馬科夫的「多極化外交」推動了俄羅斯的獨立自主，為普京時代的外交戰略奠定了基礎。

8.3.2 普京時期的對外戰略

普京上任後確立了獨立自主的大國外交戰略，推行「依託歐亞，面向歐美」的外交戰略佈局，將獨聯體國家的一體化進程作為外交的優先目標。普京時期的外交戰略提升了俄羅斯的政治大國地位。

——普京的外交構想——

普京上臺後的2000年6月，俄羅斯頒布了《俄羅斯對外政策構想》（簡稱《構想》），全面闡述了俄羅斯對外戰略的目標、方針、重點、佈局等。《構想》確定俄羅斯外交至高無上的優先目標是保護個人、社會和國家的利益；認為俄羅斯應優先考慮建立國際新秩序、加強國際安全、廣泛參與國際經濟體系等全球層面的問題。在區域外交佈局上，《構想》認為俄羅斯外交的優先方面是保證與獨

聯體國家的廣泛合作，重點發展與歐洲國家的關係，實現與美國關係正常化，同時加強與亞洲國家的關係。《構想》提出了與世界各國合作、與國際社會一體化的基本設想，希望「建立基於平等、相互尊重和互利合作原則之上的國際關係體系」。

——大國外交的實施——

根據《俄羅斯對外政策構想》，俄羅斯的外交戰略具體表現為以下三個方面：

第一，以「世界大國」定位自身國際身分，謀取大國地位。普京在執政前期以恢復俄羅斯大國地位為重點，收縮戰線，集中精力恢復國內經濟。2005年，俄羅斯推出「主權民主」概念，宣稱將按照自己的原則構築國際關係，拒絕在意識形態上盲目追隨西方；在獨聯體推行新的政策；堅決支持烏茲別克斯坦與西方抗爭；積極推動上海合作組織；努力推進亞太外交；開始與西方特別是美國在諸多問題上進行正面交鋒。俄羅斯還通過倡導多極化的世界結構來牽制美國的「單極化」企圖，維持自身的大國地位。

第二，推行「依託歐亞，面向歐美」的外交戰略佈局。「依託歐亞」是俄羅斯外交的根本出發點：一方面重視與歐洲國家關係的改善，建立了較為穩定的俄歐協商對話機制；另一方面重視與亞洲國家關係的建設，與中國和印度建立了戰略協作關係，擴大了與朝鮮、韓國和日本等的合作。「面向歐美」是俄羅斯外交的戰略重點，尤其是俄美關係一直是俄羅斯外交舞臺上的重頭戲。「9/11」事件發生後，俄美關係曾經歷了一個短暫的蜜月期，但在2003年後，俄美關係漸趨緊張。美國發動伊拉克戰爭、推行「大中東民主計劃」、利用車臣問題向俄羅斯施壓、在中東歐支持「顏色革命」、推動北約東擴等行為，引起了俄羅斯對美國的強烈不滿。美國奧巴馬政府上臺後，曾力圖修復陷入低谷的俄美關係，雙方簽署了新的削減戰略武器條約，美國支持俄加入世界貿易組織等。但隨後在伊朗核問題、敘利亞內戰等多個議題上，俄、美出現較大分歧。2013年年底，烏克蘭危機的爆發令俄美關係陷入嚴重對立狀態，美國等西方國家對俄羅斯實施了多輪經濟制裁，使俄美關係處於「冰點」。媒體用「新冷戰」來形容烏克蘭危機以來的俄美關係。

第三，積極推進獨聯體國家的一體化進程。蘇聯解體之初，俄羅斯一定程度上忽視了與獨聯體國家的關係。普京上臺後對獨聯體格外看重，1999年擔任俄羅斯總理時，就將對獨聯體外交升級為俄羅斯的優先級。之後，普京積極推動獨聯體國家的安全合作與經濟一體化進程，其主要表現有：與白俄羅斯組成「俄白聯盟」；與白俄羅斯、哈薩克斯坦組成「歐亞經濟聯盟」；與白俄羅斯、哈薩克斯坦、吉爾吉斯斯坦、塔吉克斯坦、烏茲別克斯坦組成「歐亞經濟共同體」；與白俄羅斯、哈薩克斯坦、吉爾吉斯斯坦、塔吉克斯坦、烏茲別克斯坦、亞美尼亞組成「集體安全組織」。從地緣政治角度看，獨聯體地區是俄羅斯的核心戰略區域。但近年來，美國等勢力不斷滲透進來，嚴重擠壓了俄羅斯的戰略空間。俄羅斯推動獨聯體國家一體化進程，既是對經濟利益的考量，也是對政治利益和安全利益的考量。

──普京外交新構想──

普京第三次當選俄羅斯總統後，於 2013 年 2 月 12 日簽署新版《俄羅斯對外政策構想》。新構想認為「世界充滿了威脅」，「俄羅斯的對外政策環境從未如此複雜，也從來沒有像今天這樣隱含著這麼多的挑戰與威脅」。對於外交關係，新構想首先強調對獨聯體外交的優先地位，並著力構建歐亞聯盟；西方國家排在第二序列，俄羅斯希望「通過對話建立俄美關係堅實的經濟基礎，密切兩國在所有領域的聯繫」，但不再提「與美國構建戰略夥伴關係」；最後是「亞洲方向的合作」，新構想認為要進一步發展俄羅斯—印度—中國三方外交政策和經濟合作的有效互利機制，強化與中國、印度等國的戰略合作。

新構想明顯表現出對美國霸權行徑的不滿，提出俄羅斯的目標之一是反對干涉別國內政，為此莫斯科將「確保尊重人權和自由」，這是不點名地指責以美國為首的西方社會的干涉主義。另外，新構想第一次引入了「軟實力」概念並對其在俄羅斯外交中的重要作用給予特別關注。

另外，普京一直有著讓俄羅斯成為當今世界大國的雄心壯志。普京在 2017 年年底的一次講話中提出，俄羅斯應維護國家的完整與自由，維護社會的穩定與和諧，「俄羅斯有恢復其世界主導地位的一切能力」。

8.4 中俄關係

中俄關係自 1992 年以來，經歷了「友好關係」「建設性夥伴關係」「戰略協作夥伴關係」幾個階段。目前，中俄關係處於歷史上的最好時期。堅定不移地推動中俄戰略協作夥伴關係向前發展，實現世代友好，是兩國政府和兩國人民的共同意願和現實選擇。

8.4.1 中俄關係的演變

中俄關係在很大程度上是中蘇關係的延續。中蘇關係在 20 世紀經歷了 50 年代的友好、60 年代的破裂、70 年代的對抗，到 1989 年實現了全面正常化。1991 年 12 月 25 日蘇聯宣告解體，27 日中國政府代表團即抵達莫斯科，與俄羅斯政府舉行會談，中、俄兩國正式建交。此後，中俄關係經歷了以下幾個階段：

第一階段：兩國確立相互友好關係（1992 年）。俄羅斯在獨立之初奉行親西方的外交政策，把對華關係放在次要位置。而中國在 20 世紀 90 年代初與西方國家關係冷淡，對俄羅斯的親西方政策也抱有一些疑慮。因此，中俄關係在 1992 年初的前景並不是很明朗。

1992 年 1 月 31 日，李鵬總理和葉利欽總統在參加聯合國安理會最高級會議期間就兩國的睦鄰合作關係表達了共同的願望。1992 年 12 月，葉利欽總統訪華，中俄雙方簽署《關於中俄相互關係聯合聲明》及其他一系列政治文件，宣布兩國

「相互視為友好國家」。不過，這一時期俄羅斯奉行向西方「一邊倒」外交，對中國外交不夠重視，兩國合作水準尚處於較低層次。

　　第二階段：從「友好關係」提升到「建設夥伴關係」（1993—1994 年）。葉利欽總統訪華之後，中、俄兩國關係日益密切。兩國在經濟、政治、軍事、科技、文化領域的合作迅速增加。1994 年初，俄羅斯調整外交戰略，決定推行兼顧東西方的平衡外交政策，中俄關係進一步提升。1994 年 9 月 3 日，江澤民主席訪問俄羅斯並與葉利欽總統簽署《中俄聯合聲明》，雙方認為「已具有新型的建設性夥伴關係」。江澤民訪俄期間，兩國還簽署了《中俄兩國首腦關於不將本國核武器瞄準對方的聯合聲明》和《中俄西段邊界協議》。這次中俄最高級會晤為兩國關係重新做出了定位。

　　第三階段：從「建設性夥伴關係」到「戰略協作夥伴關係」（1995—1999 年）。進入 1995 年，俄羅斯與美國因為「北約東擴」而分歧加大；中美關係也因（中國）臺灣問題而趨於冷淡。在這樣的背景下，中、俄兩國在國際事務中的合作明顯增加了。1995 年 3 月，在日內瓦人權會議上，俄羅斯支持中國挫敗了西方國家的反華提案。

　　1996 年，普里馬科夫出任俄羅斯外交部部長，進一步弱化了「親西方」的外交政策，加大了對華關係的力度。葉利欽總統於 1996 年 4 月再次訪華，中俄關係又上升到新的水準，兩國簽署了中、俄第三個聯合聲明，宣告雙方要發展「平等與信任的、面向 21 世紀的戰略協作夥伴關係」。葉利欽這次訪華的另一重大成果是建立了「上海 5 國合作機制」。中國、俄羅斯、哈薩克斯坦、吉爾吉斯斯坦和塔吉克斯坦 5 國元首在上海簽署了《關於在邊境地區加強軍事領域信任的協定》。1998 年 11 月，中、俄簽署聯合聲明《世紀之交的中俄關係》，對世界多極化、世界文明多元化、經濟全球化、「冷戰」結束後的大國關係等問題闡述了共同的觀點和立場。

　　第四階段：「戰略協作夥伴關係」的充實和發展（2000 年至今）。進入新世紀，中俄領導人都高度重視兩國關係，中俄戰略協作夥伴關係得到進一步充實和發展。2001 年 7 月 16 日，兩國元首簽訂《中俄睦鄰友好合作條約》，並在共同發表的聯合聲明中談到該條約是「兩國關係史上的一個重要里程碑，標誌著雙方關係進入一個新階段」。2003 年 5 月 28 日，胡錦濤主席和普京總統在《中俄聯合聲明》中總結說：「中俄關係經歷了從相互視為友好國家、建立建設性夥伴關係直至確立戰略協作夥伴關係的歷史進程，雙方通過共同努力建立起合作的最佳模式，使兩國關係步入平穩發展軌道。」2013 年 3 月，習近平主席訪問俄羅斯，同普京總統簽署《中俄關於合作共贏、深化全面戰略協作關係的聯合聲明》，將雙方業已建立的平等信任、相互支持、共同繁榮、世代友好的全面戰略協作夥伴關係提升至新階段。

8.4.2 中俄關係的現狀

由於中、俄領導人的共同努力，雙方建立了比較穩固的政治關係，戰略合作進一步拓展，經貿合作水準有了較大飛躍，邊界問題得到徹底解決。

——互信基礎上的政治關係穩固——

目前，中、俄兩國的政治互動非常頻繁，元首互訪、總理會晤、議會合作、戰略安全磋商等交流機制運行順暢，兩國的戰略協作夥伴關係進入常態化、機制化和規範化軌道。兩國設立的「元首專線」凸顯了雙方的政治互信空前提升。中、俄雙方都認為兩國關係「處於歷史最高點」。在諸如世界多極化、反對霸權主義、朝鮮問題、烏克蘭問題等重大國際及地區熱點問題上，中、俄保持一致立場，相互協商、相互支持。2015 年 5 月，習近平主席訪問俄羅斯並出席俄羅斯紀念衛國戰爭勝利 70 週年閱兵儀式（見圖 8.2）。期間，兩國元首共同簽署並發表了《中俄兩國關於深化全面戰略協作夥伴關係、倡導合作共贏的聯合聲明》，進一步確證了兩國良好的政治互信與合作。2016 年是《中俄睦鄰友好合作條約》簽署 15 週年，中俄兩國元首會晤 5 次，增進了雙方的戰略互信與務實合作。2017 年 5 月，普京總統應邀訪華出席「一帶一路」國際合作高峰論壇，明確表示支持並願積極參與「一帶一路」建設，進一步深化了中俄之間的合作。在中國共產黨第十九次全國代表大會召開之後，普京總統非常高度並且積極地評價中國共產黨在第十九次全國代表大會上的決議，稱「這與我們提出的觀點相符且相似」。

圖 8.2　2015 年 5 月 9 日習近平夫婦出席俄羅斯紀念衛國戰爭勝利 70 週年慶典
［圖片來源］騰訊網.

——戰略合作進一步拓展——

2005 年 8 月，中、俄在中國境內舉行首次大規模陸海空三軍聯合軍事演習。2007 年 8 月，中國首次派出成建制部隊，攜帶重裝備赴俄參加上海合作組織成員聯合反恐軍事演習。這兩次演習在中國對外關係史和軍事史上都是第一次。2009 年 7 月，兩國舉行了「和平使命」中俄聯合反恐演習。2012 年 4 月，兩國舉行「海上協作—2012」聯合軍事演習。至 2017 年，中俄「海上協作」軍事演習已

經舉辦了 6 次。聯合軍演已經成為中、俄兩軍常態化的合作形式，中、俄兩國的軍事合作也有了一定拓展。2015 年 5 月習近平主席訪俄期間，雙方簽署了兩國共用格洛納斯和北鬥導航系統、共同研製重型直升機等一系列有關軍事技術合作的協議，表明雙方的軍事合作進一步拓展。2016 年 6 月，習近平主席和普京總統在北京簽署關於加強全球戰略穩定的聯合聲明，不僅重申了對對方領土以及核心利益的相互支持，而且重申在國際領域反對霸權主義、反對單邊主義，將中俄戰略層次的合作推向縱深。中俄在朝核危機、「薩德」反導系統、敘利亞局勢、國際恐怖主義等問題上都保持了一致立場並相互協作，表明雙方的戰略互信達到了一個新的高度。

——**經貿合作水準有了較大飛躍**——

與政治關係相比，中、俄的經濟合作相對滯後，但增長速度很快。2000—2008 年，中俄雙邊貿易額從 80 億美元增加到 560 多億美元。受 2008 年全球金融危機影響，中俄貿易額在小幅回落後又增長迅猛。2014 年中俄雙邊貿易額為 884 億美元，較 2013 年增長 29.4%。2016 年，中俄經貿合作克服世界經濟不景氣、原油等大宗商品價格波動等不利因素影響，實現止跌回升，雙邊貿易額達到 695.3 億美元。中國已連續 7 年保持俄羅斯第一大貿易夥伴地位。另外，中俄能源合作一直穩步發展。2013 年，俄羅斯成為中國的第三大原油進口來源國。2014 年 5 月，中、俄結束了長達 10 年的天然氣供氣談判，正式簽訂為期 30 年、總價值高達 4,000 億美元的《中俄東線供氣購銷合同》。除此之外，中俄在投資、高新技術、金融、基礎設施建設、農業等領域的合作發展迅速，現代化和科技創新含量不斷提升。

——**邊界問題得到徹底解決**——

中、俄邊界爭端由來已久，是個久拖不決的歷史問題。蘇聯解體前的 1991 年 5 月，中、俄簽署了《中蘇國界東段協定》，確定了兩國東段絕大部分邊界的走向。1994 年 9 月，中、俄又簽署了關於西段邊界（約 54 千米）的協定。至此，中俄邊界爭端 98% 的部分都得到瞭解決。遺留的問題就是額爾古納河上的阿巴該圖洲渚（面積約 62 平方千米）和黑龍江、烏蘇里江交匯處的黑瞎子島（面積約 335 平方千米）。本著平等協商、互諒互讓的精神，兩國於 2004 年 10 月 14 日簽署《中俄國界東段補充協定》，最終全部確定了長達 4,300 千米的邊界走向。兩國在 2008 年結束全部勘界工作，歷史遺留的邊界問題終於得到全面徹底解決。

8.4.3　中俄關係存在的問題及展望

歷史上的中、俄一直恩怨不斷，為了領土及國家利益而紛爭不已；蘇聯時期的中、蘇關係跌宕起伏，既有「兄弟般」的合作，也有小規模的流血衝突。進入 21 世紀的中俄關係雖然「處於歷史最高點」，但並非不存在問題。展望未來的中俄關係，在可預期的將來，中、俄將迎來深度合作、共贏互利、相互依賴、協同發展的黃金時期。

──中俄關係存在的問題──
第一，戰略目標相衝可能帶來「大國政治的悲劇」。美國著名的國際政治學家約翰‧米爾斯海默在其著作《大國政治的悲劇》中預言：俄羅斯和中國都有可能成為潛在的霸權國，所以兩國之間的競爭也是難以避免的。部分外國學者和媒體也在渲染「中國龍」與「俄羅斯熊」之間的競爭，認為中、俄兩國儘管開展了廣泛而深入的合作，但兩國間仍相互存有猜忌和疑慮，在追求大國目標的過程中肯定會產生摩擦甚至衝突。美國前總統克林頓曾認為，「20世紀的大國地緣政治將主導21世紀」。從這種現實主義思維來看，中俄關係在短期內是為了應對美國在歐亞的霸權，從而達到一種力量「均勢」；但長期來看，兩國的「強國夢」及地區主導權之爭也有可能將兩國置於比較激烈的競爭狀態。儘管中國從來不承認現實主義思維對大國關係的看法，也宣稱絕不會重蹈歷史覆轍，但歷史上的所謂「大國政治鐵律」也並非毫無道理的。

第二，俄羅斯對中國軍力的擔憂一直存在。面對一個軍事力量快速發展的鄰國，俄羅斯的擔憂一直是影響中俄戰略合作向縱深發展的一個障礙。近年來，俄羅斯不斷調整靠近中國的遠東地區軍事部署，用新研製的S-400「凱旋」防空導彈系統裝備遠東部隊，在離中國邊境不遠的赤塔地區組建了第29多兵種混合集團軍。2012年普京推出俄羅斯強軍計劃，計劃在未來10年投入超過7,500億美元提升俄羅斯軍力。有分析認為，這既是俄羅斯應對美國霸權挑戰的舉措，也是間接防範中國軍力崛起的舉措。

第三，中、俄在第三國的經貿領域存在一定競爭。近年來，中國一直鼓勵資本「走出去」，投資目標國包括獨聯體一些國家。俄羅斯的一些精英甚至抱怨，中國已開始向一直被莫斯科視為專屬利益區、不讓西方染指的獨聯體國家「攻城略地」，認為中國向白俄羅斯提供「進攻性」貸款和資助「攪亂了莫斯科與明斯克的全部牌局」，使白俄羅斯加快經濟改革和國有資產私有化進程的打算落空。俄方還認為，烏克蘭加強對華交往並成為中國的戰略夥伴也影響了俄方部分利益，因為「烏克蘭完全可以向中國提供近年來莫斯科不願出售的先進軍事技術」。中俄在這些地區的經貿競爭是客觀存在的。

──中俄關係的展望──
展望未來的中俄關係，可以從以下幾個方面進行分析：

其一，雙方用「非零和博弈」的思維處理兩國關係。全球化時代，國家間相互依賴日漸加深，國際社會日益成為「你中有我、我中有你」的命運共同體。過去的現實主義大國關係理念和零和思維讓世界付出了慘重的代價。中、俄雖然都追求「大國夢」，但「俄羅斯夢」與「中國夢」並非水火不相容，而是共生共榮的關係。中國一直強調自身的發展不僅不會對世界他國構成威脅，反而會促進他國一起發展。中國與俄羅斯加強互信與合作，可以使雙方都獲益：中、俄的經貿結構互補性很強，加強兩國的經貿往來及能源合作能大大提升雙方的經濟利益；中、俄在政治上相互支持、相互「點贊」，可以發揮「抱團取暖」效應，共同增強兩國的政治影響力；兩國在戰略上加強合作，可以共同應對複雜的地區局勢及恐怖主義、分裂主義和極端主義的威脅。中、俄用「非零和博弈」思維來避免

「大國政治的悲劇」是完全可能的。

　　其二，建立國際新秩序需要中、俄深化合作。2013年版的《俄羅斯對外政策構想》認為「世界充滿了威脅」；2015年中國國防白皮書《中國的軍事戰略》也認為「霸權主義、強權政治和新干涉主義將有新的發展，各種國際力量圍繞權力和權益再分配的鬥爭趨於激烈」。所以，中、俄只有走到一起，採取共同措施應對世界上的各種挑戰，才能最大化維護各自的國家利益。中、俄都主張世界多極化趨勢，表達了建立國際新秩序的主張，共同推動新型國際關係的構建。中、俄的戰略目標更大程度上是相通而不是相衝的。可以預見的是，在目前國際秩序和國際格局尚未得到較大幅度改變之前，中、俄的戰略合作會繼續深化下去。

　　其三，中、俄兩國都有足夠的決心和能力處理雙方的分歧和紛爭。曾經影響兩國關係的邊界問題在兩國領導人充滿智慧的處理方式下得到徹底解決；關於東段供氣的談判持續了10年之久，也終於在2014年5月達成協議，充分展示了中、俄為解決分歧、增進合作、增強互信所做出的巨大努力和決心。目前，中俄關係的主調是合作，分歧只是局部性的。從近年兩國的外交態勢來看，雙方領導人都不會讓一些局部性問題和事件影響兩國的整體關係。

　　可以展望，在可預見的將來，中、俄將迎來深度合作、共贏互利、相互依賴、協同發展的黃金時期。正如普京總統所言：「俄羅斯需要一個繁榮和穩定的中國，反過來，中國也需要一個強大和成功的俄羅斯。」習近平主席也表示：中國和俄羅斯之間的關係是世界上最重要的一組關係，更是最好的一組大國關係；一個高水準、強有力的中俄關係，不僅符合中、俄雙方的利益，也是維護國際戰略平衡和世界和平穩定的重要保障，為國際秩序和國際體系朝著公正合理的方向發展提供了正能量。

本章小結：

　　蘇維埃社會主義共和國聯盟（簡稱蘇聯）的成立是20世紀國際政治中的一件大事。蘇聯歷經興盛期（1922—1953年）、中轉期（1954—1982年）和衰亡期（1983—1991年），於1991年12月正式解體。蘇聯解體的原因是多方面的，主要有制度性因素、領導人的錯誤改革、民族政策及西方的「和平演變」戰略等。

　　蘇聯解體後，俄羅斯繼承了蘇聯的大部分遺產。俄羅斯的經濟在實行了激進的「休克療法」之後動盪不安，政府不得不重新調整經濟政策，俄羅斯的經濟狀況趨於穩定。普京執政後對經濟發展戰略進行了大刀闊斧的調整，俄羅斯經濟開始步入穩定增長的時期。但俄羅斯對原料出口的嚴重依賴及經濟結構的失衡使其經濟發展中的危機逐漸顯現。在政治方面，俄羅斯在經歷1993年憲法危機之後確定了新的憲政制度，憲法賦予總統超強的權力。2000年3月，俄羅斯開始進入「普京時代」。普京實行了頗具特色的威權主義政治體制，一方面加強了中央集權，使政治、社會更趨穩定；另一方面也增強了個人權威，獲取了較高的民眾支持率。「梅普二人轉」讓普京第三次成為俄羅斯總統，「普京時代」將延續下去。2017年年底，普京宣布將參加2018年俄羅斯總統大選。

在對外戰略方面，俄羅斯剛剛獨立時奉行向西方「一邊倒」外交，但效果不佳，於是開始調整為東西方兼顧的「多極化外交」。普京上臺後開始謀取俄羅斯應有的大國地位，外交中的獨立自主性更加明顯。中俄關係經歷了「確立友好關係」（1992年）到「建設夥伴關係」（1993—1994年）到「戰略協作夥伴關係」（1995年至今），建立了穩固的政治關係，戰略合作進一步拓展，經貿合作有了較大飛躍，並徹底解決了邊界問題。但中俄關係也存在一些問題。展望未來，中、俄兩國將迎來深度合作、共贏互利、相互依賴、協同發展的黃金時期。

思考題：

1. 蘇聯解體對中國有什麼重要的啟示？
2. 怎樣看待普京的威權主義政治？
3. 俄羅斯目前的經濟結構存在什麼問題？經濟發展前景怎樣？
4. 俄羅斯與西方國家特別是美國頻頻交惡的原因有哪些？
5. 請分析中俄關係走勢良好的主要原因。

閱讀書目：

1. 肖德甫. 世紀悲歌——蘇聯共產黨執政失敗的前前後後［M］. 北京：中共黨史出版社，2008.
2. 李慎明. 蘇聯亡黨亡國20年祭——俄羅斯人在訴說［M］. 北京：社會科學文獻出版社，2013.
3. 李新. 俄羅斯經濟再轉型：創新驅動現代化［M］. 上海：復旦大學出版社，2014.
4. 安格斯·羅克斯伯勒. 強權與鐵腕：普京傳［M］. 胡利萍，林華，譯. 北京：中信出版社，2014.
5. 約翰·米爾斯海默. 大國政治的悲劇［M］. 王義桅，唐小松，譯. 上海：上海人民出版社，2003.

9

發展中國家和地區的發展及其與中國的關係

發展中國家和地區是亞、非、拉及其他地區原屬於殖民地和半殖民地而後獲得民族獨立的國家和地區的總稱。雖然它們在經濟、政治和社會生活等方面處於較低發展水準，但在世界政治、經濟舞臺上正發揮著越來越重要的作用。中國作為最大的發展中國家，一貫高度重視鞏固和發展與其他發展中國家和地區的團結與合作，並努力共同開創國際關係的新局面。近年來，隨著中國經濟地位在世界上不斷提高，中國政府積極推動「一帶一路」倡議，加大與沿線國家（其中大多數是發展中國家）之間的國際經貿合作，努力實現政策溝通、貿易暢通、資金融通、民心相通，促進縮小南北經濟差距，為共同發展增添新的動力。在國際事務中，中國政府倡導國際關係交往的民主化，堅持國家不分大小、強弱、貧富一律平等，支持聯合國發揮積極作用，支持擴大發展中國家在國際事務中的代表性和發言權。習近平總書記在中國共產黨第十九次全國代表大會上的報告中指出：中國要推動構建新型大國關係，對發展中國家堅持正確義利觀，推進夥伴關係；中國要通過讓人類命運共同體在周邊地區落地生根，與鄰為善、以鄰為伴；中國強調要摒棄傳統的以強凌弱的叢林法則，堅持國家不分大小、強弱、貧富，一律平等，各國主權範圍內的事情只能由本國政府和人民去管，尊重各國根據各自國情選擇發展道路，堅決反對外部勢力干涉國家內政；中國將加大對發展中國家特別是最不發達國家的援助力度，促進縮小南北發展差距。

9.1 發展中國家和地區概況

發展中國家和地區是當今世界政治與經濟體系中的重要組成部分。發展中國家和地區的經濟發展獲得了很大成就，但呈現出極大的不平衡性，而且在當前的經濟發展進程中還面臨著各自的挑戰。在政治體制、政黨結構和民主程度等方面，發展中國家和地區內部也存在著多樣性特徵。

9.1.1 當代世界各國和地區的經濟分類

傳統上，世界各國按經濟發展水準被分為兩個半球。一個半球是北方國家，由美國、加拿大、英國、法國、德國等經濟發達國家組成，它們的地理位置大多數位於地球北方的北美洲和歐洲等區域。另外一個半球是南方國家，是由相對或者絕對貧困的經濟欠發達國家組成，它們大多數處於南方如非洲、中南美洲和亞洲等區域。當今的發展研究通常採用世界銀行的分類標準（見表9.1），將世界各國分為四種收入類型。第一類是大約70個高收入國家（或地區），有時也被稱為發達國家或者第一世界。這類國家既包括北美國家（美國和加拿大）、歐洲國家（英國、法國、德國、瑞士等）、日本、澳大利亞等經濟高度發達國家，也包括如西班牙、葡萄牙、韓國等相對人均收入低一些的國家。日本、韓國、新加坡、中國香港等是進入這一類別的少數非西方國家或地區。這一類別除了經濟高度發達以外，它們的社會和政治制度也相對比較穩定。第二類和第三類是中等收入國家，有100多個國家（或地區），它們還可以劃分為中低（下中等）收入和中高（上中等）收入兩個層次。中低收入國家包括大量拉美國家，以及一部分中東、非洲、東歐和東南亞國家。中高收入國家包括拉美、中東和東亞的部分繁榮國家或地區。這類國家中有一些曾經是欠發達國家，但是正迅速變得富裕起來。第四類是低收入國家，有時也被稱為第三世界國家。這一類包括30多個國家，大部分位於非洲、亞洲、中亞和拉美，都是世界上最貧困的國家。這些國家不僅處於極度的經濟貧困中，它們的社會和政治制度通常也處於極不穩定狀態。[1]

表9.1　　　　　　世界銀行的分類標準　　　　　　單位：美元

年份	低收入	中下等收入	中上等收入	高收入	中國人均GNI	中國歸入的組別
1997	≤785	786~3,125	3,126~9,655	>9,655	750	低收入
1998	≤760	761~3,030	3,031~9,360	>9,360	790	中下等收入
2001	≤745	746~2,975	2,976~9,205	>9,205	1,000	中下等收入
2009	≤995	996~3,945	3,946~12,195	>12,195	3,920	中下等收入
2010	≤1,005	1,006~3,975	3,976~12,275	>12,275	4,240	中上等收入
2011	≤1,025	1,026~4,035	4,036~12,475	>12,475	4,940	中上等收入

［數據來源］世界銀行. methodologies. http://data.worldbank.org/about/country-classifications/a-short-history, http://siteresources.worldbank.org/DATASTATISTICS/Resources/OGHIST.xls.

人類發展指數排名情況見表9.2。

---

[1] 世界銀行2013年統計數據。http://data.worldbank.org/about/country-and-lending-groups.

表 9.2　　　　　　　人類發展指數排名的前十名和後十名國家

前十名的國家	後十名的國家
1. 挪威	160. 馬里
2. 澳大利亞	161. 布基納法索
3. 新西蘭	162. 利比亞
4. 美國	163. 乍得
5. 愛爾蘭	164. 幾內亞比紹
6. 列支敦士登	165. 莫桑比克
7. 荷蘭	166. 布隆迪
8. 加拿大	167. 尼日爾
9. 瑞典	168. 剛果（金）
10. 德國	169. 津巴布韋

[資料來源] 2010 年聯合國《人類發展報告》.

9.1.2　當代發展中國家和地區的經濟狀況

發展中國家和地區是亞、非、拉及其他地區原屬於殖民地和半殖民地而後獲得民族獨立的國家和地區的總稱。1952 年，法國歷史學家阿爾弗雷迪‧索維在《三個世界，一個星球》中首先使用「第三世界」這一術語。20 世紀 70 年代的時候，「第三世界」這一術語被廣泛地使用。1974 年，毛澤東在會見贊比亞總統卡翁達時，系統全面地提出劃分三個世界的觀點，將美國、蘇聯稱為第一世界，日本、歐洲、澳大利亞和加拿大被稱為第二世界，而把除了日本的亞洲、整個非洲和整個拉丁美洲稱為第三世界。「冷戰」結束後，「發展中國家」被更廣泛地使用。「發展中國家」是在 1964 年聯合國第一屆貿易和發展會議上被 77 國集團首先正式提出的。發展中國家和地區之所以能夠成為一種類型，是因為它們具有一些基本的共同點：歷史上都曾經淪為殖民地、半殖民地或附屬國；與發達國家相比較，生產水準低下，經濟落後，國力較弱；在國際政治與經濟中處於不平等的被動無權地位，因此追求公正合理的國際政治經與濟秩序是它們共同的需要；面臨著擺脫貧困落後、建立現代化國家和反對強權政治、霸權主義的共同任務。

發展中國家有廣義和狹義之分。就廣義而言，發展中國家是指與發達國家相比較經濟落後的國家，即包括世界銀行劃分的除發達國家以外的後三類國家，包括亞洲、非洲、拉丁美洲及其他地區的 130 多個國家，占世界陸地面積和總人口的 70% 以上。國際貨幣基金組織在 2014 年發布的《世界經濟展望》中，將 189 個經濟體分類為 36 個發達經濟體和 153 個發展經濟體。這 153 個發展經濟體在更為廣義的範圍內被視為發展中國家和地區。

然而，就經濟發展、社會發展、教育程度、科技水準等不同指標來看，發展中國家內部其實有極大的差異。比如，中東地區一些產油國的人均國民生產總值已經很高；中國、印度、巴西等巨型發展中國家經過幾十年的高速發展，雖然人均國民生產總值還比較低，但是已經具備較為雄厚的工業基礎和科技水準，已經跨入世界經濟總量大國行列，並且市場潛力巨大。因此就發展中國家的狹義含義

而言，這一概念有時候尤其是指最不發達國家或者極度貧困的國家。1971 年聯合國大會正式通過了把最不發達國家作為國家類別的《2678 號決議》，聯合國把當時的 24 個成員列為最不發達國家。聯合國發展計劃委員會在 1981 年明確認定了人均國民收入低於 250 美元的 39 個國家為最不發達國家。2000 年，聯合國經濟與社會理事會下屬的發展政策委員會再次修訂了最不發達國家的標準，並確定每三年重新審定一次。2000 年至今，最不發達國家的標準認定有四條：第一條是指低收入標準，即三年人均 GDP 小於 900 美元為准入最不發達國家，大於 1,035 美元即算畢業；第二條是指人文資源的匱乏標準，主要涉及指標為營養、健康、教育、成人掃盲率；第三條是指經濟脆弱性標準，包括農業生產的不穩定性、貨物和服務出口的不穩定性、製造業和現代服務業在國民生產總值中所占比例、貨物出口的綜合評價指數、經濟規模。最後一條是：滿足以上三條標準，且人口不超過 7,500 萬。按照這四條標準，截至 2014 年，全世界經聯合國認定的最不發達國家已經有 45 個，包括非洲 31 國、亞洲 9 國、大洋洲 4 國和拉丁美洲 1 國。根據世界銀行統計，這些國家共有 7.5 億人口（其中 34 個國家位於撒哈拉以南的非洲地區，涉及人口近 7 億），近半數人每天的生活費不足 1 美元。[①]

9.1.3 當代發展中國家和地區的政治狀況

發展中國家和地區在二戰結束後陸續獨立，並選擇了不同的政治體制和發展道路。少數國家和地區走上了社會主義道路，而大多數國家和地區由於國際和國內原因，選擇了資本主義發展道路；還有一些國家和地區繼續保留著舊的傳統，在既非社會主義亦非資本主義的道路上運行。總體而言，二戰結束後發展中國家和地區的政治發展取得了一些成效，主要是在政治上獲得了民族的獨立和解放，並在政治參與和民主化程度方面不斷進步，但是也有不少發展中國家和地區在政治發展方面道路曲折。發展中國家的政治體制複雜多樣，一方面是因為過去它們多數是西方的殖民地和半殖民地，難免受到西方政體的影響；另一方面是它們在不斷探索適合自己發展道路的過程中，必然帶著本國歷史、文化的國情特點。隨著經濟發展的變化，發展中國家和地區的政治體制在不斷地變革。發展中國家和地區採用的主要政治體制有：

——共和制——

發展中國家和地區多數實行這種政體，該政體是從西方發達資本主義國家仿效而來。共和制又分為議會制和總統制。議會制是以議會為國家政治的中心，議會是國家最高的權力機關，政府對議會負責，由選舉產生的總統只是國家元首。印度、土耳其、津巴布韋、特立尼達和多巴哥、多米尼加聯邦以及蘇里南等發展中國家實行的是議會制。總統制國家的總統既是國家元首又是政府首腦，掌握最高行政權力，行政機構從屬於總統，總統直接對人民負責並從人民選舉中產生。拉美

[①] 參考百度百科最不發達國家的指標。見 http://baike.baidu.com/view/416336.htm? fromtitle=%E4%B8%96%E7%95%8C%E6%9C%80%E4%B8%8D%E5%8F%91%E8%BE%BE%E5%9B%BD%E5%AE%B6&fromid=5812427&type=syn.

的阿根廷、玻利維亞、巴西、智利、哥倫比亞、墨西哥、委內瑞拉等，亞洲的菲律賓、孟加拉、斯里蘭卡、印度尼西亞等，中東的敘利亞，非洲的埃及、突尼斯、塞內加爾、科特迪瓦、喀麥隆、肯尼亞、贊比亞、馬拉維等國家採用這種政治體制。

——君主制——

君主制又分為絕對君主制、議會君主制和二元君主制。在絕對君主制度中，君主擁有國家全部的最高權力，實行這種制度的有沙特阿拉伯、阿曼。在議會君主制中，議會是國家最高權力機關，作為國家元首的君主不掌握國家實權，實行這種政治制度的有泰國、馬來西亞、西薩摩亞等。二元君主制是指君主是國家元首，議會為立法機構，內閣向君主或同時向議會負責，君主的權力雖然受到憲法和議會的制約，但是國家實權仍掌握在君主手中。實行二元君主制的國家有不丹、約旦、科威特、巴林、卡塔爾、摩洛哥、斯威士蘭、湯加等。

——政教合一制、黨政合一制、酋長制等——

政教合一是政權和教權合二為一，或政府首腦兼掌宗教大權，或宗教領袖兼任政府首腦。伊朗1979年的憲法規定：伊朗實行政教合一的制度，神權高於一切，作為國家元首的總統由公民投票選出，負責實施憲法、簽署議會或經公民投票做出的決議，提出總理人選；但國家的最高領導人不是總統，而是宗教領袖，宗教領袖或領袖委員會統帥全國武裝力量。黨政合一制是指通過憲法或法律把執政黨確定為國家最高權力機構，部分非洲和亞洲民族國家，如前扎伊爾、坦桑尼亞、阿爾及利亞、莫桑比克等國實行這種政治體制。酋長制政體最為典型的是阿拉伯聯合酋長國，該國由七個酋長國組成，各酋長國具有一定的獨立性和自主性，酋長聯席會議選舉產生國家總統，成立聯合內閣，各酋長國也有自己的內閣。酋長制在非洲部分國家和地區具有一定的影響。

軍人政權

軍人政權是指國家的權力被軍人領袖控制，軍人領袖通過發動政變推翻以前的政權，建立軍人政府或者最高軍事委員會機構，控制立法、行政、司法等大權。據統計，1960—1976年，在亞、非、拉地區約有30個國家發生了40次成功的軍事政變。很多拉美國家都曾經建立過軍人政權，其中軍人政權執政11年以上的國家有巴西、阿根廷、秘魯、玻利維亞、巴拿馬等。在非洲，先後有28個國家建立過軍人政權，如20世紀50年代的埃及、蘇丹，60年代的扎伊爾、貝寧、尼日利亞、加納等國都出現過軍人政治。在亞洲，菲律賓、巴基斯坦、緬甸和孟加拉國等國都曾建立過軍人政權。雖然如今這些國家在避免軍隊涉政方面取得了不小進步，但是軍隊傳統上對政治的影響力很大，軍隊干預政治的可能性依然存在。

9.1.4 發展中國家和地區面臨的問題和取得的成就

發展中國家和地區在它們的經濟和政治發展過程中，通常面臨著許多共同的困難和問題：第一，工業基礎較為薄弱，它們主要以農業生產為主，糧食和其他資源極度短缺，糧食增長跟不上人口的增長速度，所以不得不依靠外來進口和國際援助；第二，衛生條件較為落後，同時在工業化和城市化過程中環境污染嚴

重，它們面臨著環境保護和可持續發展的挑戰；第三，在經濟發展過程中，通常需要大量的外來資金，但是加重的債務危機越來越成為發展中國家和地區的問題；第四，不少發展中國家和地區還面臨著政局動盪、宗教衝突和民族問題等眾多問題，這些政治的不穩定導致政府的路線、方針和政策無法貫徹執行，從而嚴重地阻礙了這些國家和地區正常的發展乃至世界的和平和安寧。

發展中國家和地區幾十年來也取得了一定程度的經濟和政治發展。世界銀行發布的《2012 年世界發展指標》顯示，按照許多經濟、教育和健康等標準，發展中國家的狀況有所好轉。發展中國家中雖然依然存在貧困和饑餓現象，但是極端貧困人口的數量在減少，每天生活費不足 1.25 美元的人口比例從 1990 年的 43.1%降至 2008 年的 22.2%。發展中國家獲得清潔飲用水源的人口比例從 1990 年的 71%增加至 2008 年的 86%，意味著無法獲得安全飲用水的人口比例減半的千年發展目標已經實現（見圖 9.1）。發展中國家兒童死亡率明顯下降，整體壽命大幅度增長，識字率提高。在國際貿易中，發展中國家占國際貿易的比重在 2009 年達到了 37%。

圖 9.1

[圖片來源] 新華社.

9.2 當代發展研究和發展理論

與北方國家相比，南方國家為什麼處於如此顯著的貧困？為什麼在南方國家內部，發展差異也是如此之大？是什麼因素促使一些國家走向了富裕繁榮的道路而另外一些國家仍然處於極度貧困？發展中國家應該採取什麼樣的政策來擺脫貧困？發達國家和國際組織應該採取怎樣的措施來幫助發展中國家發展？如何促進發展，是當今發展中國家和地區面臨的最突出的現實問題。發展研究又稱發展學，是第二次世界大戰結束以後興起的社會科學分支，其主旨在於為欠發達國家的現代化提供理論指導和政策導向。發展研究是一門新興的交叉學科，其理論研究涉及哲學、政治學、經濟學、人類學、歷史學、管理學等多個專業學科。

9.2.1 當代發展研究學科

當代發展研究雖然首先出現在歐美發達國家的經濟學著作中，但是它是一門專門研究發展中國家從欠發展或者欠發達狀況向發達狀況過渡的條件、動力、方法和途徑的學科。該學科出現的歷史背景是在二戰結束後，隨著殖民主義體系的崩潰和民族運動的高漲，亞、非、拉廣大地區的殖民地和附屬地紛紛走向獨立，登上了世界舞臺。因為這些新興獨立的國家在經濟上選擇不同的道路和方式來謀求發展，它們未來的經濟前途吸引了經濟學、社會學、政治學和歷史學等多門學科的注意力。在二戰結束後，各種關於發展研究的理論紛紛湧現，該研究群體被美國學者威亞爾達統稱為「發展學派」或者「發展主義」。在各類學科中，發展經濟學最早系統地關注貧困落後的農業國家或發展中國家，研究它們實現工業化，擺脫貧困、走向富裕的過程。但是，發展經濟學的缺陷在於它過於強調經濟因素在發展中國家的決定性影響，於是到 20 世紀 50~60 年代，發展研究開始越來越注重融合經濟學和政治學的研究成果，並強調政治、文化、教育等多種因素在發展中國家經濟發展中的重要作用。隨著該學科的發展，當今的發展研究綜合了政治學、經濟學、社會學、人類學和歷史學等多門學科的研究方法，為發展中國家的發展問題提供相關理論分析和政策建議。在發展研究中，存在著多種發展理論和研究範式，它們各有優缺點。以下簡要地介紹其中最重要的三大理論流派：自由主義理論流派、結構主義理論流派（依附理論和世界體系理論）和發展型政府（政府引導型發展）理論流派。

9.2.2 自由主義的發展理論

自由主義理論流派主要包括了 20 世紀 60 年代流行的現代化理論和 20 世紀 80~90 年代出現的華盛頓共識。現代化理論最初出現在二戰結束初期，該理論的中心思想是強調發展的經濟、社會和政治要素，即認為發展的主要障礙在於全球南方國家自身內部的特點。在現代化理論中，早期相關著作包括經濟學家關於經濟增長的著作。美國經濟學家、諾貝爾經濟學獎獲得者威廉·阿薩·劉易斯在 20 世紀 50 年代擔任聯合國總部不發達國家專家小組總干事期間，與其他專家一起針對第三世界國家發展問題進行了一系列開拓性研究。美國經濟學家華爾特·羅斯托在 1960 年發表著名的《經濟增長的階段》一書，認為所有國家將通過發展過程的若干階段，即傳統社會、起飛準備、起飛、走向成熟和高消費五個階段。在 20 世紀 60 年代，現代化理論從經濟發展理論延伸至社會發展理論、政治發展理論、心理發展理論等多個領域，強調在通信手段、教育、社會變遷、價值觀、政治制度等多個方面的綜合發展。現代化理論在 20 世紀 60 年代末和 70 年代遭到了依附理論和其他學派的猛烈批判，暴露出重大的缺陷而逐漸走向沒落。20

世纪80年代初，以新自由主义为基礎的華盛頓共識在歐美國家孕育並逐漸成為又一股西方國家的發展理念。20世紀80年代初，美國總統里根和英國首相撒切爾都大力地推動了自由市場在西方國家的復甦。美、英兩國經濟的復甦一方面使新自由主義在80年代達到頂峰，成為資本主義的主流意識形態；另一方面為美國經濟實現向外擴張和80年代末華盛頓共識的出抬打下了基礎。新自由主義的代表學者米爾頓·弗里德曼強調自由市場機制的作用，新自由主義的主張對世界銀行、國際貨幣基金組織以及美國的經濟與外交都產生了深遠的影響，由此形成了對發展中國家政策制定的一些基本原則，如強調市場作用、避免政府的干涉、推進國際自由貿易等政策。隨著20世紀90年代俄羅斯和東歐一些國家「休克療法」的失敗，以及東南亞金融危機的爆發，華盛頓共識逐漸走向衰退。總之，自由主義經濟學家認為欠發達國家之所以落後，主要在於它們的國內市場不夠完善、經濟效率低下、政治制度腐敗、教育投入過少等內部因素；在國際層面，它們因為內部政治、經濟和社會產生的束縛而不能及時適應國際市場的變化，從而無法把握國際市場的機遇。

9.2.3　結構主義的發展理論

　　與自由主義理論學派直接對立的理論學派是結構主義學派，該學派最為知名的理論是依附理論和世界體系理論。20世紀60~70年代，依附理論和世界體系的研究方法開始興起，對現代化理論進行了猛烈的抨擊。依附理論建立在拉丁美洲發展問題的基礎上，其理論受到了馬克思（列寧）主義的帝國主義理論、結構主義分析方法和拉丁美洲經濟委員會的影響。依附理論是一種結合政治和經濟因素來解釋不發達地區的經濟落後原因的思想學派，該理論強調發展中國家在全球化的過程中逐漸被邊緣化，在整個資本主義世界體系中受制於發達國家。依附理論內部派別林立，在20世紀60~70年代經歷了從古典或激進的依附理論到依附性發展論的演變。激進依附理論的主要代表包括保羅·普雷維什、多斯·桑托斯、安德烈·弗蘭克、薩米爾·阿明等。激進依附理論強調處於外圍不發達國家貧困的總根源，要麼在於一種從殖民主義時代延續下來的不平等的國際關係體系，要麼在於來自資本主義經濟體系的整體結構作用。基於上述論調，他們主張通過一種激進的途徑來實現發展中國家的經濟發展。依附性發展理論集中在費爾南多·卡多索和恩佐·法萊圖的著作中。這種依附性發展理論承認在依附關係和經濟增長之間存在較為複雜的關係，但是強調新興國家可以通過國際資本和國內動力因素相結合的方式而獲得依附性的經濟發展。20世紀70年代，世界體系理論在美國學術界興起，其主要標誌是伊曼紐爾·沃勒斯坦於1974年出版的《現代世界體系》一書。世界體系理論融合了社會發展理論的多個流派，採用了依附理論的核心——邊緣分析觀念，並加入了半邊緣地區，強調了世界資本主義體系中的經濟分化和剝削關係。總之，結構主義流派都把大多數發展中國家和地區不發達的原因歸結為它們對西方發達國家的依附地位，它們將處於邊緣地位的發展中

國家與占據支配地位的發達國家之間的關係視為被剝削和剝削的關係，並認為南方國家的不發達主要是由北方國家造成的。

9.2.4 發展型政府的發展理論

20世紀80~90年代，發展型政府理論開始崛起，對東亞新興工業體迅速獲得經濟上的成功提出了與傳統的自由主義理論完全不同的解讀。因為發展型政府理論側重於解釋二戰結束後東亞地區的日本、韓國、臺灣、新加坡、中國香港以及後來東南亞地區一些國家的經濟奇跡，因此又被稱為「東亞模式」或「亞洲模式」。發展型政府理論實際上是新重商主義、新古典經濟學和新制度主義等幾種理論重要觀點的集合，它也被稱為政府引導型發展理論。新自由主義在解釋東亞新興工業化國家和地區的經濟騰飛的成就時認為，這些國家和地區是因為採取了遵循市場規律的經濟發展戰略。但是發展型政府理論對這種解釋提出了質疑，認為它們的經濟成就主要應歸功於政府在經濟發展過程中所起到的核心作用。1982年，查默斯‧約翰遜在《通產省與日本奇跡》一書中首次提出了「發展型政府」概念。此後，這一概念及其研究方法被一些學者在發展研究中廣泛地採用。根據發展型政府理論，日本、韓國、新加坡、臺灣、中國香港以及亞洲其他的經濟體之所以能夠獲得高速的經濟騰飛，政府在引導經濟發展方面起到了核心作用。該理論認為，政府必須管理市場，國家在經濟戰略上應該在獨立自主和國際市場中尋求平衡。由於一些特定的國內和國際因素，這些國家和地區的政府比較容易排除公眾的壓力，從而獨立地引導經濟的自主發展，並能夠推動一系列激烈經濟政策來追求國家的經濟利益。在東亞國家和地區的工業化進程中，軍事官僚或「一黨獨大」的政治結構相當普遍。同時，這些東亞國家和地區的政治穩定、文化特性以及國際環境都為經濟騰飛創造了有利條件。與西方國家對民主政治的理解不同，東亞國家和地區普遍以儒家學說作為文化和價值觀基礎，強調社會和團體的整體利益而非所謂的個人自由，因此社會秩序和政治穩定優先於個人的權利和民主。在1997年東南亞金融危機爆發之前，東亞國家和地區成功的工業化經驗成了其他發展中國家紛紛借鑑的對象，它們所採取的出口導向型和外向型經濟發展模式、優先扶持國家戰略企業、積極利用國際機遇實現經濟結構轉型等政策對發展中國家和地區有著深遠的影響。

9.3 發展中國家和地區的發展模式與發展經驗

發展中國家和地區林林總總，政策傾向千差萬別，不可能存在單一的發展路徑。別國的發展經驗和理論都可以學習和借鑑，發展沒有統一的模式。由於發展中國家和地區的政治制度、歷史傳統、文化背景和發展過程中所處的國內外環境存在差異，因而各國採取的經濟政策與現代化模式也存在著很大的不同。

9.3.1 發展中國家和地區的發展經驗和教訓

在早期發展研究的過程中,美國、西歐國家以及蘇聯的發展經驗占據了主導地位。同時,以美國為首的資本主義國家和以蘇聯為首的社會主義國家兩大陣營,在「冷戰」的背景下,都推動了各自發展理論在發展中國家和地區的思想傳播。然而在發展中國家的實踐過程中,一些國家和地區不加辨別地照搬照抄西方(歐美)模式或蘇聯模式,給它們自身的現代化進程帶來了很大的負面影響。進入20世紀70~80年代以後,這些引進的外來模式在第三世界國家的運行中顯得日益失敗,於是各種本土的、地方的或者內生的發展理論開始廣泛流行。在撒哈拉以南的非洲以及東亞、南亞、伊斯蘭世界和拉丁美洲等地區,都因為構建起某種以本民族特色為基礎的發展模式而引人注目。在這些湧現出來的發展模式中,除了先前的西方模式和蘇聯模式,比較有代表性的還包括拉美模式、東歐模式、東亞模式、中國模式和印度模式,等等。在西方模式中,可細分為美國(盎格魯—薩克森)模式、德國(萊茵)模式、瑞典(北歐)模式等多類型;而在東亞模式中,亦可細分為日本模式、韓國模式、新加坡模式等類型。這些模式的稱謂其實都是參照其他國家歸納出來的,目的在於給其他國家提供一些經驗和教訓。不同類型的發展模式各具優缺點,並且隨著時代的發展而演變。成功的發展模式只能借鑑,發展中國家必須根據自身的國情和實際情況來調整和改進。回顧各國的經濟發展歷史,無論是發達國家,還是發展中國家,都曾經有過輝煌,但也曾經受過重大挫折甚至陷入困境。無論是自由市場型經濟模式還是政府主導型經濟模式,無論是進口替代政策還是出口導向政策,都沒有一個適應所有國家的固定發展模式。習近平總書記在中國共產黨第十九次全國代表大會上的報告中強調:「世界上沒有完全相同的政治制度模式,政治制度不能脫離特定社會政治條件和歷史文化傳統來抽象評判,不能定於一尊,不能生搬硬套外國政治制度模式。」2017年12月1日,習近平總書記在北京召開的世界政黨高層對話會開幕式上指出:「中國不輸入外國模式,也不輸出中國模式,不會要求別國複製中國的做法。」

9.3.2 拉美發展模式的經驗和教訓

在拉美各國長期探索其發展道路的過程中,進口替代工業化發展模式占據了十分重要的地位。由於拉美擁有豐富的自然資源,因此早在西班牙和葡萄牙殖民時期,拉美國家就形成了不同自然資源和初級產品的分工貿易格局。自19世紀以來,這些國家都通過大量初級產品的出口來解決資本短缺的問題。歐美國家工業革命以及對原材料商品的需求曾極大地推動了拉美國家的經濟增長,但是在20世紀30年代的大蕭條時期,拉美經濟受到沉重打擊,大部分拉美國家採取了壓縮進口、提高貿易關稅和實施外匯管理的自我保護措施。二戰結束後,隨著世界貿易的復甦,拉美的經濟也取得了較長時間的繁榮和快速增長。拉美進口替代工

業化模式的理論基礎是以普雷維什為代表的聯合國拉美經濟委員會提出的結構主義。20世紀50~80年代，拉美地區經濟保持了長達近30年的持續增長，年均經濟增長達5%以上，成了拉美經濟發展史上的黃金時期。大多數拉美國家在20世紀60~70年代實現了經濟騰飛，並建立起初具規模的民族工業體系。根據美洲開發銀行的數據，1960年，巴西、危地馬拉、圭亞那、尼加拉瓜、巴拿馬、秘魯、阿根廷、智利、墨西哥、烏拉圭和危地馬拉等拉美國家的人均GDP超過了1,000美元，與英國、芬蘭、丹麥、法國、德國等發達國家的人均GDP接近。①

然而，從某種意義上來說，進口替代戰略雖然曾經是拉美早期經濟成功發展的關鍵，但它也同樣是導致後來拉美國家出現嚴重債務危機和經濟危機的直接根源。20世紀70年代，拉美國家通過石油美元和國際銀行的大量借款來維持內向發展模式和工業化，危機開始湧現。20世紀80年代初國際石油價格暴跌，又進一步加劇了拉美國家的國際收支不平衡。隨著美聯儲提高利率的政策出抬，拉美國家發現自己已經無力還債，陷入了可怕的債務危機之中。1994年墨西哥金融危機、1999年巴西金融危機和2001年阿根廷金融危機對拉美經濟產生了強烈衝擊。至今為止，大部分拉美國家的經濟還沒有走出低谷。在當代發展研究中，拉美國家的經濟發展史給發展中國家和地區最重要的啟示即為「中等收入陷阱」現象，即是指當一個國家的人均收入達到中等水準後，由於不能順利實現經濟發展方式的轉變，導致經濟增長動力不足，最終出現經濟停滯的一種狀態。像巴西、阿根廷、墨西哥、智利等拉丁美洲國家以及馬來西亞、菲律賓等東南亞國家，在20世紀70年代均進入了中等收入國家行列，但直到2007年，這些國家仍然掙扎在人均GDP 3,000~5,000美元的發展階段，並且見不到增長的動力和希望。從拉美和東南亞國家的發展經歷來看，這些國家陷入「中等收入陷阱」，主要有以下幾個方面的原因：第一，在傳統成本優勢逐步喪失，處於經濟轉型的期間，國家錯失了經濟發展模式轉換的關鍵時機；第二，原先的體制變革受制於利益集團的重重阻礙，社會不公、貧富分化、社會矛盾加劇；第三，宏觀經濟出現失誤，經濟波動較大，政府經濟政策穩定性不強。

9.3.3 東亞發展模式的經驗和教訓

二戰結束後，東亞國家和地區面臨的現狀是：遭到戰爭嚴重破壞的經濟基礎十分薄弱、農業為主、人口十分稠密、資源非常短缺、基礎設施落後，加上該地區嚴重的軍事衝突和政治動盪，使得東亞地區一度成為當時世界上最沒有發展前景的地方之一。據統計，20世紀60年代初，韓國、泰國、印度尼西亞等國的人均產值都沒有超過100美元。但是從60年代開始到現在，首先是日本，其次是韓國、臺灣、新加坡、中國香港，接著是馬來西亞、泰國、印度尼西亞、菲律賓，最後是中國大陸、越南等相繼實現了經濟起飛。1960—1970年，日本的GDP年均增長率為11.7%；1960—1995年，中國香港的GDP年均增長率為

---

① 王健. 國際政治經濟學簡明教程［M］. 上海：復旦大學出版社，2007：159-162.

7.7%、韓國為8.1%、新加坡為8.4%、臺灣為8.6%，泰國和馬來西亞也達到了7.5%和6.9%。1980—2000年，中國大陸的年均增長率為9.7%。①東亞的經濟奇跡標誌著東亞的崛起，在1997年亞洲金融危機爆發之前，東亞發展模式成了發展中國家爭相學習的典範，同時也是發展研究領域的熱點話題。

東亞國家和地區從殖民體系中獲得政治獨立以後，大多採取進口替代戰略，這對改變殖民體系時期造成的畸形的單一經濟結構，發展基礎性工業起到了一定的作用。但是到20世紀50年代末，東亞各經濟體的經濟增長明顯減速。在20世紀50年代末和60年代初，各經濟體在政府的引導下，進行了經濟發展戰略的調整：從進口替代型轉向出口導向型，實現了大規模的對外開放；放寬外資政策，積極引進外資、技術和管理；生產面向世界市場，創辦各類出口加工區；利用勞動密集型產業加大出口力度，在國際市場的競爭中提高生產技術水準。到了20世紀70~80年代，在國際貿易和國際金融市場動盪的情況下，東亞各經濟體再次進行了經濟發展戰略調整，開始從勞動密集型產業向資本密集型產業轉變。到20世紀90年代以後，它們的經濟發展戰略的重點轉移到自主技術開發戰略。東亞國家和地區的經濟成就舉世矚目。有關它們成功的原因，眾說紛紜，但是以下幾點因素至關重要：第一，發展型政府的角色，比如政府對發展戰略的主導作用，強調政治穩定；第二，亞洲的文化特點，如儒家傳統、追求國家發展的信念、強調合作以及對精英執政的認同；第三，東亞地區形成的地區產業分工和經濟區域性合作；第四，良好的國際外部環境，如二戰結束後長期的經濟繁榮、美國的經濟援助和市場等。根據世界銀行的研究報告，「亞洲奇跡」包含了穩定的宏觀經濟環境、高儲蓄率和投資率、高質量的人力資本（良好教育與高識字率）、官僚體制、收入不公平程度較低、出口的促進、成功的工業化、外商直接投資以及相關實用技術的轉讓等基本因素。

9.3.4 中國和印度的發展模式及經驗

關於「中國道路」「中國發展道路」「中國經驗」和「中國模式」等不同稱謂，在中國學術界以及主流媒體看來，與發展研究領域以及學術界有著不同的含義。在20世紀80年代前後，中國改革的總設計師鄧小平曾多次使用「中國模式」這個名詞。按照他的表述，「中國模式」是指中國必須根據中國的國情特點來選擇自己的發展道路和發展模式，因此中國領導人在不同場合下對「中國模式」的使用，都是強調中國應該選擇符合中國實際情況的社會制度和發展模式。②在中國主流媒體和學術界，「中國道路」「中國經驗」「中國案例」等名詞

---

① 王健. 國際政治經濟學簡明教程［M］. 上海：復旦大學出版社，2007：166.
② 1993年11月，江澤民在會見克林頓時指出，各國人民根據各自國情，選擇符合本國實際情況的社會制度和發展模式是合情合理的，應該受到尊重。胡錦濤在多種場合（2003年12月在毛澤東110週年誕辰座談會上的講話、2005年10月在20國集團財長和央行行長會議開幕式上的講話、2008年4月在博鰲論壇的演講）提出，各國應該根據自己的國情不同而選擇不同的發展道路。自2012年以來，習近平總書記多次發表關於中國夢、中國道路、中國發展模式、中國治理、中國特色外交的重要論述。

被更多地使用，目的在於強調中國特殊的改革和現代化歷程。對中國而言，「中國道路」「中國發展道路」和「中國經驗」等稱謂是強調中國特色社會主義道路和經驗。中國政府和主流媒體對「中國模式」的提法相對比較謹慎，一方面是因為中國政府一貫強調各國要根據自己的國情決定自己的發展道路，而「中國模式」的提法有鼓勵其他國家對中國模式照搬照抄的嫌疑；另一方面則是認為中國目前還面臨著很多挑戰，提「中國模式」還為時過早。但是，隨著近年來關於「中國模式」的大辯論在國內外學術界展開，越來越多的國內學者和著名海外華人學者習慣使用「中國模式」這一稱謂。應該說，中國當然擁有自己的發展模式。簡單而言，「中國模式」的特點包括了以下三點：第一，中國改革的漸進式。這體現為改革政策的循序漸進、先易後難、從局部到整體逐步過渡，其目的在於避免激化矛盾和保證社會穩定。第二，中國現行的經濟模式是中國特色社會主義市場經濟。從歷史發展來看，中國的改革經歷了改革初期以計劃經濟為主、市場調節為輔的經濟模式到現在建立以公有制為主體、多種所有制共同發展的基本經濟制度。這體現為既強調市場經濟又堅持政府主導經濟發展戰略的雙軌模式，是市場力量和政府力量的有機結合。從很大程度上來說，「中國模式」與以日本、東亞「四小龍」為代表的東亞模式有較多相似之處，如政府主導型的市場經濟發展模式、推行外向型出口貿易、強調經濟發展、對儒家文化的傳承等。但是因為中國地廣人多，中央和地方政府在經濟和政治上的互動關係是中國模式的重要組成部分之一，地方試點的探索（如經濟特區、包產到戶等）、地方分權的發展、中央對地方政府官員的行政管理等也是中國經濟成功的重要原因。第三，中國是共產黨領導下的社會主義國家。在政治制度上，堅持中國共產黨的領導，反對西方的「兩黨制」或者「多黨制」；在經濟制度上，強調促進社會平等，努力減少乃至消滅剝削；在社會和文化風氣上，強調社會主義核心價值觀，既借鑑西方的優秀文化，又堅決反對西方的庸俗價值觀和不良思潮，如享樂主義、拜金主義和個人主義等。習近平總書記在中國共產黨第十九次全國代表大會上的報告中指出：中國特色社會主義道路、理論、制度、文化不斷發展，拓展了發展中國家走向現代化的途徑，給世界上那些既希望加快發展又希望保持自身獨立性的國家和民族提供了全新選擇，為解決人類問題貢獻了中國智慧和中國方案。

印度作為世界上第二大發展中國家，自從 1947 年獲得獨立以來，在經濟、政治和社會發展的各個領域都獲得了長足的進步。在 20 世紀 50 年代到 70 年代末，當亞洲「四小龍」以年均 8%~9% 的增長速度先後實現經濟騰飛的時候，印度平均年增長率只有 3.5%。在 80~90 年代，印度經濟開始緩慢加速，年平均增長率接近 6%。近年來，中國經濟增長開始減速，而印度經濟明顯加速，成為世界經濟的一個亮點。有一些學者和分析人士認為「印度象」在未來將趕超「中國龍」的經濟發展速度。比較而言，印度的經濟增長與中國有著很大的不同。中國的經濟增長一直是以製造業為龍頭，工業製成品大量出口，被稱為「世界工廠」。而印度經濟模式目前是以服務業為核心，製藥、金融（銀行）、軟件和信息產業發展迅速。中國的經濟發展模式是以投資帶動的粗放型發展模式，隱含了一些如高投入、高能源消耗、高浪費和低效率等方面的缺點。印度雖然整體經濟

發展仍落後於中國，但是具有很大發展潛力，在服務業、制藥、軟件、金融融資和銀行管理等方面比較成功。中、印不同的發展模式孰優孰劣，成了發展研究近些年來的熱門研究話題。

9.4 發展中國家和地區的對外關係及其與中國的關係

發展中國家和地區的對外政策雖然存在差異，但也有許多共同特徵。改善南北關係、加強南南合作，構成了發展中國家和地區對外關係的基本內容。

9.4.1 第三世界的形成和發展

二戰結束後，亞、非、拉一大批新興民族國家和地區獨立，因為經歷過共同的遭遇和面臨著共同任務，它們逐步聯合起來，在國際社會上形成了一股整體政治力量，人們通常稱之為「第三世界」。萬隆會議召開、不結盟運動興起和77國集團建立，標誌著第三世界的興起。

戰後初期到20世紀50年代中期，以萬隆會議的召開為標誌，這是第三世界崛起的第一個里程碑。1955年4月16日至24日，29個亞、非國家和地區的政府代表團在印度尼西亞萬隆舉行亞非會議。這次會議是由緬甸、錫蘭（今斯里蘭卡）、印度、印度尼西亞和巴基斯坦五國於1954年12月29日聯合發起的。會議肯定了亞、非國家團結與合作的共同基礎和共同目標，通過了《亞非會議最後公報》以及關於經濟合作、文化合作、人權和自主權、附屬國問題、促進世界和平與合作的宣言等七方面的決議。亞非會議是第一次由亞、非國家發起、制定議程、沒有西方國家參加的國際會議，它標誌著亞、非民族國家開始作為一股新興力量登上國際舞臺。

20世紀50年代中期到60年代中期，以不結盟運動為標誌，是發展中國家和地區的國際影響從分散到集中、由各自為政到聯合鬥爭的發展階段。1957年6月，南斯拉夫總統鐵托邀請埃及總統納賽爾和印度總理尼赫魯在布里俄尼島舉行了一次具有歷史意義的會談，明確了不結盟運動的思想。1961年9月，首次不結盟國家首腦會議在貝爾格萊德召開，25個國家的代表出席了會議，不結盟運動從此正式形成。該會議通過的宣言表示：與會各國全力支持為爭取和維護民族獨立而鬥爭的各國人民；要求撤走一切設在別國領土上的軍事基地；提出消除一切形式的殖民主義，強調只有根除殖民主義和帝國主義才能實現持久和平；認為和平共處的原則是代替「冷戰」和可能發生的全面核災難的唯一辦法。不結盟運動是一個鬆散的會議性質的國際組織，它不設總部，無常設機構，也無成文的章程。不結盟運動的主要活動方式是定期召開首腦會議、外長會議、協調局外長會議及紐約協調局會議。不結盟運動的成立為發展中國家走向聯合自強奠定了基礎，它在支持和鞏固成員的民族獨立和經濟發展、維護成員權益等方面發揮了重要作用。早在1964年，不結盟運動就明確提出了「建立國際經濟新秩序」的口

號。1983年，第七次不結盟國家和政府首腦會議通過決議，要求禁止使用一切核武器或用核武器進行威脅，要求凍結生產、研製、儲存和部署核武器。「冷戰」結束後，不結盟運動對其運動方向和戰略目標做出了重大調整。在2012年8月於德黑蘭舉行的第16次不結盟國家首腦會議上，來自100多個國家的與會代表分別就不結盟運動面臨的挑戰、聯合國改革、巴勒斯坦問題、伊朗核問題以及敘利亞危機等熱點議題展開討論。不結盟運動現有120個成員、17個觀察員和10個觀察員組織。它包括了近2/3的聯合國會員國，絕大部分是亞洲、非洲和拉丁美洲的發展中國家，人口總和占世界人口的55%左右，在國際社會具有廣泛的代表性。如今不結盟運動依然具有生命力，是國際舞臺上一支不可忽視的力量。

　　77國集團的成立，是第三世界興起的又一重要里程碑。二戰結束後，亞、非、拉廣大發展中國家和地區雖然獲得了政治上的獨立，但是並沒有獲得經濟上的真正獨立。隨著越來越多的發展中國家加入聯合國，它們開始在聯合國努力尋求影響自己未來的方式。1963年第八屆聯合國大會討論召開貿易和發展會議的時候，73個亞非拉國家和南斯拉夫、新西蘭共同提出一個聯合宣言，形成了「75國集團」。後來肯尼亞、韓國、越南加入，新西蘭宣布退出。1964年6月15日，在日內瓦召開的第一屆聯合國貿易和發展會議上，77個發展中國家和地區發表了《77國聯合宣言》，要求建立一個新的、公正的國際經濟新秩序，並組成一個集團參加談判。截至2005年5月，「77國集團」已有成員134個。77國集團不設總部、秘書處等常設機構，也沒有章程或預算，但每次聯大或貿發會議前該組織都要舉行部長會議，以研究對策，統一步調。77國集團成立以來，為維護發展中國家和地區的獨立和主權、發展民族經濟、推動南北對話和建立公正、合理的國際經濟新秩序進行了不懈的努力。

9.4.2　南北關係

　　南北關係是指發展中國家與發達國家之間的政治與經濟關係。在「冷戰」期間，美蘇對抗威脅著世界和平，所以和平問題成為當時世界政治的頭等大事，而南北關係則處於從屬地位。「冷戰」結束後，南北關係出現了不同於以往的變化。在當今南北關係中，有四個顯著的問題尤其值得關注：

　　第一，「冷戰」結束後，發達國家將發展中國家和地區作為安全和軍控的重點，並把人權矛頭指向發展中國家和地區。美國《1992年度國防報告》提出以「全球威懾，應急反應」為核心的新防務戰略，主張把安全戰略的重點從對付蘇聯，準備打一場世界大戰轉移到對付發展中國家和地區的局部戰爭，並準備打擊對美國重大利益進行挑戰的國家和力量。發達國家認為，核武器、生化武器等大規模殺傷武器和導彈技術在發展中國家和地區的擴散，是對其安全利益的最大威脅。「冷戰」結束後，人權問題開始成為南北政治關係中的重要問題。人權問題產生以來的幾個世紀裡，基本上屬於國內政治領域的問題。然而隨著國際關係的變化，人權與國際政治日益緊密地結合起來，尤其是20世紀70年代美國的卡特

政府，更是把人權問題納入了國際關係並上升到外交政策的高度。80年代的里根政府進一步強化了人權外交，強調促進國際民主化運動。「冷戰」結束後，美國成為唯一的超級大國，發達國家尤其是美國對發展中國家和地區發動了人權攻勢：一是把「人權」作為提供經濟援助的條件，並督促發展中國家和地區實行「民主制」「多黨制」或者「市場經濟」，否則就會受到停止援助甚至是經濟制裁和封鎖的懲罰。二是利用大眾傳媒和一些基金會宣傳西方價值觀和人權思想，力促發展中國家和地區接受西方的價值觀、意識形態、政治制度和經濟制度。美國的「美國之音」和CNN、英國的BBC以及「自由歐洲電臺」等對發展中國家和地區進行了廣泛的宣傳。三是以「促進人權」為借口，不惜動用武力，對一些國家進行直接干涉。如1999年北約對南斯拉夫聯盟的空襲、2003年3月美國發動的伊拉克戰爭。

第二，發展中國家要求改變不平等的南北經濟關係。在殖民時期，占據主宰地位的西方列強從殖民地進口農產品、礦產、燃料等原材料，再將製成品出口到殖民地。這些殖民歷史造成了發展中國家的大量資源被掠奪，生產品種單一，建設資金不足，生產效率低下，經濟上高度依賴發達國家。現在儘管殖民統治已經消亡，但類似的南北貿易和物品流動在很大程度上仍在繼續。如今歐盟從非洲的進口63%是原材料，對非洲的出口81%是製成品。[①]不少南方國家認為，以往的殖民主義是造成它們貧困落後的主要原因之一，這種後遺症至今沒有根除。在國際貿易領域，發達國家壓低發展中國家出口的初級產品價格和以較高價格出口製成品給發展中國家，這種不等價交換使發展中國家蒙受了損失；在國際投資領域，發達國家的跨國公司被譴責抑制了發展中國家的幼稚企業和本地專業技術的成長，致使大量利潤流向西方，並侵蝕了亞非拉傳統文化；而在國際金融領域，金融危機主要發生在金融體系脆弱和金融市場發育尚不成熟的發展中國家。早在20世紀60年代，發展中國家為了謀求經濟獨立和發展，就提出了建立國際經濟新秩序的主張。

第三，發達國家在向發展中國家提供援助或貸款時往往提出一些苛刻的政治附加條件，致使經濟問題政治化。北方國家通常認為南方國家發展的主要阻礙是它們自身內部的問題，比如政治腐敗、市場不夠成熟、沒有充分融入國際經濟體系等。一些重要的國際組織如國際貨幣基金組織、世界銀行因為被發達國家控制，它們在向發展中國家貸款時，常常提出「政治多元化」「私有化」「市場化」等先決條件。在東南亞金融危機中，國際貨幣基金組織一直處於國際社會批評和議論的漩渦中。進入20世紀90年代以來，雖然南北之間的分歧和矛盾還在繼續，但是趨向緩和。全球範圍內討論南北經濟合作的會議更加頻繁，一些區域性的南北對話更加制度化。

第四，南北關係的新發展。美國雖然是世界上唯一的超級大國，但是隨著世界經濟多極化趨勢的發展，其對國際事務的主導能力大大下降。國際社會普遍認

[①] 約翰·魯爾克. 世界舞臺上的政治 [M]. 白雲真，等，譯. 北京：世界圖書出版公司北京公司，2012：445-452.

為，發展中國家和地區已經成為世界經濟的獨立增長源。2001年，高盛全球首席經濟學家吉姆·奧尼爾首次提出「金磚四國」的概念，即由巴西（Brazil）、俄羅斯（Russia）、印度（India）和中國（China）四個國家的英文名稱的首位字母組成的「BRIC」，意指「金磚四國」。根據高盛公司報告的預測，到2050年，金磚四國的GDP總和將超過美國、日本、德國、英國、法國和義大利GDP的總和，而中國將在2039年取代美國成為全球第一經濟強國，印度亦將成為世界第三大經濟體。一些發展中國家在實現經濟騰飛後，既給發達國家帶來了新的經濟機遇，又在能源、貿易和市場等方面與發達國家展開競爭，並對世界能源需求、全球氣候變化、生態環境造成了巨大壓力。

※觀點爭鳴※　發達國家國內關於是否應對發展中國家和地區提供國際援助的爭論

贊成意見：	反對意見：
1. 促進公平的競爭環境。目前的全球經濟體系有利於發達國家，發展中國家並不能公平地參與競爭。國際援助確保資金、技術和資源從發達國家向發展中國家和地區回流，從而有助於抵消這些差別。 2. 發達國家的道德責任。發達國家的財富累積曾經是以對發展中國家和地區的殖民主義和剝削為基礎的，因此發達國家負有幫助發展中國家和地區擺脫貧困的道德責任。 3. 幫助基礎建設。國際援助有助於幫助發展中國家和地區改善國內基礎設施、提高糧食產量、改善衛生服務和教育，為它們的經濟騰飛打好基礎。 4. 國際義務。對遭受自然災害、地區動盪、種族衝突、戰爭、難民等傷害的國家，國際社會基於人道主義有義務給予物資上或物流上的支援，目的是拯救生命，舒緩不幸狀況，維護人類尊嚴。	1. 滋長腐敗和壓迫。接受援助的政府和官僚往往控制援助，分配援助的權力往往控制在少數人手裡，而且問責機制非常不完善，所以援助只是有益於腐敗的領導人和精英，而不是大眾。事實上，援助會助長腐敗和壓迫，因為專制統治者可能會使用援助資金來支持其自身的富裕生活、壓制反對者、扶持並擴大自己的政治影響。 2. 扭曲市場。援助會擾亂市場經濟的平衡，降低競爭而阻礙創業精神的發展，從而從長遠來說實際上是助長了貧困的擴大和深化。 3. 無效地幫助窮人。非洲特別是撒哈拉以南非洲的經驗證明，幾乎沒有可靠的證據表明援助會促進經濟增長，減少貧困。一些案例發現，援助在起著反作用，援助會加強全球不平等模式，它會阻礙受援國的創新和自力更生，形成一種依賴文化。

9.4.3　南南關係

　　發展中國家和地區之間的相互關係即是南南關係。南南合作開始於發展中國家和地區在政治方面的合作，發展於發展中國家和地區在經濟領域的合作，而深化於發展中國家和地區在政治與經濟合作方面相結合的合作。總體而言，南南合作經歷了三個階段。

　　第一階段：起步階段（第二次世界大戰結束後至20世紀60年代）。1955年萬隆會議揭開了南南合作的序幕，但是這一時期的南南合作規模較小，形式比較單一。20世紀60年代，不結盟運動的興起和77國集團的建立，標誌著整體性的南南合作的開始。隨後，石油輸出國組織、安第斯條約組織、東南亞國家聯盟等

經濟和貿易組織的建立，促進了區域性南南合作的發展。

　　第二階段：發展階段（20世紀70年代）。進入20世紀70年代以來，絕大多數殖民地已經獲得獨立。已經建立起各種南南合作組織的發展中國家和地區，迫切需要有自己的行動計劃和綱領。為此它們開始探索並提出聯合鬥爭的綱領和策略，確立南南合作的奮鬥目標和基本方針。發展中國家和地區在聯合國大會通過了《建立國際經濟新秩序宣言》和《行動綱領》以及《各國經濟權利與義務憲章》，提出了「集體自力更生」的思想。這一時期發展中國家建立了有100多個國家參加的30多個區域性合作組織和有90多個國家參加的27個原料生產國或輸出國國家組織，促進了發展中國家和地區在貿易、金融、資本、技術、能源等多領域的合作。

　　第三階段：深化階段（20世紀80年代以來至今）。20世紀80年代，發展中國家和地區面臨了嚴重的困境，南北對話陷入僵局。南方國家更加重視發展中國家之間的合作。拉丁美洲一體化協會、海灣合作委員會、阿拉伯合作委員會和馬格里布聯盟相繼誕生，推動了南方國家區域一體化的發展。自20世紀90年代以來，這種南南合作的趨勢更加明顯，發展中國家的地區性經濟合作組織不斷出現，原來的經濟合作組織也不斷深化它們的合作領域。在亞洲，東南亞的經濟一體化進展迅速。東盟和中國在2010年建立東盟—中國自由貿易區。在中東地區，海灣六國經濟一體化有所加強，海灣合作委員會在2003年建立了海合會國家關稅聯盟。在南亞，印度和巴基斯坦在困難中仍然尋求強化南亞區域合作聯盟的經濟合作。在拉美，目前已形成以南方共同市場、安第斯共同體、加勒比共同體、中美洲共同市場等為核心的地區集團化結構。在非洲，2002年7月非洲聯盟成立，標誌著非洲聯合自強步入了新的發展時期。①

　　自從二戰結束後發展中國家登上世界政治與經濟舞臺以來，南北對話的開展與全球化的影響都充分表明了南方國家團結與合作的必要性。南南合作的主要目的是：通過合作，實現經濟互補，促進發展中國家和地區經濟的共同發展；通過合作，增強發展中國家和地區的整體自我發展能力，逐步改變在資金、技術、市場等方面對北方國家嚴重依賴的局面；通過合作，依靠聯合的力量，逐步改變發展中國家和地區在南北力量對比中的不利地位，為建立公正合理的國際秩序創造條件。目前，南南合作的主要形式包括：①區域性合作。成員相互減免關稅，實現商品的自由流通、統一關稅和共同市場；實行共同的稅收管理，協調成員的財政、工業、農業、運輸方面的政策，實現經濟一體化以及協調成員對外政策。②貿易合作。針對西方貿易保護主義，發展中國家和地區的一些區域合作組織在本區域內部和區域之間採取相互減稅等措施來促進貿易發展。③貨幣金融合作。幫助發展中國家促進經濟金融安全，解決國際收支困難，提供低息或優惠貸款。④技術合作。發展中國家和地區相互轉讓或出售專利、技術諮詢和培訓、交換科技情報。發展中國家和地區還通過合資金融、技術服務和勞務等方式發展互利的技術合作。

---

① 馮特君. 當代世界政治經濟與國際關係［M］. 北京：中國人民大學出版社，2012：346-347.

但是，南方國家內部差異巨大，各自的政治制度、經濟制度、文化傳統和發展道路千差萬別，再加上歷史遺留的各種領土爭端、宗教衝突和民族矛盾，所以南方國家之間的矛盾也是大量存在著的。在南南關係的矛盾和衝突中，比較突出的國際事件包括印巴矛盾、阿拉伯國家之間的矛盾、蘇丹和南蘇丹的衝突等。發展中國家和地區在處理這些矛盾時，有時因處理不當，會造成關係緊張、衝突，甚至戰爭。再加上美國和一些大國出於自身利益而進行的干預活動，往往導致問題變得更加複雜。

9.4.4 中國與發展中國家和地區的關係

中華人民共和國與發展中國家和地區的關係經歷了三個時期：

（1）從中華人民共和國成立到20世紀70年代末。中華人民共和國建立初期，毛澤東就提出了世界各國和平共處和大小國家一律平等的思想。據此，周恩來於1953年年底進一步提出了「互相尊重主權和領土完整、互不侵犯、互不干涉內政、平等互利、和平共處」五項原則。除了強化與蘇聯、東歐及亞洲的社會主義國家之間的外交關係以外，中國積極爭取同亞、非民族獨立國家建立和發展友好合作關係。中國先後與印度、緬甸、印度尼西亞、巴基斯坦、阿富汗、埃及、敘利亞、也門等國正式建交，堅決支持從朝鮮、越南到非洲國家的維護獨立和抗美鬥爭。1955年中國應邀參加萬隆會議，以周恩來為首的中國代表團在會議期間做出了巨大貢獻，對中國發展同亞、非國家的關係起到了重要的推動作用。50年代後期到60年代末，中國對亞、非、拉民族獨立運動給予了積極的支持。中國支持了埃及、伊拉克、黎巴嫩、古巴、巴拿馬、多米尼加等國的反帝、反美、反擴張的鬥爭。中國大力支持撒哈拉以南非洲國家反對殖民主義的鬥爭，先後與幾內亞、加納、馬里、剛果、坦桑尼亞等國簽署了友好合約和經濟技術合作協定，積極支持安哥拉、莫桑比克、津巴布韋、納米比亞等國爭取獨立的武裝鬥爭和南非人民反對白人種族主義的鬥爭。同時，中國通過友好協商，先後與緬甸、尼泊爾、蒙古、阿富汗解決了領土遺留問題，同巴基斯坦簽訂了邊界協定，同印度尼西亞解決了華僑雙重國籍問題。60年代末，中國外交經歷了同時承受蘇、美兩大超級大國壓力的考驗。毛澤東提出了「一條線」「一大片」的外交政策和「三個世界」劃分的戰略思想，意在加強同廣大第三世界國家和地區的團結與合作，形成反對霸權主義的國際統一戰線。正是在發展中國家和地區的大力支持下，中國在聯合國的合法席位才得以順利恢復。

（2）從20世紀70年代末到90年代中後期。70年代，中國外交政策進行了重大調整，中國除了積極開展與美國、歐洲、日本等西方發達國家的外交關係，還積極改善和發展與周邊國家及廣大發展中國家和地區的關係。在處理中國與鄰國之間存在的歷史遺留的領土和海域爭端的問題上，鄧小平提出「主權歸我、擱置爭議、共同開發」的主張，緩和了中國同有關發展中國家和地區的關係。中國提出「和平相待、友好協商、互諒互讓、和平合理、全面解決」的原則，同印度談判，維持了邊界的和平和安寧。中國還積極支持廣大發展中國家和地區鞏固民

族獨立、發展民族經濟，把加強同發展中國家和地區的團結與合作作為國家外交的基本立足點。並按照「平等互利、講求實效、形式多樣、共同發展」四項原則，有力地促進了同發展中國家和地區的經貿交流與合作。在此期間，中國同印度尼西亞復交，同新加坡、文萊建交，把中國同東盟各國的友好合作關係推進到一個新階段。「冷戰」結束後，許多發展中國家都面臨著經濟困境，中國改革對外援助方式，努力開闢南南合作的新途徑。

（3）21世紀初至今。在這一時期，與發展中國家和地區的合作已經成為中國全方位對外開放戰略的一部分，中國與廣大發展中國家和地區友好合作呈現出良好勢頭。非洲是發展中國家和地區最集中的大陸，「真誠合作、平等互利、團結合作、共同發展」成為中非交往與合作的原則，也是中非關係長盛不衰的動力。2006年11月，非洲48國元首和政府首腦齊聚北京，出席中非合作論壇北京峰會，中、非共同宣布建立新型戰略夥伴關係。2009年以來，中國一直是非洲最大的貿易夥伴。2015年12月1日至5日，國家主席習近平對津巴布韋和南非進行國事訪問，並赴南非約翰內斯堡與南非總統祖馬共同主持中非合作論壇峰會。2016年，中國與非洲國家的貿易額為1,492億美元，同比雖有下降，但仍然保持非洲第一大貿易夥伴地位。

近年來，中國和東盟雙方關係繼續深化。2002年11月，在第六次中國—東盟領導人會議上，雙方簽署了《中國與東盟全面經濟合作框架協議》，確定了建成中國—東盟自由貿易區的目標。2010年1月1日，中國—東盟自由貿易區正式建立。在國際和地區事務中，中國和東盟共同推動東盟與中日韓（10+3）合作、東盟地區論壇、亞洲合作對話、亞太經濟合作組織、亞歐會議、東亞、拉美合作論壇等區域和跨區域合作機制的健康發展。2013年，中方提出了建設中國—東盟命運共同體、建設21世紀「海上絲綢之路」、打造中國—東盟自貿區升級版、「2+7合作框架」等一系列重大倡議，得到東盟國家的積極回應。經過20多年的發展，雖然中國和東盟一些國家仍存在著領土主權和海洋權益上的分歧，但總體而言，雙方形成了一種比較全面和穩固的經貿合作關係。2016年雖然全球經濟不景氣，但是中國—東盟全年貿易額達到4,522億美元。目前，中國繼續保持東盟第一大貿易夥伴地位，東盟也是中國第三大貿易夥伴、第四大出口市場和第二大進口來源地。

中國與阿拉伯國家之間的友好交往源遠流長。早在兩千多年前，「絲綢之路」就將中華民族和阿拉伯民族連接在一起。2004年1月，時任中國國家主席胡錦濤訪問阿盟總部時，中、阿宣布成立中阿合作論壇，胡錦濤就發展中國與阿拉伯國家的新型夥伴關係提出四項原則：以相互尊重為基礎，增進政治關係；以共同發展為目標，密切經貿往來；以相互借鑑為內容，擴大文化交流；以維護世界和平、促進共同發展為宗旨，加強在國際事務中的合作。同年論壇正式啟動，這標誌著中阿友好合作關係進入一個新的發展時期。2016年1月19日至23日，中國國家主席習近平應邀對沙特阿拉伯、埃及和伊朗進行國事訪問，顯示出中國對阿拉伯國家的高度重視。2016年，中國與阿拉伯國家貿易額為1,711億美元。中國是阿拉伯國家的第二大貿易夥伴。阿拉伯國家是中國第一大原油供應地、第八大貿易夥伴。

中國和拉美國家的關係發展一直是中國外交的重要組成部分。古巴是最早與中國建交的拉美國家。目前，中國共與 21 個拉美國家建交。20 世紀 90 年代以來，全球化進程的快速發展進一步拉近了中國與拉丁美洲國家的距離，中拉經貿合作發展迅速。2008 年，中國政府發布《中國對拉丁美洲和加勒比政策文件》，提出建設中拉平等互利、共同發展的全面合作夥伴關係，這是中國對拉美地區發布的第一個政府文件，凸顯中國對拉美的重視。2014 年 7 月，習近平主席在巴西利亞同拉美國家領導人成功舉行歷史性會晤。2016 年 11 月，習近平主席對厄瓜多爾、秘魯、智利進行國事訪問並出席在秘魯利馬舉行的亞太經合組織第 24 次領導人非正式會議，中國和拉美之間的經貿關係得到穩定發展。2007 年，中拉貿易總額突破 1,000 億美元。2016 年全年中拉貿易總額為 2,166 億美元，同比雖有下降，但中國仍然是拉美重要的貿易夥伴。

　　近年來，中國發起籌建的亞洲基礎設施投資銀行、設立海上絲綢之路基金、建設金磚國家開發銀行和建設「一帶一路」倡議都得到了發展中國家和地區的廣泛支持和回應。「一帶一路」是「絲綢之路經濟帶」和「21 世紀海上絲綢之路」的簡稱，其沿線覆蓋的大多數是發展中國家。2015 年 3 月，國家發改委、外交部、商務部聯合發布《推動共建絲綢之路經濟帶和 21 世紀海上絲綢之路的願景與行動》一文，提出了「一帶一路」沿線國家合作的主要內容，即包括政策溝通、設施聯通、貿易暢通、資金融通、民心相通在內的「五通」。「一帶一路」倡議，為沿線發展中國家加快工業化、現代化進程提供了重要機遇。未來，中國必將與廣大發展中國家和地區不斷深化彼此之間的友好合作關係，齊心協力，為國際社會的和平發展做出更大貢獻。

本章小結：

　　第二次世界大戰結束後，伴隨著殖民體系的瓦解，民族解放運動蓬勃發展，一大批民族獨立國家開始獨立地登上世界舞臺，成了一支新興的政治與經濟力量，即第三世界。萬隆會議的召開、不結盟運動的誕生和 77 國集團的建立是第三世界形成的重要里程碑。第三世界的興起，改變了世界經濟與政治的面貌，推動著國際經濟秩序的除舊布新，對戰後國際社會反對霸權主義、強權政治和單邊主義起著積極的促進作用。

　　發展中國家和地區與發達國家相比較，總體上還存在著較大差距，而且它們內部的經濟發展也極不平衡。一些發展中國家和地區的經濟實力得到快速增長，對世界經濟的影響越來越大。也有不少的發展中國家和地區，尤其是非洲國家，經濟發展速度仍然比較遲緩，它們還面臨著例如糧食、債務、人口、環境等方面的問題。在政治上，發展中國家和地區的政治制度體現出多樣性，在政治發展、政黨建設和民主化程度等方面雖然取得了一些成就，但是它們的政治發展仍然很艱難，道路曲折，往往還面臨著例如民族分離主義、宗教極端主義、政局穩定等問題。

　　發展研究是在二戰結束後應運而生的，它是一門專門研究發展中國家從欠發展或者不發達狀況向發達狀況過渡的條件、動力、方法和途徑的學科。自由主義、結構主義和發展型國家的發展理論從不同角度解讀全球南方國家貧窮和發展的原因，對不發達的根源、趕超的可能性、發展的目標、恰當的發展戰略和國際

經濟政策提供了截然不同的看法。在此基礎上，對不同發展道路和發展模式的研究目的亦在於為發展中國家和地區的現代化進程提供啟示。但是，發展沒有統一的模式，別國的發展經驗和理論只能借鑑而不能照搬。發展中國家和地區應該從本國的實際情況出發，走一條與本國、本民族特點相適應的自主發展道路。

進入 21 世紀以來，南北關係出現了新變化。在經濟全球化進程中，南北之間的合作不斷加強，但是南北關係之間的分歧和矛盾依然客觀存在。總體而言，南北關係出現了政治上從以前的「主從關係」向「夥伴關係」過渡，經濟上從不平等往來轉向一定對等合作的跡象。在南南關係上，雖然南方國家之間的矛盾也是客觀存在的，但是團結與合作是主流，它們之間的合作在不斷深入和強化。中國作為最大的發展中國家，一貫重視鞏固和發展同廣大發展中國家和地區之間的團結與合作，積極致力於推進南南合作和建立公正合理的國際新秩序。在新的時代條件下，中國將繼續鞏固並發展同發展中國家和地區的友好合作關係，為世界和平與發展做出自己應有的貢獻。中國共產黨第十九次全國代表大會報告對新型國際關係的內涵做出了明確界定，即「相互尊重、公平正義、合作共贏」，旨在摒棄傳統的以強凌弱的叢林法則，建立在大小國家一律平等這一中國外交的優良傳統之上，超越了國別、黨派和制度的異同，反應了大多數國家的普遍期待，符合國際社會的共同利益。中國無論是大力推進「一帶一路」建設，還是攜手打造金磚國家合作第二個「金色十年」，抑或是對發展中國家特別是最不發達國家提供不附加任何條件的援助，目的都是希望與世界各國一道實現自主發展和可持續發展。這些舉措將為世界帶來前所未有的互動和聯動發展機會。

思考題：

1. 如何認識、評價發展中國家和地區在國際舞臺上的地位與作用？
2. 如何解決發展中國家和地區在經濟發展中存在的主要問題？
3. 如何評估各種不同的發展模式？「中國模式」有哪些成功之處？如今還面臨著哪些挑戰？
4. 何為南北分歧？在經濟全球化的背景下，如何改善南北關係？
5. 中國經濟改革的成功對發展中國家和地區有哪些啟示？
6. 全球化是加劇了還是減輕了發展中國家的貧困？

閱讀書目：

1. 約翰·魯爾克. 世界舞臺上的政治［M］. 白雲真，等，譯. 北京：世界圖書出版公司北京公司，2012.
2. 查爾斯·凱格利. 世界政治：走向新秩序［M］. 夏維勇，等，譯. 北京：世界圖書出版公司北京公司，2010.
3. 安德魯·海伍德. 全球政治學［M］. 白雲真，等，譯. 北京：中國人民大學出版社，2014.
4. 馮特君. 當代世界政治經濟與國際關係［M］. 北京：中國人民大學出版社，2012.
5. 王健. 國際政治經濟學簡明教程［M］. 上海：復旦大學出版社，2007.

10

中國的國際戰略與國際作用

中華人民共和國的成立結束了舊中國的百年屈辱外交，開創了中國外交的新紀元。中國政府奉行獨立自主的和平外交政策，反對霸權主義和強權政治，捍衛國家的獨立、主權和尊嚴；在和平共處五項原則基礎上，謀求同世界各國建立和發展友好合作關係，為中國社會主義建設事業創造了良好的國際環境。新時代，中國政府高舉和平、發展、合作、共贏的旗幟，推動構建新型國際關係，推動構建人類命運共同體，不斷開創中國特色大國外交新局面。

10.1 中國對外政策的發展歷程

中華人民共和國對外政策的發展歷程大致可以劃分為毛澤東時代、鄧小平時代和習近平新時代三個歷史時期。

10.1.1 毛澤東時代的對外政策及其調整

在毛澤東國際戰略思想指導下，中國的國際地位和國際影響不斷提升，突破了以美國為首的西方國家的戰略封鎖與包圍，從根本上改變了西方主要資本主義國家敵視中華人民共和國的政策；同時，加強和發展了與亞非拉廣大第三世界國家的關係，為新的中國外交開拓了廣闊的國際空間，為中國社會主義現代化建設爭取和贏得了較為有利的國際環境。在毛澤東時代，中國對外政策的發展大體經歷了以下三個階段：

（1）第一階段：中華人民共和國成立到20世紀50年代中期——「一邊倒」。

中華人民共和國成立之初，外交工作面臨的首要任務是徹底擺脫帝國主義對中國的控制，捍衛國家的主權獨立和領土完整，給國民經濟的恢復和發展創造一個相對有利的國際環境。針對兩大陣營「冷戰」對峙的特點和美、蘇對中華人民共和國截然不同的態度，以毛澤東為核心的中國共產黨第一代領導集體，提出了「一邊倒」「另起爐竈」「打掃干淨屋子再請客」三大外交方針，從而構成了中華

人民共和國外交政策的基本框架，奠定了中華人民共和國成立初期「一邊倒」的外交格局。

「一邊倒」就是站在以蘇聯為首的社會主義陣營一邊，與蘇聯結盟，反對帝國主義陣營，鞏固中國革命的勝利成果，支持民族解放運動，維護世界和平。這是中國共產黨對當時國際國內形勢科學判斷的結果，它符合中國人民的根本利益。當然，中國的「一邊倒」是戰略上的「一邊倒」，是獨立自主基礎上的「一邊倒」，並不是要依附於蘇聯。「另起爐竈」是指同舊中國的外交徹底決裂，不自動繼承舊中國的外交關係和所簽署的國際條約，不承認國民黨統治時期外國派駐中國的外交機構和外交人員的合法地位，從而保證中華人民共和國能在獨立自主和平等互利的基礎上同世界各國建立新的外交關係。「打掃干淨屋子再請客」，就是要重新審查處理舊中國同外國簽訂的一切不平等條約，徹底清除帝國主義國家在中國的特權和影響，防止它們利用舊的不平等條約從內部來破壞中國革命，在此基礎上再考慮建立新的正常的外交關係。在三大外交方針的指導下，中華人民共和國堅決廢除了一切不平等條約，取消了帝國主義國家在華的一切特權，建立起了獨立自主的外交關係，使中國人民真正站起來了。

（2）第二階段：20世紀50年代後期到60年代末——「兩個拳頭打人」。

這一時期，中國面臨的國際環境的最大變化，是中、蘇兩國由盟友逐步演變為敵手。20世紀50年代後期，中、蘇兩國戰略利益需求出現差異，對國際共產主義運動的一些基本理論問題也有了不同的看法。更重要的是，蘇聯日益嚴重地將本國利益置於其他社會主義國家的利益之上，不顧別國的實際情況，要求其他國家在外交上服從蘇聯的戰略需求。特別是蘇聯對中國提出了一系列有損中國國家主權的主張，不斷施加政治、經濟、軍事壓力，試圖迫使中國將自己的外交政策納入蘇聯的全球戰略軌道。中國政府為捍衛自己的神聖主權，與蘇聯的大國主義、霸權主義進行了針鋒相對的鬥爭。於是，蘇聯單方面撕毀了與中國政府簽訂的數以百計的合同與協定，撤走全部在華專家，給中國的社會主義建設事業造成巨大損失。蘇聯還在中蘇、中蒙邊界派駐重兵，並挑起武裝衝突，導致中蘇關係日趨緊張直至嚴重對立，形成對中國安全的直接威脅。與此同時，美國繼續推行敵視中國的政策，不僅保持在臺灣地區和臺灣海峽的軍事存在，還發動了侵略越南的戰爭，企圖從南面威脅中國。中國外交面臨嚴峻考驗，同時承受著來自美、蘇兩個超級大國的壓力。

正是在這一背景下，中國外交政策從「一邊倒」調整為既反美又反蘇，同時反對美、蘇兩個超級大國的霸權主義的政策，即所謂「兩個拳頭打人」戰略。面對兩個超級大國都與中國為敵的不利局面，毛澤東冷靜分析了當時的國際形勢，提出了「兩個中間地帶」的戰略思想。他指出：「中間地帶有兩部分：一部分是指亞洲、非洲、拉丁美洲的廣大經濟落後的國家，一部分是指以歐洲為代表的帝國主義國家和發達的資本主義國家。這兩部分都反對美國的控制。在東歐各國則發生反對蘇聯控制的問題。」我們的戰略是依靠第一中間地帶，爭取第二中間地帶，反對兩個超級大國的霸權主義。

（3）第三階段：20世紀70年代——「一條線」、「一大片」。

進入20世紀70年代後，國際形勢發生了重大變化。世界政治格局呈現了蘇攻美守的戰略態勢，蘇聯成為中國和世界和平的主要威脅。一方面，美國深陷越南戰爭泥潭，為集中力量對付蘇聯的挑戰，不得不調整其對外政策，實行戰略收縮，為此，美國力圖通過打開美中關係的大門來幫助其擺脫困境，並借助中國遏制蘇聯；另一方面，蘇聯在加緊同美國爭霸的同時，進一步加強對中國的壓制和軍事部署，已構成對中國安全的最大威脅。

針對形勢的變化，中國政府以毛澤東「三個世界」理論為依據，及時將對外政策從「兩個拳頭打人」調整為聯合「一條線」、團結「一大片」。其核心思想是：針對蘇聯對中國的嚴重威脅，聯合國際上一切可以聯合的力量，建立側重反對蘇聯霸權主義的國際統一戰線。所謂聯合「一條線」，是指建立從中國，經日本、東亞、東南亞、南亞、中東到西歐，再到北美洲的加拿大、美國，最後到大洋洲的新西蘭、澳大利亞這樣一條反對蘇聯霸權主義的戰線；所謂團結「一大片」，是指要團結這「一條線」周圍的廣大第三世界國家。這一政策的實施，結束了中、美兩國的敵對狀況，帶動了中國與世界上許多國家特別是與西方國家關係的全面改善。1971年，在眾多第三世界國家的大力支持下，中國在聯合國的合法席位得到恢復。

> 1974年2月22日，毛澤東主席在會見贊比亞總統卡翁達時，提出劃分「三個世界」的理論，號召聯合起來反對霸權主義。毛澤東說：「我看美國、蘇聯是第一世界。中間派，日本、歐洲、澳大利亞、加拿大，是第二世界。咱們是第三世界。」「第三世界人口很多。亞洲除了日本，都是第三世界。整個非洲都是第三世界，拉丁美洲也是第三世界。」
> ——摘自《人民日報》2006-11-02 第7版

10.1.2　鄧小平時代對外政策的重大轉變

進入20世紀80年代，鄧小平繼承毛澤東國際戰略思想，對國際形勢做出了新的判斷，並據此調整了對外戰略，進一步完善了中國獨立自主的和平外交政策，在國際事務中堅持反對霸權主義，維護世界和平。中國的對外關係得到了全面發展，國際地位大大加強。鄧小平時代的中國對外政策發展經歷了以下三個階段：

（1）第一階段：20世紀80年代——對外政策的重大轉變。

黨的十一屆三中全會後，以鄧小平為核心的中國共產黨人根據國際形勢的新變化和國內任務的需要，推動中國對外政策發生了重大轉變。

第一，轉變了對戰爭與和平的看法。過去相當長一段時間內，中國強調戰爭的危險性，認為世界大戰不可避免，迫在眉睫。黨的十一屆三中全會後，中國政府經過冷靜觀察和客觀分析，改變了戰爭不可避免的看法，認為世界和平因素的增長超過了戰爭因素的增長，在短期內有可能制止戰爭。隨著時間的推移，和平

力量將繼續發展壯大，有可能爭取在相當長的時間內避免戰爭。鄧小平斷定「在較長時間內不發生大規模的世界戰爭是有可能的，維護世界和平是有希望的」①。正是這一關於戰爭與和平形勢的科學論斷，為中國將工作重心轉移到經濟建設上來提供了科學依據。

第二，轉變了20世紀70年代針對蘇聯威脅的「一條線」戰略，突出強調中國要奉行獨立自主的和平外交政策，不同任何大國結盟或建立針對第三國的戰略關係。中華人民共和國建立後，曾先後實行對蘇「一邊倒」和聯美反蘇的政策，這些政策都是迫於當時的形勢，中國受到美、蘇霸權主義干涉和威脅而制定的。黨的十一屆三中全會後，在總結過去30年外交經驗和教訓的基礎上，針對國際形勢的變化，中國政府轉變了對外政策，即中國不同任何大國結盟或建立戰略關係，不參加任何對立的國家集團或軍事集團，在大國關係中不支持任何一方而反對另一方，對一切國際事務都根據事情本身的是非曲直，獨立自主地決定自己的態度和政策，不受任何超級大國和外部勢力的影響和支配。中國堅定地站在維護和平的力量一邊，誰搞霸權主義就反對誰。

第三，轉變了把自力更生同對外開放對立起來的片面認識，制定了全面對外開放的基本國策。中華人民共和國自誕生之日起就決定在平等互利的基礎上發展對外貿易和經濟合作，但長期以來由於受國際國內因素的影響，中國的對外經濟聯繫受到嚴重限制。黨的十一屆三中全會後，中國政府根據國際形勢的變化和國內建設的需要，提出了對外開放的政策，並且將其確定為一項長期不變的基本國策。中國的對外開放是全面的，既對資本主義國家開放，也對社會主義國家開放；既對發達國家開放，也對發展中國家開放；既在物質文明建設方面開放，也要在精神文明建設方面吸取人類的優秀成果。

第四，轉變了以社會制度和意識形態的異同論親疏的做法，將國家利益原則作為中國外交的最高原則，加強與所有第三世界國家的團結與合作。過去，中國在實行「一邊倒」和「一條線」戰略過程中，曾出現過「以蘇劃線」和「以美劃線」的傾向，影響了中國同部分第三世界國家的關係。進入20世紀80年代後，中國認識到只有超越社會制度和意識形態的異同，普遍實行和平共處五項原則，才能發展正常的國家關係，增進國際合作，維護世界和平。中國堅持在和平共處五項原則的基礎上，發展同任何國家的友好關係。

（2）第二階段：20世紀90年代——冷靜應對國際局勢的劇變。

20世紀80年代末90年代初，東歐劇變，蘇聯解體，延續多年的兩極格局土崩瓦解，世界局勢發生了近半個世紀以來最深刻最重大的變動。

世界局勢的這一變化對中國的影響是複雜的、多方面的。國際形勢的變化與國內政治因素結合互動，引發了中國國內一場嚴重的政治風波。西方國家借此集體對中國進行制裁，一時間，中國面臨的外交壓力驟增。在嚴峻的形勢下，鄧小平提出了「冷靜觀察、穩住陣腳、沉著應付、善於守拙、決不當頭、韜光養晦、有所作為」28字方針，為外交工作的開展指明了方向。面對國際共產主義運動

---

① 鄧小平. 鄧小平文選：第3卷［M］. 北京：人民出版社，1993：127.

遭受的重大挫折，中國不驚慌，不動搖，依據本國的實際情況，繼續堅持走有中國特色的社會主義道路，但不尋求取代蘇聯在國際共產主義運動中的那種領導地位。中國在國際事務中具有舉足輕重的作用，但中國不當第三世界的頭。鄧小平明確指出：「……我們千萬不要當頭，這是個根本國策。這個頭我們當不起，自己力量也不夠，當了絕無好處，許多主動都失掉了。中國永遠站在第三世界一邊，中國永遠不稱霸，中國也永遠不當頭。」①

以江澤民同志為核心的第三代領導集體繼承並創造性地貫徹鄧小平國際戰略思想和獨立自主的和平外交政策，始終把維護國家的主權和安全放在第一位，堅持以經濟建設為中心，不斷增強中國的綜合國力。同時，積極謀求在和平共處五項原則基礎上同世界各國發展友好合作關係，共同推進國際政治、經濟新秩序的建立。面對蘇聯與東歐的劇變，中國尊重各國人民的自主選擇。中國本著和平共處五項原則的精神，超越意識形態差異與他們發展友好關係。中國力求避免與西方國家對抗，但在有關國家主權和根本利益的問題上，不因為西方國家的壓力而退縮或讓步。中國抓住「冷戰」結束的機遇，積極構築了有利的大國夥伴關係框架，推動成立了上海合作組織，全面參與多邊外交各領域的活動，積極參加聯合國維和行動，恢復對香港地區、澳門地區行使主權，實現了周邊關係全面改善……中國在國際風雲變幻中處變不驚，經受住了嚴峻的考驗，打破了西方的制裁，在國際舞臺上展示出越來越重要的大國地位。

（3）第三階段：21世紀初——對外戰略與時俱進。

進入21世紀，中國共產黨的對外戰略與時俱進，展示出了中國外交政策的一系列新內容。

第一，順應歷史潮流，維護全人類的共同利益。中國在外交上謀求與時代前進的方向保持一致，與歷史發展的潮流保持一致，與世界上大多數國家和人民的願望保持一致。一個對人類共同利益採取不負責任態度的國家是無法取信於國際社會的。因此，中國的對外戰略不但考慮本國的利益和發展，而且越來越多地把自身利益與發展同全世界整體利益與發展結合起來，努力同國際社會融為一體，努力為世界和平與發展做出更多貢獻。中國在2001年加入了世界貿易組織；在反對國際恐怖主義、反對大規模殺傷性武器擴散的問題上，中國以一個國際社會中負責任的成員的姿態積極參與到世界事務的解決過程中去。中國政府強調，和平與發展是各國人民的「共同願望」。中國要與各國人民「共同努力」「共同維護」和「共同推進」和平與發展的事業；中國要與各國「共同協商」世界事務，維護全人類的「共同利益」，實現世界各國的「共同繁榮」；中國願與國際社會共同努力，推動多種力量和諧並存，保持國際社會的穩定。中國主張促進經濟全球化朝著有利於實現各國共同繁榮的方向發展，趨利避害，使各國特別是發展中國家從中受益。中國願與國際社會一道，共同對付人類發展面臨的環境惡化、資源匱乏、貧困失業、人口膨脹、疾病流行、毒品泛濫、跨國犯罪活動猖獗等全球性問題。

---

① 鄧小平. 鄧小平文選：第3卷［M］. 北京：人民出版社，1993：363.

第二，建立更加公正合理的國際秩序。順應國際社會建立更加公正合理國際秩序的強烈呼聲，中國主張國際秩序應以相互安全為前提，以均衡發展為基礎，以公認法理為保障，以對話合作為手段，以共同繁榮為目標。中國國際秩序觀包含的主要內容，一是民主觀。中國主張國際關係民主化，國家不論大小、強弱、貧富，都是國際社會的平等一員，不僅有權自主地決定本國事務，而且有權平等地參與決定國際事務，通過協商解決共同關注的國際問題。二是發展觀。中國主張促進全球經濟均衡發展，國際社會應該共同努力，趨利避害，推動世界經濟朝著均衡、穩定和可持續的方向發展。中國主張各國開展互利合作，縮小南北差距，妥善解決貧富懸殊等問題，努力促進全球的共同發展；主張應該高度重視改革和完善國際金融體制，加強危機預防和應對能力；主張應該充分尊重和體現各方特別是發展中國家的關切，健全開放、公平的多邊貿易體制。三是安全觀。中國主張樹立互信、互利、平等和協作的新安全觀，以互信求安全，以對話促合作。國際社會應共同反對恐怖主義，為促進共同發展創造良好的國際環境。四是法理觀。中國主張尊重公認的國際法和國際關係基本準則，堅決維護《聯合國憲章》的宗旨和原則，維護聯合國的權威，充分發揮其在維護世界和平、促進共同發展方面的主導作用。五是文明觀。中國主張維護人類文明的多樣性。中國是當代國際秩序的參與者、維護者和改革者。中國願同世界各國一道，為推動建立更加公正合理的國際秩序，創造一個持久和平和普遍繁榮的新世界而共同努力。

第三，維護世界多樣性，提倡國際關係民主化和發展模式多樣化。我們這個世界是一個具有多樣性的世界，不可能只存在一種社會制度、一種發展模式和一種價值觀念。各國文明和發展模式的多樣性是人類社會的基本特徵，也是推動世界文明進步的重要動力。各個國家和地區，無論是歷史傳統、宗教信仰和文化背景，還是社會制度、價值觀念和發展水準，都存在著這樣或那樣的差異，整個人類文明也因此而交相輝映、多姿多彩。科學、民主、法治、自由、人權，並非資本主義所獨有的，而是人類在漫長的歷史進程中共同追求的價值觀和共同創造的文明成果。只是在不同的歷史階段、在不同的國家，它的實現形式和途徑各不相同，沒有統一的模式。這種世界文明的多樣性是不以人們主觀意志為轉移的客觀存在。世界上各種文明、不同的社會制度和發展道路應該彼此尊重，在競爭比較中取長補短，在求同存異中共同發展。各國的事務應由本國政府和人民決定，世界上的事務應由各國政府和人民協商，通過多邊的集體努力來解決。各國均有權採取措施維護自身利益，但任何國家謀求自身利益都不應以犧牲他國利益為代價。單邊主義、霸權主義無助於解決我們這個世界所面臨的種種問題，在當今世界，搞強權、搞霸權的國家畢竟是少數，並且正受到越來越多國家的反對。世界大多數國家都有著強烈的平等參與國際事務的意願，反對任何國家損害其國家主權和壟斷國際事務。這些國家依據本國國情制定自身的發展模式，通過國際合作，爭取本國和國際社會的共同發展，構成了國際關係民主化的強大的推動力量。中國同這些國家一道，反對單邊主義和霸權主義，堅持符合《聯合國憲章》的宗旨和原則的多邊主義，為國際關係的民主化貢獻力量。

第四，倡導建設持久和平、共同繁榮的和諧世界。2005年4月22日，胡錦

濤主席參加雅加達亞非峰會，提出亞非國家應「推動不同文明友好相處、平等對話、發展繁榮，共同構建一個和諧世界」。同年 9 月 15 日，胡錦濤主席在聯合國成立 60 週年首腦會議上發表了《努力建設持久和平、共同繁榮的和諧世界》的演講，全面闡述了「和諧世界」主張。在政治方面，主張不同社會制度和發展模式應相互借鑑，建設各國和諧共處、公正、民主的世界。在經濟方面，提倡進行互利合作，實現全球經濟和諧發展。在文明方面，提倡不同文明開展對話、取長補短，倡導開放、包容的精神。在安全方面，倡導摒棄冷戰思維，樹立互信、互利、平等、協作的新安全觀，通過公平、有效的安全機制，共同維護世界的和平與安全。推動建設和諧世界，是我們堅持走和平發展道路的必然要求，也是我們實現和平發展的重要條件。和諧世界理念閃爍著東方哲學的智慧，它反應了當前國際形勢下世界大多數國家和人民的願望。

第五，使外交工作更好地為經濟建設服務。在經濟全球化趨勢下，經濟因素越來越深刻地影響著國際政治。這不僅表現為經濟因素對國家力量的支撐作用越來越大，更表現為伴隨著經濟全球化趨勢的快速發展，各國經濟上相互聯繫、相互依存的趨勢在不斷加強，經濟關係越來越成為發展國家間關係時不容忽視的重要因素。中國改革開放的不斷深入使中國與世界其他國家的經濟聯繫日益密切，中國正日益深刻地融入經濟全球化的浪潮之中。為保障這一進程的順利發展，中國一方面全面深化國內經濟體制改革，另一方面則不斷地加大經濟外交的力度，同世界各國和地區廣泛開展貿易往來、經濟技術合作和科學文化交流，在更大範圍、更廣領域、更高層次上參與國際經濟技術合作和競爭，充分運用經濟全球化和區域合作提供的各種有利條件，促進國家現代化建設，實現全球共同發展。在保障對外經濟關係健康、順利發展的同時，防止一些別有用心的國家利用雙邊經濟交往中出現的摩擦對中國施加政治經濟壓力，干涉中國內政，努力為經濟建設創造良好的國際環境，使外交工作更好地為經濟建設服務。

第六，外事工作堅持以人為本的思想。中國政府強調，外事工作堅持以人為本，就是要按照外事為民的要求，實踐為人民服務的宗旨，維護廣大人民的根本利益，使外事工作成果惠及全體人民；要適應中國企業和人員大量走出國門的新形勢，依法維護中國海外機構和人員的安全和合法權益；中國人走到哪裡，我們的服務和保護就要延伸到哪裡；要依法維護華僑華人及香港特別行政區同胞、澳門特別行政區同胞、臺灣同胞的正當權益；要引導廣大幹部群眾正確認識國際形勢，平等友好地對待各國人民；要尊重和顧及別國人民的合理利益和關切；要為來中國的外國人創造更便利的生活和工作條件。國之交在於民相親，而民相親需要常往來。

10.1.3 習近平新時代中國外交政策的新內容

黨的十八大以來，以習近平同志為核心的黨中央積極推進外交理論和實踐的創新，開拓進取，砥礪奮進，走出了一條中國特色大國外交之路，為實現「兩個

一百年」奮鬥目標和中華民族偉大復興的「中國夢」提供了有力保障。

第一，明確推進中國特色大國外交的前進方向。習近平總書記敏銳把握中國與世界關係的歷史性變化，強調中國必須有自己特色的大國外交，使中國對外工作有鮮明的中國特色、中國風格、中國氣派。要堅持中國共產黨領導，堅定中國特色社會主義道路自信、理論自信、制度自信和文化自信，為人類對更好社會制度的探索提供中國方案。要堅持和平發展，把中國發展與世界發展聯繫起來，在與世界各國良性互動、互利共贏中開拓前進。要積極為國家經濟社會發展服務，為實施「走出去」和「引進來」創造良好條件。

第二，確立打造人類命運共同體的追求目標。習近平總書記本著對中國負責、為世界擔當的博大情懷，提出齊心打造人類命運共同體的重要倡議，為人類社會實現共同發展、長治久安繪製了藍圖。習近平總書記首先提出構建周邊命運共同體，進而提出建設亞洲命運共同體，直至在聯合國講臺上提出打造人類命運共同體的宏偉目標，並全面闡述了通過建設持久和平的世界、普遍安全的世界、共同繁榮的世界、開放包容的世界以及清潔美麗的世界，打造「五位一體」的人類命運共同體的總路徑和總佈局，使中國外交站在了人類道義和時代發展的制高點上。

第三，堅持追求合作共贏的核心原則。習近平總書記倡導各國共同建立以合作共贏為核心的新型國際關係，強調不能身體已進入 21 世紀，而腦袋還停留在冷戰思維、零和博弈老框框內，要跟上時代前進步伐，把合作共贏理念體現到政治、經濟、安全、文化等對外合作的方方面面。合作共贏是「21 世紀國際關係向何處去」這一世紀命題的中國答案，強調以合作取代對抗、以共贏取代獨占，推動各國同舟共濟、攜手共進，為建設美好世界提供了嶄新思路。

第四，開闢構建全球夥伴關係的主要路徑。習近平總書記指出，要在堅持不結盟原則前提下廣交朋友，形成遍布全球的夥伴關係網絡。夥伴關係具有平等性、和平性、包容性，沒有主從之分、陣營之別，不設假想敵，不針對第三方。志同道合是夥伴，求同存異也是夥伴。構建夥伴關係是對中國獨立自主和平外交政策的繼承和發展，突破了「非友即敵」或結盟對抗的冷戰思維，為當今世界處理國與國關係提供了新模式。迄今，中國已同 100 個左右的國家、地區和區域組織建立了不同形式的夥伴關係，走出了一條「對話而不對抗、結伴而不結盟」的國與國交往新路。

第五，弘揚正確義利觀的價值取向。習近平總書記指出，在外交工作中要堅持正確義利觀，政治上主持公道、伸張正義，經濟上互利共贏、共同發展，國際事務中講信義、重情義、揚正義、樹道義。習近平總書記特別指出，做周邊和發展中國家工作，一定要堅持正確義利觀；對那些長期對華友好且自身發展任務艱鉅的周邊和發展中國家，要更多考慮對方利益。習近平總書記提出新安全觀、新發展觀、全球治理觀等一系列新理念新思想，進一步豐富了中國外交的核心價值理念，得到國際社會特別是廣大發展中國家普遍贊譽，成為社會主義中國軟實力的獨特標誌。

第六，提出建設「一帶一路」的重大倡議。習近平總書記著眼構建中國全方

位對外開放新格局和促進各國共同繁榮進步，提出建設絲綢之路經濟帶和 21 世紀海上絲綢之路的重大倡議。「一帶一路」倡議秉持和平合作、開放包容、互學互鑒、互利共贏的絲路精神，把中國發展同沿線國家發展結合起來，把「中國夢」同沿線各國人民的夢想結合起來，賦予古代絲綢之路以全新的時代內涵，為世界提供了一項充滿東方智慧的共同繁榮發展方案。在「一帶一路」建設國際合作框架下，各方堅持共商、共建、共享原則，共謀發展新動力，拓展發展新空間，朝著構建人類命運共同體的目標不斷邁進。

黨的十九大明確提出我們要推動構建新型國際關係、推動構建人類命運共同體。這「兩個構建」概括了中國外交今後努力的總目標。構建新型國際關係，是要走出一條國與國交往的新路。構建人類命運共同體，是要拿出解決各種全球性難題的方案。「兩個構建」就是要推動建設「五個世界」，即持久和平的世界、普遍安全的世界、共同繁榮的世界、開放包容的世界、清潔美麗的世界。這五個世界既是中國「五位一體」總體佈局在國際層面的延伸，也順應了人類發展進步潮流，符合世界各國的共同願望。[①]

中國共產黨第十九次全國代表大會報告中的相關論述：

中國特色大國外交要推動構建新型國際關係，推動構建人類命運共同體。

堅持總體國家安全觀。統籌發展和安全，增強憂患意識，做到居安思危，是我們黨治國理政的一個重大原則。必須堅持國家利益至上，以人民安全為宗旨，以政治安全為根本，統籌外部安全和內部安全、國土安全和國民安全、傳統安全和非傳統安全、自身安全和共同安全，完善國家安全制度體系，加強國家安全能力建設，堅決維護國家主權、安全、發展利益。

堅持推動構建人類命運共同體。中國人民的夢想同各國人民的夢想息息相通，實現中國夢離不開和平的國際環境和穩定的國際秩序。必須統籌國內國際兩個大局，始終不渝走和平發展道路，奉行互利共贏的開放戰略，堅持正確義利觀，樹立共同、綜合、合作、可持續的新安全觀，謀求開放創新、包容互惠的發展前景，促進和而不同、兼收並蓄的文明交流，構築尊崇自然、綠色發展的生態體系，始終做世界和平的建設者、全球發展的貢獻者、國際秩序的維護者。

中國共產黨是為中國人民謀幸福的政黨，也是為人類進步事業而奮鬥的政黨。中國共產黨始終把為人類做出新的更大的貢獻作為自己的使命。

中國將高舉和平、發展、合作、共贏的旗幟，恪守維護世界和平、促進共同發展的外交政策宗旨，堅定不移在和平共處五項原則基礎上發展同各國的友好合作，推動建設相互尊重、公平正義、合作共贏的新型國際關係。

世界正處於大發展大變革大調整時期，和平與發展仍然是時代主題。世界多

---

① 有人提出「霸權穩定論」，主張打造一個無所不能的超級大國來統領國際事務；有人提出「全球治理論」，主張各國弱化主權，制定共同的規則來管理世界；有人提出「普世價值論」，主張推廣某一種自認為「先進」的價值觀和社會制度來一統天下。新型國際關係就是要以合作取代對抗，以共贏取代獨占，不再是零和博弈和贏家通吃。

極化、經濟全球化、社會信息化、文化多樣化深入發展，全球治理體系和國際秩序變革加速推進，各國相互聯繫和依存日益加深，國際力量對比更趨平衡，和平發展大勢不可逆轉。同時，世界面臨的不穩定性不確定性突出，世界經濟增長動能不足，貧富分化日益嚴重，地區熱點問題此起彼伏，恐怖主義、網絡安全、重大傳染性疾病、氣候變化等非傳統安全威脅持續蔓延，人類面臨許多共同挑戰。

我們生活的世界充滿希望，也充滿挑戰。我們不能因現實複雜而放棄夢想，不能因理想遙遠而放棄追求。沒有哪個國家能夠獨自應對人類面臨的各種挑戰，也沒有哪個國家能夠退回到自我封閉的孤島。

我們呼籲，各國人民同心協力，構建人類命運共同體，建設持久和平、普遍安全、共同繁榮、開放包容、清潔美麗的世界。要相互尊重、平等協商，堅決摒棄冷戰思維和強權政治，走對話而不對抗、結伴而不結盟的國與國交往新路。要堅持以對話解決爭端、以協商化解分歧，統籌應對傳統和非傳統安全威脅，反對一切形式的恐怖主義。要同舟共濟，促進貿易和投資自由化便利化，推動經濟全球化朝著更加開放、包容、普惠、平衡、共贏的方向發展。要尊重世界文明多樣性，以文明交流超越文明隔閡、文明互鑒超越文明衝突、文明共存超越文明優越。要堅持環境友好，合作應對氣候變化，保護好人類賴以生存的地球家園。

中國堅定奉行獨立自主的和平外交政策，尊重各國人民自主選擇發展道路的權利，維護國際公平正義，反對把自己的意志強加於人，反對干涉別國內政，反對以強凌弱。中國決不會以犧牲別國利益為代價來發展自己，也決不放棄自己的正當權益，任何人不要幻想讓中國吞下損害自身利益的苦果。中國奉行防禦性的國防政策。中國發展不對任何國家構成威脅。中國無論發展到什麼程度，永遠不稱霸，永遠不搞擴張。

中國積極發展全球夥伴關係，擴大同各國的利益交匯點，推進大國協調和合作，構建總體穩定、均衡發展的大國關係框架，按照親誠惠容理念和與鄰為善、以鄰為伴周邊外交方針深化同周邊國家關係，秉持正確義利觀和真實親誠理念加強同發展中國家的團結與合作。加強同各國政黨和政治組織的交流合作，推進人大、政協、軍隊、地方、人民團體等的對外交往。

中國堅持對外開放的基本國策，堅持打開國門搞建設，積極促進「一帶一路」國際合作，努力實現政策溝通、設施聯通、貿易暢通、資金融通、民心相通，打造國際合作新平臺，增添共同發展新動力。加大對發展中國家特別是最不發達國家援助力度，促進縮小南北發展差距。中國支持多邊貿易體制，促進自由貿易區建設，推動建設開放型世界經濟。

中國秉持共商共建共享的全球治理觀，倡導國際關係民主化，堅持國家不分大小、強弱、貧富一律平等，支持聯合國發揮積極作用，支持擴大發展中國家在國際事務中的代表性和發言權。中國將繼續發揮負責任大國作用，積極參與全球治理體系改革和建設，不斷貢獻中國智慧和力量。

10.2 中國對外政策的基本原則

近 70 年來，中華人民共和國經受了國際風雲的嚴峻考驗。中國對外政策經過充實、調整和發展，不斷完善，形成了具有中國特色的外交風格。雖然中國的對外政策在不同歷史時期有著不同的表述和具體內容，但中國政府制定對外政策所遵循的基本原則始終具有延續性和一貫性。

10.2.1 中國對外政策的宗旨——維護世界和平、促進共同發展

中華人民共和國從成立之日起，就致力於世界和平事業，其對外政策一直以爭取和平為宗旨。十一屆三中全會後，鄧小平多次指出「我們的外交政策是反對霸權主義，維護世界和平」，並把爭取和平作為對外工作的首要任務。黨的十六大報告明確指出「中國外交政策的宗旨，是維護世界和平，促進共同發展」。

中國外交政策的宗旨是維護世界和平、促進共同發展，這是中國的國家性質和基本國情決定的，也是和平與發展的時代主題的要求。首先，中國是個社會主義國家，這一性質決定了中國不能也不會像帝國主義國家那樣通過發動戰爭去侵犯和奴役別國人民，也決不願像過去那樣任人宰割，受別國的奴役和壓迫。其次，中國近代是一個飽受帝國主義列強欺凌的半殖民地半封建國家，切身體會到戰爭和貧困的痛苦，深知和平的珍貴和來之不易，因而決不會將這種痛苦強加給其他國家的人民。再次，中國目前仍然是發展中國家，處於社會主義初級階段，自己要加快發展，不僅需要國內有一個長期穩定的局面，而且也需要一個較長時期的國際和平環境，這就決定了我們要堅定不移地繼續奉行和平外交政策。最後，和平與發展是當代世界的兩大主題，是歷史的潮流，是人心之所向。中國是這一潮流的認同者和推動者。

維護世界的和平與穩定，推動人類的發展與進步，符合中國人民和世界各國人民的根本利益。改革開放以來中國外交取得的重大成就充分表明，把和平與發展作為中國對外政策的宗旨，不僅保證了中國社會主義現代化建設事業的順利進行，而且使中國在國際舞臺上樹立了良好的大國形象，增強了中國在國際事務中的影響力。當代國際關係中霸權主義和強權政治的存在、南北差距的擴大，在很大程度上已經成為制約國際社會穩定發展的重要因素。為維護世界和平，中國一貫反對軍備競賽，主張根據公正、合理、全面、均衡的原則實現有效的裁軍和軍備控制；一貫倡導全面禁止和徹底銷毀核武器、生物武器、化學武器；反對擴散大規模殺傷性武器及其運載工具；反對外層空間軍備競賽。「9/11」事件發生以來，國際恐怖主義勢力對國際關係造成的衝擊，進一步增加了影響世界和平與發展的不穩定因素。維護世界和平、促進共同發展的任務仍然十分艱鉅。中國政府堅決反對一切形式的恐怖主義，主張標本兼治，努力消除產生恐怖主義的根源，支持並積極參與國際社會反對恐怖主義的一切努力。為促進共同發展，中國長期

倡導並堅持平等互利原則，同世界各國和地區廣泛開展貿易往來、經濟技術合作和科學文化交流；對發展中國家提供了力所能及的無私援助；積極推動聯合國和國際組織關注、促進共同發展事業。作為國際舞臺上維護世界和平與促進共同發展的重要力量，中國自身的和平發展，就是對世界和平與發展的重大貢獻。

10.2.2 中國對外政策的根本原則——獨立自主

　　獨立自主，就是國家主權獨立，在對內對外事務中不屈服於任何外來干涉和壓力，根據自己的實際情況和國際形勢的發展，獨立自主地處理本國對內對外一切事務。獨立自主是中國革命勝利最可寶貴的經驗之一，也是中華人民共和國成立以來在國際鬥爭中的經驗總結。早在中華人民共和國成立前夕，毛澤東曾明確指出：「中國必須獨立，中國必須解放，中國的事情必須由人民自己來做主張，自己來處理，不允許任何帝國主義國家再有一絲一毫的干涉。」鄧小平也鄭重指出：「獨立自主，自力更生，無論過去、現在和將來，都是我們的立足點。」中國始終堅持獨立自主的外交政策。無論是在與蘇聯結盟時期，還是聯美抗蘇時期，我們都沒有放棄獨立自主的原則，都不允許任何國家染指我們的主權、插手中國的內政。20世紀80年代，中國實行不結盟政策，更好地維護了中國的獨立自主。「冷戰」結束以後，中國與世界各大國建立了各種形式的戰略夥伴關係。這種大國戰略夥伴關係不會捆住中國的手腳，不會導致中國的獨立自主受到損害。

　　堅持獨立自主，就是要始終堅持把國家的主權和安全放在第一位。主權是一個國家所擁有的獨立自主地處理其一切內外事務的最高權力，它是一個國家賴以生存與發展的前提和保障。中國同任何國家發展關係都絕對不以犧牲自己的主權和安全為代價，不拿原則做交易。堅持獨立自主，就是要從中國人民和世界人民的根本利益出發，根據事情本身的是非曲直，獨立自主地決定自己的態度和立場。中國珍惜一切已經建立起來的同外國的友好關係，但這決不意味著中國為了維護某種關係而放棄自己的原則立場，更不容許任何人損害中國的利益和尊嚴。

　　中國堅持獨立自主，並不意味著中國不需要國際力量的支持與合作，搞閉關自守。中國珍視自己的獨立自主，也尊重別國的獨立自主。我們反對任何國家把自己的意志強加於我們，我們也不把自己的意志強加於別人。

10.2.3 中國處理國際關係的基本準則——和平共處五項原則

　　和平共處五項原則是由中國政府提出，並與印度和緬甸政府共同倡導的在建立各國間正常關係及進行交流合作時應遵循的基本準則。「互相尊重主權和領土完整、互不侵犯、互不干涉內政、平等互利、和平共處」五項原則不僅成為中國奉行獨立自主和平外交政策的基礎，而且也被世界上絕大多數國家接受，成為規範國際關係的重要準則。它是對國際關係中的強權政治的否定和批判，是一種嶄

新的、公正的國際關係準則。

和平共處五項原則是互相聯繫、不可分割的整體。「互相尊重主權和領土完整」是五項原則的核心和主要內容；「互不侵犯」「互不干涉內政」是實現互相尊重主權和領土完整的一項根本保證；「平等互利」是各國發展政治、經濟和文化關係時必須遵循的原則；「和平共處」則是上述四項原則的目的和結果。

> 和平共處五項原則最先是由周恩來總理於 1953 年 12 月底在會見來訪的印度代表團時提出的。當時，中國政府代表團和印度政府代表團就中、印兩國在中國西藏地方的關係問題在北京開始談判。31 日下午，周恩來總理在中南海西花廳會見印方代表團，在談話中第一次完整地提出了和平共處的五項原則。1954 年 4 月 29 日，中、印兩國發表談判公報，並簽署了《關於中國西藏地方和印度之間的通商和交通協定》，兩國政府一致同意把和平共處五項原則列入公報和協定中，把它作為指導兩國關係的準則。同年 6 月底，周總理先後應邀訪問了印度和緬甸，在他分別與印度總理尼赫魯和緬甸總理吳努發表的《聯合聲明》中都寫進了這些原則，並進一步確認它適用於同亞洲及世界其他國家的關係。
>
> ——摘自新華網

60 多年來，和平共處五項原則經受了國際風雲變幻的考驗，顯示出了強大的生命力，在促進世界和平與國際友好合作方面發揮了巨大作用。鄧小平曾經指出：「處理國與國之間的關係，和平共處五項原則是最好的方式。其他方式，如『大家庭』方式、『集團政治』方式、『勢力範圍』方式，都會帶來矛盾，激化國際局勢。」[1] 這是因為，和平共處五項原則概括了新型國家關係的本質，體現了時代發展潮流和世界各國及各國人民的共同利益。和平共處五項原則不要求任何國家放棄自己的政治信念、價值觀念、宗教信仰，充分尊重不同國家之間的各種差異和分歧，尊重各國人民對自身發展道路的選擇，尊重各國的主權獨立與領土完整，提倡用和平方式解決國際爭端。

儘管中國自身和亞洲、世界都發生了很大變化，但和平共處五項原則仍具有重大的現實意義和長遠意義，因為它抓住了民族國家將繼續長期是國際政治最主要行為體、主權原則將繼續長期是國家利益集中體現和可靠保障這一當代國際關係發展演變的基本線索，可以為國際社會處理國與國之間的複雜關係和此起彼伏的紛爭提供可靠的解決方案。中國在國際事務中始終堅持和平共處五項原則，為和平解決國際爭端、推動國際合作、維護世界與地區的和平與穩定做出了自己的貢獻，擴大了和平共處五項原則的國際影響。中國不僅是和平共處五項原則的倡導者，而且是其忠誠的奉行者。

---

[1] 鄧小平. 鄧小平文選：第 3 卷 [M]. 北京：人民出版社，1993：96.

10.2.4 中國外交的基本立足點——加強同發展中國家的團結與合作

中國是發展中的社會主義國家，是發展中國家的一員。中國與其他發展中國家有著共同的歷史遭遇和苦難歷程，都長期遭受外來殖民者的奴役與掠奪。為擺脫殖民枷鎖，爭取國家的獨立與解放，都進行過長期的英勇鬥爭。獨立後又都面臨著維護國家主權獨立，反對外來干涉和發展本國經濟，改變貧窮落後面貌，提高人民生活水準的現實任務，為此都需要長期的國際和平環境，都需要反對霸權主義與強權政治，都需要為建立公正合理的國際新秩序而努力。因此，中國的命運是和廣大的發展中國家的命運密切地聯繫在一起的。二戰結束以來，廣大發展中國家不斷加強彼此間的團結與合作，在國際舞臺上發揮了越來越重要的作用，成為維護世界和平、反對霸權主義、促進世界發展的重要力量。發展中國家振興的希望在於團結。團結是發展中國家力量的源泉，合作是發展中國家發展的必由之路。不斷加強同發展中國家的團結與合作，不僅符合中國人民與發展中國家人民的利益，而且也是全世界人民的共同利益所在。

無論「冷戰」時期，還是「冷戰」結束後，中國一貫重視同發展中國家的團結與合作，和它們一起共同反對霸權主義和強權政治。過去，支持它們爭取民族獨立和解放，現在，支持它們平等參與國際事務，維護自身正當權益，支持它們積極探索適合本國國情的發展道路和為發展本國經濟所做出的努力，並本著「平等互利、講求實效、形式多樣、共同發展」的精神，積極發展同它們的經貿往來和科技交流。中國積極促進發展中國家的團結與合作，倡導通過友好協商，和平地解決彼此之間的矛盾和爭端，反對外部勢力插手與干涉發展中國家的內部事務。中國的這一公正立場和不懈努力得到了發展中國家的普遍好評，許多發展中國家將中國視為「可信賴的朋友」。

※觀點爭鳴※　　如何看中國外交的「變」與「不變」？

中國60多年的外交歸結起來，就是中國與時俱進，不斷調整戰略，從封閉走向開放，從世界舞臺的邊緣地帶逐步走向中心位置的過程。美國著名的中國問題專家沈大偉在他的《中國走向世界：不完全的大國》一書中，將1949年以來的中國外交更細緻地劃分為十個階段，並得出六點結論：

第一，長期性的不安全感和週期性的被孤立經歷導致時常的戰術性結盟和調整；

第二，國內政治對外交事務有著重大而深刻的影響，但改革開放後的外交運作更加專業化；

第三，被國際社會接納進而全面融入國際體系的進程曠日持久，仍不時顯示出不適應性；

第四，與周邊主要鄰國和世界其他大國的關係存在「隔閡—敵意—矛盾—正常化」的循環往復；

第五，對世界秩序的看法極具變動性，且內部始終存在爭論；

第六，外交政策的連貫性特徵並不明顯。

這些看法有值得商榷之處，但總體是合情合理的。在風雲激盪的年代中、在格局轉換的世界裡，中國本身就是巨大的變革符號，過於鮮明的「連貫性」並不符合事物發展的基本規律，也是對中國外交政策的求全責備。

「中國是獨一無二的，沒有哪個國家享有如此悠久的連綿不斷的文明，而且與其古老的戰略和政治韜略的歷史及傳統如此一脈相承。」沈大偉的精神導師基辛格卻正是從連貫性和歷史性的角度理解中國外交的。

——摘自：曉岸. 中國外交 65 年 [J]. 世界知識，2014（21）：51.

10.3 中國特色大國外交

以習近平同志為核心的黨中央統籌國內國際兩個大局，統籌發展安全兩件大事，牢牢把握堅持和平發展、促進民族復興這條主線，在保持外交大政方針連續性和穩定性的基礎上，積極推動外交理論和實踐創新，明確提出中國必須有自己特色的大國外交，使中國對外工作有鮮明的中國特色、中國風格和中國氣派。

10.3.1 中國特色大國外交的提出

開展中國特色大國外交，就是中國要在國際上更好地發揮負責任大國作用，並體現中國特色。當今中國之所以必須有自己特色的大國外交，有幾個原因：一是謀求中華民族偉大復興的現實需要。今天的中國，比歷史上任何時候都更加走近世界舞臺的中央，比歷史上任何時候都更加接近實現民族復興的目標。中國外交必須緊緊圍繞服務國內發展和民族復興這一根本任務，積極進取，勇於擔當，培育大國情懷，展現大國胸襟，不斷開創中國外交的新局面，為實現國家和民族的奮鬥目標營造更加和平和有利的外部環境。二是中國自身國力發展壯大的必然要求[①]。經過改革開放 40 年來的快速發展，中國的國情已今非昔比，與世界的關係也發生了歷史性變化。中國每年有 1.3 億人次出境，數百萬中國公民在全球各個地方工作、生活、學習，3 萬多家中國企業遍布世界各地。這一龐大「海外中國」的出現，要求中國外交必須更加積極主動地依法維護好中國公民、企業和機構在海外日益拓展的合法權益，為他們在海外工作、生活、投資、創業提供便

---

① 一個主流觀點是，中國外交已經渡過以在世界民族之林中求生存為目標的第一個 30 年和以開放合作融入世界為目標的第二個 30 年，正在步入作為一個強國在世界上發揮關鍵作用的第三個 30 年。這就要求中國的外交戰略、手段以及機制體制必須進行適當的調整，以便更好地適應新的國力條件和時代要求。

利，保障安全。① 三是時代潮流和國際格局演變的強烈呼喚。當今世界變革日新月異，國際體系和秩序深度調整，經濟全球化進程持續發展，世界多極化不斷推進，和平與發展的潮流深入人心。作為國際社會中的重要成員，中國應通過開展具有自身特色的外交，堅持走和平發展道路，堅持互利共贏的開放戰略，堅持發揮負責任的大國作用，以自己的方式承擔起維護世界和平、促進全球發展、推動國際關係民主化進程的應盡義務和使命。

10.3.2 中國特色大國外交的特色

中國特色大國外交，有著獨特的原則和理念，既源自當代中國的外交實踐，又源自悠久的中華文化傳統。一是要堅持中國的社會制度和發展道路。中國是共產黨領導的社會主義國家，走的是中國特色社會主義道路，這條道路得到了廣大中國人民的一致擁護，並經受了實踐的反覆檢驗。中國外交必須始終堅持黨的領導，堅持社會主義本質屬性，堅持樹立「四個自信」。本著各國人民都有權利選擇符合自身國情的發展道路以及互不干涉內政的原則，我們要在國際上理直氣壯地宣傳我們的社會制度，旗幟鮮明地堅持我們的發展方向，致力於增進各國人民之間的相互理解，推進不同發展模式之間的相互包容。二是要堅持中國的優秀外交傳統。近70年來，中國外交形成了堅持獨立自主和平外交方針，堅持和平共處五項原則，堅持互利共贏的開放戰略等一系列優秀傳統。這些傳統是中國外交的寶貴財富，需要我們在繼承中創新、在創新中發展，使其在推進中國特色大國外交的歷史進程中煥發出新的光彩。三是要堅持中國的特有外交理念。中國外交在汲取中華文化優秀積澱的基礎上逐漸形成了一些獨具特色的理念，比如主張國際關係民主化，堅持不干涉別國內政；主張通過對話談判解決國際和地區熱點問題，反對武力至上；堅持正確義利觀，在國際事務中主持公道、追求正義、踐行平等。這些理念充分體現了中國外交的特徵，受到國際社會尤其是廣大發展中國家的高度讚賞，必須加以繼承和堅持。四是要堅持服從和服務於國家發展。中國外交的出發點和立足點應緊緊圍繞中國的發展階段和現實國情。當前，中國已是世界第二大經濟體，但同時又將長期保持發展中國家的屬性，發展仍然是我們的第一要務。外交工作必須堅定地服從和服務於這一要務，不僅為國家發展營造更穩定、更友善的政治與地緣環境，還要積極對外開展經濟外交，大力推進「走出去」戰略，深化與各國的互利合作，為國內建設做出應有貢獻。

---

① 為此，外交部已推出了中國領事服務網、12308熱線、「領事直通車」微信公眾號等領事信息和服務平臺，努力為海外同胞提供全天候、零時差、無障礙的領事服務。目前對持中國普通護照實施有條件免簽或落地簽的國家和地區有64個，與中國締結簡化簽證手續協議的國家有41個，中國護照的「含金量」不斷提升，同胞們走出國門將更加安全、便利。

10.3.3 中國特色大國外交的內涵

　　黨的十九大對新時代中國特色大國外交進行了頂層設計，明確「中國特色大國外交要推動構建新型國際關係，推動構建人類命運共同體」，並將「堅持和平發展道路，推動構建人類命運共同體」列為新時代堅持和發展中國特色社會主義的基本方略之一，為新時代中國特色大國外交指明了方向。

　　「構建新型國際關係、構建人類命運共同體」思想的提出，有著深厚的歷史、文化、政策和實踐淵源。①

　　它源自中國共產黨的歷史使命。習近平總書記在十九大報告中明確指出，「中國共產黨是為中國人民謀幸福的政黨，也是為人類進步事業而奮鬥的政黨。中國共產黨始終把為人類做出新的更大的貢獻作為自己的使命」。這段話凸顯了中國共產黨人的歷史自覺、國際視野和世界關懷，說明我們黨從建黨的初心開始，就把中國人民的幸福與世界人民的幸福緊緊聯繫在一起，就意識到要高揚國際主義的旗幟。這是我們黨同其他國家政黨的重要區別，也是我們開展對外交往時必須銘記的重要準則。

　　它源自傳統文化的深厚積澱。中華民族有著五千多年悠久歷史，創造了燦爛輝煌的中華文明，形成了兼愛非攻、親仁善鄰的和平志向，以和為貴、和而不同的和諧理念，大道之行、天下為公的博大情懷。這些獨具特色的文化價值觀，滋養著中國外交理念的根脈，孕育著處理當代國際關係的中國智慧。

　　它源自中國外交的優良傳統。中華人民共和國成立以來，我們黨在實踐中形成了一系列重大外交政策主張和戰略思想。我們積極倡導和平共處五項原則，致力於同各國開展友好合作，始終將自身發展寓於世界各國共同發展之中，贏得了國際社會的廣泛理解和支持，和平發展的道路越走越寬廣。

　　它源自大國外交的創新實踐。黨的十八大以來，習近平總書記站立時代潮頭，把握世界大勢，親自擘畫運籌，提出了一整套外交新理念新舉措新戰略，指導中國外交呈現鮮明的中國風格、中國特色和中國氣派，取得全方位、開創性的歷史成就。我們從容應對國際局勢深刻演變、全面參與全球事務和重大國際行動，發出中國聲音，提出中國方案；我們積極建設全球夥伴關係網絡、落實「一帶一路」等重大倡議，向國際社會貢獻越來越多的廣受歡迎的公共產品；我們主動應對全球性挑戰，推出完善全球治理體系的重大舉措，承擔更大國際責任和應盡義務，樹立起負責任大國形象。

　　構建人類命運共同體順應世界發展潮流，契合各國人民共同期盼，樹立起新時代中國外交的一面旗幟。

　　當今世界，和平與發展的大趨勢沒有改變，但動盪、衝突、失衡的一面仍十分突出，人類面臨許多共同挑戰。沒有哪個國家能夠獨自應對人類面臨的各種挑

---

① 參見：王毅. 以習近平新時代中國特色社會主義思想引領中國外交開闢新境界［N］. 人民日報，2017-12-19（9）.

戰，也沒有哪個國家能夠退回到自我封閉的孤島。各國人民期待提出符合時代需求、促進國家間和諧相處的新願景。構建人類命運共同體，呼應了國際社會求和平、謀發展、促合作、要進步的迫切願望和不懈追求，為破解當下安全與發展難題、推動國際關係健康發展提供了正確思路，使中國外交準確把握了時代發展脈搏，牢牢佔據了人類道義制高點。

構建人類命運共同體是中國特色大國外交理論創新的集大成。它融會貫通中外優秀思想文化，將中國自身發展同世界共同發展融為一體。習近平總書記在十九大報告中呼籲各國人民同心協力，建設持久和平、普遍安全、共同繁榮、開放包容、清潔美麗的世界，並為此規劃了實踐路徑。「持久和平」就是要跳出冷戰思維，擺脫強權政治的陰影，堅持相互尊重、平等協商、和睦共處，尋求持久和平與安寧。「普遍安全」就是要倡導樹立共同、綜合、合作、可持續安全的新觀念，推動以對話解決爭端，以協商化解分歧，合力消除安全威脅，謀求共同安全。「共同繁榮」就是要各國優勢互補、同舟共濟、相互促進，推動經濟全球化再平衡，促進共同發展、共同進步。「開放包容」就是要堅持開放發展，反對保守封閉，堅持文明多元，反對孤立隔絕，倡導不同國家和文化間的交流互鑒。「清潔美麗」就是要重視生態環境保護和建設，合作應對氣候變化，保護好我們共同的地球家園。「構建人類命運共同體」這一重大理念和目標的提出，表明中國共產黨人願意也能夠為解決人類問題、促進人類發展進步做出更大的貢獻。

「構建人類命運共同體」思想提出後，受到國際社會高度關注和歡迎。2017年1月18日，習主席在日內瓦萬國宮出席「共商共築人類命運共同體」高級別會議，並發表題為《共同構建人類命運共同體》的主旨演講，深刻、全面、系統地闡述了人類命運共同體的理念。2月10日，聯合國社會發展委員會第55屆會議通過決議，首次寫入「構建人類命運共同體」。隨後，聯合國安理會也將「構建人類命運共同體」寫入決議。這些都表明，「構建人類命運共同體」符合世界絕大多數國家人民的利益和意願，得到了聯合國廣大會員國的普遍認同，彰顯了中國對全球治理的巨大貢獻。

構建新型國際關係的實質是要走出一條國與國交往的新路，並將為構建人類命運共同體開闢道路，創造條件。其核心內涵，就是相互尊重、公平正義、合作共贏。

相互尊重是前提。國家不分大小、強弱、貧富一律平等，不同制度、宗教、文明一視同仁。要尊重各國不同歷史文化傳統和發展階段特點，尊重彼此的核心利益和重大關切，尊重各國人民的自主選擇。各國政治制度和發展道路各不相同，既不能定於一尊，也不能生搬硬套，各國各地區應當加強交往，推動世界各國消弭隔閡，凝聚共識，既實現自身繁榮發展，又共促人類文明進步。

公平正義是準則。要順應歷史潮流，摒棄叢林法則，反對干涉別國內政，反對把自己的意志強加於人。支持聯合國在國際事務中發揮核心作用，遵循《聯合國憲章》宗旨和原則，恪守國際法和公認的國際關係準則。支持擴大發展中國家在國際事務中的代表性和發言權，積極為發展中國家仗義執言，推動國際秩序朝著更加公正合理的方向發展。

合作共贏是目標。面對恐怖主義、網絡安全、氣候變化等全球性挑戰持續蔓延，任何國家都無法獨善其身。各國命運緊密相連，利益休戚與共，唯有共擔風險，共同應對，才能互利互惠，共贏發展。要衝破主從之分、陣營之別的思想藩籬，超越零和博弈、贏者通吃的理論窠臼，倡導各國擴大利益交集，合力應對挑戰，共護和平，共促發展。

推動構建新型國際關係、推動構建人類命運共同體，既是對中國和平發展理念的傳承與創新，也承載著中國對建設美好世界的理想和追求，是中國夢同世界夢相互連接的自然交匯點。它超越了國別、黨派和制度的異同，匯聚起各國都認同的最大公約數，蘊含著人類都接受的共同價值，已經獲得越來越多國家的回應和支持。它將不斷增進各國之間的交流和溝通，有利於創造求同存異、和而不同、互利合作、共贏發展的良好局面。

夥伴關係是構建新型國際關係的重要路徑。志同道合是夥伴，求同存異也是夥伴。遵循對話而不對抗、結伴而不結盟的理念，我們已經同 100 個左右的國家、地區和區域組織建立了不同形式的夥伴關係，實現了對世界各個地區、不同類型國家的全覆蓋，形成了全方位、多層次和立體化的外交佈局。中國將繼續聚焦各國利益匯合點，努力構築總體穩定、均衡發展的大國關係框架。按照親誠惠容和與鄰為善、以鄰為伴方針，深化同周邊國家的睦鄰友好。講信義、重情義、揚正義、樹道義是中華人民共和國外交的優秀基因，是中國外交核心價值觀的重要內涵。我們要繼續秉持正確義利觀和真實親誠理念，加強同廣大發展中國家的團結與合作，努力維護和擴大彼此的共同利益。①

建設「一帶一路」是中國致力於構建人類命運共同體的生動實踐。我們要繼續秉持共商、共建、共享原則，認真落實「一帶一路」國際合作高峰論壇重大成果，深化各國發展戰略對接，實現各國發展優勢互補，抓實抓好重點項目、重大工程，使「一帶一路」倡議成為各國共同參與的宏大「交響樂」。

對外開放是我們的基本國策。中國作為自由貿易的堅定支持者，將繼續打開國門搞建設，推動建設開放型世界經濟，維護和加強多邊貿易體制，促進自由貿易區建設，推動區域經濟一體化，促進貿易和投資自由化便利化。支持發展中國家增強自主發展能力，縮小南北差距，促進經濟全球化朝著更加開放、包容、普惠、平衡、共贏方向發展，實現世界經濟強勁可持續增長。

作為負責任大國，中國將全面深入參與全球治理進程，推動各國利益共享、責任共擔。我們要按照習近平總書記提出的發展觀、安全觀、文明觀、治理觀，主動參與和引領全球治理體系變革方向，支持聯合國、二十國集團、亞太經合組織、上海合作組織、金磚國家機制等發揮更大作用，推進聯合國 2030 年可持續

---

① 在 2013 年 10 月中央召開的周邊外交工作座談會上，習近平總書記提出了「親、誠、惠、容」的周邊外交理念。其要義是，一要堅持睦鄰友好，守望相助；講平等、重感情；常見面，多走動；多做得人心、暖人心的事，使周邊國家對我們更友善、更親近、更認同、更支持，增強親和力、感召力、影響力。二要誠心誠意對待周邊國家，爭取更多朋友和夥伴。三要本著互惠互利的原則同周邊國家開展合作，編織更加緊密的共同利益網絡，把雙方利益融合提升到更高水準，讓周邊國家得益於中國發展，使中國也從周邊國家的共同發展中獲得裨益和助力。四要倡導包容的思想，強調亞太之大容得下大家共同發展，以更加開放的胸襟和更加積極的態度促進地區合作。

發展議程、氣候變化《巴黎協定》生效落實，積極參與制定海洋、極地、網絡等新興領域治理規則，不斷增強中國議程設置權、國際話語權和規則制定權。

※政策討論※　　中國外交如何在繼承中變革？

判斷中國外交正在推開一扇怎樣的門，主要還是應看中國正在從過去60多年與世界打交道的具體實踐中萃取什麼。萃取之一，是將和平共處五項原則提升為普遍適用的國際關係準則，集中體現主權、正義、民主、法治、共贏的外交價值觀和國際秩序觀。萃取之二，是將「中國夢」「兩個一百年」奮鬥目標與基於全球化趨勢的「世界夢」緊密聯繫在一起，積極實踐優先發展目標和合作目標的「命運共同體」理念。萃取之三，是設立國家安全委員會，提出綜合國家安全觀，建立集中統一、高效權威的國家安全體制。萃取之四，是將不結盟的傳統政策適用於國際政治的嚴峻現實，不選邊站隊不等於不堅持正義，不拉幫結派不等於不主持公道，不對抗衝突不等於不競爭博弈。萃取之五，是全方位升級對外開放戰略，提出「絲綢之路經濟帶」和「21世紀海上絲綢之路」構想，推動互聯互通，建設海洋強國和戰略西進並舉，打造海陸兩翼格局。萃取之六，是進一步突出周邊外交在對外戰略佈局中的首要位置，努力擺好維護核心利益、促進亞洲安全、拓展周邊合作之間的辯證關係，搭建大國外交的中心舞臺。萃取之七，是在總結歸納60多年大國外交經驗與教訓的基礎上正式提出中美新型大國關係理念，升級中俄戰略協作夥伴關係，拓寬與歐洲的合作渠道，以我為主運籌均衡的大國關係架構。萃取之八，是更加全面深入地參與世界事務、投入熱點問題、倡導多邊主義，主動傳播中國聲音，提出中國方案，貢獻中國智慧，擴大中國的國際話語權。萃取之九，是確認中國傳統文化的薰陶和浸染，提出並堅持正確的義利觀，強調要用思想的力量鋪就和平道路，用文化興盛支撐國家和民族的強盛。萃取之十，是開啟新的公共外交時代，把公眾從外交看客變為被保護者和參與者、貢獻者、中國國際影響力的傳播者。以上十個方面的萃取，體現了新一屆中央領導集體在繼承中變革的戰略思維和責任擔當，為中國外交注入了新氣象、新特點、新風格、新佈局。

——摘自：曉岸. 中國外交65年 [J]. 世界知識，2014（21）：51.

※政策討論※　　中國外交轉型需要處理好哪些關係？

（1）「不干涉別國內政」和有條件、正當的、合法的、必要的介入的關係。

（2）「不結盟」政策和需要緊密的、靠得住的盟友、朋友、夥伴、追隨者、支持者的關係。中國要不要給別國提供包括「核保護傘」在內的作為國際公共產品的國際安全？中國要不要以自己的政治價值觀和治理經驗影響別國？

（3）「大國外交」和「不稱霸」等的關係。如何形成中國的不同於美國的「非霸權的（超級）大國外交」？在這方面，歐盟在全球治理中的做法值得借鑑。

（4）「不帶頭」和在一系列國際（地區、全球）事務上發揮主導作用的關係。「命運共同體」不僅僅是「利益共同體」（共同發展），確實是一個指導思想上的突破，但是，中國推動的「命運共同體」如何以諸如歐盟或者非盟那樣的地

區一體化為目標？如何回應所謂「朝貢體系」或者「門羅主義」的批評？如何在許多非經濟領域尤其是在共同安全、共同價值以及外交上的制度安排上取得地區一體化的突破？誰來與中國「共命運」？

（5）維持既有秩序，不試圖另起爐竈，與要求全球治理改革與重建的關係。要求改革國際金融機構，已經清楚地向國際社會說明，中國是建設性的「修正主義國家」。發起「金磚合作」「一帶一路」「亞投行」等是中國要增大對國際公共產品的貢獻嗎？那麼，諸如聯合國會費、維和等，中國是否也要增大貢獻？

（6）在國際發展中的作用越來越重要、越來越獨特（作為「仍然是發展中國家」和「新興大國」提供國際發展援助），與在提供國際發展援助附加必要的政治條件的關係。一系列的「走出去」，包括成為世界的「海洋大國」，需要什麼樣的外交改革和外交創新？

——摘自：龐中英. 中國外交的「不」與「有」[J]. 世界知識，2015 (13)：61.

10.4 中國的國際環境與國際作用

中國外交將繼續立足於國情與世情，從中國與世界各國人民的根本利益出發，使和平發展道路越走越順暢，讓合作共贏理念越來越深入人心。

10.4.1 中國的國家利益

利益是戰略的出發點和歸宿。和平發展道路規定了中國國家利益的內涵。

中國的安全利益主要是：貫徹落實總體國家安全觀，保證國家主權獨立和領土完整，防止外敵入侵，防止民族分裂，解決臺灣問題，最終實現中國的完全統一，合理解決邊界和領海爭端問題。

中國的政治利益主要是：維護國家政治上的獨立自主，堅持中國共產黨的領導，堅持中國特色社會主義道路，防止外部勢力對中國的「西化」和「分化」圖謀。

中國的經濟利益主要是：創造有利於中國經濟發展的國際經濟環境，在更大範圍、更廣領域、更高層次上參與國際經濟技術合作和競爭，充分利用國際國內兩個市場、兩種資源，充分運用經濟全球化和區域合作提供的各種有利條件，促進國家現代化建設；進一步擴大對外開放，既要「引進來」更要「走出去」，發展對外貿易和經濟技術合作，全面深化經濟體制改革，轉變對外貿易增長方式，優化進出口商品結構，擴大服務貿易比例，提高利用外資質量，切實保護知識產權，加快中國同有關國家和地區的自由貿易區建設，促進進出口貿易協調發展。

中國的文化利益主要是：擴大對外文化交流，運用各種形式和手段，包括巡

演巡展、漢語教學、學術交流和互辦文化年等，進一步推動中華優秀文化走出國門、走向世界，增強國際影響力；積極實施文化走出去戰略，大力發展文化產業，提高文化企業和文化產品的國際競爭力，擴大圖書、影視等文化產品的出口，推動中國文化產品特別是文化精品走向世界；加強和改進對外宣傳工作，全面、準確、及時地向外界介紹中國改革開放和現代化建設取得的成就，也不迴避中國存在的問題；善於運用靈活多樣的對外宣傳和交往方式，盡量使用國際社會聽得懂、易理解的語言和喜聞樂見的方式進行交流，增強宣傳的有效性，努力引導各方面客觀理性地看待中國的發展和國際作用，營造友善的國際輿論環境；加強對公民進行涉外場合文明修養教育，引導他們在境外尊重當地法律法規和民俗習慣，注意公眾場合的言談舉止，當好中國文化的傳播者和中國形象的展示者。

10.4.2 中國面臨的國際環境

中國面臨的國際環境直接關係到國家利益的實現。當前，中國所處的國際環境正發生著深刻的變革，出現了許多值得高度重視的新情況、新特點。從中國和平發展道路的視角來看，既面臨著有利的機遇，也面臨著嚴峻的挑戰。

國際環境是指一國以外發生的事情、狀況或一國所處的國際關係結構體系狀況，即一國的外部環境。作為一種分析框架，它是包括國際政治環境、國際經濟環境、國際安全環境、國際科技環境、國際文化環境和國際地理環境六大指標的一個體系。

中國和平發展面臨的機遇主要有：

和平與發展仍然是當今時代的主題。世界多極化和經濟全球化的趨勢在曲折中發展，維護和平、制約戰爭的因素不斷增長，爭取較長時期的和平國際環境和良好周邊環境是可以實現的。進入 21 世紀以來，國際關係中出現了許多新矛盾、新問題。但是，國際局勢的基本走向沒有發生根本性改變，世界大戰爆發的可能性降低，和平與發展的總體態勢有利於中國的和平發展。

新科技革命浪潮方興未艾，新發明、新技術不斷湧現，特別是信息技術的發展，為中國發揮後發優勢，以信息化帶動工業化，走新型工業化道路提供了技術條件和可能。

經濟全球化加深了各國各地區之間經濟活動的相互聯繫、相互合作和相互依存，加快了經濟要素、產品和服務在全球範圍的流動。實踐證明，經濟全球化是中國和平發展的重要條件和前提，使我們能夠在更大範圍、更廣領域、更高層次上參與國際經濟技術合作，充分利用國際國內兩個市場、兩種資源，實現「引進來」和「走出去」相結合。由於中國擁有巨大的市場、人力等資源優勢和改革開放政策，經濟全球化趨勢將有利於資金、技術等經濟要素繼續向中國流入，有利於發揮中國的比較優勢。

世界多極化趨勢更加明顯，歐盟、日本、俄羅斯、中國、印度、巴西以及一些集團對國際事務的影響力不斷增強。美國雖然仍將長期是實力最強的一極，但

它越來越有賴於其他大國的支持與合作。在多極化趨勢下，霸權主義和強權政治受到抑制，國際機制的作用日益突出，國際關係領域中相互依存觀念深入人心，世界主要力量的主要競爭方式將是和平的，主要競爭手段是經濟、科技和體制、文化等「軟實力」的競爭。這為中國的和平發展提供了一個相對寬鬆有利的國際環境。

現階段，中國和平發展也面臨挑戰：

一是海洋爭端。在南海，隨著中國國力的持續提升，其他相關國家對華的疑慮也不斷增加。在實際行動方面，一些相關國家必將繼續加快南海能源資源勘探開發步伐，深化與域外國際能源公司合作，造成更多的既成事實，並高調反對中方正常作業活動。相關國家還將不斷加強軍事力量尤其是海上力量建設，增加軍事演習的強度和頻率，並試圖將演習地點向有爭議海域拓展。相關方正加強立場協調，相互策應。同時，南海島礁及海洋權益爭端國際化、司法化趨勢將繼續發展。個別相關國家在東盟、聯合國等平臺多次炒作南海議題，綁架會議議程，借助美國、日本、印度、澳大利亞、歐盟等域外勢力制衡中國。而域外勢力則從各自利益出發，與相關國家「一拍即合」，更為頻繁地插手南海問題，在制定「南海行為準則」問題上中國將面臨更大壓力。個別相關國家還加強輿論攻勢，指責中國在某些島礁上興建設施，企圖汙衊中國的正常維權行動，捏造中國「傲慢」「強硬」形象。在東海，日本不斷加強釣魚島周邊軍事部署，如引進「全球鷹」無人偵察機、在與那國島部署自衛隊和雷達、強化「奪島」演練等。同時，日本極力拉攏域外勢力以尋求支持，不斷與美國強化聯合作戰能力。

二是美國總統特朗普上任後的首份《國家安全戰略報告》，對中國內政和外交政策有多處批評，把中國等國視為美國利益的競爭者。報告強調「美國優先」，將「保護國土安全」「促進美國繁榮」「以實力維持和平」「提升美國影響」列為國家安全戰略的「四大支柱」。報告稱，美國正面臨一個「充滿競爭」的世界，把中國和俄羅斯描述成美國的「競爭者」，稱中國和俄羅斯是「修正主義國家」，試圖塑造一個與美國價值觀和利益對立的世界。華盛頓拋出「印太戰略」，美、日推動「美、日、澳、印四國戰略對話機制」，美、韓在半島部署「薩德」系統，同時，美國在中國周邊海域演習的頻率和強度也不斷增加，並保持對中國的抵近偵察。

三是嚴峻的國際輿論環境。儘管中國呈現良好的發展態勢，經濟實現較快發展，人民生活水準持續提高，對國際社會的貢獻不斷增加，中國特色社會主義道路的優越性進一步凸顯，但西方國家仍將戴著意識形態有色眼鏡對中國進行觀察、解讀。而在相當長的時期內，國際輿論仍將由西方主流媒體控制，且隨著新媒體技術的發展和推廣，西方將獲得更多手段對中國進行輿論攻擊，矮化中國形象。中國在國際社會形成自己道義上的感召力和形象上的親和力、樹立良好的國際形象甚至爭取更多國際話語權，將面臨更多挑戰。

10.4.3 推動構建人類命運共同體

構建人類命運共同體既是中國外交的崇高目標，也是世界各國的共同責任和歷史使命。我們深入貫徹落實構建人類命運共同體思想，不斷開創中國外交新局面，取得的成就主要有以下五個方面[①]：

一是描繪了共建「一帶一路」的世紀藍圖。「一帶一路」建設從理念轉化為行動、從願景轉變為現實，不斷釋放合作共贏的紅利。2017年5月，習主席在北京成功主持首屆「一帶一路」國際合作高峰論壇。29位外國國家元首和首腦齊聚北京，130多個國家的高級代表和70多個國際組織的負責人踴躍參會。習主席提出建設和平之路、繁榮之路、開放之路、創新之路、文明之路的目標，規劃了「一帶一路」未來合作的路徑，展示了共同發展共同繁榮的前景。論壇達成5大類、76大項、270多項合作成果，推動一系列重大合作項目落地，編織起以亞歐大陸為中心、輻射全球各大陸、連接世界各大洋的互利合作網絡，構建起發展戰略對接、各自優勢互補、彼此互聯互通、包容開放發展的國際合作平臺。

「一帶一路」建設之所以成為當今世界最受歡迎的國際公共產品，關鍵在於抓住了發展赤字、治理赤字兩大矛盾，針對經濟增長乏力、合作動力不足雙重困境，順應各國要求加快發展的願望，堅持共商共建共享的理念，從全球更大範圍整合經濟要素和發展資源，從而為破解發展難題、完善經濟治理、實現可持續發展、推動全球化再平衡開闢了新的路徑。

截至2017年年底，我們已經同80個國家和組織簽署了「一帶一路」合作協議，同30多個國家開展了機制化產能合作，在沿線24個國家推進建設75個境外經貿合作區，中國企業對沿線國家投資累計超過500億美元，創造了近20萬個就業崗位。以首屆「一帶一路」國際合作高峰論壇為契機，共建「一帶一路」正在全面展開，日益呈現出強大的生機，不僅對全球發展產生了積極和深遠的影響，也將為構建人類命運共同體注入強勁和持久的動力。

二是發出了引領全球化方向的時代強音。面對世界經濟低迷不振，復甦艱難，面對國際局勢動盪不安，紛爭不斷，政治家的判斷力、領導力和行動力比黃金還要寶貴。習近平主席2017年初達沃斯之行，為世界各國提振了信心，給全球化進程指明了方向。習近平主席指出，人類文明進步歷程從來沒有平坦的大道可走，再大的困難都不可能阻擋人類前行的步伐。遇到困難，不要埋怨自己，不要指責他人，而是要一起來戰勝困難。困擾世界的很多問題並不是經濟全球化造成的，開全球化的歷史倒車行不通，就像世界經濟的大海，不可能退回到孤立的小湖泊、小河流。要堅定不移發展開放型世界經濟，搞保護主義如同把自己關進黑屋子，隔絕了陽光和空氣。習近平主席還提出了推動世界經濟增長和全球化再

[①] 參見：王毅．在2017年國際形勢與中國外交研討會開幕式上的演講［EB/OL］．外交部網站，2017-12-09．http://www.mfa.gov.cn/web/wjbzhd/t1518042.shtml．

平衡的中國方案，呼籲聯手打造創新驅動的增長模式、開放共贏的合作模式、公正合理的治理模式、平衡普惠的發展模式。

習近平主席訪問聯合國日內瓦總部，進一步發出中國全力支持聯合國、全力支持多邊主義的明確信號。習近平主席登上萬國宮講壇，系統闡述了共同構建人類命運共同體這一重大國際倡議，為解決人類社會面臨的種種全球性挑戰提出了中國方案，使中國理念上升為國際共識。

2017年，從達沃斯到日內瓦，從漢堡到峴港，習近平主席在一系列國際場合發表重要演講，提出鮮明主張，為世界經濟把脈開方，為全球治理貢獻力量。中國正在成為國際體系變革最為積極的因素，正在成為完善全球治理最為活躍的動力，中國夢與世界夢越來越緊密地聯繫在一起。

三是在穩定大國關係方面發揮了中流砥柱作用。中美關係不僅關係到兩國福祉，而且牽動整個世界。2017年，習近平主席與特朗普總統舉行了3次會晤，多次通話通信，為穩定世界上這對最複雜、最重要的雙邊關係發揮了戰略作用。特朗普總統上任後不久，中美元首就舉行海湖莊園會晤，確立了涵蓋中美關係各個領域的4個高級別對話機制，商定了主要方向的合作規劃，實現了中美關係的平穩過渡和良好開局。中共十九大閉幕不久，特朗普總統對華進行國事訪問，雙方同意在互利互惠基礎上拓展廣泛合作，在相互尊重基礎上妥善管控分歧，訪問取得了實實在在的成果，就深化各領域合作達成一系列重要共識，美方表示期待建立起更為強勁有力的美中關係。中、美兩國作為世界前兩大經濟體，彼此良性互動，致力合作共贏，是向國際社會發出的積極信號，也將為各方帶來正面預期，不僅對中、美雙方有利，符合兩國人民利益，也會受到國際社會的普遍歡迎。

中、俄兩國互為最大的鄰國，中俄關係經歷了國際風雲的檢驗，日益顯示其堅韌性和穩定性，呈現出歷史的厚重感和穿透力。中俄全面戰略協作夥伴關係在雙方努力下保持高水準運行。2017年，習近平主席與普京總統實現了互訪，舉行了5次會晤，在關係全球戰略穩定的重大問題上始終緊密協作，在關係歐亞地區振興的發展戰略上加強深度對接，引領中俄戰略協作向著更高水準、更寬領域、更深層次不斷邁進，中俄關係已經成為當今世界維護和平安寧、主持公平正義、倡導合作共贏的重要基石。

中歐和平、增長、改革、文明四大夥伴關係建設不斷取得新的進展。2017年，習近平主席成功訪問德國、瑞士、芬蘭，在漢堡同法國新任總統馬克龍以及英國首相梅舉行會晤，保持和加強戰略溝通。李克強總理出席中國—歐盟領導人年度會晤，與中東歐16國領導人共同推進跨區域合作平臺建設。面對歐洲內部聚集的各種不穩定因素，中國對歐政策穩如泰山，始終如一。我們將繼續從全球格局和世界大勢看待和推進中歐關係，堅定地支持歐洲一體化進程，樂見歐盟的團結與發展，堅持在相互尊重基礎上管控和處理分歧。同時，通過擴大相互利益匯合點，打造區域合作增長點，進一步豐富和拓展中歐關係的戰略內涵。

四是維護了周邊形勢穩定和地區合作勢頭。黨的十九大後，習近平總書記（國家主席）首次出訪就選擇了越南和老撾這兩個山水相連的社會主義鄰國，傳統友誼煥發生機，務實合作深化拓展，並向國際社會傳遞出中國推動構建周邊命

運共同體的明確信號。2017 年，習近平主席兩次會見杜特爾特總統，李克強總理成功訪問菲律賓，中菲關係展現穩定發展的前景。我們同柬埔寨、巴基斯坦、哈薩克斯坦、塔吉克斯坦等傳統友好國家深化了彼此互信，鞏固了相互支持。

一段時間以來，中韓關係因「薩德」問題遭遇寒流。文在寅總統就任後，選擇了對華友好合作，對外做出了不考慮追加薩德系統、不加入美國反導體系、不發展韓美日三方軍事同盟的重要表態，雙方就階段性處理「薩德」問題達成一致。文在寅總統對華成功進行了國事訪問。中韓深化務實互利合作，推動中韓關係健康發展，共同致力於朝鮮半島的和平與穩定。

2017 年是中日邦交正常化 45 週年，45 年的經驗與教訓足以使人們認識到中日關係的癥結所在和健康發展的至關重要。中方重視日方採取的改善對華關係舉措，歡迎日方參與「一帶一路」建設。我們願與日方相向而行，推動中日關係早日回到正常發展軌道，使中日友好重新成為兩國交往的主流。

中、印同為發展中大國，戰略契合點遠遠大於具體分歧，合作需要明顯超越局部摩擦。我們一貫重視作為兩大鄰國和兩大文明古國的睦鄰友好，同時堅定維護自身的主權與領土完整。我們有理有利有節地處理了印度邊防部隊越界進入中國洞朗地區事件，通過外交手段使印方撤回裝備和人員，既體現了對中印關係的珍惜和重視，也彰顯了維護地區和平穩定的誠意與擔當。只要雙方深入開展戰略溝通，及時消除戰略疑慮，中印合作的戰略價值就會更清晰地呈現在人們面前，中、印就能實現兩國領導人期待的「龍象共舞」和「1+1=11」的前景。

中國歷來是周邊區域合作的引領者、地區和平發展的守望者。在峴港，面對亞太經濟合作新形勢新挑戰，習近平主席在 APEC 領導人會議上堅持建設開放型經濟體系，呼籲推進亞太自貿區進程，推動亞太經濟一體化取得新的進展。在阿斯塔納，習近平主席出席上海合作組織擴員後首次峰會，強調應不忘初心，弘揚「上海精神」，同時與時俱進，開創地區合作新局面，確保上合組織沿著正確方向向前發展。在馬尼拉，李克強總理出席東亞合作領導人系列會議，推動中國—東盟關係從成長期邁向更高質量和更高水準的成熟期，呼籲加快東亞經濟共同體建設進程。我們還積極推動瀾湄合作這一中國首倡的次區域合作，弘揚「同飲一江水，命運緊相連」的瀾湄主題，培育「平等相待、真誠互助、親如一家」的瀾湄文化，以推土機精神，開展接地氣合作，突出務實高效，聚焦民生改善。

中國在南海問題上的立場為歷屆中國政府所堅持，既體現了中國在政策上的連續性，又展示了我們維護主權的堅定性。南海沿岸諸國都是中國的鄰國，我們始終希望南海成為和平之海、友誼之海、合作之海。2017 年，我們積極推動南海局勢降溫，同東盟國家恢復並鞏固了通過當事國對話協商和平解決爭議的共識，推進了地區國家共同制定南海規則的進程。在提前達成「南海行為準則」框架基礎上，已正式宣布啟動「準則」實質性條文的具體磋商。

中國同東盟國家建立的信任彌足珍貴，穩定南海局勢的成果來之不易。個別域外國家似乎對南海風平浪靜感到不舒服，還想伺機興風作浪。但「青山遮不住，畢竟東流去」，中國和東盟國家完全有能力也有智慧共同維護好南海地區的和平與穩定。

作為國際社會重要一員，中國積極參與斡旋周邊地區的熱點問題。在半島核問題上，我們從維護國際核不擴散體系、維護朝鮮半島和平穩定出發，始終堅持實現半島無核化目標，堅持通過對話談判解決問題。為此，我們全面落實聯合國安理會各項涉朝決議，一方面以實際行動阻遏朝鮮的核導開發進程，一方面提出旨在為恢復對話談判創造條件的「雙暫停」倡議。中國堅持客觀公正立場，秉持負責任的態度，為執行決議、勸和促談、維穩防亂履行了應盡的國際義務，發揮了自身的獨特作用。我們在阿富汗和巴基斯坦之間進行穿梭外交，推動雙方同意建立雙邊危機管控機制，為阿富汗國內政治和解與重建、改善阿巴雙邊關係做出了貢獻。我們對緬甸和孟加拉展開斡旋努力，提出瞭解決緬甸若開邦問題的「三步走」設想，得到緬、孟兩國積極回應，為雙方坐下來達成初步共識、簽署相關協議發揮了作用。

五是開啟了「金磚合作」第二個「金色十年」。在習近平主席親自主持下，通過金磚五國共同努力，金磚機制頂住各種唱衰的論調，在廈門舉行的領導人會晤取得了圓滿成功。廈門會晤決定，發展更緊密、更廣泛、更全面的金磚戰略夥伴關係，打造金磚合作經貿、政治安全、人文交流「三輪驅動」升級版，不僅為金磚國家合作開闢了更加光明的未來，而且提振了國際社會對新興市場國家發展前景的正面預期，在金磚合作進程中具有標誌性意義。

廈門會晤還開創了「金磚+」合作新模式，舉行新興市場國家與發展中國家對話會，首次從全球範圍邀請埃及等 5 個具有代表性的新興市場國家和發展中國家領導人出席，聚焦落實 2030 年可持續發展議程，深化了與非洲、拉美、中東、歐亞國家的務實合作，構建了具有全球影響的南南合作新平臺。

中國共產黨是為中國人民謀幸福的政黨，也是為人類進步事業而奮鬥的政黨，中國共產黨始終把為人類做出新的更大的貢獻作為自己的使命。作為當今世界上最大的發展中國家，中國仍然要把自身發展作為執政興國的第一要務。13 億多中國人整體實現現代化，將是一幅波瀾壯闊的歷史畫卷，本身就是中華民族對人類文明進步做出的最大貢獻。中國外交必須首先為全面建成小康社會和實現「兩個一百年」奮鬥目標營造良好的外部環境，提供堅實的外部助力。與此同時，作為聯合國安理會常任理事國，中國也應當在自身發展的過程中心系全球，兼濟世界，為維護世界和平承擔應盡的國際責任，為促進共同發展發揮應有的大國作用。

本章小結：

中華人民共和國對外政策的發展大致可以劃分為毛澤東時代、鄧小平時代和習近平新時代三個歷史時期。雖然中國的對外政策在不同歷史時期有著不同的表述和具體內容，但中國政府制定對外政策所遵循的基本原則始終具有延續性和一貫性。這就是：維護世界和平、促進共同發展是中國外交政策的宗旨；獨立自主是根本原則；和平共處五項原則是中國處理國際關係的基本準則；加強與發展中國家的團結與合作是中國外交的基本立足點。

黨的十九大明確提出我們要推動構建新型國際關係、推動構建人類命運共同

體。這「兩個構建」概括了中國外交今後努力的總目標。構建新型國際關係，是要走出一條國與國交往的新路。構建人類命運共同體，是要拿出解決各種全球性難題的方案。「兩個構建」就是要推動建設「五個世界」，即持久和平的世界、普遍安全的世界、共同繁榮的世界、開放包容的世界、清潔美麗的世界。這「五個世界」既是中國「五位一體」總體佈局在國際層面的延伸，也順應了人類發展進步潮流，符合世界各國的共同願望。

我們深入貫徹落實構建人類命運共同體思想，不斷開創中國外交新局面：一是描繪了共建「一帶一路」的世紀藍圖，二是發出了引領全球化方向的時代強音，三是在穩定大國關係方面發揮了中流砥柱作用，四是維護了周邊形勢穩定和地區合作勢頭，五是開啓了「金磚合作」第二個「金色十年」。

中國外交必須首先為全面建成小康社會和實現「兩個一百年」奮鬥目標營造良好的外部環境，提供堅實的外部助力。與此同時，作為聯合國安理會常任理事國，中國也應當在自身發展的過程中心系全球，兼濟世界，為維護世界和平承擔應盡的國際責任，為促進共同發展發揮應有的大國作用。

思考題：

1. 如何認識中國對外政策的「變」與「不變」？
2. 如何評價中國特色大國外交？
3. 中國是否會爭奪世界主導權？
4. 試析「一帶一路」「亞投行」帶給我們大學生的機會和挑戰。

閱讀書目：

1. 王逸舟，等. 中國外交六十年［M］. 北京：中國社會科學出版社，2009.
2. 秦亞青. 大國關係與中國外交［M］. 北京：世界知識出版社，2011.

附 录

外交小知識

1. 兩國領導人之間如何通電話

什麼情況下打電話？

國家領導人之間的通話不像老百姓之間拿起電話就能打，而要經過事先通報、提前約定。領導人表達通話意願後，兩國的外交部門就要認真協調、商定時間，雙方達成一致後，兩國領導人才能按照約定的時間與對方通話。

什麼情況下兩國領導人會選擇用電話的形式進行交流呢？通常，兩國領導人遇到一些事務需要直接商談，或需要瞭解對方對某些問題的看法，但又不能馬上會面時，就會採用打電話的方式進行溝通。這也體現出兩國關係比較重要、面臨的雙邊事務或國際事務比較多。中國領導人與美國總統通話，多數時候都是就國際事務交換意見。

電話兩端都有誰？

雖然是兩國領導人通話，但電話兩端可不止兩個人。電話是免提形式，由翻譯現場交替傳譯。在裝有熱線的整個屋子裡，有主席（或總理），有翻譯，有記錄人員，有時還有外長。有時也會有兩國領導人不通過翻譯，直接在電話中交談的情況。比如，有著「中國通」之稱的澳大利亞前總理陸克文就曾用中文與習近平在電話中交談。

為啥建立「元首熱線」？

在瞬息萬變的國際形勢中，大國元首之間的熱線電話，對緊急問題的磋商有著無可替代的作用。目前，中國和美國、俄羅斯、法國等國家之間都建立了「元首熱線」，中國和日本、印度則開通了「總理熱線」。

早在1998年5月，中、俄就宣布開通「直接的元首間熱線」，同年6月，中、美兩國元首的直通電話通信線路也正式建立；1999年10月，時任國家主席江澤民訪問法國，雙方決定開通兩國元首的熱線電話，次年10月，法國總統希拉克再次訪華，兩國簽署了關於建立元首間熱線的協議；2008年6月1日，中、越兩國在北京發表聯合聲明，宣布建立領導人熱線電話。中、日之間沒有元首熱線只有總理熱線，並且這條熱線的啟動非常坎坷。早在1998年，江澤民訪日期間就和日本時任首相達成建熱線的共識。2000年，時任總理朱鎔基訪日時，這條連接日本首相官邸和北京中南海之間的專線開通。然而這條熱線卻一連「冷」了10年，因為小泉純一郎參拜靖國神社導致兩國關係陷入冰點，這條專線從未使

用過。直到2010年6月，時任總理溫家寶應約與當時新當選的首相營直人通電話，才正式啟動這條熱線。

最初的大國熱線主要是在容易出矛盾的大國之間，目的是發生重大事件時能及時溝通，避免「擦槍走火」。而盟國之間反而對熱線需求不大，因為盟國平常就能經常溝通，比如美、英之間，領導人之間通話非常頻繁。

現在，中國與主要大國都開通了領導人熱線，這是基於雙方都認為有進行最直接聯繫的必要而建立的。建立領導人熱線就說明兩國關係非常重要，有了熱線，發生重大事件或兩國需要對雙邊關係或其他國際問題進行磋商時，能夠更加直接和高效率溝通。近年來，特別是習近平就任國家主席以來，中國領導人與外國領導人的交流更加頻繁。這一方面表明中國在國際事務中的影響力越來越大，其他國家越來越重視中國對國際問題的看法，更需要及時與中國溝通；另一方面也反應出中國領導人越來越主動地參與國際事務，通過電話與其他國家領導人保持交流，反應出中國積極溝通、積極解決問題的「積極外交」姿態。

2. 迎接外賓有什麼講究

中央電視臺直播顯示，在中國舉辦重大國際會議時，各國與會領導人相繼乘車前往會場，並走上紅毯。國家主席親自迎接出席會議的外方領導人，並與他們一一握手。我們會問：迎賓有什麼講究？外國領導人坐在第幾輛車上？隨同人員又有幾位？多位領導人出席時，是否會嚴格「計時」？

（1）客來。按照國際禮賓慣例，中國為來訪參加國際會議的領導人安排的車隊有3輛車，按前後順序為一輛前導車、一輛正式車和一輛後備車。領導人一般都坐在第二輛正式車上，不過，也會根據現場情況進行改變。正式車車內坐3人，領導人一般坐在副駕駛後面的位置。其他乘客分別是駕駛位上的司機、副駕駛位上的警衛人員。由於在副駕駛的前方插有該國的國旗，領導人要坐在國旗的後面。領導人的旁邊一般不坐人，以前會有中國領導人陪同的情況，但是現在隨車陪同的情況非常少了。除了領導人的正式車外，前導車以及後備車上乘坐的主要為警衛人員、禮賓人員以及領導人的秘書。

（2）走紅毯。領導人的車輛什麼時候出發、在路上行駛多長時間、什麼時候抵達會場，都是精確到分秒的。一般是前導車先抵達會場門口，禮賓和警衛人員下車，安排好翻譯人員等。領導人坐的車到了後，他車上的警衛人員首先下車並給他開車門，然後領導人下車。不過，也有東道主安排人等候在會場門口為領導人開車門的情況。在紅毯上碰面後，兩國領導人一般都會有一些禮儀性的握手和寒暄，期間媒體會進行拍照和攝像。領導人的寒暄過程有長有短，最長不會超過兩分鐘。領導人之間的寒暄內容，通常都是「路上辛苦了」「身體怎麼樣」「歡迎你」「很高興見到你」等禮節性語言，時間一般都很短，因為後面還有正式的會談。寒暄結束後，外賓會在禮賓人員的引導下進入會場。在中國，主席一般在紅毯中間位置等待外賓的到來，這個等待時間一般都不長。外國領導人下車後，一般是踏上紅毯與等在前方的主席握手交談。紅毯長短會根據與會人員的多少而

定。如果與會的人員非常多，比如七八十人或者上百人，紅毯就會鋪得比較長；人數較少的時候，紅毯會相應短一些。

3. 如何送國禮

國禮是由領導人決定的嗎？

中國領導人基本上不過問國禮清單，禮賓司有時只是跟領導口頭匯報一下。外交部的禮賓司酌情擬訂禮品清單後，上報給外交部上級領導過目審定。等批覆下來再去買，一次任務採買一次。

國禮只送各國領導人嗎？

國禮不限於送給對方的現任領導人，送禮對象還包括第一夫人和對方工作人員，包括翻譯和接待人員一般人人有份。送第一夫人的一般是茶具、衣物料。送對方國家的元首級領導人的禮品，定價大概為 1,000~2,000 元人民幣；送對方國家部長、司長級官員的禮品，一般是富有民族特色的工藝品，以景泰藍、漆雕工藝品居多；送對方國家的一般工作人員的禮品，主要是簡單實用的物品，如頭巾、襯衣、領帶等。

送出的國禮一定很貴嗎？

按照規定，中國國家領導人出訪外國，贈禮不得超過 5,000 元人民幣，副總理、國務委員及其他相同級別的人員出國訪問，贈禮不超過 3,000 元。在日常外交活動中，一般各國都避免送太貴重的禮物，更注重禮品的紀念價值。一方面，國禮過多過大不利於攜帶；另一方面，很多國家規定了收禮最高標準，過於貴重的禮物，收禮人是不能自己保留的，所以贈送價格便宜的國禮也是對收禮人的貼心照顧。

收到他國國禮怎麼處理？

根據《國務院關於在對外公務活動中贈送和接受禮品的規定》，按照中國市價折合人民幣不滿 200 元的，留歸受禮人使用；200 元以上的必須上交。國家博物館開闢了一個國際友誼館，目前保存了幾十年來世界 170 多個國家和地區的領導人贈送中國領導人的近 2 萬件國禮，有 30 多個大類，100 多個品種。隨團出訪的工作人員得到的禮品，對於指名相贈的，受禮人有「優先選擇特權」，「就是優先在自己名下的清單裡挑一樣東西。不是白拿，是優先購買。價格大概是市場價格的幾分之一」。禮物變賣收入一律上繳國庫。

哪些產品可以作為國禮？

中國的國禮「常客」：漆雕、陶瓷、景泰藍、木雕、牙雕、絲織、刺繡、湘繡、描漆、陶瓷領袖像等。因為像刺繡這樣的工藝很費時，往往需要提前半年做好準備下好訂單。

1949 年 12 月至 1950 年 2 月，毛澤東對蘇聯進行了漫長的訪問，一個新生的農業大國給一個處處天寒地凍的工業大國送了一份非常特別的見面禮──「山東大蔥 5,000 斤，江西金橘 1,000 斤，白菜 5,000 斤，蘿蔔 5,000 斤，冬筍 500 斤，西湖龍井 1 噸，湘繡被面 30 條，枕套 60 個……」

附圖 1　布杜向習近平贈球衣

2014 年 7 月 19 日，阿根廷副總統布杜向習主席贈送印有習主席名字的阿根廷國家足球隊 10 號球衣。見附圖 1。

4. 參加宴請的禮節

（1）應邀。接到宴會邀請（無論是請柬還是邀請信），不管能否出席都要盡早答覆對方，以便主人安排。一般來說，對註有 R. S. V. P.（請答覆）字樣的，無論出席與否，均應迅速答覆。註有「Regrets only」（不能出席請復）字樣的，則在不能出席時才回覆，但也應及時回覆。經口頭約妥再發來的請柬，上面一般註有「To remind」（備忘）字樣，只起提醒作用，可不必答覆。答覆對方，可打電話或復便函。在接受邀請之後，不要隨意改動。萬一遇到不得已的特殊情況不能出席，尤其是主賓，應盡早向主人解釋、道歉，甚至親自登門表示歉意。應邀出席一項活動之前，要核實宴請的主人、活動舉辦的時間與地點、是否邀請了配偶以及主人對服裝的要求等。活動多時尤應注意，以免走錯地方，或主人未請配偶卻雙雙出席。

（2）掌握出席時間。出席宴請活動，抵達時間遲早、逗留時間長短，在一定程度上反應了對主人是否尊重。應根據活動的性質和當地的習慣掌握。遲到、早退、逗留時間過短被視為失禮或有意冷落。身分高者可略晚到達，一般客人宜略早到達，主賓退席後再陸續告辭。出席宴會，根據各地習慣，正點或晚一兩分鐘抵達；在中國則正點或提前二三分鐘或按主人的要求到達。出席酒會，可在請柬上註明的時間內到達。確實有事需提前退席時，應向主人說明後悄悄離去。也可事前打招呼，屆時悄悄離席。

（3）抵達。抵達宴請地點，先到衣帽間脫下大衣和帽子，然後前往主人迎賓處，主動向主人問好。如是節慶活動，應表示祝賀。

（4）贈花。參加他國慶祝活動，可以按當地習慣以及兩國關係，贈送花束或

花籃。參加家庭宴會，可酌情向女主人贈少量鮮花。

（5）入座。應邀出席宴請活動，應聽從主人安排。如是宴會，進入宴會廳之前，先瞭解自己的桌次和座位，入座時注意桌上座位卡是否寫著自己的名字，不要隨意亂坐。如鄰座是年長者或婦女，應主動協助他們先坐下。

（6）進餐。入座後，主人招呼，即開始進餐。取菜時，不要盛得過多。盤中食物吃完後，如不夠，可以再取。如由招待員分菜，需增添時，待招待員送上時再取。如果本人不能吃或不愛吃的菜肴，當招待員上菜或主人夾菜時，不要拒絕，可取少量放在盤內，並表示「謝謝，夠了。」對不合口味的菜，勿顯露出難堪的表情。吃東西要文雅。閉嘴咀嚼，喝湯不要啜，吃東西不要發出聲音。如湯、菜太熱，可稍待涼後再吃，切勿用嘴吹。嘴內的魚刺、骨頭不要直接外吐，用餐巾掩嘴，用手（吃中餐可用筷子）取出，或輕輕吐在叉上，放在菜盤內。吃剩的菜、用過的餐具及牙簽，都應放在盤內，勿置桌上。嘴內有食物時，切勿說話。剔牙時，用手或餐巾遮口。

（7）交談。無論是主人、陪客或賓客，都應與同桌的人交談，特別是左右鄰座。不要只同幾個熟人或只同一兩個人說話。鄰座如不相識，可先自我介紹。

（8）祝酒。作為主賓參加外國舉行的宴請，應瞭解對方祝酒習慣，即為何人祝酒、何時祝酒等，以便做好必要的準備。碰杯時，主人和主賓先碰，人多可同時舉杯示意，不一定碰杯。祝酒時注意不要交叉碰杯。在主人和主賓致辭、祝酒時，應暫停進餐，停止交談，注意傾聽，也不要借此機會抽菸。奏國歌時應肅立。主人和主賓講完話與貴賓席人員碰杯後，往往會到其他各桌敬酒，遇此情況應起立舉杯。碰杯時，要目視對方致意。宴會上相互敬酒表示友好，活躍氣氛，但千萬不要喝酒過量。喝酒過量容易失言甚至失態，因此必須控制在本人酒量的1/3以內。

（9）寬衣。在社交場合，無論天氣如何炎熱，都不能當眾解開紐扣脫下衣服。小型便宴，如主人請客人寬衣，男賓可脫下外衣搭在椅背上。

（10）喝茶(或咖啡)。喝茶、喝咖啡，如願加牛奶、白糖，可自取加入杯中，用小茶匙攪拌後，茶匙仍放回小碟內。通常牛奶、白糖均用單獨器皿盛放。喝時右手拿杯把，左手端小碟。

（11）水果。吃梨、蘋果，不要整個拿著咬，應先用水果刀切成四瓣或六瓣，再用刀去皮、核，然後用手拿著吃。削皮時刀口朝內，從外往裡削。香蕉先剝皮，然後用刀切成小塊吃。橙子用刀切成塊吃，橘子、荔枝、龍眼等則可剝了皮吃。其餘如西瓜、菠蘿等，通常都去皮切成塊，吃時可用水果刀切成小塊用叉取食。

（12）水盂。在宴席上，上雞、龍蝦、水果時，有時送上一小水盂（銅盆、瓷碗或水晶玻璃缸），水上漂有玫瑰花瓣或檸檬片，供洗手用（曾有人誤為飲料，以至於鬧出笑話）。洗時兩手輪流沾濕指頭，輕輕涮洗，然後用餐巾或小毛巾擦干。

（13）紀念物品。有的主人為每位出席者備有小紀念品或一朵鮮花。宴會結束時，主人招呼客人帶（戴）上。此時，可說一兩句贊美小禮品的話，但不必鄭

重表示感謝。有時，外國訪問者往往把宴會菜單作為紀念品帶走，有時還請同席者在菜單上簽名留念。除主人特別示意作為紀念品的東西外，各種招待用品，包括糖果、水果、香菸等，都不要拿走。

（14）致謝。有時在出席私人宴請活動之後，客人往往致以便函或名片表示對主人的感謝。

（15）冷餐會、酒會取菜。冷餐、酒會，招待員上菜時，不要搶著去取，待送至本人面前再拿。周圍的人未拿到第一份時，自己不要急於去取第二份。勿圍在菜桌旁邊，應取完即離開，以便讓別人去取。

（16）餐具的使用。中餐的餐具主要是碗、筷，西餐則是刀、叉、盤子。通常宴請外國人吃中餐，亦以中餐西吃為多，既擺碗筷，又設刀叉。刀叉的使用是右手持刀、左手持叉，將食物切成小塊，然後用叉送入嘴內。歐洲人使用刀、叉時不換手，即從切割到送食均以右手持刀、左手持叉。美國人則在切割後，把刀放下，再用右手持叉送食入口。就餐時按刀叉擺放順序由外往裡取用。每道菜吃完後，將刀叉並攏排放盤內，以示吃完。如未吃完，則擺成八字或交叉擺，刀口應向內。吃雞、龍蝦時，經主人示意，可以用手撕開吃，否則可用刀叉把肉割下，切成小塊吃。切帶骨頭或硬殼的肉食時，叉子一定要把肉叉牢，刀緊貼叉邊下切，以免滑走。切菜時，注意不要用力過猛撞擊盤子而發出聲音。不容易叉的食品或不易上叉的食品，可用刀把它輕輕推上叉。除喝湯外，不用匙進食。湯用深盤或小碗盛放，喝時用湯匙由內往外舀起送入嘴，即將喝盡時，可將盤向外略托起。吃帶有腥味的食品，如魚、蝦、野味等均配有檸檬，可用手將檸檬汁擠出滴在食品上，以去腥味。

（17）遇到意外情況。宴會進行中，由於不慎，發生異常情況，例如用力過猛，使刀叉撞擊盤子，發出聲響，或餐具摔落地上，或打翻酒水等，應沉著冷靜，不必著急。餐具碰出聲音，可輕輕向鄰座（或向主人）說一聲「對不起」。餐具掉落可由招待員另送一副。酒水打翻濺到鄰座身上，應表示歉意，並協助擦干；如對方是婦女，只要把干淨餐巾或手帕遞上即可，由她自己擦干。

5. 日常交往中的禮節

（1）遵守時間、不得失約。這是國際交往中極為重要的禮貌。參加各種活動，應按約定時間到達。過早抵達，會使主人因準備未妥而難堪；遲遲不到，則讓主人和其他客人等候過久而失禮。因故遲到，要向主人和其他客人表示歉意。萬一因故不能應邀赴約，要盡早有禮貌地通知主人，並以適當方式表示歉意。失約是很失禮的行為。

（2）尊重老人和婦女。這是一種美德。在很多國家的社交場合，經常會看到這樣的情景：上下樓梯、車輛，進出電梯，讓老人與婦女先行，主動予以照顧。對同行的老人與婦女，男子應幫助提（拿）較重物品。進出大門應主動幫助老人與婦女開門、關門，幫助他們穿（脫）大衣、外套。同桌用餐，兩旁若是老人或婦女，男子應主動照顧，幫助他們入（離）座位等。

（3）尊重各國風俗習慣。不同的國家、民族，由於不同的歷史、宗教等因素，各有特殊的風俗習慣和禮節，均應予以尊重。例如，伊斯蘭教徒不吃豬肉，也忌談豬，在齋月裡日出之後、日落之前不能吃喝；佛教徒不吃葷；印度教徒不吃牛肉；某些國家如印度、印度尼西亞、馬里、阿拉伯國家等，不能用左手與他人接觸或用左手傳遞東西；在佛教國家不能隨便摸小孩頭頂；天主教徒忌諱「十三」這個數字，尤其是「十三日星期五」，遇上這種日子，一般不舉行宴請活動；使用筷子進食的東方國家，用餐時不可用一雙筷子來回傳遞，也不能把筷子插在飯碗中間；東南亞一些國家忌諱坐著蹺二郎腿；伊朗稱好不伸大拇指；保加利亞、尼泊爾等一些國家，搖頭表示贊賞、點頭表示不同意，等等。這些風俗習慣若不注意，會使人誤以為對他們不尊重或鬧出笑話。新到一個國家或初次參加活動，應多瞭解、多觀察，不懂或不會做的事，可仿效別人。

（4）舉止。舉止落落大方，端莊穩重，表情自然誠懇，藹然可親。站立，身子不要歪靠在一旁，不半坐在桌子或椅子背上。坐時，腿不搖，腳不蹺。坐在沙發上不要擺出懶散的姿態。在公共場所不要趴在桌子上、躺在沙發上。走路腳步要輕，遇急事可加快步伐，但不可慌張奔跑。談話時，手勢不要過多，不要放聲大笑或高聲喊人。在圖書館、博物館、醫院、教堂等公共場所，都應保持安靜。在隆重的場合，如舉行儀式、聽講演、看演出等，要保持肅靜。

（5）吸菸。在一些地方、場合，是不允許吸菸的。例如在劇場、商店、教堂、博物館、會議廳等地方不得吸菸。在火車、輪船、飛機上，往往分吸菸與不吸菸的座位、車廂等。在工作、參觀、談判和進餐中，一般不吸菸或很少吸菸。不要邊走邊吸菸。進入會客室或是私人住宅、辦公室等，不知道是否允許吸菸時，可詢問一下主人。如有婦女在座，應徵得她的同意。主人不吸菸，又未請吸菸，則最好不吸菸。在場人多或同座身分高的人士都不吸菸時，則一般不吸菸。

6. 外交特權與豁免

為了保證外交代表、外交代表機關以及外交人員進行正常的外交活動，各國根據相互尊重主權和平等互利的原則，按照國際慣例和有關協議相互給予駐在本國的外交代表、外交代表機關和外交人員一種特殊權利和優遇。這種特殊權利和優遇，在外交上統稱外交特權和豁免。中國過去曾把外交特權和豁免統稱為優遇，即優惠的待遇。也有的國家稱之為豁免權和優例。但無論哪種說法，就其內容來說無多大差別。

——外交特權和豁免的由來——

自古以來，各國對相互派遣的臨時性使者，實際上都給予了某種特殊權利或優惠待遇。中國古代就有「兩國交兵，不斬來使」之說。在歐洲，從13世紀起，即開始出現常駐使節，他們被認為是神聖不可侵犯的，受到特別的保護。當然，當時他們所享有的特權尚無成文的國際法依據。到17世紀後半期，互派常駐使節成為一種普遍的制度後，使節享有的特權和豁免逐漸成為一種慣例。以後，隨著國際交往的日益頻繁，有些國家對使節享有的特權與豁免訂立了專門的協定，

以條約的形式確定下來，從而成為國際法的重要組成部分，並為各國所公認。

雖然外交特權和豁免的基本原則在各國外交實踐中和各種國際法著作中普遍得到了承認和反應，但在具體論述和運用上，由於各國的社會制度不同，因而一直存在著一些分歧和鬥爭。

在資產階級國際法學上，對外交特權的原理曾有過兩種解說：一種稱為「治外法權」說，即臆想外交使節駐在地是派遣國領土的延伸，外交使節雖身在駐在國境內，但在法律上推定仍在其本國。因此，外交使節和其駐在地免受駐在國法律的管轄。帝國主義國家就曾以「治外法權」為根據，對一些弱小國家和民族進行欺侮和干涉。例如，1899年義和團運動爆發後，帝國主義列強強迫清朝政府在1901年訂立《辛醜條約》，將北京的東交民巷劃為使館區，由外國使館管理，常駐外國軍隊，中國人不準在使館區內居住，中國軍隊未經外國使館同意不得進入，形成「國中之國」。這是帝國主義欺侮殖民地、半殖民地國家的一個很典型的例子。在第一次世界大戰結束後，「治外法權」說受到了非議。

另一種是所謂「代表性」說，即認為外交使節是派遣國的化身，是本國國家元首在國外的體現，似乎外交使節享有的外交特權和豁免是自然具有的，而不是駐在國給予的。這種說法亦沒有被廣泛地接受。

除以上兩種說法外，目前在國際法學上占主導地位並為大多數國家接受的觀點是「職務需要」說。這種觀點在1961年聯合國主持下通過的《維也納外交關係公約》中得到了確認。該公約的序言稱：「確認此等特權和豁免之目的不在於給予個人以利益，而在於確保代表國家之使館能有效地執行職務。」

——**外交特權和豁免的主要內容**——

外交特權和豁免的主要內容有：人身、辦公處、住所和公文檔案的不可侵犯權；刑事、民事和行政管轄豁免；自由通信；免納關稅和其他直接捐稅以及懸掛國旗、國徽等。現簡介如下。

（1）不可侵犯權

第一，人身不可侵犯權。《維也納外交關係公約》第二十九條規定：「外交代表人身不得侵犯。外交代表不受任何方式之逮捕或拘禁。接受國對外交代表應特示尊重，並應採取一切適當步驟以防止其人身、自由或尊嚴受到任何侵犯。」這條規定，對駐在國而言有兩個方面的意義：其一，駐在國當局、軍警和其他人員不得對外交人員進行人身搜查、逮捕或拘禁、侮辱，即使外交人員觸犯駐在國的法令，在一般情況下，也不得加以拘捕或扣留，而是通過外交途徑進行交涉，求得解決。當然對於外交人員違反駐在國規章的一般行為，如駕車違章、無意闖入禁區等，駐在國有關人員有權指出其錯誤，並要求其注意，這並不發生侵犯人身問題。但是，不可侵犯權並不是絕對的。當外交人員的行為嚴重地危害當地社會秩序或駐在國的安全、不加以制止則損害將繼續擴大時，如進行政治陰謀、間諜活動、行凶、毆人、酒醉開車闖禍等，駐在國可以在現場採取必要的措施，包括現場監視、暫時拘捕等，予以制止。其二，駐在國有義務採取必要的措施（包括派警衛人員）對外交人員加以保護，以防止其人身遭到侵犯；對那些侵犯外交人員人身安全的肇事者，駐在國應依法懲處，並向受害者及其使館表示歉意。例

如，歷史上曾發生過一起這樣的案件：1708 年，俄國駐英國大使馬特維也夫在行將遞交辭任國書時，英國警局由於受某些商人的唆使，在倫敦街上強行逮捕了他，企圖迫使他償還貸款。但事情發生後，他立即被友人保釋。英女王在獲悉這一事件以後，立即命令英國外交大臣向俄國大使表示歉意，並通知他說，犯人將受審訊並依法嚴辦。但大使對這種表示並不滿意，因此未遞交辭任國書即離開英國。為了補救起見，英國指定其駐俄國大使為特使，在謁見彼得大帝時，再次轉達女王的歉意。中國對侵犯外交人員人身安全的罪犯也嚴加制裁。例如，1975 年 3 月 18 日，凶殺犯程杰持刀砍傷法國駐華使館隨員勒瓦雷夫人。法院對程杰依法判處。許多國家則制定特別法律，對侵犯外交人員人身安全的行為，視為「違反國際法」罪而加以懲處。值得注意的是近幾年來，國際上侵犯外交人員人身自由，扣押外交人員作為人質的事件屢有發生，引起了國際輿論的廣泛重視。發生這類事件有兩種情況：一種是接受國出於其對外政策的需要，直接出面或指使某些人干的；另一種則是在接受國未盡到保護外交人員責任的情況下發生的。如 1980 年 3 月哥倫比亞「四·一九運動」組織，趁多米尼加共和國駐哥倫比亞大使館舉行招待會之際，襲擊了該使館，把正在使館參加招待會的 16 名大使和臨時代辦扣作人質。各國政府對這一事件反應十分強烈。為保障外交人員得以執行正常職務，聯合國大會曾於 1973 年通過了《關於防止和懲處侵害應受國際保護人員包括外交代表的罪行的公約》。1981 年 1 月聯合國大會又通過了一項題為《考慮有效措施以加強對外交和領事團代表的保護及其安全》的決議，再次提請各國政府對嚴重侵犯外交和領事人員安全的罪犯，繩之以法，並防止再次發生這種事件。

　　第二，館舍、財產、公文檔案不可侵犯權。《維也納外交關係公約》第二十二條、第三十條規定：「一、使館館舍不得侵犯。接受國官吏非經使館館長許可，不得進入使館館舍。二、接受國負有特殊責任，採取一切適當步驟保護使館館舍免受侵入或損害，並防止一切擾亂使館安寧或有損使館尊嚴之情事。三、使館館舍及設備以及館舍內其他財產與使館交通工具免受搜查、徵用、扣押或強制執行。」還規定，外交人員的私人寓所、文書及信件、財產同樣享有不可侵犯權。

　　「接受國官吏」，一般系指駐在國的軍警、司法人員、稅收人員以及其他執行公務的人員，未經外交使節或外交人員的同意，不得進入使館和外交人員的私人寓所執行任何任務。對外交代表機關的館舍、外交人員的私人寓所，不論是屬於其本國政府或私人的財產，還是由其租賃的，都不得侵犯。

　　為確保外交代表機關館舍和外交人員私人寓所的安全，許多國家採取派軍警在門口設崗警衛的辦法，以防歹徒闖入鬧事。也有些國家設流動崗或派便衣公安人員在附近巡邏。他們都負有保護外交代表機關和外交人員安全的責任。

　　《維也納外交關係公約》還規定：使館不得充作與本規定或一般國際法的其他規定相抵觸的用途，也不得用作與派遣國和接受國之間簽訂的協定不相符的用途。對這一問題，有的國家還以國內法規定，不給予外交代表機關進行任何與其職務相違背的活動的權利，意即不得在館舍內從事破壞駐在國主權的不法活動。也有的國家規定不得在使館和住所內拘留或隱匿駐在國政府決定逮捕的人，這項

規定主要包含有兩個意義：其一，使館無拘留權。使館在駐在國領土上，無權在館舍內拘留任何人，即使對其本國僑民，一概不得拘留。如發生拘人事件，駐在國有權要求有關使館將人交出。其二，使館無外交庇護權。國際上一般不允許在使館內給予當地政府決定通緝的人以庇護的權利。遇有罪犯進入使館躲避，駐在國通過外交途徑要求交人時，使館一般不可拒絕。如使館拒絕交出罪犯，駐在國有時也採取派兵包圍使館等強硬手段，迫使對方將犯人交出。無外交庇護權已為大多數國家和中國所確認。但拉丁美洲國家根據1928年《哈瓦那公約》的規定，至今仍承認有庇護權，不過這種庇護權僅限於因政治原因而要求避難的人。例如，1980年4月，萬餘古巴人湧入秘魯駐古巴使館，要求政治避難。後經過安第斯條約組織成員的努力，大批難民被遣送出古巴國境。

館舍內的一切財物、設備，由於館舍不受侵犯從而得到保護。外交代表機關使用的交通工具也不受侵犯。在國際上對掛國旗的外交使節車輛尤為尊重。外交代表機關的公文、檔案，包括外交人員的文件和信件也不可侵犯，即不可加以檢查、扣留或損毀。按國際慣例，即使兩國斷絕外交關係或發生戰爭，駐在國也不得檢查、扣留公文、檔案。

（2）管轄豁免

第一，刑事管轄豁免。《維也納外交關係公約》第三十一條規定，「外交代表對接受國之刑事管轄享有豁免」。在外交實踐中，對於觸犯駐在國刑法的外交人員，鑑於他們免受司法管轄，駐在國一般不提起訴訟，不由司法部門判決，而是通過外交途徑解決，即由駐在國外交機關出面口頭或書面照會提出交涉。中國《刑事訴訟法》規定，「對於享有外交特權和豁免權的外國人犯罪應當追究刑事責任的，通過外交途徑解決」。例如，20世紀50年代，某駐華使館外交人員以不法手段欺騙引誘中國婦女，並加以侮辱，經我外交部向該使館提出交涉後，此人被其本國政府召回。

對觸犯駐在國法令的外交人員，如是一般違法，通常由駐在國外交機關向有關代表機關提請注意或發出警告。如違法和犯罪情節比較嚴重，駐在國宣布其為「不受歡迎的人」，要求派遣國限期將其召回。當違法和犯罪情節嚴重威脅駐在國安全時，駐在國對犯罪的外交人員可予以驅逐出境。

第二，民事管轄豁免。外交人員所享有的民事管轄豁免的情況與刑事豁免大致相同。駐在國不得因外交官的債務而對他提起訴訟或進行判決。但是，《維也納外交關係公約》在第三十一條規定了下述情況外交人員不能援引民事管轄的豁免權，即：涉及外交人員在駐在國私有不動產的物權（如房屋）訴訟；外交人員以私人身分捲入的遺產繼承訴訟；外交人員在駐在國從事獲利的商業和其他私人職業活動引起的訴訟。上述情況在中國並不常見，但在其他一些國家中則時有所聞。

第三，行政管轄豁免。《維也納外交關係公約》第三十一條規定，外交人員對接受國的行政管轄享有豁免。各國的法令和實踐一般都規定這項豁免。例如，外交人員除向駐在國外交部按規定進行到任、離任通知並辦理身分證件外，不進行戶口登記、不服兵役和勞務，外交人員的死亡、子女出生等，都不履行駐在國

有關行政規定的手續。

第四，無做證的義務。《維也納外交關係公約》第三十一條規定，「外交代表無以證人身分做證的義務」。外交人員之所以享有做證的豁免，是因為做證本身實際上也就是受某種管轄和強制，而這同管轄豁免是抵觸的。但是，這並不意味著外交人員在任何情況下都要拒絕做證。只要派遣國政府同意，外交人員也可為某一案件做證。做證的方式一般是提供書面證詞或要求法院派人到使館聽取證詞，當然也可以親自出庭做證。但是，有的國家法院按國內法隨意下令要使館人員出庭做證，這是不能接受的。

外交人員享有豁免權，但亦可放棄豁免權，服從駐在國的管轄。凡外交人員放棄管轄豁免，得由派遣國或其外交代表機關明確表示後，方可確認。對豁免的放棄常見於以下兩種情況：其一，如果外交人員或其配偶在駐在國為私人利益從事某種職業或經商，則他們就喪失了外交人員身分，同時亦放棄了其所享有的外交特權與豁免。例如，外交人員的夫人在駐在國從事教育工作或在校學習，則須放棄其所享有的外交特權和豁免，服從學校當局的管理。其二，享有管轄豁免的外交人員主動向當地法院提起訴訟，這表明他使自己負有服從法院規章的義務。因此，當被訴者提起同主訴直接相關的反訴時，該外交人員就不能要求管轄豁免。

（3）通信自由

外交代表機關為執行職務，需要向本國政府報告情況、請示問題並接受領導部門的指示，同時也需同本國駐第三國的外交代表機關取得聯繫，而且這些通信聯絡必須保密。所以駐在國應給予各國外交代表機關以通信的方便，並加以保障。這是使館執行職務的重要條件之一。

《維也納外交關係公約》第二十七條規定，「接受國應允許使館為一切公務目的自由通信，並予保護。使館與派遣國政府及無論何處之該國其他使館及領事館通信時，得採用一切適當方法，包括外交信差及明密電信在內」。

①使用密碼電報通信。外交代表機關館長可以拍發國際政務電報和掛發國際長途政務電話。電報通信可以使用密碼機，既可以通過駐在國的郵電部門拍發，也可以通過自設的電臺拍發。但是，外交代表機關的無線電臺，必須事先徵得駐在國的同意並在互惠原則的基礎上方可設置和使用。

②派遣外交信使和使用外交信袋。派遣外交信使運送外交信袋是國際上通行的做法。信使可以是專業性的，也可以是臨時性的，但兩者都需持有證明其身分的官方文件，即註明信使身分的外交護照、信使證明書或臨時信使證明書。信使享有人身不可侵犯權和司法豁免權，駐在國對他們應加以保護並給予各種便利。許多國家的鐵路章程規定，信使隨身攜帶的行李可超出一般旅客的限額。

國際上公認外交信袋不可侵犯，即不得開拆、檢查、扣留或損毀，但外交信使的私人行李不享有免驗優待，實際上各國通常不進行檢查。信袋內以裝載外交文件或公務用品為限。中國規定外交信袋內只能裝載外交文件、資料和辦公用品。信袋外部一般均嚴密包裝，並有可資識別的標記。例如在封口處用有外交機關印記的鉛印或火漆印固封，並註明「外交郵袋」字樣。

外交信袋一般由外交信使攜帶，但各國在實踐中亦常交運輸、郵政部門托運或郵寄。信袋運抵後，有關外交代表機關得派館員前往提取。

(4) 免納關稅和其他直接捐稅

捐稅豁免是一個極其複雜和細緻的問題。由於社會制度和國情不同，各國在具體做法上頗不相同。《維也納外交關係公約》僅確定了若干條原則性的規定，歸納起來有：外交代表機關公用物品和外交人員及其家屬私人用品入境免納關稅；外交代表機關在駐在國擁有或租賃的供使館使用的房舍免納國家、區域或地方性捐稅等。

①免納關稅。通常外交人員及其家屬進出駐在國或路過第三國時，其隨身攜帶的行李（包括附載於同一交通工具上的行李）享有免稅優待。外交人員分離寄運（包括郵寄）的自用物品和外交代表機關辦公用品進出口，在駐在國海關規定的許可範圍內免納關稅和免除進出口許可手續，但申報手續一般仍不可免。超出部分則需辦理許可證。

外交代表機關的公用物品一般指國旗、國徽、館牌、辦公文具、表冊等。對於汽車、建築材料、菸、酒之類的物品，在許多國家則認為是私人物品，一般均予以免稅放行，但規定有一定的限額。對於有爭議的物品，各國一般掌握兩個處理原則：一是尊重駐在國的規定，二是要求互惠對等。

為了維護本國的政治和經濟利益，各國根據各自情況對外交代表機關和外交人員公私物品進出口，在數量、品種、出售、轉讓等方面都有所限制。在數量上，各國一般掌握在一個合理的數量範圍內，對超出部分則要求納稅甚至禁止進出口。有些國家用稅額加以限制，每次進口物品由海關估稅登記入冊，每年結算一次。有的國家規定具體數量。例如，1974年，西班牙規定大使每年可免稅進口各種酒類80箱、菸77,000支，其他外交官酒45箱、菸36,250支。在品種上，各國一般規定不準攜帶或寄運違禁品，如軍火、毒品、珍貴文物、敵視駐在國的宣傳品等。所攜帶的金銀、外幣需辦申報手續。中國海關列入禁止進口的物品有：各種武器、彈藥、無線電收發報機和器材（如需進出口上述物品，須辦申報手續）、爆炸物品、人民幣，對中國政治、經濟、文化、道德有害的手稿、印刷品、膠卷、照片、影片、錄音帶、錄像帶等，毒藥、能使人成癮癖的麻醉藥品和鴉片、嗎啡、海洛因等。禁止出口的除上述物品外，還有未經核准的外國貨幣、內容涉及國家機密的各種材料、珍貴文物、貴重金屬、珍寶、圖書等。為防止病疫的傳染，各國還規定了各種檢疫條例。如新西蘭、日本、美國等對動植物檢疫管制很嚴，各種肉類、動植物製品甚至草類等列為違禁品，不得進口。旅客帶有泥土的鞋襪都得經過消毒處理。

②出售和轉讓。通常各國都規定外交代表機關和外交人員免稅進口的物品不得任意轉讓，須事先經過海關批准。如轉讓給享有豁免關稅待遇的人，可予免稅，否則應照章納稅。中國在這方面也有具體規定。

外交代表機關托運、寄運的公用品和外交人員的隨身行李、托運與寄運的私用物品，一般享受免驗的待遇。《維也納外交關係公約》規定，外交代表私人行李免受查驗，但有重大理由推定其中裝有按駐在國規定禁止進出口或有檢疫條例

加以管制的物品時，即可檢查。免驗只是一種優遇，是出於國際交往的禮貌。各國海關法令都訂有保留在必要時對行李物品進行檢查的權利的條款。但實際上，非在絕對必要的情況下，不行使這種權利。檢查時，須有行李物品所有人或他授權的代理人在場。

③免納直接捐稅。稅收歷來是國家財政收入的來源之一。不同制度的國家，稅種各不相同。捐稅大體可分直接稅和間接稅。對納稅人的收入或財產徵收的捐稅和對消費者直接徵收的捐稅，統稱直接稅。附加在商品或服務價格中的捐稅稱為間接稅。國際上一般公認的原則是外交人員可以免納直接稅，不能免納間接稅。

可免納的直接稅大體有：個人所得稅、公用房地產稅、汽油稅、娛樂稅、印花稅、購買稅以及外交代表機關和外交人員本身不受益的當地政府徵收的地方附加等。但使館本身受益部分，如用於路政、防火等措施的捐稅或地方附加等，則不能免。

不能免納的稅種大體有：通常計入商品或勞務費用內的間接稅、對外交人員自有私用的不動產徵收的捐稅、對在駐在國從事商業和投資徵收的捐稅以及駐在國徵收的有關遺產的各種捐稅等。但在某些國家，外交人員可免納包含在商品價格中已由商家繳付過的間接稅或進口關稅。

由於各國稅收的規定和稅目頗不相同，因此，許多國家要求在免稅問題上達成互惠雙邊協議。

（5）其他

外交使節和外交代表機關有權在其住所和辦公處懸掛本國國旗和國徽，外交使節個人乘用的交通工具上可掛本國國旗。在駐在國的禮儀慶典活動場合，外交使節有佔有榮譽席位的權利。駐在國一般都把他們安排在顯要的地位，享有較高的禮遇，受到駐在國的尊敬。外交使節之間在禮儀場合的位次則按在先權排定。

——外交人員的義務——

儘管外交代表機關、外交人員享有這樣或那樣的特權和豁免，受到駐在國的尊敬和享有優待的禮遇，根據國家之間互相尊重國家主權的原則，外交代表機關和外交人員對駐在國亦應承擔必要的義務。主要有以下兩條：

（1）尊重駐在國的法律、規章。《維也納外交關係公約》規定，「在不妨礙外交特權與豁免的情況下，凡享有此項特權與豁免的人員，均負有尊重接受國法律規定之義務」。國家的法令是一個國家主權的體現，外交人員就不應有與駐在國法令相抵觸的行為。例如，維護社會治安和秩序的法規、交通規則、衛生條例等均應遵守。

（2）不干涉駐在國的內政。《維也納外交關係公約》還規定，外交人員「負有不干涉該國內政之義務」。這是一條公認的國際關係準則。外交人員作為一個國家的代表，必須避免一切直接或間接干涉接受國內政的言論和行動。例如不公開批評駐在國領導人及其政策，不參加亦不支持反對駐在國政府的集會活動、示威遊行等。

在國際上，並不存在超越於各國主權之上的外交特權與豁免，外交人員均須

按照駐在國的規定享有外交特權與豁免。

——享有外交特權與豁免人員的範圍和期限——

按國際慣例，享有外交特權與豁免的人員大體有以下幾類：

（1）出國進行訪問的國家元首、政府首腦、政府部長、特使以及由他們率領的代表團成員。

（2）外交使節和具有外交官身分的全體官員。對於上述人員的配偶和子女，國際上也公認享有一定的外交特權，但各國對此條的應用範圍又有細微的差別。例如，根據《維也納外交關係公約》的規定，外交代表與其構成同一戶口之家屬，如非接受國國民，得享有規定的特權與豁免。但有的國家限制在外交人員的配偶和未成年子女的範圍內，也有的國家把外交特權給予與外交人員共同生活的雙親或姐妹。中國規定，外交特權適用於外交人員的配偶及其未成年之子與未結婚之女。外交人員及其配偶的父母若與他們同住在北京，在一些方面也享有某些特權與豁免。

（3）根據有關國際協議和慣例，聯合國系統各組織代表機構的代表、顧問和副代表；國際組織的代表、委員會委員、高級官員等。

（4）途徑或短期停留的各國駐第三國的外交人員、外交信使。

（5）各國參加國際會議的官方代表。

（6）根據雙邊協定應享有特權與豁免的人員。如中、美正式建交前雙方駐對方的聯絡處人員等。

除上述人員外，對外交代表機關的非外交人員，如行政技術人員、公務人員、私人僕役是否享有外交特權，各國的規定和實踐不盡相同。多數國家承認他們享有部分外交特權，但也有些國家對非外交人員的特權有所保留。在實踐中，一般仍然照顧到國際上通常的做法，給予他們一定的優待和方便。中國對非外交人員的待遇，同世界上大多數國家一樣，賦予他們某些特權。例如，行政技術人員及其家屬享有不可侵犯權、刑事管轄的豁免權、免納各種捐稅等。但對民事和行政管轄的豁免，不適用於執行公務範圍以外的行為；對於他們抵任後6個月內進口的私人物品免徵關稅等。

外交人員通常自進入駐在國國境前往就任地點時起，即享有特權與豁免。如果他們原已在駐在國，則從將他的身分通知駐在國外交部並得到承認後開始。在離任時，外交人員自離境之時或離任後的一定時間內即中止其外交特權。外交人員離任時未帶走的行李以後托運出境，仍享有免稅的待遇。

國際上一般認為，即使兩國間發生戰爭或斷絕外交關係，外交人員的特權亦適用到他們離開駐在國國境為止。

（「外交小知識」內容來源於中國外交部網站、新華網、人民網、新浪網等）

國家圖書館出版品預行編目（CIP）資料

當代世界經濟與政治 / 俞國斌 主編. -- 第四版.
-- 臺北市：崧博出版：財經錢線文化發行, 2019.07
　　面；　公分
POD版

ISBN 978-957-735-905-6(平裝)

1.國際關係 2.國際政治 3.國際經濟

578　　　　　　　　　　　　　　　　108011285

書　　名：當代世界經濟與政治(第四版)

作　　者：俞國斌 主編

發 行 人：黃振庭

出 版 者：崧博出版事業有限公司

發 行 者：財經錢線文化事業有限公司

E - m a i l：sonbookservice@gmail.com

粉絲頁：　　　　　網址：

地　　址：台北市中正區重慶南路一段六十一號八樓 815 室
8F.-815, No.61, Sec. 1, Chongqing S. Rd., Zhongzheng
Dist., Taipei City 100, Taiwan (R.O.C.)

電　　話：(02)2370-3310 傳　真：(02) 2370-3210

總 經 銷：紅螞蟻圖書有限公司

地　　址: 台北市內湖區舊宗路二段 121 巷 19 號

電　　話:02-2795-3656 傳真:02-2795-4100　網址：

印　　刷：京峯彩色印刷有限公司（京峰數位）

　　本書版權為西南財經大學出版社所有授權崧博出版事業股份有限公司獨家發行電子書及繁體書繁體字版。若有其他相關權利及授權需求請與本公司聯繫。

定　　價：380 元

發行日期：2019 年 07 月第四版

◎ 本書以 POD 印製發行